SICALE 1993 von Walter Haupt

(der 1. Fassung)

(wenn in der 1.Trp. möglich)
alle 4 Trp. 8 va höher

P. Montelibero gewidmet

EUROPAMUSICALE

Offizielle Festschrift

EUROPAMUSICALE
Das europäische Musikfest in München

1. – 31. Oktober 1993

zusammengestellt von Pankraz Frhr. von Freyberg

EUROPAMUSICALE

Das europäische Musikfest in München

In Verbindung mit dem Kulturreferat der Landeshauptstadt München und gefördert von dem Bayerischen Staatsministerium für Unterricht, Kultus, Wissenschaft und Kunst, sowie der Konzertgesellschaft München e.V.

Schirmherr

Jacques Delors

Präsident der Kommission der Europäischen Gemeinschaften

Ehrenkomitee

Alfred Brendel, Prof. August Everding, Sir Yehudi Menuhin,
Sir Georg Solti, Prof. Sándor Végh

Idee, Konzept und künstlerische Leitung

Dr. Pankraz Frhr. von Freyberg

Veranstalter

EUROPAMUSICALE Veranstaltungs GmbH

Geschäftsführer: Helmut Pauli, Monica von Schierstädt

Der Begriff „Europa" war uns lieb und teuer, etwas unserm Denken und Wollen Natürliches. Es war das Gegenteil der provinziellen Enge, des bornierten Egoismus, der nationalistischen Roheit und Unbildung, er meinte Freiheit, Weite, Geist und Güte, „Europa" das war ein Niveau, ein kultureller Standard.

Thomas Mann (1944)

Inhalt

Stets haben europäische Künstler die politischen und wirtschaftlichen Grenzen
Europas überschritten. Europäische Kultur hat nie an den Grenzen des geographischen Europas Halt gemacht. Sie hat die Kulturen anderer Kontinente beeinflußt,
so wie sie von diesen Kulturen beeinflußt wurde und wird. Europa braucht die
schöpferischen Beiträge der Kultur als Motor seiner geistigen und materiellen Entwicklung.

Hier sehe ich Ziel und Bedeutung des europäischen Musikfestes EUROPA-
MUSICALE. Es soll uns nicht nur am Beispiel der Musik die Einheit und Vielfalt
europäischer Kultur vor Augen führen, sondern auch verdeutlichen, daß die Kultur
durch die Begegnung europäischer Bürgerinnen und Bürger das Gefühl der Identi-
fikation mit Europa fördert.

Ich freue mich, daß EUROPAMUSICALE von europäisch denkenden und
fühlenden Bürgern als Privatinitiative ins Leben gerufen wurde. Ich hoffe, daß
diese Initiative dazu beiträgt, über die Grenzen der Europäischen Gemeinschaft
hinaus einen fruchtbringenden Dialog mit Menschen verschiedenster Länder,
Sprachen und Kulturen zu führen, im Glauben an ein weites Europa des Geistes,
ein Europa der Toleranz und der gegenseitigen Achtung.

Die Idee eines geeinten Europas lebt, solange es Menschen gibt, die Kultur und
Geist dieses Europas weitertragen, die ihre Verantwortung nicht Institutionen
überlassen, sondern sich selbst aufgefordert sehen, kreativ tätig zu sein, jeder auf
seine Art, vielfältig, europäisch.

Als Schirmherr von EUROPAMUSICALE danke ich allen, die zum Gelingen
des Festes beitragen, insbesondere den Initiatoren, Veranstaltern, mitwirkenden
Musikern und Rednern.

Den Zuhörern in den Konzertsälen, am Radio und Bildschirm wünsche ich, daß
sie die Botschaft von EUROPAMUSICALE verstehen: Musik überwindet Grenzen,
verbindet und eint! Sie erreicht die Herzen der Menschen und übermittelt Botschaften von Mensch zu Mensch, von Land zu Land, von Kultur zu Kultur. Sie
erinnert uns daran, daß die Herstellung von Gemeinsamkeit keine abstrakte Idee,
sondern eine ständige Aufgabe für jeden einzelnen von uns darstellt.

In diesem Sinne wünsche ich EUROPAMUSICALE viel Erfolg.

Jacques Delors

*Präsident
der Kommission
der Europäischen Gemeinschaften*

Als Präsident des Europäischen Parlaments möchte ich hiermit meine Unterstützung und Ermutigung für die Initiative EUROPAMUSICALE aussprechen.

Bei all den Debatten über die politischen und wirtschaftlichen Folgen der Europäischen Integration und Union dürfen wir einen wesentlichen Grundsatz nie vergessen – daß es bei Europa in erster Linie um Menschen geht.

Europa besteht aus vielen Identitäten und Kulturen, die allesamt zu seinem Wohlstand und seiner Vitalität beitragen und deren Pflege und Weiterentwicklung gefördert werden müssen. EUROPAMUSICALE dürfte dies in ausgezeichneter Weise in der Praxis veranschaulichen. Musik setzt sich über die künstlichen Barrieren der Sprache hinweg und versetzt die Völker verschiedener Nationen und unterschiedlicher Kulturen in die Lage, miteinander auf einer anderen Ebene zu kommunizieren. Musiker aus ganz Europa werden in München zusammenkommen, um ihren Beitrag zu leisten, und dabei aus ihren nationalen Identitäten und Traditionen schöpfen, um einem großen Fest der Musik, der Kultur und des europäischen Ideals zum Erfolg zu verhelfen.

Besonders erfreut bin ich darüber, daß EUROPAMUSICALE mit einem Konzert des Jugendorchesters der Europäischen Gemeinschaften seine Krönung erlebt. Als Präsident dieses hervorragenden Orchesters bin ich zuversichtlich, daß die Aufführung der begabten jungen Musiker im Rahmen von EUROPAMUSICALE einen passenden und denkwürdigen Schlußpunkt setzen wird. Die Hingabe und Begeisterung, mit der sie an ihre Aufgabe gehen, symbolisieren die Offenheit, die Dynamik und den Optimismus der jungen Europäer von heute und unsere eigenen Hoffnungen für die Zukunft und entsprechen dem Geiste von EUROPAMUSICALE.

Ich gratuliere den Veranstaltern zu ihrer Initiative und wünsche ihnen bei EUROPAMUSICALE viel Erfolg.

Dr. Egon A. Klepsch

Präsident des Europäischen Parlaments

Jenseits aller Sprachbarrieren bildet die Musik für die Bürger Europas – und auch darüber hinaus – ein Band der Verständigung und der Zusammengehörigkeit, welches seit Jahrhunderten dazu beigetragen hat, Europa Strukturen zu geben und die europäische kulturelle Identität zu schaffen.

Musik ist ein wichtiger Teil unseres Lebens und wendet sich an alle Bevölkerungsschichten. Besonders für Minoritäten stellt sie oft die einzige Möglichkeit dar, sich kulturell auszudrücken, um traditionelle kulturelle Werte zu erhalten und in unseren modernen Alltag einzuführen.

Musizieren ist auch ein Ausdruck von Freiheit, des sich Äußerns von inneren Wünschen, Werten und Träumen. Musizieren muß daher als grundlegendes Menschenrecht angesehen werden, welches sich nur entwickeln kann, wenn geistige und physische Freiheit gesichert sind.

EUROPAMUSICALE sollte in diesem Zusammenhang gesehen werden. Es wird so der europäischen Kulturarbeit dienen. Gerade in unserer heutigen Zeit ist es wichtig, die kulturelle und menschliche Dimension Europas zu stärken und den Bürgern im Alltag näher zu bringen.

EUROPAMUSICALE ist Ausdruck der Vielfalt des musikalischen Schaffens in unseren Ländern. Den Reichtum dieser Vielfalt zu erkennen, zu schätzen und gemeinsam zu erleben heißt letztlich auch, Toleranz ausüben demjenigen gegenüber, der einen anderen künstlerischen Stil oder Geschmack zum Ausdruck bringt.

Insofern ist internationales Musizieren letztlich auch ein Beitrag zur Völkerverständigung und zum Wecken des Interesses an der Kultur des Anderen.

Wir in Europa sind bemüht, uns auf allen Ebenen für dieses Ziel einzusetzen.

Ich bin überzeugt, daß EUROPAMUSICALE in diesem Rahmen einen wichtigen Beitrag leisten kann. Dazu wünsche ich allen Beteiligten viel Erfolg.

Catherine Lalumière

Generalsekretär des Europarates

Allen mitwirkenden Künstlern und Gästen des europäischen Musikfestes EUROPAMUSICALE in München übermittle ich meine herzlichen Grüße.

Das Festival EUROPAMUSICALE kann im Jahr der Vollendung des Europäischen Binnenmarktes einen wertvollen Beitrag für das Zusammenwachsen Europas leisten. Denn in der Musik zeigt sich, ungehindert durch sprachliche Barrieren, in besonderem Maße das uns alle einigende Band der gemeinsamen Kultur. EUROPAMUSICALE mit seinem eindrucksvollen Programm spiegelt den kulturellen Reichtum und die kulturelle Vielfalt unseres Kontinents wider. Die teilnehmenden 33 Sinfonieorchester aus allen Teilen Europas werden dies, ebenso wie das Konzert des Jugendorchesters der Europäischen Gemeinschaften, eindrucksvoll zeigen.

Über den musikalischen Wert hinaus ist dieses Festival ein Ort internationaler Begegnung, bringt Menschen aus vielen Ländern zusammen und bietet die Möglichkeit, über die Musik hinaus Kontakte zu knüpfen. Ich freue mich daher besonders, daß zahlreiche europäische Persönlichkeiten das Fest begleiten und sich als Botschafter für Europa einsetzen. Persönliche Beziehungen erfüllen die Völkerverständigung mit Leben. Ein enges Geflecht musikalischer Verbundenheit und freundschaftlicher Kontakte verstärkt so auch die immer enger werdenden politischen Bande in einem künftigen friedlichen Europa ohne Grenzen.

Ich danke allen Musikern für die musikalische Botschaft, die die Verbundenheit der Menschen in Europa stärkt. Allen Mitwirkenden und Gästen des Musikfestes EUROPAMUSICALE wünsche ich sehr herzlich viel Freude und gutes Gelingen.

Dr. Helmut Kohl

Bundeskanzler der Bundesrepublik Deutschland

Herzlich begrüße ich die Gäste und die Mitwirkenden des Münchner Musikfestes EUROPAMUSICALE.

Ich freue mich, daß eine schwungvolle Privatinitiative es sich zum Ziel gesetzt
hat, in der bayerischen Landeshauptstadt ein Zeichen für Europa zu setzen.
Schließlich ist „Europa" eine Vision, die Wirklichkeit werden soll. Ein Grundpfei-
ler ist das gemeinsame europäische Erbe.

Diese Erbe zeigt sich im Bereich der Kunst, speziell der Musik, auf besonders
erfreuliche Weise. Zwar ist kulturelle Nähe nicht zwangsläufig ein Garant für ein
friedliches Miteinander, aber dort, wo gemeinsame Interessen das Fundament
gemeinsamen Handelns bilden, kann gemeinsame Kultur die notwendige gefühls-
mäßige Verbundenheit der Völker fördern, ohne die Unterschiede ihrer geschicht-
lich gewachsenen und regional geprägten Tradition zu verwischen.

So zeigt EUROPAMUSICALE, wie die Zukunft unseres Kontinents aussehen
soll: Wir wollen seine Einheit in Vielfalt. Gerade von der Einheit sind wir noch
weit entfernt, wie die tragische Ohnmacht Europas angesichts der mörderischen
Auseinandersetzungen auf dem Balkan zeigt. Aber weil wir aus der Geschichte wissen, daß fast alle großen Ideen viel Zeit erfordert haben, bis das Ziel erreicht war,
werden wir uns auf dem noch vor uns liegenden Weg nach Europa nicht entmuti-
gen lassen.

Ich hoffe, daß EUROPAMUSICALE einmal mehr das Gefühl in uns weckt, daß
wir Europäer nicht zuletzt wegen unserer kulturellen Bande zusammengehören
und Zuversicht fassen für eine gemeinsame Zukunft unseres Kontinents in Frieden
und Freiheit.

Daß es in München zu solchen Momenten kommt, wünsche ich den Besuchern
und allen Mitwirkenden der EUROPAMUSICALE.

Dr. Edmund Stoiber

Bayerischer Ministerpräsident

Die Öffnung der Binnengrenzen der Europäischen Gemeinschaft, die Öffnung und die Demokratisierung Osteuropas, die zunehmende Notwendigkeit, nach der politischen und wirtschaftlichen Zusammenarbeit auch die kulturelle Dimension der europäischen Einigung zu ihrem Recht kommen zu lassen: Das waren der Anlaß und der Hintergrund für die Idee zu EUROPAMUSICALE, dem europäischen Musikfest 1993.

Daß diese Idee in München geboren wurde, daß diese musikalische Begegnung Europas in München stattfindet, ist für unsere Stadt Auszeichnung und Anerkennung. Es bestätigt zum einen Münchens Aufgeschlossenheit für den Gedanken der europäischen Einigung, für die schon die Städtepartnerschaften mit Edinburgh, Verona, Bordeaux und Kiew deutliche Zeichen gesetzt haben. Es unterstreicht zum anderen aber auch den Rang und Ruf Münchens als europäische Musikstadt.

Zu den renommiertesten und erfolgreichsten Botschaftern der Musikstadt München gehören die Münchner Philharmoniker, die im Jahr des europäischen Musikfests 1993 ihr 100jähriges Bestehen feiern können.

EUROPAMUSICALE bietet dem Münchner Publikum und den Gästen unserer Stadt eine Konzertreise durch Europa mit namhaften europäischen Symphonieorchestern und dem Jugendorchester der Europäischen Gemeinschaft.

Sie alle und alle Gäste, die beim europäischen Musikfest 1993 in München sein werden, heiße ich in unserer Stadt herzlich willkommen. Allen Mitwirkenden, den Veranstaltern und den Organisatoren gilt zugleich mein herzlicher Dank.

Christian Ude

Bürgermeister
der Landeshauptstadt München

Europa ist in aller Munde, aber noch nicht in aller Herzen. Das Bemühen der Streiter für die Sache Europas muß sein, Botschaften zu finden, die das Verständnis mehren, die uns berühren, alle unsere Sinne ansprechen, auf daß Europa keine Pflichtaufgabe, sondern ein herzliches Anliegen wird.

Musik erreicht alle Menschen mit einer für alle Menschen verständlichen Sprache, aber Musik hat auch in jedem Land eine eigene Sprache. „EUROPAMUSICALE" will alle Sprachen zu Gehör kommen lassen: Die symphonischen und die kammermusikalischen, und wer Ohren hat zu hören, der soll ihnen lauschen, und wer noch kein Ohr hat, der soll hören lernen. In allen musikalischen Sprachen soll gesprochen werden und dennoch sollen sie alle verstehen. Es möge ein musikalisches Pfingstfest in München werden.

München hatte in diesem Jahr das „Theater der Welt" zu Gast, München war in diesem Jahr während des Weltkongresses des Internationalen Theaterinstituts der Mittelpunkt der internationalen Theater. Mit „EUROPAMUSICALE" ist München das kulturelle Zentrum Europas. Europa ist noch in statu nascendi, wir wollen mit Musik Geburtshelfer sein, Europa vivat, crescat, floreat.

Prof. August Everding

Staatsintendant
und Präsident des Deutschen Bühnenvereins

René Magritte
(1898 – 1967)
Le Découverte
du Feu,
1936
Öl auf Holz
23 x 17 cm
Christie's, London

EUROPAMUSICALE
Ein Fest für Europa

Pankraz Frhr. von Freyberg

„Ein Tag wird kommen, … wo all Ihr Nationen des Kontinents, ohne die besonderen Eigenheiten eurer ruhmreichen Individualität einzubüßen, euch eng zu einer höheren Gemeinschaft zusammenschließen und die große Europäische Bruderschaft begründen werdet.

Victor Hugo (1802 – 1885)
auf dem Pariser Weltkongress 1849

Als die Idee EUROPAMUSICALE geboren wurde, war Europa noch in zwei politische Machtblöcke aufgeteilt, war noch nicht abzusehen, daß sich der Eiserne Vorhang öffnen, die Berliner Mauer fallen und Deutschland vereinigt würde. Die Sowjetunion war noch nicht in sich zusammengebrochen, auf ihrem Gebiete hatten sich noch nicht neue unabhängige Staaten gebildet. Jugoslawien war noch nicht zerfallen und noch kein Schauplatz eines mörderischen, barbarischen Krieges. Auch hatte sich die Tschechoslowakei noch nicht auf friedliche Weise in zwei Staaten verwandelt. Schließlich konnte noch niemand ahnen, daß in den Ländern Mittel-, Ost- und Südosteuropas ein Demokratisierungs- und Reformprozeß ungeahnten Ausmaßes in Gang kommen würde.

Anlaß, EUROPAMUSICALE zu planen und zu veranstalten, war zunächst einzig und allein die Freude über die Ankündigung, daß sich im Jahr 1993 die Binnengrenzen der Europäischen Gemeinschaft öffnen würden. Diese Freude beschränkte sich allerdings nicht nur auf den engeren Zusammenschluß der zwölf Mitgliedsstaaten, sondern war verbunden mit der Vorfreude und Hoffnung auf ein in Ost und West, in Nord und Süd angestrebtes, erweitertes, gemeinsames europäisches Haus. So sollte EUROPAMUSICALE von Anfang an über den Entwicklungsstand der Europäischen Gemeinschaft im Jahre 1993 hinausreichen und auch andere Länder, die nicht Mitglieder der Gemeinschaft sind, miteinschließen, sind doch die Grenzen des kulturellen, geographischen und historisch gewachsenen Europas weiter gefaßt als die der Europäischen Gemeinschaft.

Erklärtes Ziel von EUROPAMUSICALE ist es, mitzuhelfen, bei den Bürgern Gesamteuropas ein Bewußtsein für die gemeinsame europäische Identität zu entwickeln, die das Ergebnis einer über Jahrhunderte gemeinsam erlebten Geschichte und gemeinsamer kultureller Werte ist.

Die Konzeption des Kulturfestes, ursprünglich auf 17, dann 24 Tage angelegt, wuchs in lebendigem Flusse mit den nicht voraussehbaren positiven und negativen politischen Umwälzungen. Die anfängliche Begeisterung europäischer Bürger für den Schritt von zwölf europäischen Ländern, sich zusammenzutun, hielt nicht an, sondern nahm zusehends ab. Deutlich war zu spüren, daß das von der Politik und der Wirtschaft gewünschte Identitätsgefühl mit Europa sich bei vielen Bürgern nicht einstellen wollte. Jacques Delors hatte dafür die kurze treffende Antwort: „In einen Binnenmarkt kann man sich nicht verlieben."

Liebe zu Europa, Achtung der Europäer voreinander, Vertrauen und Freundschaft zueinander können durch Politik und Wirtschaft sicherlich nachhaltig gefördert werden. Diese haben aber nur Erfolg, wenn in weit stärkeren Maße als bisher

15

menschliche, persönliche Begegnungen über Kultur in Europa ermöglicht werden und zustandekommen. Hier ein deutliches Zeichen zu setzen, auf diese Notwendigkeit aufmerksam zu machen, gerade im Jahr der Öffnung der Binnengrenzen in der Europäischen Gemeinschaft, ließ die Idee reifen, ein Kulturfest mit aktiven Teilnehmern aus möglichst vielen europäischen Ländern zu gestalten. War ursprünglich an ein Fest gedacht mit Beiträgen aus verschiedenen Sparten europäischer Kultur, so konzentrierte sich das Konzept nach und nach immer mehr auf den Bereich der Musik, die alle Sprachbarrieren überwindet und mehr als anderen Künste völkerverbindend wirkt. Besonders geeignet erschien uns die klassische Musik, insbesondere die symphonische Musik, um die gewünschte Botschaft zu vermitteln. Das griechische Wort „symphonein" bedeutet zusammenklingen. Und das soll ja schließlich erreicht werden: Ein Zusammenklingen europäischer Länder, daß jedes Land seinen gleichberechtigten Platz in Europa hat, wie jeder Musiker mit seinem Instrument einen gleichberechtigten Platz in seinem Symphonieorchester hat. Ohne Zusammenwirken aller Musiker kommt keine Symphonie zustande, ohne Zusammenwirken aller Länder Europas kein Europa. So haben wir 33 Symphonieorchester aus ganz Europa eingeladen, an EUROPAMUSICALE teilzunehmen. Einige waren vorher noch nie in Deutschland, andere noch nie in München. Wenn einige wenige europäische Länder nicht bei dem europäischen Musikfest vertreten sein werden, so liegt es daran, daß wir von der Fülle der in letzter Zeit hinzugekommenen Staaten überrollt wurden und sie nicht mehr in unser Programm einplanen konnten. So sprachen wir unsere Einladung an das Moskauer Staatliche Symphonieorchester noch zu einer Zeit aus, als es noch als Vertreter der Sowjetunion vorgesehen war. Als wir die Zagreber Philharmonie um ihr Mitwirken baten, sollte sie noch ganz Jugoslawien repräsentieren, und als wir die Staatsphilharmonie Brünn kontaktierten, war sie für uns noch kultureller Botschafter der Tschechoslowakei.

Für das vereinte Deutschland als Gastgeberland übernehmen die Symphonieorchester des Bayerischen und Mitteldeutschen Rundfunks die Eröffnungskonzerte des europäischen Muisikfestes. Das Abschlußkonzert wird von dem Jugendorchester der Europäischen Gemeinschaft gegeben, Zeichen für die Hoffnung, die wir auf eine gemeinsame europäische Zukunft und die europäische Jugend setzen. Mit Ausnahme des Schlußkonzertes, das unter dem Motto „Für Freiheit, Frieden und Freundschaft in Europa" steht und in Ouvertüren, Arien und Duetten diese Themen aufgreift, wurde das Programm eines jeden einzelnen der 33 Konzerte vom dem jeweils eingeladenen Orchester selbst bestimmt.

Lediglich wurde von unserer Seite aus der Wunsch geäußert, soweit als nur möglich Werke von Komponisten des eigenene Landes vorzustellen, um den Reichtum und die Vielfalt europäischer Kultur am Beispiel der klassischen Musik vom 18. – 20. Jahrhundert aufzuzeigen, eine Vielfalt, die es auch in Zukunft zu bewahren und zu stärken gilt. Diesem Wunsch wurde in einem erstaunlichen und bewundernswerten Maße entsprochen, selbst dort eine Lösung gesucht, wo schon geplante Tourneeprogramme vorlagen. Somit haben wir die große Freude, während des 31tägiges Musikfestes über 100 verschiedene Werke von über 90 Komponisten hören zu können, darunter viele Werke, die im internationalen Konzertbetrieb selten oder nie aufgeführt werden und speziell für EUROPAMUSICALE einstudiert wurden.

Die Besucher der gesamten Konzertreihe erleben eine musikalische Reise durch ganz Europa. Sie erhalten die einmalige Gelegenheit, eine europäische „Tongemäldegalerie" zu durchwandern, sich mit Bekanntem neu vertraut zu machen und Unbekanntes, Fremdes erstmals für sich zu erschließen. „Kennenlernen, achten lernen" ist ein zentrales Anliegen von EUROPAMUSICALE.

Jedem Konzert wird eine kurze Rede vorausgehen. Bedeutende Persönlichkeiten aus Kultur und Politik der eingeladenen 31 europäischen Nationen haben sich bereiterklärt, ihre „Wünsche an und für Europa", d.h. ihre ganz persönlichen Erwartungen an und ihre Visionen von Europa in ihrer jeweiligen Landessprache vorzutragen. Damit möchten wir nicht nur die Schönheit und Vielfalt der europäischen Sprachen aufscheinen lassen, zum Erklingen bringen und mit der nachfolgenden Musik verbinden, sondern den Dialog und geistigen Austausch über die Landesgrenzen in Europa hinweg und über Europa hinaus beflügeln.

Trotz des noch immer tobenden Krieges mitten in unserem Europa, trotz der erschreckenden Zunahme von Aggression gegen Mensch und Natur, Gewalt, seelischer Verwahrlosung und trotz unendlicher materieller Armut in bestimmten Teilen unserer Erde haben wir nicht den Glauben und die Hoffnung verloren, daß eine Privatinitiative wie EUROPAMUSICALE, daß positives Tun von einzelnen nicht sinnlos ist, vielmehr etwas bessert und ein Baustein sein kann, wenn auch noch so klein, zur inner- und außereuropäischen Völkerverständigung, für eine wachsende, im Augenblick so fehlende und doch so notwendige Spiritualität. Musik hat die Kraft, uns zu helfen, wie jede große Kunst, uns besser zu erkennen, unsere Mitmenschen deutlicher wahrzunehmen und unsere Zuneigung zu ihnen zu wecken und zu vertiefen. Musik kann uns trösten, uns versöhnen mit uns selbst und mit anderen Menschen. Musik als göttlichste aller Künste ist für uns Grund, uns und allen anderen Menschen zu sagen, was der russische Tänzer Vaslav Nijinsky am Ende seines Lebens zu seiner Frau sagte: „Verzweifle nicht, weil es einen Gott gibt."

EUROPAMUSICALE soll kein einmalig stattfindendes Ereignis bleiben, vielmehr in einem Turnus von drei Jahren in jeweils einer anderen Region Europas veranstaltet werden.

Vorliegende Festschrift ist als Begleiter des europäischen Musikfestes gedacht. Sie möchte Anregungen geben, über die Themen Europa, europäische Kultur, Politik und Kulturpolitik nachzudenken und Neugier und Vorfreude auf das Programm im Oktober wecken. Bewußt wurden Texte aus vergangener Zeit aufgenommen, um aus der Sicht ihrer Verfasser unsere Gegenwart, die Situation und Befindlichkeit unseres heutigen Europas klarer und deutlicher zu erkennen.

Die Festschrift ist zusammengestellt in Verehrung für all diejenigen, die mit ihrem Wort und ihrem Leben für ein geistiges Europa, ein Europa der Humanität gekämpft haben, zur Erinnerung an all diejenigen, die in Europa und von Europa aus gequält, gefoltert, geknechtet und barbarisch umgebracht wurden und werden, in der Hoffnung auf ein Europa, das sich besinnt auf die positiven Kräfte seiner Kultur, und diese einsetzt im Dialog zwischen den eigenen Völkern und mit allen anderen in der übrigen Welt.

Denn die Kunst ist der Notschrei jener, die an sich das Schicksal der Menschheit erleben... innen, in ihnen ist die Bewegung der Welt, nach außen dringt nur der Widerhall: das Kunstwerk.

Arnold Schönberg (1874 1951)

Begegnungen – Entdeckungen – Berührungen

Helmut Pauli

Die Öffnung Osteuropas und die fortschreitende Einigung der Europäischen Gemeinschaft ermöglichen einer kunstinteressierten Öffentlichkeit erstmals grenzenlose Reisen quer durch alle Ausdrucksformen europäischer Kultur. Historische ebenso wie zeitgenössische Kunstwerke warten darauf, präsentiert , in einem politisch-gesellschaftlich-kunstgeschichtlichen Kontext gestellt, zueinander in Bezug gesetzt, kurz: entdeckt zu werden.

Vor allem im Bereich der bildenden Künste wurde hier schon Herausragendes geleistet. Anders schaut es mit dem schier unerschöpflichen Gebiet europäischer klassischer Musik aus: Sieht man von einigen Publikumslieblingen historischer Komponisten einmal ab, ist dieser Bereich bisher weitgehend unerschlossen, nicht zuletzt aufgrund der organisatorischen Probleme, die mit einer gleich mehrere nationale Orchester umfassenden, zentralen europäischen Veranstaltung verbunden sind.

Als Pankraz Freiherr von Freyberg mir 1990 seine Konzeption des europäischen Musikfestes EUROPAMUSICALE erstmals vortrug, reizte es mich sofort, mit ihm außergewöhnliche Beispiele dieses unvorstellbaren Reichtums zusammenzutragen zu einer musikalischen Reise durch Europa, die sowohl den Künstlern als auch dem Publikum eine Vielzahl interessanter und anregender Begegnungen mit dem Unbekannten ermöglicht. Im Laufe der gemeinsamen Arbeit an diesem ehrgeizigen Projekt entwickelten sich, durch den von Anfang an sehr engen Kontakt mit den Künstlern, wie von selbst Werke zeitgenössischer Komponisten zu einem Programmschwerpunkt, der für die sprudelnde Lebendigkeit europäischen Kulturschaffens steht.

Zu Beginn der Vorbereitungen, vor drei Jahren, war das europäische Musikfest geplant als Freudenfest für ein vereinigtes Europa, dessen wirtschaftliche, gesellschaftliche und natürlich auch kulturelle Vielfalt in der Einheit zu den schönsten Zukunftshoffnungen zu berechtigen schien. Heute haben komplexe ökonomische, ökologische und politische Probleme dererlei Optimismus längst in den Schatten gestellt. Der Jubel über die Erfolge der Europapolitiker bleibt vielen Europäern angesichts der Schreckensmeldungen aus Solingen und Sarajewo, über Waldsterben und Ozonloch im Halse stecken. Ist es in dieser Zeit, so mag man sich fragen, überhaupt opportun, der Förderung „schöngeistiger" Projekte Zeit und Gelder zu widmen, die an anderer Stelle viel dringender benötigt würden? Diese Frage zu verneinen hieße, die gesellschaftliche und gerade in Krisenzeiten auch sinnstiftende Funktion zu verkennen, die große Kunst schon immer hatte. Ein multinationales Treffen wie EUROPAMUSICALE ist ein Zentrum kultureller Begegnung, das Neugier weckt, Berührungen und Austausch mit Ausdrucksformen fremder Kultur ermöglicht und anregt – alles unabdingbare Voraussetzungen für mehr Toleranz nicht nur zwischen den Staaten, sondern vor allem zwischen den Menschen. Denn in diesem Europa, wo die Grenzen und Mauern fallen, müssen endlich auch die Barrieren im Bewußtsein des Einzelnen schwinden. Daß diesen zutiefst humanen Idealen ausgerechnet in München ein klingendes Denkmal gesetzt wird, halte ich persönlich für ein wichtiges und dringend erforderliches Zeichen in einer Zeit, in der das vereinigte Deutschland die Weltöffentlichkeit beunruhigt, nicht nur wirtschaftspolitisch, sondern vor allem durch ständig wiederkehrende Meldungen über Gewalt gegen Ausländer, Außenseiter und Andersdenkende.

EUROPA RAPITA DAL TORO
INIZIO SEC. VI aC

Europa auf dem Stier
Variationen über Herkunft und Aussichten des Abendlandes

Heinz Friedrich

Europa – was ist das, wo liegt das? Ein Kontinent ist Europa nicht. Das deutsche Wort Erd-Teil wird seiner Geographie eher gerecht, denn Europa ist ein Teil des eurasischen Kontinents, der sich vom Atlantik bis zum Pazifik erstreckt. Die Frage, wo Europa aufhöre und Asien beginne, ist umstritten. Im Altertum spielte sie ohnedies keine Rolle. Das Zentrum der damals bekannten Welt waren das Mittelmeer und die angrenzenden Landstriche. Deshalb ist die Frage auch müßig, ob das Abendland in Hellas, also in Europa, entstanden sei. Entstanden ist Europa de facto im Raum des Mittelmeers durch die Begegnung und die Vermischung der alten Kulturen mit den schöpferischen Kräften jener Stämme, die aus dem Norden in den Mittelmeerraum vordrangen.

Der Mythos gibt entsprechende Auskunft. Die Auskunft ist überschrieben: Europa auf dem Stier. Es gibt viele Deutungen, die den Sinn dieser mythischen Erzählung zu ergründen versuchen. Keine dieser Deutungen ist eindeutig. Aber vielleicht liegt gerade in der Vieldeutigkeit dieser Geschichte ihr Reiz. Sie läßt der Phantasie Spielraum – und diesen Spielraum wollen wir nützen. Was erzählt der Mythos?

Der Mythos erzählt, daß Europa, die Tochter des phönizischen Königs Agenor, mit ihren Gefährtinnen am Strand des Mittelmeers sich vergnügt habe. Zeus verliebte sich in das schöne Mädchen und beschloß, es zu entführen. Er nahm die Gestalt eines weißen Stiers an, der dem Meer entstieg und sich Europa näherte. Das Mädchen streichelte das überaus schöne, zutrauliche Tier und fand sich schließlich bereit, auf dessen Rücken zu klettern. Darauf erhob sich der Stier und stürmte ins Meer, das er, mit Europa auf dem Rücken, durchquerte. Zeus entführte Europa nach Kreta wo er sich ihr in seiner göttlichen Gestalt zu erkennen gab und mit ihr drei Söhne zeugte: Minos, Rhadamanthys und Sarpedon.

Minos wurde König von Kreta. Die Archäologie benannte nach Minos eine entscheidende mittelmeerische Kulturepoche: die minoische. In ihr begegneten sich Okzident und Orient nicht nur, sondern verschmolzen zu einer neuen kulturschöpferischen Einheit. Mit anderen, nüchternen Worten: Der Mythos erzählt die mittelmeerische Sage von der Entstehung des Abendlandes. Denn von Kreta aus zündete sozusagen der hellenische Mittelmeer-Funke, dem die Idee Europa ihren Ursprung und ihre Dreijahrtausendkraft verdankt.

Aber mit König Minos ist die Geschichte von der Geburt des Abendlandes noch nicht zu Ende – und wie man sagen muß: leider. Ein makabres Nachspiel raubt ihr einiges von ihrer Schönheit und von ihrem Idealglanz. Pasiphae, die Gattin des Minos, eine Tochter des Sonnengottes Helios, hat nämlich ebenfalls eine Romanze mit einem Stier, die jedoch in einem Debakel endet. Das kam so: Minos bat Poseidon, den Gott des Meeres, einen Opferstier aus dem Meer emporsteigen zu lassen. Poseidon erfüllt diesen Wunsch des Königs, aber Minos bringt es nicht über das Herz, das Tier zu opfern. Statt dessen verleibt er es seiner Herde ein. Pasiphae verliebt sich (welch eine Variante zu Zeus-Europa!) in den Stier und läßt sich zum Zorn Poseidons mit ihm ein. Der Gott straft das makabre Verhältnis, indem er die Frucht der Liebe in Minotaurus verwandelt, ein Monster, halb Stier, halb Mensch.

Der entsetzte Minos läßt von Daidalos, dem erfindungsreichsten Mann des Altertums, ein Gefängnis erbauen, das Labyrinth. In dieses verbannt er das Ungeheuer. Minotaurus, verwahrt im raffiniert konstruierten Labyrinth – auch dieses Bild gehört zum mythischen Panorama, das Europa heißt und das bis auf den heutigen Tag beispielsweise die bildenden Künstler fasziniert.

Die Geburt des Abendlandes ist, folgen wir dieser Erzählung, durch heftige, ja grausige Mißtöne gestört. Das Labyrinth ist ebenso ein Symbol für Gefängnis wie für menschliches Verhängnis und Irren. Der unglückliche Minotaurus, nicht mehr Tier und noch nicht Mensch, verkörpert vielleicht nicht zuletzt die Fehltritte, die das göttlich so bevorzugte Abendland heimsuchen. – Wie gesagt: Der Mythos ist vieldeutig. Auch seine Wahrheiten sind vieldeutig. Um so eher ist es vielleicht erlaubt, sich von diesen Wahrheiten ein eigenes oder auch eigenwilliges Bild zu machen, ohne sich dennoch allzuweit von ihnen zu entfernen. Auf diese Weise stellt möglicherweise das sich ein, was man „höhere Wahrheit" nennen könnte. – Neuerdings forderten vorschnelle Journalisten die Alt-Historiker zum „Umdenken" auf angesichts neuer archäologischer Entdeckungen. So wurden zum Beispiel in den kretischen Schriftzeichen semitische Formelemente nachgewiesen, und es wurde daraus geschlossen, daß nicht nur orphische, sondern auch semitische Zellen in den Hirnen des Okzidents ihr kulturschöpferisches Wesen trieben. Aber korrigiert diese Entdeckung tatsächlich die historischen Perspektiven? Oder wird vielleicht sogar eher erhellt und bekräftigt, was sich vor drei Jahrtausenden (seit den Dorischen Wanderungen also) im Mittelmeer vollzog – nämlich: die Verbindung zwischen der vitalen Schöpferkraft der nordischen Einwanderer und der orientalisch-semitischen Intelligenz der Mittelmeervölker?

Möglicherweise zeitigte gerade diese exzentrische Völkermischung die Zauberformel für den Formsinn und die philosophische Vorstellungskraft der Phantasie sowie die politischen Ideen der Griechen, mit denen sie Europa faszinierten. Der kulturmorphologische Dreh- und Angelpunkt Kreta wird weder durch diese Überlegung außer Kraft gesetzt noch durch einen anderen archäologischen Hinweis, der besagt, schriftähnliche Zeichen seien weit vor Bestehen der mesopotamischen Kulturkreise bereits im nördlichen Balkanraum nachzuweisen, seien aber ohne Spuren und Folgen geblieben. Die für Europa kulturell relevanten Zusammenhänge werden dadurch kaum berührt. Dies gilt nicht zuletzt auch in Hinblick auf neuerlich aufgetauchte Spekulationen, die Hominiden könnten schon vor zwei Millionen Jahren im europäischen Raum aufgetaucht sein und sich somit früher als bisher angenommen als die ersten Bewohner europäischer Breiten ausgewiesen haben. De facto konstituierte sich Europa, als die Griechen im Jahrtausend vor Christus dessen geistige Verfassung entwarfen. Damit geben wir das Stichwort, mit dem wir, nach kurzer Abschweifung, wieder zu dem Punkt zurückkehren, wo der Mythos in Geschichte übergeht und die Wiege unserer eigenen Existenz sanft zu schaukeln beginnt.

Die Griechen waren die ersten, die versuchten, ihr Zusammenleben demokratisch zu ordnen. Die Bürger der Polis (der Stadt) waren sozusagen zur Politik, zu einer sozialen Ordnung innerhalb der engen Stadtmauern verdammt, um, insbesondere in den Kolonialgebieten der kleinasiatischen Küste, überleben zu können. Indem die Griechen politisch wurden, begannen sie auch, Geschichte zu machen. Diese Geschichte wurde beherrscht von der Idee, das Mittelmeer ohne imperialen Großraumanspruch zu hellenisieren und damit zu entbarbarisieren. Was aus dieser Idee wurde, wissen wir aus den Geschichtsbüchern. Zunächst verbündeten sich die griechischen Stämme gegen die Perser, um ihren Heimatanspruch im östlichen Mittelmeerraum zu verteidigen und zu wahren – und dann begannen sie sich untereinander derart zu zerstreiten, daß sie zum Schluß ihren eigenen Untergang besiegelten. Erst Alexander der Große einte mit Gewalt das alte Hellas und durchstürmte den ganzen Mittelmeerraum bis nach Nordafrika. Sein Reich zerfiel mit seinem Tod bereits wieder. Was jedoch blieb, das war die beherrschende geistige Kraft des griechischen Genius, die das Abendland prägte und noch immer prägt.

Bis auf den heutigen Tag blieb aber auch die Dissonanz zwischen europäischem Bürgerkrieg einerseits und dem Bekenntnis zu europäischer Kulturgemeinsamkeit andererseits erhalten – ein Widerstreit, der kaum aufhebbar erscheint. Daran änderten weder Delphi noch die Olympiaden im alten Griechenland etwas noch die Olympiaden der Neuzeit samt UNO und NATO und EG. Minotaurus wird immer wieder neu geboren, weil Besitzgier und Leidenschaft die Übereinkunft zwischen Göttern und Menschen stören. Was nutzen da alle verzwickten Labyrinthe, in die wir ihn verbannen? Auch Ariadne-Fäden und mutige Helden wie Theseus richten auf Dauer ebensowenig aus wie die Versöhnungsbotschaft aus Bethlehem, die, in Erkenntnis menschlicher Unzulänglichkeit vor dem Diesseits sich abwendet und ihre Botschaft in Reichen ansiedelt, die nicht von jener Welt sind, in der Geschichte gemacht, erlebt und erlitten wird.

Skizzieren wir, grob – aber vielleicht dennoch halbwegs zulässig – vereinfachend, das Panorama dieser Geschichte, die sich als die abendländische ebenso glorios wie barbarisch empfiehlt. Den Vorteil solcher Vereinfachung hat 1827 bereits Victor Hugo erkannt, als er seine „Betrachtungen zur Geschichte" mit den Sätzen einleitete: „Ein Panorama, in welchem versucht würde, unter unseren Augen die gesamte Geschichte der Zivilisation ablaufen zu lassen, wäre unserer Ansicht nach von nicht geringer Bedeutung und von großer Neuartigkeit. Man könnte diese Geschichte als sich stufenweise von Jahrhundert zu Jahrhundert über den Globus ausbreitend und nach und nach auf alle Teile der Erde verteilend darstellen." Victor Hugo war sich des Reizes, aber auch der Problematik eines solchen Vorhabens durchaus bewußt. Machen wir es also kurz: Von Griechenland übernahm Rom die mittelmeerische Vorherrschaft und dehnte sie bis weit in den Norden jenseits der Alpen aus. Die Utopie einer alles umfassenden, den Erdkreis befriedenden Weltherrschaft schien Wirklichkeit zu werden für die Zeit der Pax Romana – aber es war Herrschaft, die hier befriedete, nicht Einsicht. Der Staat war nicht ideal, aber mächtig. Das römische Weltreich umspannte mit seiner Macht politisch-materiell und kulturell gleichermaßen fast den gesamten bis dahin erschlosssenen Erdkreis.

Vergil, als Vater des Abendlandes gerühmt, gab diesem römisch beherrschten Erdkreis gleichsam die poetische Verfassung durch sein Epos „Aeneis". Kühn schlägt er darin den Bogen vom homerischen Ilion zum augusteischen Rom, indem er die Geschicke der aus Troja heimkehrenden Hellenen mit den Geschicken des italischen Raumes verknüpft. Sein Gedicht hebt homerisch an, kommt aber sogleich zur römischen Sache:

„Kampf und den Helden besing ich, den einst von den Ufern von Troja
Nach Italien flüchtig sein Los an Laviniums Küsten
Trieb, der durch Länder und Meere gar viel vom Willen der Götter
Und von dem dauernden Zorn der erbitterten Juno geschleudert,
Viel auch in Kriegen erlitt, bis die Stadt er gegründet und seine
Götter nach Latium führte: daher das Geschlecht der Latiner
Und die albanischen Väter und Roms hochragende Mauern. "

Über den welthistorischen Sinn dieser Gründung läßt Vergil keinen Zweifel aufkommen. Stolz verkündet er im sechsten Gesang den politischen Auftrag, den Rom aus seiner sagenhaften Mittelmeervergangenheit und damit aus seiner Schicksalsverbundenheit mit Hellas zu übernehmen sozusagen geschichtliche Pflicht hat.

„Andere mögen Gebilde aus Erz wohl weicher gestalten,
Dünkt mich, und lebensvoller dem Marmor die Züge entringen,
Besser das Recht verfechten und mit dem Zirkel des Himmels
Bahnen berechnen und richtig den Aufgang der Sterne verkünden:
Du aber, Römer, gedenke die Völker der Welt zu beherrschen,
(Darin liegt deine Kunst), und schaffe Gesittung und Frieden,
Schone die Unterworfenen und ringe die Trotzigen nieder. "

„... haec tibi ernunt artes – pacique imponere morem. Und schaffe Gesittung und Frieden", übersetzt Thassilo von Scheffer, wobei es eigentlich grammatikalisch richtig und der Sache nach sinnvoller heißen müßte: „Und schaffe Gesittung dem Frieden." Denn Frieden ohne Gesittung hat keine Dauer. Wie schafft man Gesittung dem Frieden? Die Römer gaben die praktische Antwort: durch Recht. Gab Vergil dem Imperium Romanum und damit der Pax Romana die poetische Verfassung, so schuf das Corpus juris die pragmatisch-praktische Grundordnung der Gesittung – eine Grundordnung, auf der unsere Rechtsvorstellungen noch heute basieren.

Das Credo der Pax Romana wird in diesem seither vielzitierten Satz des Vergil wie in Stein gemeißelt zusammengefaßt. Und es erscheint in diesem historischen Licht gar nicht mehr so verwunderlich, daß in der Ikonographie christlicher Kirchen des Abendlandes, zum Beispiel auch in der Apsis des Doms zu Trier, Vergil als „Vater dieses Abendlandes" inmitten der Heiligen auftaucht – zum Zeichen der Übereinstimmung im Hinblick auf die globale Friedensproklamation der beiden Kulturkreise, des römisch-antiken und des christlich-abendländischen ...

Doch wir brauchen gar nicht so weit zurückzugreifen. Auch unser Jahrhundert bietet Kultureinsichten übernationaler Art gottlob genug. Dafür nur ein Beispiel. Es stammt von Valéry: „Es gibt auf der Erde einen Bereich, der sich unter dem

Gesichtspunkt des Menschlichen von allen anderen zutiefst unterscheidet. In der Ordnung der Macht und in der Ordnung der exakten Erkenntnis wiegt Europa heute noch schwerer als die gesamte übrige Welt."

Multikulturell – das ist gegenwärtig ein Modewort, unter dem man sich alles und nichts vorstellen kann. Europa war nie multikulturell im Sinn einer kulturellen Selbstverwirklichung dieser oder jener Gruppe oder Gesellschaft oder gar im Sinn einer partikularen Stadtteilkultur. Im gemeinsamen Haus der geistigen Nation Europas bietet sich die europäische Kultur stets als Einheit dem Betrachter dar – als eine Einheit, zu der viele Facetten, Farben und Komplementärfarben derer gehören, die schöpferisch zum Bestand dieser Kultur beitrugen. Romanik, Renaissance, Barock, aber auch Impressionismus oder Expressionismus – diese Stilepochen hätte es kaum unter „multikulturell"-partikularistischen Vorzeichen in ihrer noch heute bewunderungswürdigen Erscheinungsform gegeben, wenn hier nicht eine sozio-kulturelle Übereinstimmung stattgefunden hätte, die individuelle Schöpferkraft in gemeinschaftliche verwandelte und bündelte. So entsteht Stil, nur so.

Wir reden Lateinisch, wir reden Griechisch, wenn wir reden. Davon zeugen die verbalen Partikel, mit deren Hilfe wir uns unentwegt verständigen – das heißt, mit denen wir die Welt unserem Verständnis zugänglich und sie für uns handhabbar machen. Welt besteht aber nicht nur aus Umwelt, sondern auch aus Innenwelt. Die Sprachpartikel der Antike, die uns diese „andere" Welt des Menschen veranschaulichen und verständlich machen, sind nicht minder zahlreich als die Worte der praktischen Kommunikation – und sie sind weitreichender und tiefgreifender. Ob Eucharistie oder Mysterium, ob Philosophie oder Religion, ob Tragödie oder Idee, ob Ontologie oder Charisma oder Entelechie, ob Katharsis, Epos oder Musik, ob Molekül oder Atom oder Idee oder Eros – wohin wir auch denken, es klingt griechisches Echo zurück oder lateinisches, und wir nehmen es als selbstverständlich, das heißt: durch sich selbst verständlich hin. Mit anderen Worten: Auf der Baustelle Europa wird noch immer mit den Materialien gearbeitet, mit denen die Alten ihren Traum von Europa in die Wirklichkeit zu projizieren versuchten. Traum von Europa: Einer, der ihn in der zweiten Hälfte des 19. Jahrhunderts, als die Neuzeit ihren Januskopf demonstrativ zu enthüllen begann – einer, der damals den Traum von Europa am leidenschaftlichsten träumte, war der bereits zitierte Friedrich Nietzsche. Mit dem Pathos des großen Liebenden sprach er im Plural von „Wir Europäer" oder sogar von „Wir guten Europäer" – im Gegensatz zu den schlechten Europäern, die, anstatt die Notwendigkeit der europäischen Stunde zu erkennen, in ihren Werken „tief unter denen der Renaissance" blieben. Beschwörend verwies er auf das Menetekel des europäischen Nihilismus. Und vehement polemisierte er gegen Bismarck, in dem er die europäische Nationen-Kleinstaaterei geradezu verkörpert sah.

Was wollte er statt dessen? Nietzsches Visionen vom „guten Europäer" sind unvermindert aktuell und anziehend, weil sie von einem geistig-kulturellen Europa-Begriff ausgehen und aus ihm die politischen Perspektiven ableiten. „Europas Aufgabe und Geschichte" sei, so sagt Nietzsche wörtlich, „Fortsetzung der griechischen". Und an anderer Stelle heißt es: „Die Zersplitterung in atomistische Staatengebilde ist die fernste Perspektive der europäischen Politik". Er nennt in diesem europäischen Zusammenhang die Vereinigten Staaten Europas „eine große Idee", denn „als guter Europäer soll man an einer Verschmelzung der Nationen arbeiten".

Es ist kein philosophischer Zufall, daß der Autor dieser Zitate ein Altphilologe von hohem Rang war. Nietzsches Bekenntnis zu Europa bezog seine Impulse und sein Pathos aus der europäischen Botschaft jener abendländischen Vergangenheit, die Gegenwart blieb, weil ihre fortzeugende Lebenskraft über die Zeiten hinweg verhinderte, daß sie zur schieren Antiquität verkommen konnte. Der schöpferische Fundus der Antike ist und bleibt der Fundus unserer geistigen Existenz. Ob die „Aeneis" des Vergil oder Homers „Odyssee", ob die „Antigone" des Sophokles oder die Reden Ciceros, ob Platos Idee vom Staat oder Heraklits Vision vom Fluß aller Dinge, ob Demokrits Atomlehre oder das Universum des Parmenides – niemand, der denkend lebt, kann denken, ohne die Gedanken der großen Altvordern mitzudenken. Sie bewegten Europa, und sie bewegen Europa.

An dies alles zu erinnern, erscheint nicht müßig in einer Zeit, in der von Europa viel geredet und über Europa sowie dessen geistige Fundamente zuwenig nachgedacht wird. Das europäische Haus unserer Gegenwart benötigt den geistig-kulturellen Überbau, um existieren und das heißt: schöpferisch weiterwirken zu können. Politische und wirtschaftliche Interessen bergen den Keim neuer Konflikte und neuer europäischer Auseinandersetzungen. Materielle Interessen vereinen Völkergruppen nicht nur, sie können sie auch wieder entzweien.

Minotaurus lauert im Labyrinth. Aus den Verführungen des Menschen durch die Götter entsteht fortzeugend Heil und Unheil zugleich. Wen die Götter auszeichnen, den zeichnen sie auch. Die Selbstverantwortung weist den Menschen als Menschen aus – und die Verantwortung, die er für andere zu übernehmen bereit ist –, nicht nur materiell, sondern insbesondere auch geistig. Denn die Schöpferkraft des Geistes leistet Widerstand gegen die Mächte der Auflösung und Zerstörung. Was die Abendländer auszeichnet, nämlich ihre Intelligenz, das bedroht sie auch von alters her.

Die Kultur ist das Maß, an dem der Rang einer Sozietät abgelesen werden kann. Das war gestern so und wird auch morgen so bleiben. Denn Kultur, die nicht das Höchste will, ist keine. Die griechische Kultur, die wir stolz als die Wiege des Abendlandes etikettieren, wollte das Höchste und erreichte das Höchste. Nietzsche schreibt in den „Unzeitgemäßen Betrachtungen": „Griechisches und römisches Altertum sind der leibhaftige kategorische Imperativ der Kultur". Der leibhaftige kategorische Imperativ der Kultur – ein großes Wort. Aber bezeugt dieses Wort mehr als nur idealistische Rhetorik? Steht es auch für Realität ein? Es steht für Realität ein. Diese Realität heißt: Bildung. Gewiß: Der Begriff „Bildung" ist in Verruf geraten; manchmal wird er sogar zum kulturklassenkämpferischen Schimpfwort degradiert. Bildung erscheint der Fortschrittsgesellschaft vorgestrig, bürgerlich, konservativ, eliteverdächtig und kritikfeindlich – von der Kulturheuchelei, die sie angeblich zeitigt, ganz zu schweigen. Wäre Bildung jedoch das, was ihre ignoranten Verächter und ihre zahlreichen Kritiker von ihr halten, dann wäre jede Träne, die

Francesco Zuccarelli
(1702 1788)
Der Raub der Europa
Öl auf Leinwand
129,8 x 166 cm
Christie's, London

man ihr nachweint, vergeudet. Bildung ist aber mehr, weit mehr als Kultur-Girlan-de oder Privilegiensicherung. Sie ist der Schlüssel nicht nur zum Verständis des geistigen und des seelischen Kosmos, in dem und von dem wir leben, in dem wir fühlen und denken, sondern sie ist auch die Voraussetzung für jenes kostbare Gut, das jede freiheitliche Staatsverfassung als besonders schützenswert in ihrem Text ausweist: die Menschenwürde. Kann aber Menschenwürde jenseits rhetorischer Proklamation anders verwirklicht werden als durch geistige Bildung? „Gesittung dem Frieden" – keine Ideologie und keine Rüstung und kein wirtschaftliches Kalkül können diese abendländische Grundformel entschiedener absichern als geistige Bildung dies tut, indem sie Aggressionen abbaut durch Stiftung dessen, was man „Ethos" nennt.

Der Begriff Ethos wird hier in seinem ursprünglichen, also griechischen Sinn in Anspruch genommen – also ohne Zusatz von Moralin oder Sentiment. Ethos bezeichnet im Griechischen eine Verhaltensweise, die man – und hier kommen wir auf Thassilo von Scheffers Vergil-Übersetzung zurück – im Deutschen eben: „Gesittung" nennt. Gesittung setzt Wissen voraus. Aber Wissen ist nicht Gesittung. Wissen kann materielle Vorteile bieten und sogar Macht verschaffen – aber „Gesit-tung dem Frieden schaffen" kann pures Wissen nicht. Erst das Wissen, das, wie Nietzsche treffend bemerkte, den Menschen nicht zum „geldverdienenden Wesen" erzieht – erst dieses Wissen bildet … Gewiß: Bildung kann die menschliche Unnatur nicht besiegen, aber sie moderieren, das vermag sie. Diese Feststellung ist vielleicht nicht befriedigend, aber tröstlich. Der leibhaftige Imperativ der Kultur – er verbürgt die geistige Identität Europas, die uns die Ilias des Homer ebenso als gegenwärtig empfinden läßt wie die Aeneis des Vergil oder die Göttliche Komödie, die Sonette des Petrarca oder den Hamlet von Shakespeare, den Don Quichotte oder den Faust. Selbst „Warten auf Godot", diese Verzweiflungs-Parabel der abendländischen Existenz, bezeugt noch europäische Identität.

Doch dann drohen die Perspektiven in die geistige Zukunft Europas zu verschwimmen. Sie lösen sich auf in ein konturloses Gemengsel aus Ansichten, Entwürfen und Verweigerungen. Sichtbar wird im Neongequirl allgemeiner Kulturratlosigkeit erneut das Labyrinth, in dem sich die Europäer an den Wänden entlangtasten. Wir reden Lateinisch, wenn wir miteinander reden. Und wir reden Griechisch, wenn wir miteinander reden. Daß wir dies tun, darüber denken wir kaum mehr nach. Gerade dies aber: daß wir nicht mehr darüber nachdenken, sollte uns nachdenklich machen. Überhören die Europäer die Signale ihres kulturellen Ursprungs, weil sie die geistige und seelische Sensibilität für diese Botschaften zu verlieren drohen, dann ist Europa entschiedener gefährdet als durch Waffensysteme, politische sowie soziale Differenzen und Konjunkturkrisen: Es verliert seine kategorischen Imperative und damit seine Identität. Denn – hierzu noch einmal Valéry: „Es ist bemerkenswert, daß der europäische Mensch sich nicht nach Rasse oder Sprache, auch nicht nach seinen Lebensgewohnheiten bestimmen läßt, sondern nur durch seine Ideale und die Spannweite seines Wollens". Ohne diesen „guten", diesen „gebildeten" Europäer, der sich seiner Vergangenheit als Gegenwart erinnert, wird kein Europa der Zukunft gelingen.

Schließen wir diese Betrachtung mit dem Wort eines Amerikaners, eines Zeitgenossen des 20. Jahrhunderts, der mit einer schier berserkerhaften epischen Kraft die menschliche Komödie seines Kontinents entwarf – nämlich mit einem Wort von Thomas Wolfe. Über den Atlantik hinweg blickt dieser Autor auf den mittelmeerischen Ursprung auch seiner amerikanischen Existenz, indem er gleich auf der ersten Seite seines Romans „Schau heimwärts, Engel!" schreibt: „Jeder von uns stellt alle Summen dar, die er nicht zusammengezählt hat. Versetze uns in Nacht und Nacktheit zurück, und du wirst erkennen, daß die Liebe, die gestern in Texas endete, vor viertausend Jahren auf Kreta begann." Dem ist nichts mehr hinzuzufügen – es sei denn die Frage, wie weit die „Neue Welt" jenseits des Atlantiks noch oder nicht mehr Europa sei und wie sich die Konstellation Europa unter den globalen Vorzeichen des 21. Jahrhunderts verändere oder gar neu gestalte? Die Antwort ergäbe ein Kapitel für sich, das zu schreiben den ohnehin schon sehr weitgesteckten Rahmen endgültig sprengen würde. Aber die Nachdenklichkeit über diese Antwort ist vorgemerkt …

Aus einem Vortrag, den der Autor im Jahre 1991 in der Bayerischen Akademie der Schönen Künste hielt. Die hier abgedruckten Auszüge entsprechen den in der Süddeutschen Zeitung Nr. 4 vom 5./6.1.1991 veröffentlichten.

Europa – „tua sectus orbis nomina ducet"

Quintus Horatius Flaccus (65 – 8 v. Chr.)

sic et Europe niveum doloso
credidit tauro latus et scatentem
beluis pontum mediasque fraudes
palluit audax.

nuper in pratis studiosa florum et
debitae Nymphis opifex coronae
nocte sublustri nihil astra praeter
vidit et undas.

quae simul centum tetigit potentem
oppidis Creten, 'pater – o relictum
filiae nomen pietasque' dixit
'victa furore!

unde quo veni? levis una mors est
virginum culpae. vigilansne ploro
turpe conmissum an vitiis carentem
ludit imago

vana, quae porta fugiens eburna
somnium ducit? meliusne fluctus
ire per longos fuit an recentis
carpere flores?

siquis infamem mihi nunc iuvencum
dedat iratae, lacerare ferro et
frangere enitar modo multum amati
cornua monstri.

inpudens liqui patrios penates:
inpudens Orcum moror. o deorum
siquis haec audis, utinam inter errem
nuda leones;

antequam turpis macies decentis
occupet malas teneraeque sucus
defluat praedae, speciosa quaero
pascere tigris.

vilis Europe, pater urget absens,
quid mori cessas? potes hac ab orno
pendulum zona bene te secuta
laedere collum.

sive te rupes et acuta leto
saxa delectant, age te procellae
crede veloci; nisi erile mavis
carpere pensum

regius sanguis dominaeque tradi
barbarae paelex'. aderat querenti
perfidum ridens Venus et remisso
filius arcu.

mox ubi lusit satis, 'abstineto'
dixit 'irarum calidaeque rixae,
cum tibi invisus laceranda reddet
cornua taurus.

Uxor invicti Iovis esse nescis.
mitte singultus; bene ferre magnam
disce fortunam: tua sectus orbis
nomina ducet.'

Europa – „Ein ganzer Weltteil wird deinen Namen führen"*

Horaz (65 – 8 v. Chr.)

*Aus: Horaz:
Carmina [Oden]
und Epoden,
Lateinisch/Deutsch,
mit dem lateinischen
Text der Ausgabe von
Friedrich Klingner,
in neuer Übersetzung
und mit
Anmerkungen von
Will Richter,
Fischer Bücherei,
Frankfurt am Main
und Hamburg, 1964*

**Überschrift
nicht vom Autor*

So hat doch auch Europa ihren schimmernden Leib dem tückischen Stier anheimgegeben und wurde blaß vor dem von Ungeheuern erfüllten Meer und den Gefahren rings um sie her, die Verwegene.

Eben hatte sie noch auf Wiesen Blumen gepflückt und den Nymphen Kränze geflochten, wie sich's gehört – nun erblickte sie in der schimmernden Nacht nichts als Sterne und Wellen!

Doch sobald sie Kreta erreichte, die Insel der hundert Städte, rief sie aus: „O Vater – nein, ich verdiene den Namen Tochter nicht mehr; ein Wahn hat meine Demut überwältigt!

Wo war ich? Und wo bin ich hingekommen? Zu wenig wiegt ein einziger Tod als Sühne für vergeudete Jungfrauschaft. Bin ich denn wach und klage über ein schändliches Vergehen, oder narrt mich Unschuldsvolle

ein Trugbild, das aus elfenbeinernem Tor entweichend mir einen Traum schickt? War es richtiger durch die weite Flut zu reisen oder junge Blüten abzupflücken?

O wenn jemand jetzt den verruchten Stier meinem Zorn überließe! Ich wollte ihn mit dem Schwert zerfleischen und ihm, den ich eben noch glühend liebte, die Hörner zerbrechen, dem Ungeheuer!

Schamlos verließ ich das Vaterhaus, schamlos lasse ich den Orcus auf mich warten. O wenn einer der Götter dies hört – : Nackt will ich unter Löwen irren dürfen,

ich möchte, ehe häßliche Abgehärmtheit meine reizenden Backen verzehrt und der Saft der zarten Beute vertrocknet, als stattliches Weib die Tiger füttern.

Wertloses Mädchen Europa! Der Vater bedrückt dich, auch wenn er fern ist. Warum zauderst du noch zu sterben? Sehr zu Paß ist der Gürtel mit dir gekommen – nun kann er, an dieser Esche hangend, deinen Hals zusammenschnüren.

Wenn dir aber Klippen und tödlich kantige Felsen besser behagen – los, so stürze dich in die rollende Flut ... es sei denn, du willst doch lieber am Rocken einer Gebieterin spinnen

als Königstochter und einer Barbarenherrin als Kebsweib untertan werden." Wie sie so klagte, erschien ihr Venus mit zweideutigem Lächeln, dazu ihr Knabe mit entspanntem Bogen.

Als sie das Mädchen lange genug verspottet hatte, sprach sie: „Hüte dich ja vor Wutausbrüchen und hitzigem Zank, wenn der verhaßte Stier dir seine Hörner zum Zerfetzen bietet!

Gattin des unbesiegten Jupiter sein, das ist dir noch fremd. Nun laß das Schluchzen, lerne ein großes Geschick mit Würde ertragen: Ein ganzer Weltteil wird deinen Namen führen:"

Der europäische Gedanke (1869)*

Jacob Burckhardt (1818 – 1897)

Aus: Jacob Burck-hardt, Weltgeschicht-liche Betrachtungen. Historische Fragmente, Dieterich'sche Verlagsbuchhandlung, Leipzig 1985.

*Überschrift nicht vom Autor

Was wir nicht zu wünschen brauchen, sondern schon vorhanden vorfinden, ob wir uns dessen freuen oder es beklagen, das ist Europa als alter und neuer Herd vielartigen Lebens, als Stätte der Entstehung der reichsten Gestaltungen, als Heimat aller Gegensätze, die in der einzigen Einheit aufgehen, daß eben hier alles Geistige zum Wort und zum Ausdruck kommt.

Europäisch ist: das Sichaussprechen aller Kräfte, in Denkmal, Bild und Wort, Institution und Partei, bis zum Individuum, – das Durchleben des Geistigen nach allen Seiten und Richtungen, – das Streben des Geistes, von Allem, was in ihm ist, Kunde zu hinterlassen, sich nicht an Weltmonarchien und Theokratien, wie der Orient, lautlos hinzugeben. Von einem hohen und fernen Standpunkt aus, wie der des Historikers sein soll, klingen Glocken zusammen schön, ob sie in der Nähe disharmonieren oder nicht: Discordia concors.

Ein dunkler Drang mag einige Zweige der Indogermanen nach dem Okzident, der Abendsonne entgegen, getrieben haben, weil hier ein anderer Boden und ein anderes Klima, das der Freiheit und Vielartigkeit auf sie wartete, eine zackige Welt von lauter Vorgebirgen und Inseln. Denn Europäisch ist: nicht bloß Macht und Götzen und Geld, sondern auch den Geist zu lieben. Sie schufen die hellenische, römische, keltische und germanische Kultur, welche die asiatischen Kulturen schon dadurch weit besiegen, daß sie vielgestaltig waren, und daß in ihnen das Individuum sich voll entwickeln und dem Ganzen die höchsten Dienste leisten konnte.

Eine verborgene höchste Kraft erzeugt hier Zeitepochen, Nationen, Individuen von endlos reichem besonderen Leben.

Die abendländische Entwicklung hat das echteste Zeichen des Lebens: Aus dem Kampf ihrer Gegensätze entwickelt sich wirklich Neues; neue Gegensätze verdrängen die alten; es ist nicht ein bloßes resultatloses, fast identisches Wiederholen von Militär- und Palast- und Dynastierevolutionen wie 700 Jahre lang in Byzanz und noch länger im Islam. Die Menschen werden bei jedem Kampf anders und geben Zeugnis davon; wir schauen in tausend individuelle Seelen hinein und können die Stile des Geistes nach Jahrzehnten datieren, während zugleich das Nationale, das Religiöse, das Lokale und anderes zahllose geistige Nuancen von sich aus hineinbringen. Vergnüglich und genußreich sind diese Dinge in ihrer Zeit nicht gewesen, sondern Kämpfe auf Leben und Tod.

Tödlich für Europa ist immer nur Eins erschienen: Erdrückende mechanische Macht, möge sie von einem erobernden Barbarenvolk oder von angesammelten heimischen Machtmitteln im Dienst Eines Staates oder im Dienst Einer Tendenz, etwa der heutigen Massen, ausgehen.

Retter Europas ist vor Allem, wer es vor der Gefahr der politisch-religiös-sozialen Zwangseinheit und Zwangsnivellierung rettet, die seine spezifische Eigenschaft, nämlich den vielartigen Reichtum seines Geistes bedroht. Banal ist der Einwurf, der Geist sei unüberwindlich und werde immer siegen, während es tatsächlich von Einem bestimmten Kraftgrad Eines Menschen in Einem bestimmten Moment abhängen kann, ob Völker und Kulturen verloren sein sollen oder nicht. Es bedarf der großen Individuen und diese bedürfen des Gelingens. Aber Europa hat in den großen Momenten häufig auch große Individuen gehabt.

Hugo von
Hofmannsthal
(1874 – 1929)
Porträtphoto

Die Idee Europa
Notizen zu einer Rede (1917)

Hugo von Hofmannsthal (1874 – 1929)

Da poi chè sotto il cielo cosa non vidi
Stabile e ferma, tutto sbigottito
Mi volsi e dissi: Guarda, in che ti fidi?
Petrarca

Der Krieg als geschichtliche Krise, Ende der materiellen und ideellen Kredite: Die Konventionen werden jählings auf ihre wirkliche greifende Kraft reduziert. Der Weltzusammenhang enthüllt sich als kritisch gewordener großer Ausgleich der geistigen und Rechtsmächte; alle zeitbeschränkten Denkformen, alles in Form des contrat social Erschlichene bricht zusammen:

Analogien:
a) Ende des politischen Panhellenismus im Peloponnesischen Krieg
b) Ende des republikanischen Staatsrechtes als religio in der caesarischen Krisis
c) Ende der Kirche als einer allgemeinen Gewissenshut (praesidium conscientiarum) in der lutherischen Krisis.
Alles dieses alte Frömmigkeitsformen, die sterbend der Menschheit ihren transzendenten Gehalt gleichsam nochmals gebären. Daher ihr Tod immer ein furchtbares Ereignis.
(Alle Frömmigkeitsformen stammen aus Offenbarung, alle Konventionen aus dem geistigen Erlebnis von Individuen.)
Der Begriff Europa: Wir sind mit ihm groß geworden. Sein Zusammenbruch für uns ein erschütterndes Erlebnis.
Kritik des Begriffes: seine Unbedingtheit von jeher höchst prekär.
a) Einheit Europas keine geographische (wie etwa Australien) (Zerstückelung des euroasiatisch-afrikanischen Continents in Erdteile ein empirischer Behelf ohne Urteilswert)
b) Einheit auch keine rassenmäßige ethnische. Die weiße Rasse des Okzidents greift über Europa hinaus, fremde greift in sie hinein:
so läßt sich der Begriff nirgends verankern.
Sein Wesen ideologisch und spirituell: transzendent, er schichtet sich den Realitäten über, worin seine Ungreifbarkeit und Unangreifbarkeit liegt.
Sein Charakter: höchste Gemeinbürgschaft für ein heiliges Gut, dessen Benennung mit den Zeiten gewechselt hat.
Geschichtliche Analogien hierfür:
a) Gemeinbürgschaft der griechischen Städtestaaten als Amphiktyonen für Delphi
b) Roms und des römischen Imperiums für das gemeinsame Hellenische
c) der zu Volksstaaten emanzipierten Teile des Imperiums für Rom und den alle antike Zentrale beerbenden und in sich integrierenden Papat.
Zwischen jedem dieser Übergänge eine Krisis, ein entsetzliches und die Gewissen beängstigendes „Stirb und werde".
Phasen des Begriffes „Europa".
Erste: ursprüngliche, seiner kaum bewußt: der des in kirchlicher Denk- und Seelenform zusammengefalteten Okzidents.
(Gemeinbürgschaft der Christen gegen die Heiden, erlebt in den großen Predigten

der Kreuzzugsjahrhunderte als eine missio, Sendung und Entsendung. Teilschaft aller Aufgerufenen an einem göttlichen Beruf: Ausbreitung einer als die höchste empfundenen hegemonischen Gesittung; als Aufbruch).

(NB. Durchquerung der Ideologie durch reale Krisen des staatlichen Egoismus: Friedrich II. und die Sarazenen, Revolutionierung Italiens gegen die Internationalisierung durch den Papat.)

Zweite Form des Begriffes: die der Renaissance.

(Gemeinbürgschaft aller an der Latinität der höheren geistigen Existenz beteiligten für Erweckung und Bewahrung dieses grundlegenden Erbes. Antike Literatur als unsterbliche fortlebend gegenüber sterblicher neuerer gefaßt, Idealität und Sprache allen gemeinsam.)

Übertreten des gehüteten heiligen Gutes aus dem Raum des Glaubens in den des Wissens. (Doch trägt Wissen noch die emotionelle Farbe des Glaubens, gibt sich als Transzendenz und übernimmt das Pathos der missio: Ausbreitung der bonae artes.)

Zur civitas dei tritt die res publica litteraria.

Organ dieser Gemeinbürgschaft: international europäischer Briefwechsel. Publizität des Zusammenhanges.

Dritte und höchste Form des Begriffs: die deutsche Humanität.

Gemeinbürgschaft der gesitteten Völker für die Heiligkeit des Sittlichen als eines ungeschriebenen rein europäischen Kodex.

Das Heiligtum hat von neuem die Cella gewechselt.

Empfindung des Nationalen nicht nur als eines Beschränkten, sondern eines Unsittlichen.

Stellung Herders zur Germanisierung des Baltenlandes.

Herders Wort: „Kabinette können miteinander hadern, Staatsmaschinen gegeneinander Krieg führen, Vaterländer nicht."

Schillers Wort: „die Vaterlandsliebe eine heroische Schwachheit",

Das unvollendete Gedicht „Größe des Deutschen" (nach Lunéville 1801):

„Während der Brite nach Schätzen, der Franke nach Glanz lüstern späht, ist dem Deutschen das Höchste bestimmt: er verkehrt mit dem Geist der Welten."

„Jedes Volk hat seinen Tag, doch der Tag des Deutschen ist die Ernte der ganzen Zeit."

Novalis: „Deutschheit ist Kosmopolitismus mit der kräftigsten Individualität gemischt.

In energischer Universalität kann keine andere Nation gegen uns auftreten."

Ihm ist alles Irdische und Geschichtliche nur ein Gleichnis oder ein Annäherungsmittel zum Unsichtbaren und Unendlichen.

Humboldt: An dem deutschen Nationalcharakter fand er groß und schön: daß er die naturhaften Schranken anderer Nationalcharaktere nicht kenne, sondern reiner und freier zum allgemein Menschlichen sich erhebe.

Goethes Haltung zur Französischen Revolution und zu Napoleon.

Chaque homme a deux pays, le sien et puis la France.

Zur Civitas Dei und Res publica litteraria tritt eine dritte schwebende Ideologie, die für naive Benennungen schon zu weit und zu tief ist. Europa – auch Natur (Rousseaus), auch Humanité St. Simons, Michelet.

Neues Pathos der Toleranz (an Stelle des früheren propagandistischen Pathos).

Zu dem heiligen Gute des Glaubens und Wissens tritt das Allerheiligste des Begreifens, Ertragens, Verzeihens.

Postuliert ist nicht Europa sondern namens Europa die Menschheit (namens der Menschheit göttliche Allgegenwart: Gott selber).

Der Begriff nicht unpolitisch, sondern antipolitisch, bewußt unweltlich.

Daher seine Durchquerung durch jede zur Selbstdurchsetzung verpflichtete nationale Energie. Daher auch seine leichte Benutzbarkeit durch kühlen und weltklugen Machtwillen: wie seinerzeit der Papst mit dem Begriff des in eine Gemeinbürgschaft verklammerten christlichen Okzidents schaltete.

XIX. Jahrhundert wirkt politische und ideologische Fassung aus.

Die Französische Revolution seit dem römischen Imperium die erste europäische Angelegenheit (geht auf Umgestaltung der Karte, Denkform, Verfassung), im napoleonischen Imperium teilweise erreicht.

Aus der Notwendigkeit, das Beharrende gegen die genial vergewaltigende napoleonische Skizze einer Vereinheitlichung des europäischen Ländergebietes wieder auszugleichen, erwächst über die Zwischenstufen: Wiener Kongreß und Heilige Allianz der Begriff des europäischen Konzertes (in seiner englischen Fassung: europäischen Gleichgewichtes.)

Geringer geistiger und dynamischer Wert. Sein Entstehen nicht aus der Gewalt der Personen, sondern als Kompromiß zwischen Mächten d.h. nationalen Egoismen; Aufgabe nicht mehr schöpferischer und ausbreitender Natur, sondern:

hemmend – bewahrend

erhaltend – verbindend

„Europa" nicht mehr als Integrale über den einzelnen Komponenten empfunden, sondern als System der Lagerung der Componenten untereinander.

Weder Codex noch wirkliche Executive

Tragikomödie der europäischen Mandate,

Abspaltung der Westmächte im Krimkrieg,

Beginnende Unlust gegen dies Europa in den vornehmlich sein Deliberationsobjekt bildenden Resten der antiken Welt: sog. „Orient"; Balkanländer; Europa.

Die russisch-byzantinischen Ideologien eigentlich Abfall von Europa, Kritik der Kontinentalität und Vitalität des Begriffes (Dostojewskis Europa, Tolstois Europa).

Auch dieser politische Begriff niemals in die Gewalt einer Seele eingekehrt und aus ihr zurückgeboren.

Gladstone etwa der höchste politische Ausdruck, den es seiner geringen Mächtigkeit nach finden konnte.

Er deckt sich mit der Pedanterie und Lehrhaftigkeit, aber auch der großartigen Mäßigkeit dieser typischen Mittelstandsnatur.

Dieser Begriff Europa rettet das Schicksal des Erdteils von Frist zu Frist.

Alte missio eingeschrumpft zum Begriff einer vom Zentrum aus regelnden, etwas schulmeisterlichen obersten Weltinstanz.

Reste der alten Universalität, Katholizität (etwas latent Heiliges).

Grundohnmacht in der Tatsache, daß nichts eigentliches mehr gegeben werden kann, außer Ware.

Die Religion Europas, die Humanität Europas waren unkäuflich gewesen, schwer zu geben, unendlich schwer zu nehmen, aber: aus dem Ganzen der Seele fließend,

*Buonaventura Genelli
(1798 – 1868)
Der Raub der Europa,
1859
Öl auf Leinwand
109,5 x 313,5 cm
Bayerische Staats-
gemäldesammlungen,
München*

das Ganze fordernd, das Ganze gestaltend.

Gehalt des Begriffes im XIX. Jahrhundert nicht bereichert: nur konsolidiert, indem es alle die alten Formen in einem allseitigen Kulturbegriffe zusammenfaßt.

Er hat als solcher, wie alle Kulturbegriffe, relativ hohe und niedere Möglichkeiten: als die relativ niederste begreift er in sich das Musterbild und Modell der Weltwohlfahrt in technischem, hygienischem Securitäts- und sonstigem mechanischem Sinn.

Europa als einheitliches Zivilisationsgebiet;

verflacht; Deszendenz von großen und frommen Gedankenwelten schattenhaft spürbar.

Nirgend individuell erlebt: Utilitätscharakter, der sich dem Pathos der Person versagt.

Publikumsbedarf: gleitet in den Gemeinplatz über.

Reste seiner missio im zivilisatorischen Berufe mit dem Bleigewicht des Vaterlandes behaftet.

Diese Welt: es war die europäische Wirklichkeit vor dem Kriege.

Es war eine unerhörte Herrschaft über die Natur. Der alte Kampf mit der Natur schien ausgekämpft. Technisch ausgebeutet als der Sklave lag die Natur da, nicht als Dämon, als geheimnisvoller Lehrer, als gigantischer Feind. Die rasende Hast des Austausches, die praktische Abschaffung der Entfernungen – das Tosen auf London-Bridge – Hotels von Alpen bis Benares – Ozeandampfer, die als Resultat der gesamten Weisheit und Wissenschaft unserer Tage einen Fetzen Stoff über das Meer fahren für den Salon einer Modedame, Berge von überflüssigen Nachrichten in die Welt setzen durch Wunder von Tausendundeiner Nacht.

Dies nur als notwendiger Schritt der Weltauswirkung erträglich, aber unheimlich, wenn man den Herrn dieser Maschine sah. Das tausendfache internationale Ich, dieses europäische Wesen, für das diese ganze Maschine lief – es war nicht gewaltig. Diese berauschende Eroberung des Geistes hat sein Leben nach innen umgestaltet mit der Gewalt einer Elementarkatastrophe. Sie hat uns fast mehr zermalmt als vordem unsere Ohnmacht gegen die Natur. Zauberlehrling, den seine Besen bemeistern. Ein unsäglicher Relativismus um ihn als schwindelnde kreisende Atmosphäre: die Sitten von heute und ehedem als relativ enthüllt, alles als ein Werden gefaßt, Wissenschaft, Kunst und Sittlichkeit selber in Frage gestellt. Eine verzehrende Ironie über all unser Tun gekommen. Eine Kritik, die alles ergriff, noch nach innen. Zweifel an der Möglichkeit, mit der Sprache etwas vom Weltstoff fassen zu können. Sprachkritik als Welle der Verzweiflung über die Welt laufend: als jene Seelenverfassung, die sich ergeben hatte, weil nicht Wahrheit sondern Technik das Ergebnis des wissenschaftlichen Geistes gewesen war. In diese Welt hinein – die Dichter sind symbolische Träumer – zielt das Ringen um den Begriff „Tat" in „Elektra": alle Worte, die nur Schall sind, wenn wir das Ding in ihnen suchen, werden hell, wenn wir sie leben: im Tun, in „Taten" lösen sich die Rätsel der Sprache.

Es war durch den Relativismus das Ich der Sklave der Zeit, des schwindelnden Vergehens geworden. Durch den Materialismus Sklave seines Körpers: das wunderbare Instrument der Freude, das lichtverwandte, geistdurchstrahlte, der Tempel Gottes war zu einem Gefängnis geworden, einem Kerker der Furcht. Beständige Todesfurcht in tausend Verkleidungen, Methusalemismus, Aberglaube des längeren Lebens, nichts Schlimmeres kennen als den Tod.

Ohne Scheu betete diese Welt die drei Götzen Gesundheit, Sicherheit und langes Leben an, Kultus der Sicherheit, des Behagens. Komfort ohne Schönheit. Die Natur als Feind, in den Krankheiten ihr Schlupfwinkel. Düsterer Fatalismus der Erbsünde – Erblichkeit.

Gefährlichste Einengung und Erniedrigung des Ich: Abhängigkeit jedes vom Gelde. Der verlarvte Einfluß des Geldes. Das Zweifelhafte der Taten. Charakteristisch, daß in der deutschen Sprache „handeln" einerseits „tun" bedeutet, andererseits „Handel treiben". Jedes Machtverhältnis in Geld umsetzbar. Geld der Knoten des Daseins, Träger der schwarzen Magie. Man sah jedermann in Geldsachen gegen seine eigene Überzeugung handeln. Stand auf alten preußischen Kanonenläufen „Ultima ratio regis", so stand vor dem Kriege „Ultima ratio" über den Geldschränken des europäischen Menschen. Maximale Zuspitzung und Ausbreitung des Verlangens nach Geld in unserer Zeit: Geistige Krankheit, ihr entspricht eine geistige Wachheit, eine Kontrolle auch dieses Phänomens. Geld als allgemeiner Endzweck, wo es doch das allgemeine Mittel ist. Dies hängt so zusammen: die wirklichen Zwecke unseres Handelns vor uns vielfach verborgen: daß die Mittel zu Zwecken werden, rechtfertigt sich dadurch, daß im letzten Grund auch die Zwecke nur Mittel sind – der Endzweck verhält sich zu den teleologischen Reichen wie der Horizont zu den irdischen Wegen.Hat das Geld, fragte sich jener, der es ins Auge faßte, nicht die Kraft, sich an Stelle Gottes zu setzen? – und ihm tat sich ein seltsamer Gedanke auf, der abschreckend durch die Blasphemie und verlockend durch die Folgerichtigkeit war: der Gottesgedanke hat sein tieferes Wesen darin, daß alle Mannigfaltigkeit und Gegensätze der Welt in ihm zur Einheit gelangen, er ist die Ausgleichung aller Fremdheiten und Unversöhntheiten des Seins: daher umschwebt ihn Friede, Sicherheit, allumfassender Reichtum. Das Geld mehr und mehr Ausdruck und Äquivalent aller Werte, über allen Objekten wird es zum Zentrum, worin die fremdesten fernsten Gedanken einander berühren. Es entsteht das Zutrauen in seine Allmacht, uns jedes beliebige Einzelne und Niedrigere in jedem Augenblick gewähren zu können. Besondere Eignung der Juden: seit Jahrtausenden gewöhnt,in einem höchsten Wesen Schnittpunkt aller einzelnen Interessen zu sehen – Gedanken: Schatten des Götzen, der über die ganze Erde fiel. – Kanonistische Erfassung der Gefährlichkeit: Verwerfung des Geldzinses. Das völlig freie Ich Sklave des Mammons: englische Redensart: „he is possessed of..." – Vor ihm, dem

Sklaven Mammons, lag eine erniedrigte Wirklichkeit: keine magische Sprache von ihm zu dieser entseelten Welt. Tastbar – in Bewegung zu setzen durch Technik: durch Geld. Man meinte einig zu sein über den Begriff: Was ist wirklich. Jeder Umschwung, Politik, alle Philosophie, alle Kultur: eine neue Verständigung über den Begriff des Wirklichen. – Wirklichkeit des Überpersönlichen war verloren – oder nur repräsentiert durch Geld-Chaos.

Dumpfes Gefühl der Not. Hinstreben zu Asien als Zeichen der Zeit, anders als im achtzehnten Jahrhundert. Tolstois Grauen vor Europa, Romain Rollands Grauen vor dem Geldwesen. Tolstois Korrespondenz mit Chinesen: dem Land des Gesetzes, gegenüber der Exuberanz der Freiheit. Überwindung durch Außenstehen. Lafcadio Hearn: das völlige Hinübergehen eines Europäers. Über die Linie: „merely to cross the concession line is almost the same thing as to cross the Pacific Ocean – which is much less wide than the difference between the races." Sein Blick vom anderen Ufer in „A Conservative". Grauen vor Europa, vor dem Individualismus, Mechanismus, Merkantilismus. Blick auf Asien: Paradies – das noch vorhandene, beginnliche unzeitliche, „zeitlose". Der Markt – der Warentausch – das Brot – der

Hausierer, der Minister, der anhält, mit seinen Dienern speist, Philosophen, die freiwillig Schmiedearbeit tun, während hohe Würdenträger an ihrer Schwelle warten, junger Student, der den hohen Beamten bittet, für ihn Flöte zu spielen. Reisekultur, der Pilger, der wandernde Mönch. Menschlicher Verkehr an Stelle des maschinellen, Funktionellen. Industrie und Kunstgewerbe. Die Schönheit der Dinge. Die einmalige Vision und die generationenlange humanisierende Kraft der Arbeit. Diesem Asien, auf das er mit ergriffenem Blick hinstarrte, hat Europa symbolisch die Palme gereicht. Selbstbewußtsein dieses Asien. Fand Ausdruck tausendfach; in Kakuzo Okakura „The Glory of Asia", „Ideals of the East". – Hören Sie die Verurteilung des europäischen Wesens, um so zermalmender als sie würdevoll und ohne Polemik ist. Hören Sie, wie Asia sich aufrichtet, seiner Einheit bewußt, nur akzentuiert in seiner Zweiheit, nicht getrennt durch die ewigen Schneeketten des Himalaja: Bewußt seines erhabenen inneren Erbes, jener Erstgeburt des religiösen Denkens, „that common thought inheritance of every asiatic race, enabling them to produce all the great religions of the world and distinguishing them from those maritime people of the Mediterranean and the Baltic, who love to dwell on the particular and to search out the means not the end of life." (Ku Hung Ming.)

Das Stigma Europas: die Mittel, nicht das Ziel des Daseins zu suchen, über dem Werden das Sein, über der Scheinfreiheit das Gesetz verloren zu haben. So die alte Not. Ein Chaos: eine Gefahr der Auflösung. Da kam die neue Not. Leiden als göttliches Prinzip. Es kam maßloses Leiden. Selbstüberwindung. Tausendfaches Hinnehmen und Vorwegnehmen des Todes, Einstehen für sich selber. Das Unvertauschbare. Das Einmalige. Schicksal. Leiden und Tun in einem. Bitterstes Niedertreten der Selbstsucht, ja des Selbsterhaltungstriebes. Auslöschen seiner Selbst immer und immer wieder: dem Befehl gehorchen wie einer Gottheit, das Brandsche „alles oder nichts". Ja es kam das Leiden, von dem Meister Eckhart, unser alter Mystiker, sagt, es ist das schnellste Tier, das zur Vollkommenheit trägt. Stummes Dulden und Tun. Frömmigkeit. Idealismus und Realismus dagegen kraftlose Wörter: Gott erkennen im Wirbel der Technik. Urkräfte geweckt: das Volk, die heiligen gehalt-reichen Tiefen, sie, für die das Leben ein ewiger Krieg war – durch sie, in ihnen eine Offenbarung des Nichtfaßlichen hinter dem Gegebenen: ein Etwas das wirklicher war als die Individuen. Das Überpersönliche war wieder das Wirkliche. Alle diese Millionen brechender Blicke, brechender Herzen, dieses Meer von Blut und Tränen, brennenden Heimstätten im Osten und Westen, diese Großväter und Kinder neben den Landstraßen sterbend, diese Tiere noch: diese Allverwobenheit des Gegebenen.

Eine neue europäische Idee: neue Wirklichkeit. Nicht eine Utopie, nicht eine Konföderation, nicht die permanente Konferenz, obwohl alles dies kommen kann, – sondern ein neues europäisches Ich, ein geändertes Verhältnis des Ich zum Dasein, zum Geld. Sozialisierung des Staates: Realisierung von Tendenzen von 1830 jetzt. Neue Wirklichkeit. Die Wirklichkeit besteht nicht nur aus konkreten Dingen, aus exakt Greifbarem: genau ebenso leben wir in einer Welt von Mysterien und ganz ungreifbaren allerwirksamsten Lebendigkeiten. (Konkret und Abstrakt: die Worte verschleiern vieles. Das höhere Erleben ist nicht abstrakt, nichts ist weniger abstrakt als was auf diese Wände gemalt ist.)

Hier kann nun der ermüdete und überanstrengte Begriff Europas wieder auftauchen. In Einzelnen. (In den Massen lebte er zum Schema vergriffen, zum Rechenpfennig geworden.) Individuen besitzen das noch ganz dumpfe Metall ohne Bild und Schrift und das große Individuum prägt es, – worauf es dann schlechter und schlechter nachgeprägt, unterteilt und mehr und mehr verbilligt umherzulaufen beginnt und der ewige Vorgang reif wird, sich zu wiederholen. Es werden vereinzelte Individuen sein, eine stille Gemeinde, die schon da war, in denen die letzte Phase des Begriffes Europa sich verteidigt und vertieft. Von hier allein Europa als die geistige Grundfarbe des Planeten empfunden, das Europäische als der absolute Maßstab aufgestellt, das jeweilig Nationale immer wieder an ihm gemessen und korrigiert. Unter diesen Figuren wird Nietzsche seinen Platz haben; vielleicht aber darf man sagen, daß sein Europäertum etwas Brüchiges hat, weil er sich auf Europa zurückzieht, statt sich zu Europa zu erweitern.

Der einzige tröstliche Ausblick bleibt die Idee, das erneute Erlebtwerden der Idee in ihrer alten Heiligkeit. Unzähligen Seelen ist Neues zugestoßen, es ist unausbleiblich, daß dem Kriege eine neue Epoche der Seele folgt, wie im Pietismus hinter dem Dreißigjährigen Kriege eine neue Welt der Seele entdeckt wurde. Gewalt der Individuen, in denen Geist sich offenbart; ein anderes Gewaltiges nicht erkennbar. Wo könnte eine Hoffnung dieser Art laut werden, wenn nicht auf schweizerischem Boden, auf dieser hochgespannten Brücke zwischen Nord und Süd und West und Ost, in diesem alten Bollwerk der Freiheit, dieser alten Kampfstätte der Geister? Wo denn anders als hier, wo immer das aus der Menschenbrust offenbare Ewige zuhöchst gegolten hat, wo nie der Götzendienst der Zahlen, der Masse getrieben worden ist – und aus welchem Mund könnte diese Hoffnung sehnlicher und glaubensvoller dringen als aus dem Mund dessen, der zu Ihnen redet, eines Österreichers. Wer sagt „Österreich", der sagt ja: tausendjähriges Ringen um Europa, tausendjährige Sendung durch Europa, tausendjähriger Glaube an Europa. Für uns, auf dem Boden zweier römischen Imperien hausend, Deutsche und Slawen und Lateiner, ein gemeinsames Geschick und Erbe zu tragen auserlesen, – für uns wahrhaft ist Europa die Grundfarbe des Planeten, für uns ist Europa die Farbe der Sterne, wenn aus entwölktem Himmel wieder Sterne über uns funkeln. Wir, nicht auf errechenbare Macht, nicht auf die Wucht des nationalen Daseins, sondern sehenden Auges auf einen Auftrag vor Gott gestellt, – wie sollten wir leben, wenn wir nicht glauben wollten, und was wäre des Glaubens würdiger als das Hohe, das sich verbirgt, und das Ungreifbare, das sich dem gebundenen Sinn, dem stumpfen Herzen versagt.

Aus: Hugo von Hofmannsthal, Gesammelte Werke, Reden und Aufsätze II, 1914 – 1924, S. Fischer Taschenbuch Verlag, Frankfurt am Main 1979

Johann Heinrich
Tischbein
(1722–1789)
Der Raub der Europa
Öl auf Leinwand
35 x 44 cm
Istvan-Dobo-Museum,
Eger/Ungarn

Evropa (1930)

František Halas (1901 – 1949)

Vy všichni kdož umíte ještě plakat usmějte se
nad padajícím listím s kravým podpisem času
a proměňte přepych svých pochyb za naději

Řeknu vám něco smutného
Pod žlutým srdcem černého slunce
objevila se skvrna podobna mapě Evropy

Za říhání děl
krevnatý text žalmů stoupal z měst
a v jejich útrobách hryzáno krysami leželo
                              malé dítě přítomnosti

Jen svistotem bludných želez války znící smích mužů
jak bodlák pln pýchy odolával
a Evropa vcházející do nebezpečných let zvracela historii

V měsíci růží a zločinů zářila koruna její tváře
bradavky ňader po kojení smrti lehly popelem
zčernalá spáleniště lásky

Smáčena krví marných dobrodružství
stydí se světelné krásy mrtvých vojáků ptáků bez hlav
obrací se stále vzad

Rozpomíná se na růžové dny
kdy na svých cestách ztrácela pobláznění básníky
jako znamení cesty zpáteční

Smrt je sezobala a cesty vroubí jen houkání sýčků
krajkoví vrásek pokrylo štít její krásy
flór stínů padl na svět

Teď běží úprkem mává slovy jako thyrsem
dáví se hořkými vzpomínkami
pudruje se žíznivou hlínou

Miluje noc torso černé Venuše zlatem pihovaté
s mírným žalem dělí de s ní o lásku
v přílivu hlasů odliv citů nastává

Tma smrk bleskem rozčísnutý
padá s šuměním ranních hejn ptáků
baterie poesie vybuchuje

Dupejte umrlost květů vyčnívajících z hlíny
                              jak klouby kostlivců
křičte chléb a křičte hry
milujíce její marnost která je víc než naše srdce

Europa (1930)

František Halas (1901 – 1949)

Die ihr noch weinen könnt euch allen komme ein Lächeln
über fallendem Laub Blättern blutsigniert von der Zeit
und tauscht den Luxus euerer Zweifel ein in Hoffnung

Ich werde euch etwas Trauriges sagen
Unter der schwarzen Sonne gelbem Herzen
zeigte sich ähnlich der Karte Europas ein Fleck

Im Kanonengerülps
der Psalmen Vollbluttext stieg aus den Städten
in deren Eingeweiden benagt von Ratten
                              der Gegenwart Wickelbalg lag

Nur durchs Gezisch irrfliegender Kriegseisen schallendes Männergelächter
die Distel von Stolz war gefeit
und Europa kommend in mulmige Jahre spie Geschichte

Im Monat der Rosen Zeit der Verbrechen glänzte ihres Gesichts Insignie auf
die Brustwarzen Asche vom Säugen des Todes
geschwärzte Brandstatt der Liebe

Benetzt vom Blut vergeblicher Abenteuer
sie schämt sich der Lichtschönheit toter Soldaten der kopflosen Vögel
wendet zurück sich immer wieder

Der rosigen Tage gedenkt sie
vernarrter auf ihren Pfaden verlorengegangener Dichter
wie Zeichen zur Rückkehr gestreut

Tod hat sie aufgepickt und die Wege säumt nur der Käuzchen Ruf
Dekor von Runzeln bedeckte den Schild ihrer Schönheit
Schattenflor fiel auf die Welt

Jetzt schwenkt sie rasend um Lauf Worte wie einen Thyrsos
würgt an bittrer Erinnerung
pudert mit schrindendem Lehm sich

Sie liebt die Nacht den sommergoldsprossigen Torso der schwarzen Venus
in sanfter Qual teilend die Liebe mit ihr
im Flutschwall der Stimmen beginnt der Gefühle Ebbe

Dunkelheit Fichte blitzzerspalten
stürzt im morgendlich steigenden Rauschen der Vogelschwärme
Batterie Poesie explodiert

Der Blüten Seelenrest ragend im Lehm wie Gelenke von Totengebein
                              Stampft ihn nieder
schreit BROT und schreit SPIELE
in Liebe zu ihrer Vergeblichkeit die mehr ist als unser Herz

*Deutsch von
Manfred Peter Hein
Aus: Auf der Karte
Europas ein Fleck,
Gedichte der
osteuropäischen
Avantgarde,
hrsg. von
Manfred Peter Hein,
Ammann Verlag AG,
Zürich 1991*

Hermann Hesse
(1877 – 1962)
Porträtphoto, 1937

Der Europäer (1918)

Hermann Hesse (1877 – 1962)

Endlich hatte Gott der Herr ein Einsehen und machte dem Erdentage, der mit dem blutigen Weltkrieg geendet, selber ein Ende, indem er die große Flut sandte. Mitleidig spülten die Wasserfluten hinweg, was das alternde Gestirn schändete, die blutigen Schneefelder und die von Geschützen starrenden Gebirge, die verwesenden Leichen zusammen mit denen, die um sie weinten, die Empörten und Mordlustigen zusammen mit den Verarmten, die Hungernden zusammen mit den geistig Irrgewordenen.

Freundlich sah der blaue Weltenhimmel auf die blanke Kugel herab.

Übrigens hatte sich die europäische Technik bis zuletzt glänzend bewährt. Wochenlang hatte sich Europa gegen die langsam steigenden Wasser umsichtig und zäh gehalten. Erst duch ungeheure Dämme, an welchen Millionen von Kriegsgefangenen Tag und Nacht arbeiteten; dann durch künstliche Erhöhungen, die mit fabelhafter Schnelligkeit emporstiegen und anfangs das Aussehen riesiger Terrassen hatten, dann aber mehr und mehr zu Türmen gipfelten. Von diesen Türmen aus bewährte sich menschlicher Heldensinn mit rührender Treue bis zum letzten Tage. Während Europa und alle Welt versunken und ersoffen war, gleisten von den letzten ragenden Eisentürmen noch immer grell und unbeirrt die Scheinwerfer durch die feuchte Dämmerung der untergehenden Erde, und aus den Geschützen sausten in eleganten Bogen die Granaten hin und her. So wurde heldenhaft geschossen bis zur letzten Stunde.

Nun war alle Welt überschwemmt. Der einzige überlebende Europäer trieb auf einem Rettungsgürtel in der Flut und war mit seinen letzten Kräften damit beschäftigt, die Ereignissse der letzten Tage aufzuschreiben, damit eine spätere Menschheit wisse, daß sein Vaterland es gewesen war, das den Untergang der letzten Feinde um Stunden überdauert und sich so für ewig die Siegespalme gesichert hatte.

Da erschien am grauen Horizont schwarz und riesig ein schwerfälliges Fahrzeug, das sich langsam dem Ermatteten näherte. Er erkannte mit Befriedigung eine gewaltige Arche und sah, ehe er in Ohnmacht sank, den uralten Patriarchen groß mit wehendem Silberbart an Bord des schwimmenden Hauses stehen. Ein gigantischer Neger fischte den Dahintreibenden auf, er lebte und kam bald wieder zu sich. Der Patriarch lächelte freundlich. Sein Werk war geglückt, es war von allen Gattungen der irdischen Lebewesen je ein Exemplar gerettet.

Während die Arche gemächlich vor dem Winde lief und auf das Sinken des trüben Wassers wartete, entspann sich an Bord ein buntes Leben. Große Fische folgten dem Fahrzeug in dichten Schwärmen, in bunten, traumhaften Geschwadern schwärmten die Vögel und Insekten über dem offenen Dache, jedes Tier und jeder Mensch war voll inniger Freude, gerettet und einem neuen Leben vorbehalten zu sein. Hell und schrill kreischte der bunte Pfau seinen Morgenruf über die Gewässer, lachend spritzte der frohe Elefant sich und sein Weib aus hochgerecktem Rüssel zum Bade, schillernd saß die Eidechse im sonnigen Gebälk; der Indianer spießte mit raschem Speerstoß glitzernde Fische aus der unendlichen Flut, der Neger rieb am Herde Feuer aus trockenen Hölzern und schlug vor Freude seiner fetten

Frau in rhythmischen Taktfolgen auf die klatschenden Schenkel, mager und steil stand der Hindu mit verschränkten Armen und murmelte uralte Verse aus den Gesängen der Weltschöpfung vor sich hin. Der Eskimo lag dampfend in der Sonne und schwitzte, aus kleinen Augen lachend, Wasser und Fett von sich, beschnuppert von einem gutmütigen Tapir, und der kleine Japaner hatte sich einen dünnen Stab geschnitzt, den er sorgfältig bald auf seiner Nase, bald auf seinem Kinn balancieren ließ. Der Europäer verwendete sein Schreibzeug dazu, ein Inventar der vorhandenen Lebewesen aufzustellen.

Gruppen und Freundschaften bildeten sich, und wo je ein Streit ausbrechen wollte, wurde er von dem Patriarchen durch einen Wink beseitigt. Alles war gesellig und froh, nur der Europäer war mit seiner Schreibarbeit einsam beschäftigt. — Da entstand unter all den vielfarbigen Menschen und Tieren ein neues Spiel, indem jeder im Wettbewerb seine Fähigkeiten und Künste zeigen wollte. Alle wollten die ersten sein, und es mußte vom Patriarchen selber Ordnung geschaffen werden. Er stellte die großen Tiere und die kleinen Tiere für sich, und wieder für sich die Menschen, und jeder mußte sich melden und die Leistung nennen, mit welcher er zu glänzen dachte, dann kam einer nach dem andern an die Reihe.

Dieses famose Spiel dauerte viele Tage lang, da immer wieder eine Gruppe weglief und ihr Spiel unterbrach, um einer anderen zuzusehen. Und jede schöne Leistung wurde von allen mit lautem Beifall bewundert. Wieviel Wunderbares gab es da zu sehen! Wie wurde gelacht, wie wurde Beifall gerufen, gekräht, geklatscht, gestampft, gewiehert!

Wunderbar lief das Wiesel, und zauberhaft sang die Lerche, prachtvoll marschierte der geblähte Truthahn, und unglaublich flink kletterte das Eichhorn. Der Mandrill ahmte den Malaien nach, und der Pavian den Mandrill! Läufer und Kletterer, Schwimmer und Flieger wetteiferten unermüdet, und jeder war in seiner Weise unübertroffen und fand Geltung. Es gab Tiere, die konnten durch Zauber wirken, und Tiere, die konnten sich unsichtbar machen. Viele taten sich durch Kraft hervor, viele durch List, manche durch Verteidigung. Insekten konnten sich schützen, indem sie wie Gras, wie Holz, wie Moos, wie Felsgestein aussahen, und andere unter den Schwachen fanden Beifall und trieben lachende Zuschauer in die Flucht, indem sie sich durch grausame Gerüche vor Angriffen zu schützen wußten. Niemand blieb zurück, niemand war ohne Gaben. Vogelnester wurden geflochten, gekleistert, gewebt, gemauert. Raubvögel konnten aus grausiger Höhe das winzigste Ding erkennen.

Und auch die Menschen machten ihre Sache vortrefflich. Wie der große Neger leicht und mühelos am Balken in die Höhe lief, wie der Malaie mit drei Griffen aus einem Palmblatt ein Ruder machte und auf winzigem Brett zu steuern und zu wenden wußte, das war des Zuschauens wert. Der Indianer traf mit leichtem Pfeil das kleinste Ziel, und sein Weib flocht eine Matte aus zweierlei Bast, die hohe Bewunderung erregte. Alles schwieg lange und staunte, als der Hindu vortrat und einige Zauberstücke zeigte.

Der Chinese aber zeigte, wie man die Weizenernte durch Fleiß verdreifachen konnte, indem man die ganz jungen Pflanzen auszog und in gleichen Zwischenräumen verpflanzte.

Mehrmals hatte der Europäer, der erstaunlich wenig Liebe genoß, den Unwillen seiner Menschenvettern erregt, da er die Taten anderer mit hartem und verächtlichem Urteil bemängelte. Als der Indianer seinen Vogel hoch aus dem Blau des Himmels herunterschoß, hatte der weiße Mann die Achseln gezuckt und behauptet, mit zwanzig Gramm Dynamit schieße man dreimal so hoch! Und als man ihn aufforderte, das einmal vorzumachen, hatte er es nicht gekonnt, sondern hatte erzählt, je wenn er das und dies und jenes und noch zehn andere Sachen hätte, dann könne er es schon machen. Auch den Chinesen hatte er verspottet und gesagt, daß das Umpflanzen von jungem Weizen zwar gewiß unendlichen Fleiß erfordere, daß aber doch wohl eine so sklavische Arbeit ein Volk nicht glücklich machen könne. Der Chinese hatte unter Beifall erwidert, glücklich sei ein Volk, wenn es zu essen habe und die Götter ehre, der Europamann hatte aber auch hierzu spöttisch gelacht.

Weiter ging das fröhliche Wettspiel, und am Ende hatten alle, Tiere und Menschen, ihre Talente und Künste gezeigt. Der Eindruck war groß und freudig, auch der Patriarch lachte in seinen weißen Bart und sagte lobend, nun möge das Wasser ruhig verlaufen und ein neues Leben auf dieser Erde beginnen, um ein unendliches Glück auf Erden zu begründen.

Einzig der Europäer hatte noch kein Kunststück gezeigt, und nun verlangten alle andern stürmisch, er möge vortreten und das Seine tun, damit man sehe, ob auch er ein Recht habe, Gottes schöne Luft zu atmen und in des Patriarchen schwimmendem Hause zu fahren. Lange weigerte sich der Mann und suchte Ausflüchte. Aber nun legte ihm Noah selbst den Finger auf die Brust und mahnte ihn, ihm zu folgen. „Auch ich", so begann nun der weiße Mann, „auch ich habe eine Fähigkeit zu hoher Tüchtigkeit gebracht und ausgebildet. Nicht das Auge ist es, das bei mir besser wäre als bei andern Wesen, und nicht das Ohr oder die Nase oder die Handfertigkeit oder irgend etwas dergleichen. Meine Gabe ist von höherer Art. Meine Gabe ist der Intellekt."

„Vorzeigen!" rief der Neger, und alle drängten näher herzu.

„Da ist nichts zu zeigen", sagte der Weiße mild. „Ihr habt mich wohl nicht recht verstanden. Das, wodurch ich mich auszeichne, ist der Verstand."

Der Neger lachte munter und zeigte schneeweiße Zähne, der Hindu kräuselte spöttisch die dünnen Lippen, der Chinese lächelte schlau und gutmütig vor sich hin.

„Der Verstand?" sagte er langsam. „Also zeige uns, bitte, deinen Verstand. Bisher war nichts davon zu sehen."

„Zu sehen gibt es da nichts", wehrte sich der Europäer mürrisch. Meine Gabe und Eigenart ist diese: ich speichere in meinem Kopf die Bilder der Außenwelt auf und vermag aus diesen Bildern ganz allein für mich neue Bilder und Ordnungen herzustellen. Ich kann die ganze Welt in meinem Gehirn denken, also neu schaffen."

Noah fuhr sich mit der Hand über die Augen.

„Erlaube", sagte er langsam, „wozu soll das gut sein? Die Welt noch einmal schaffen, die Gott schon erschaffen hat, und ganz für dich allein in deinem kleinen Kopf innen – wozu kann das nützen?"

Alle riefen Beifall und brachen in Fragen aus.
„Wartet!" rief der Europäer. „Ihr versteht mich nicht richtig. Die Arbeit des Verstandes kann man nicht so leicht vorzeigen wie irgendeine Handfertigkeit."

Der Hindu lächelte. „O doch, weißer Vetter, das kann man wohl. Zeige uns doch einmal eine Verstandesarbeit. Zum Beispiel: Rechnen. Laß uns einmal um die Wette rechnen! Also: ein Paar hat drei Kinder, welche jedes wieder eine Familie gründen. Jedes von den jungen Paaren bekommt jedes Jahr ein Kind. Wieviel Jahre vergehen, bis die Zahl hundert erreicht ist?"

Neugierig horchten alle zu, begannen an den Fingern zu zählen und krampfhaft zu blicken. Der Europäer begann zu rechnen. Aber schon nach einem Augenblick meldete sich der Chinese, der die Rechnung gelöst hatte. „Sehr hübsch", gab der Weiße zu, „aber das sind bloß Geschicklichkeiten. Mein Verstand ist nicht dazu da, solche kleine Kunststücke zu machen, sondern große Aufgaben zu lösen, auf denen das Glück der Menschheit beruht."

„Oh, das gefällt mir", ermunterte Noah. „Das Glück zu finden, ist gewiß mehr als alle anderen Geschicklichkeiten. Da hast du recht. Schnell sage uns, was du über das Glück der Menschheit zu lehren hast, wir werden dir alle dankbar sein."

Gebannt und atemlos hingen nun alle an den Lippen des weißen Mannes. Nun kam es. Ehre sei ihm, der uns zeigen wird, wo das Glück der Menschheit ruht! Jedes böse Wort sei ihm abgebeten, dem Magier! Was brauchte er die Kunst und Geschicklichkeit von Auge, Ohr und Hand, was brauchte er den Fleiß und die Rechenkunst, wenn er solche Dinge wußte! Der Europäer, der bisher eine stolze Mine gezeigt hatte, begann bei dieser ehrfürchtigen Neugierde allmählich verlegen zu werden.

„Es ist nicht meine Schuld", sagte er zögernd, „aber ihr versteht mich immer falsch! Ich sagte nicht, daß ich das Geheimnis des Glückes kenne. Ich sagte nur, mein Verstand arbeitet an Aufgaben, deren Lösung das Glück der Menschheit fördern wird. Der Weg dahin ist lang, und nicht ich noch ihr werden sein Ende sehen. Viele Geschlechter werden noch über diesen schweren Fragen brüten!"

Hermann Hesse
(1877 1962)

Die Leute standen unschlüssig und mißtrauisch. Was redete der Mann? Auch Noah schaute zur Seite und runzelte die Stirn.

Der Hindu lächelte dem Chinesen zu, und als alle andern verlegen schwiegen, sagte der Chinese freundlich: „Liebe Brüder, dieser weiße Vetter ist ein Spaßvogel. Er will uns erzählen, daß in seinem Kopfe eine Arbeit geschieht, deren Ertrag die Urenkel vielleicht einmal zu sehen bekommen werden, oder auch nicht. Ich schlage vor, wir anerkennen ihn als Spaßmacher. Er sagt uns Dinge, die wir alle nicht recht verstehen können, aber wir alle ahnen, daß diese Dinge, wenn wir sie wirklich verständen, uns Gelegenheit zu unendlichem Gelächter geben würden. Geht es euch nicht auch so? – Gut denn, ein Hoch auf unseren Spaßmacher!"

Die meisten stimmten ein und waren froh, diese dunkle Geschichte zu einem Schluß gebracht zu sehen. Einige aber waren ungehalten und verstimmt, und der Europäer blieb allein und ohne Zuspruch stehen. Der Neger aber, begleitet vom Eskimo, vom Indianer und dem Malaien, kam gegen Abend zu dem Patriarchen und sprach also:

„Verehrter Vater, wir haben eine Frage an dich zu richten. Dieser weiße Bursche, der sich heute über uns lustig gemacht hat, gefällt uns nicht. Ich bitte dich, überlege dir: Alle Menschen und Tiere, jeder Bär und jeder Floh, jeder Fasan und jeder Mistkäfer sowie wir Menschen alle haben irgend etwas zu zeigen gehabt, womit wir Gott Ehre darbringen und unser Leben schützen, erhöhen oder verschönen. Wunderliche Gaben haben wir gesehen, und manche waren zum Lachen; aber jedes kleinste Vieh hatte doch irgend etwas Erfreuliches und Hübsches darzubringen – einzig und allein dieser bleiche Mann, den wir zuletzt auffischten , hat nichts zu geben als sonderbare und hochmütige Worte, Anspielungen und Scherze, welche niemand begreift und welche niemand Freude machen können. – Wir fragen dich daher, lieber Vater, ob es wohl richtig ist, daß ein solches Geschöpf mithelfe, ein neues Leben auf dieser lieben Erde zu begründen? Könnte das nicht ein Unheil geben? Sieh ihn dir doch nur an! Seine Augen sind trüb, seine Stirn ist voller Falten, seine Hände sind blaß und schwächlich, sein Gesicht blickt böse und traurig, kein heller Klang geht von ihm aus! Gewiß, es ist nicht richtig mit ihm – weiß Gott, wer uns diesen Burschen auf unsere Arche geschickt hat!"

Freundlich hob der greise Erzvater seine hellen Augen zu den Fragenden.

„Kinder", sagte er leise und voll Güte, so daß ihre Mienen sofort lichter wurden, „liebe Kinder! Ihr habt recht und habet auch unrecht mit dem, was ihr saget! Aber Gott hat schon seine Antwort darauf gegeben, noch ehe ihr gefragt habt. Ich muß euch zustimmen, der Mann aus dem Kriegslande ist kein sehr anmutiger Gast, und man sieht nicht recht ein, wozu solche Käuze da sein müssen. Aber Gott, der diese Art nun einmal geschaffen hat, weiß gewiß wohl, warum er es tat. Ihr alle habt diesen weißen Männern viel zu verdanken, sie sind es, die unsere arme Erde wieder einmal bis zum Strafgericht verdorben haben. Aber sehet, Gott hat ein Zeichen dessen gegeben, was er mit dem weißen Manne im Sinne hat. Ihr alle, du Neger und du Eskimo, habt für das neue Erdenleben, das wir bald zu beginnen hoffen, eure lieben Weiber mit, du deine Negerin, du deine Indianerin, du dein Eskimo-weib. Einzig der Mann aus Europa ist allein. Lange war ich traurig darüber, nun aber glaube ich, den Sinn davon zu ahnen. Dieser Mann bleibt uns aufbehalten als eine Mahnung und ein Antrieb, als ein Gespenst vielleicht. Fortpflanzen aber kann er sich nicht, es sei denn, er tauche wieder in den Strom der vielfarbigen Mensch-heit unter. Euer Leben auf der neuen Erde wird er nicht verderben dürfen. Seid getrost!"

Die Nacht brach ein, und am nächsten Morgen stand im Osten spitz und klein der Gipfel des heiligen Berges aus den Wassern.

Januar 1918

Aus: Hermann Hesse:
Der Europäer,
Suhrkamp Verlag
vorm.
S. Fischer Verlag,
Berlin 1946

Max Beckmann
(1884 – 1950)
Der Raub der Europa,
1933
Aquarell über Bleistift
51,1 x 69,9 cm
Bez. u. r.:
Beckmann / 33
Privatbesitz

hymn pokuju (1921)

Stanisław Młodożeniec (1895 – 1959)

Wiwat świat...
ludzie czarni, czerwoni, żółci i biali
  z Europy – Azji – Australii –
  z Afryki, Ameryki –
  odludki na wyspach
  po kolorowych calujcie się pyskach –
     bruderszaft –

CHLAJCIE OCEAN SPOKOJNY
I PLUJCIE NA WOJNĘ –

  o chleb się szarpie kiep —
  gdy braknie chleba – jedzcie muszki –
  święty Jan z miodem jadł szarańczę –
  i przed Bogiem tańczył –
  a Bóg mu swoje pozwolił całować paluszki

CHLAJCIE OCEAN SPOKOJNY
I PLUJCIE NA WOJNĘ

  czarni – czerwoni – biali i żółci
  niewolnicy dzicy językowych bredni
  kiedy was wielkie życie bezpośredni –
  nie lejcie żółci –
  najlepsi – historyk i geograf –
     to oni

  edison i marconi
  telefon i kinematograf

CHLAJCIE OCEAN SPOKOJNY
I PLUJCIE NA WOJNĘ

  wierz w to co widzisz, macasz i łapiesz
  i na czym się wieszasz –
  a nie w papier –
  choćby go papież pisał i cesarz

  niech ksiądz i pop i mułła i rabin
  odrzucą święty karabin
  bo świat ten zamienią na psiarnię –
  i wyskubią wszystkie włoski
     z brody boskiej –

CHLAJCIE OCEAN SPOKOJNY
I PLUJCIE NA WOJNĘ

  biali – czerwoni – żółci i czarni –
  Polaku – Turku – Kacapie – Hunhuzie –
  siądźcie na ziemi – jak na cudownej kanapie
  i wetknijcie w buzię,
  w ten nienawiści wulkan, który wybuchł
    miłości cybuch -

CHLAJCIE OCEAN SPOKOJNY
I PLUJCIE NA WOJNĘ –

friedenshymne

Stanisław Młodożeniec (1895 – 1959)

Es lebe die Welt …
    menschen – schwarze, rote, gelbe und weiße
    aus Europa – Asien – Australien –
    aus Afrika, Amerika –
    menschenscheue inselbewohner
    küßt euch auf eure farbigen schnäuzchen –
        bruderschaft –

SCHLABBERT DEN STILLEN OZEAN
UND SPUCKT AUF DEN KRIEG

    ums brot rauft sich der idiot –
    wenn kein brot da ist – eßt fliegen –
    der heilige Johannes hat heuschrecken mit honig
        gegessen –
    und Gott was vorgetanzt
    dafür durfte er Gott die fingerchen küssen

SCHLABBERT DEN STILLEN OZEAN
UND SPUCKT AUF DEN KRIEG

    schwarze – rote – weiße und gelbe
    wilde sklaven sprachlicher hirngespinste
    wenn euch das große leben verunmittelbart –
    vergießt keine galle –
    die besten sind die historiker und geographen –
        sie sind
    edison und marconi
    telephon und kinematograph

SCHLABBERT DEN STILLEN OZEAN
UND SPUCKT AUF DEN KRIEG

    glaub nur was du siehst, spürst und faßt
    und woran du dich aufhängst –
    bloß an kein papier –
    wenns dreist kaiser und papst geschrieben hat

    pfarrer und pope und mullah und rabbi
    sollen erstmal den heiligen karabiner abschaffen
    sonst machen sie die welt zum hundehaus –
    und zupfen sämtliche härchen
        aus gottes bärtchen –

SCHLABBERT DEN STILLEN OZEAN
UND SPUCKT AUF DEN KRIEG

    weiße – rote – gelbe und schwarze
    Pole – Türke – Katzappe – Hunghuse
    setzt euch auf die erde – wie auf ein wundersofa
    und stopft euch ins schnäuzchen
    in dieses haßvulkanes feuerspeien –
        die liebespfeife

SCHLABBERT DEN STILLEN OZEAN
UND SPUCKT AUF DEN KRIEG

Deutsch von Rolf Fieguth Aus: Auf der Karte Europas ein Fleck, Gedichte der osteuropäischen Avantgarde, hrsg. von Manfred Peter Hein, Ammann Verlag AG, Zürich 1991

*Stefan Zweig
(1881 – 1942)
Paßphotos,
London 1940*

Erinnerungen eines Europäers (1944)*

Stefan Zweig (1881 – 1942)

*Überschrift
nicht vom Autor

Und ich mußte immer an das Wort denken, das mir vor Jahren ein exilierter Russe gesagt: „Früher hatte der Mensch nur einen Körper und eine Seele. Heute braucht er noch einen Paß dazu, sonst wird er nicht wie ein Mensch behandelt."

In der Tat: nichts vielleicht macht den ungeheuren Rückfall sinnlicher, in den die Welt seit dem ersten Weltkrieg geraten ist, als die Einschränkung der persönlichen Bewegungsfreiheit des Menschen und die Verminderung seiner Freiheitsrechte. Vor 1914 hatte die Erde allen Menschen gehört. Jeder ging, wohin er wollte und blieb, solange er wollte. Es gab keine Erlaubnisse, keine Verstattungen, und ich ergötze mich immer wieder neu an dem Staunen junger Menschen, sobald ich ihnen erzähle, daß ich vor 1914 nach Indien und Amerika reiste, ohne einen Paß zu besitzen oder überhaupt je gesehen zu haben. Man stieg ein und stieg aus, ohne zu fragen und gefragt zu werden, man hatte nicht ein einziges von den hundert Papieren auszufüllen, die heute abgefordert werden. Es gab keine Permits, keine Visen, keine Belästigungen; dieselben Grenzen, die heute von Zollbeamten, Polizei, Gendarmerieposten dank des pathologischen Mißtrauens aller gegen alle in einen Drahtverhau verwandelt sind, bedeuteten nichts als symbolische Linien, die man ebenso sorglos überschritt wie den Meridian in Greenwich. Erst nach dem Kriege begann die Weltverstörung durch den Nationalismus, und als erstes sichtbares Phänomen zeitigte diese geistige Epidemie unseres Jahrhunderts die Xenophobie: den Fremdenhaß oder zumindesten die Fremdenangst. Überall verteidigte man sich gegen den Ausländer, überall schaltete man ihn aus. All die Erniedrigungen, die man früher ausschließlich für Verbrecher erfunden hatte, wurden jetzt vor und während einer Reise jedem Reisenden auferlegt. Man mußte sich photographieren lassen von rechts und links, im Profil und en face, das Haar so kurz geschnitten, daß man das Ohr sehen konnte, man mußte Fingerabdrücke geben, erst nur den Daumen, dann alle zehn Finger, mußte überdies Zeugnisse, Gesundheitszeugnisse, Impfzeugnisse, polizeiliche Führungszeugnisse, Empfehlungen vorweisen, mußte Einladungen präsentieren können und Adressen von Verwandten, mußte moralische und finanzielle Garantien beibringen, Formulare ausfüllen und unterschreiben, in dreifacher, vierfacher Ausfertigung, und wenn nur eines aus diesem Schock Blätter fehlte, war man verloren.

Das schienen Kleinigkeiten. Und auf den ersten Blick mag es meinerseits kleinlich erscheinen, sie überhaupt zu erwähnen. Aber mit diesen sinnlosen ‘Kleinigkeiten’ hat unsere Generation unwiederbringlich kostbare Zeit sinnlos vertan. Wenn ich zusammenrechne, wieviele Formulare ich ausgefüllt habe in diesen Jahren, Erklärungen bei jeder Reise, Steuererklärungen, Devisenbescheinigungen, Grenzüberschreitungen, Aufenthaltsbewilligungen, Ausreisebewilligungen, Anmeldungen und Abmeldungen, wie viele Stunden ich gestanden in Vorzimmern von Konsulaten und Behörden, vor wie vielen Beamten ich gesessen habe, freundlichen und unfreundlichen, gelangweilten und überhetzten, wie viele Durchsuchungen an Grenzen und Befragungen ich mitgemacht, dann empfinde ich erst, wieviel von der Menschenwürde verlorengegangen ist in diesem Jahrhundert, das wir als junge Menschen gläubig geträumt als eines der Freiheit, als die kommende Ära des Weltbürgertums. Wieviel ist unserer Produktion, unserem Schaffen, unserem Denken durch diese unproduktive und gleichzeitig die Seele erniedrigende Quengelei genommen worden! Denn jeder von uns hat in diesen Jahren mehr amtliche Verordnungen studiert als geistige Bücher, der erste Weg in einer fremden Stadt, in einem fremden Land ging nicht mehr wie einstens zu den Museen, zu den Landschaften, sondern auf ein Konsulat, eine Polizeistube, sich eine 'Erlaubnis' zu holen. Wenn wir beisammensaßen, dieselben, die früher Gedichte Baudelaires gesprochen und mit geistiger Leidenschaft Probleme erörtert, ertappten wir uns, daß wir über Affidavits und Permits redeten, und ob man ein Dauervisum beantragen solle oder ein Touristenvisum; eine kleine Beamtin bei einem Konsulat zu kennen, die einem das Warten abkürzte, war im letzten Jahrzehnt lebenswichtiger als die Freundschaft eines Toscanini oder eines Rolland. Ständig sollte man fühlen, mit freigeborener Seele, daß man Objekt und nicht Subjekt, nichts unser Recht und alles nur behördliche Gnade war. Ständig wurde man vernommen, registriert, numeriert, perlustriert, gestempelt, und noch heute empfinde ich als unbelehrbarer Mensch einer freieren Zeit und Bürger einer geträumten Weltrepublik jeden dieser Stempel in meinem Paß wie eine Brandmarkung, jede dieser Fragen und Durchsuchungen wie eine Erniedrigung. Es sind Kleinigkeiten, immer nur Kleinigkeiten, ich weiß es, Kleinigkeiten in einer Zeit, wo der Wert des Menschenlebens noch rapider gestürzt ist als jener der Währungen. Aber nur, wenn man diese kleinen Symptome festhält, wird eine spätere Zeit den richtigen klinischen Befund der geistigen Verhältnisse und der geistigen Verstörung aufzeichnen können, die unsere Welt zwischen den beiden Weltkriegen ergriffen hat.

Vielleicht war ich von vordem zu sehr verwöhnt gewesen. Vielleicht wurde auch meine Empfindlichkeit durch die schroffen Umschaltungen der letzten Jahre allmählich überreizt. Jede Form von Emigration verursacht an sich schon unvermeidlicherweise eine Art von Gleichgewichtsstörung. Man verliert – auch dies muß erlebt sein, um verstanden zu werden – von seiner geraden Haltung, wenn man nicht die eigene Erde unter sich hat, man wird unsicherer, gegen sich selbst mißtrauischer. Und ich zögere nicht zu bekennen, daß seit dem Tage, da ich mit eigentlich fremden Papieren oder Pässen leben mußte, ich mich nie mehr ganz als mit mir zusammengehörig empfand. Etwas von der natürlichen Identität mit meinem ursprünglichen und eigentlichen Ich blieb für immer zerstört. Ich bin zurückhaltender geworden, als meiner Natur eigentlich gemäß wäre und habe – ich , der einstige Kosmopolit – heute unablässig das Gefühl, als müßte ich jetzt für jeden Atemzug Luft besonders danken, den ich einem fremden Volke wegtrinke. Mit klarem Denken weiß ich natürlich um die Absurdität dieser Schrullen, aber wann vermag Vernunft etwas wider das eigene Gefühl! Es hat mir nicht geholfen, daß ich fast durch ein halbes Jahrhundert mein Herz erzogen, weltbürgerlich als das eines 'citoyen du monde' zu schlagen. Nein, am Tage, da ich meinen Paß verlor, entdeckte ich mit achtundfünfzig Jahren, daß man mit seiner Heimat mehr verliert als einen Fleck umgrenzter Erde.

Aus: Stefan Zweig, Die Welt von Gestern, Erinnerungen eines Europäers, Bermann-Fischer Verlag A.B. Stockholm 1944 Alle Rechte vorbehalten S. Fischer Verlag, Frankfurt am Main

Das Haus der tausend Schicksale

Geschrieben zum fünfzigsten Jahrestag
des „Shelter" in London (1937)

Stefan Zweig (1881 – 1942)

Wenn Du heute reist von einem Lande zum anderen, im Schiff oder in der Bahn, und Du Zeit hast und die Kunst zu beobachten, so wird es Dir immer wieder auffallen, wie viele unter den reisenden Menschen sich plötzlich verändern, sobald sie sich der Grenze nähern. Sie werden unruhig, sie können nicht mehr sitzenbleiben, sie wandern auf und ab mit gespannten Mienen. Eine Angst hat sie überfallen, man sieht es ihnen an, eine geheimnisvolle Angst. Denn eine Stunde noch, eine halbe Stunde, dann beginnt die Fremdheit und damit die große Unsicherheit. Man ist losgelöst von allem Gewohnten, anders sind die Sitten, anders die Gesetze, anders die Sprache, und die Beunruhigung, die sie dort erwartet, ergreift schon jetzt von ihrem ganzen Wesen Besitz. Geradezu körperlich sieht man ihre Sorgen, denn immer tasten sie mit nervösen Fingern an die Brusttasche hin, wo sie ihren Paß, ihr bißchen Geld und ihre Papiere haben. Zu Hause hat man ihnen versichert, daß alles in Ordnung sei, sie haben bezahlt für Stempel und Gebühren. Aber doch, aber doch, wird es gelten? Wird man ihnen nicht noch im letzten Augenblick die Tür verriegeln zu dem fremden Land? Unruhiger und unruhiger wandern sie auf und nieder, je näher man der Grenze kommt. Und wenn Du sie ansiehst, mitleidig ergriffen, sehen sie scheu zurück. Man fühlt, sie möchten Dich fragen, mit Dir sprechen, sich beruhigen, sich trösten lassen in ihrer Unsicherheit, einen Freund, einen Helfer haben in dieser Fremde, die jetzt vor ihnen beginnt. Aber gleichzeitig ist man ihnen verdächtig, denn zu Hause hat man sie gewarnt vor den Fremden, die sich andrängen und noch die Ärmsten in ihrer Armut berauben wollen. Und so ducken sie sich wieder scheu und ängstlich, bis dann der Augenblick kommt, wo sie vor den Grenzbeamten treten wie Angeklagte vor einen Richter.

Tausende und aber Tausende solcher Menschen sind heute unterwegs und viele Juden sind unter ihnen. Denn wieder einmal ist ein großer Sturm durch die Welt gefahren und reißt die Blätter vom tausendjährigen Stamm und wirbelt sie über die Straßen der Erde. Wieder, wie ihre Väter und Urväter, müssen unzählige Juden das Land verlassen und das Haus, in dem sie friedlich wohnten, und sich irgendwo – meist wissen sie selbst nicht, wo – eine neue Heimat suchen. Aber wenn es immer schwer war, Fremde zu bestehen, so nie schwerer als in unseren Tagen. Denn feindselig und eifersüchtig sperren sich die Länder gegeneinander ab. Es ist mehr Mißtrauen unter den Menschen als je zu einer Zeit, und wer heute heimatlos ist, der ist es mehr, als jemals ein Volk gewesen.

Sieh sie darum gut an, die Heimatlosen, Du Glücklicher, der Du weißt, wo Dein Haus ist und Deine Heimat, der Du, heimkehrend von der Reise, Dein Zimmer gerüstet findest und Dein Bett, und die Bücher stehen um Dich, die Du liebst, und die Geräte, die Du gewohnt bist. Sieh sie Dir gut an, die Ausgetriebenen, Du Glücklicher, der Du weißt, wovon Du lebst und für wen, damit Du demütig begreifst, wie Du durch Zufall bevorzugt bist vor den anderen. Sieh sie Dir gut an, die Menschen dort zusammengedrängt am Rande des Schiffes, und tritt zu ihnen, sprich zu ihnen, denn schon dies ist Tröstung, daß Du zu ihnen trittst, und indem Du sie ansprichst in ihrer Sprache, trinken sie unbewußt einen Atemzug der Heimat, die sie verlassen haben, und ihre Augen werden hell und beredt. Frag sie, wohin sie fahren! Die Gesichter werden dunkel. Nach Südamerika wanderten sie, dort hätten sie Verwandte. Aber würden sie dort ihren Unterhalt finden, würden sie dort arbeiten können und sich ein neues Leben bauen? Und weiter fragt man, wie lange sie in London blieben. Oh, nur drei Tage bis zum nächsten Schiff. Ob sie die Sprache sprächen? Nein. Ob sie dort Menschen kennten, die ihnen helfen könnten? Nein. Ob sie Geld genug hätten für die Unterkunft? Nein. Wie sie also es anfangen würden, um sich dort durchzuschlagen diese drei Tage und Nächte? Aber da lächeln sie zuversichtlich und getrost: „Dafür ist gesorgt. Wir gehen in den Shelter."

Shelter? Ich weiß nicht, was das ist, obzwar ich ziemlich lange in London gewesen. Nie hat mir jemand von diesem Hause, von dieser Institution gesprochen. Aber sonderbar, all diese Juden aus den fernsten und fremdesten Städten wissen davon. In Polen, in der Ukraine, in Lettland und Bulgarien, vom einen Ende Europas bis zum anderen wissen alle armen Juden vom Shelter in London. So wie ein einzelner Stern von unzähligen Menschen gesehen wird, die selbst einer vom anderen nichts wissen, so ist dieser Name für sie eine Gemeinschaft des Trostes, und vom einen bis zum anderen Ende der jüdischen Welt geht diese Saga weiter von Mund zu Mund, die Saga vom Shelter in London, daß es irgendwo ein Haus gibt, das den wandernden Juden – und wie viele müssen wandern! – Rast gibt für den ermüdeten Leib und Trost für die Seele, ein Haus, das ihnen Ruhe schenkt für ein paar Tage und ihnen noch weiterhilft auf dem Wege von Fremde zu Fremde. Daß gerade ich, der doch oft in London gelebt, der einzige war unter all diesen Juden am Schiff, der nicht wußte von diesem Hause, beschämte mich sehr. Denn so sind wir: von all dem Schlechten, was auf Erden geschieht, erfahren wir. Jeden Morgen schreit uns die Zeitung Krieg und Mord und Verbrechen ins Gesicht, der Wahnwitz der Politik überfüllt unsere Gedanken, aber von dem Guten, das im Stillen geschieht, erfahren wir selten. Und gerade dies täte not in einer Zeit wie der unsern, denn jede moralische Leistung erregt in uns durch ihr Beispiel die wahrhaft wertvollen Kräfte, und jeder Mensch wird besser, wenn er redlich das Gute zu bewundern weiß.

So ging ich, diesen Shelter zu sehen. Es ist ein Haus im East-End in einer unscheinbaren Gasse, aber jede Not hat noch immer den Weg zu ihm gefunden. Zweckdienlich eingerichtet, ohne jeden Luxus, aber von besonderer Reinlichkeit, wartet es mit immer geöffneter Tür auf den Wandernden, den Auswanderer, der hier rasten will. Ein Bett steht ihm bereit, ein Tisch ist ihm gerüstet und mehr noch: er kann Rat haben und Hilfe inmitten fremder Welt. Die Sorge, die ihn drängt, er kann sie endlich unbesorgt vor freundlichen Helfern aussprechen, man denkt, man schreibt für ihn und sucht ihm wenigstens ein Stück des schweren unbekannten Weges zu bahnen, der vor ihm liegt. Inmitten der ungeheuren Unsicherheit, die für Tausende jetzt das Leben wie eine frostige Nebelwolke umhüllt, fühlt er für ein paar Tage Wärme und Licht der Menschlichkeit und – wirklicher Trost in all seiner Trostlosigkeit – er sieht, er erlebt, daß er nicht einsam und verlassen ist in der Fremde, sondern der Gemeinschaft seines Volkes und der höheren Gemeinschaft des Menschlichen verbunden.

Lange Rast freilich ist keinem gegönnt, denn das jüdische Elend geht heute wie ein unaufhörlicher Strom durch die Welt. Eine andere Vertriebenheit als die seine wird morgen in diesem Bette ruhen, eine andere an dem Tische essen: Tausende und Tausende Menschen haben in den fünfzig Jahren seit seiner Gründung geruht und sich gekräftigt in diesem Shelter und sind dankbar weitergegangen; kein Dichter hätte Erfindungskraft genug, um die Vielfältigkeit, die Tragik dieser tausend Schicksale zu schildern. Denn wo eine neue Welle des Unglücks sich erhebt in der Welt, ob in Deutschland oder Polen oder Spanien, schwemmt sie zerbrochene, zertrümmerte Existenzen heran gegen dieses eine – den Glücklichen, den Reichen, den Sorglosen unbekannte – Haus, das bisher ruhmreich jedem Ansturm standgehalten und dessen Hüter mit bewundernswerter Hingabe ihrer Helferpflicht gedient. Wenn sie auch immer nur einen Tropfen abschöpfen können aus dem unerschöpflichen Meere des menschlichen, des jüdischen Elends, wie viel ist schon damit getan, einem Heimatlosen nur für Stunden das Gefühl der Heimat zu geben, einem schon völlig Verzagten neue Sicherheit! Wundervoll darum dieses Haus, das den Vertriebenen dient und den Heimatlosen! Dank allen, die es erschaffen und erhalten, dies unbekannte und unvergleichliche Denkmal menschlicher Solidarität!

Aus: Stefan Zweig,
Auf Reisen, S. Fischer
Verlag, Frankfurt am
Main 1987
Erstmals veröffentlicht
in: Mitteilungsblatt des
Hilfsvereins deutsch-
sprachiger Juden,
Buenos Aires,
Jg. 4, 1. März 1937

Stefan Zweig
(1841 – 1942)
Porträtphoto um 1912

Romain Rolland
Die Stimme Europas, das Gewissen der Welt*

Stefan Zweig (1881 – 1942)

So erhebt sich dieses Leben aus dem Dunkel in die Zeit: still bewegt, aber immer von den stärksten Kräften, scheinbar abseitig, aber wie kein anderes mit dem unheilvoll wachsenden Schicksal Europas verbunden. Von seiner Erfüllung aus gesehen, ist alles Hemmende, die vielen Jahre des unbekannten, des vergeblichen Ringens, notwendig darin, jede Begegnung symbolisch: wie ein Kunstwerk baut es sich auf in einer weisen Ordnung von Wille und Zufall. Und es hieße klein vom Schicksal denken, betrachtete man es bloß als Spiel, daß dieser Unbekannte gerade in den Jahren zu einer öffentlichen moralischen Macht geworden war, da wie nie ein Anwalt des geistigen Rechtes uns allen vonnöten war.

Mit diesem Jahre 1914 verlischt die private Existenz Romain Rollands: sein Leben gehört nicht mehr ihm, sondern der Welt, seine Biographie wird Zeitgeschichte, sie läßt sich nicht mehr ablösen von seiner öffentlichen Tat. Aus seiner Werkstatt ist der Einsame zum Werk in die Welt geschleudert: er, den bisher niemand gekannt hat, lebt bei offenen Türen und Fenstern, jeder Aufsatz, jeder Brief wird Manifest, wie ein heroisches Schauspiel baut seine persönliche Existenz sich auf. Von der Stunde ab, da seine teuerste Idee, die Einheit Europas, sich selbst zu vernichten droht, tritt er aus der Stille seiner Verborgenheit ins Licht, er wird Element der Zeit, unpersönliche Gewalt, ein Kapitel in der Geschichte des europäischen Geistes: und so wenig man Tolstois Leben trennen darf von seiner agitatorischen Tat, so wenig kann man hier den wirkenden Menschen von seiner Wirkung abzugrenzen versuchen. Seit 1914 ist Romain Rolland ganz eines mit seiner Idee und ihrem Kampf. Er ist nicht mehr Schriftsteller, Dichter, Künstler, nicht mehr Eigenwesen. Er ist die Stimme Europas in seiner tiefsten Qual. Er ist d a s G e w i s s e n d e r W e l t .

Aus: Stefan Zweig,
Romain Rolland,
Der Mann und das
Werk,
Verlag
Rütten & Loening
Literarische Anstalt,
Frankfurt am Main
1921

*Überschrift
nicht vom Autor

Brief an Stefan Zweig

Romain Rolland (1866 – 1944)

Sonntag, 1. Mai 1910

Aus:
Romain Rolland –
Stefan Zweig,
Briefwechsel
1910 – 1940, Bd. 1,
Verlag
Rütten & Loening,
Berlin 1987

Lieber Herr Zweig

Ich danke Ihnen herzlich für Ihr schönes Buch über einen Dichter, den ich bewundere, ebenso für die freundlichen Zeilen, die es begleiten. Es überrascht mich nicht, daß wir Sympathie füreinander empfinden. Seit ich zum erstenmal Verse von Ihnen gelesen habe, weiß ich, daß wir in mancherlei Hinsicht gleich fühlen: in der Poesie der Glocken, des Wassers, der Musik und der Stille. Und Sie sind ein Europäer. Ich bin es auch, aus vollem Herzen. Die Zeit ist nicht mehr fern, da selbst Europa das kleine Vaterland sein und uns nicht mehr genügen wird. Dann werden wir das Denken anderer Völker in den poetischen Chor aufnehmen, um den harmonischen Zusammenklang der Menschheitsseele wiederherzustellen.

Seien Sie meiner aufrichtigen Wertschätzung versichert

Romain Rolland

162, boulevard Montparnasse

Romain Rolland im
Gespräch mit
Mahatma Gandhi in
der Villa Olga
in Villeneuve-
Montreux, Schweiz.
Am Boden sitzt
Gandhis Sekretärin,
Miss Slade,
rechts Rollands
Schwester und
Gandhis Sohn

Der „gute Europäer"*

Harry Graf Kessler (1868 – 1937)

Nietzsche dachte sich den neuen Menschen als „guten Europäer". Die Stelle, wo er das mit dem größten Nachdruck ausgesprochen und mit allem Zauber seiner Sprache umkleidet hat, gehört zu den berühmtesten in 'Jenseits von Gut und Böse': „Dank der krankhaften Entfremdung, welche der Nationalitätswahnsinn zwischen die Völker Europas gelegt hat und noch legt, dank ebenfalls den Politikern des kurzen Blicks und der raschen Hand, die heute mit seiner Hilfe obenauf sind und gar nicht ahnen, wie sehr die auseinanderlösende Politik, welche sie treiben, notwendig nur Zwischenaktspolitik sein kann, dank alledem und manchem heute ganz Unaussprechbaren werden jetzt die unzweideutigsten Anzeichen übersehen oder willkürlich und lügenhaft umgedeutet, in denen sich ausspricht, daß Europa Eins werden will. Bei allen tieferen und umfänglicheren Menschen dieses Jahrhunderts war es die eigentliche Gesamtrichtung in der geheimnisvollen Arbeit ihrer Seele, den Weg zu jener neuen Synthesis vorzubereiten und versuchsweise den Europäer der Zukunft vorwegzunehmen ... Ich denke an Menschen wie Napoleon, Goethe, Beethoven, Stendhal, Heinrich Heine, Schopenhauer: man verarge es mir nicht, wenn ich auch Richard Wagner zu ihnen rechne, über den man sich nicht durch seine eigenen Mißverständnisse verführen lassen darf ... Sie sind sich in allen Höhen und Tiefen ihrer Bedürfnisse verwandt, grundverwandt: Europa ist es, das Eine Europa, dessen Seele sich durch ihre vielfältige und ungestüme Kunst hinaus-, hinaufdrängt und sehnt – wohin? in ein neues Licht ? nach einer neuen Sonne? ... Gewiß ist, daß der gleiche Sturm und Drang sie quälte, daß sie auf gleiche Weise suchten, diese letzten großen Suchenden." ('Jenseits von Gut und Böse' Aphorismus 256)

Aus:
Harry Graf Kessler,
Ges. Schriften in drei
Bänden,
hrsg. von Cornelia
Blasberg und Gerhard
Schuster, Bd. I,
Gesichter und Zeiten,
Fischer Taschenbuch
Verlag,
Frankfurt am Main
1988

*Überschrift nicht vom
Autor

Andy Warhol
(1928 – 1987)
Beethoven, 1987
Synthetische, polymere
Ölfarbe
und Seidensiebdruck
auf Leinwand
101,6 x 101,6 cm
The Andy Warhol
Foundation,
New York

An die Völker der Erde (1945)

Werner Bergengruen (1892 – 1964)

Zwölf, du äußerste Zahl und Maß der Vollkommenheiten,
Zahl der Reife, der heilig gesetzten ! Vollendung der Zeiten!
Zwölfmal ist das schütternde Eis auf den Strömen geschwommen,
Zwölfmal das Jahr zu des Sommers glühendem Scheitel geklommen,
Zwölfmal kehrten die Schwalben, weißbrüstige Pfeile, nach Norden,
Zwölfmal ist gesät und zwölfmal geerntet worden.
Zwölfmal grünten die Weiden und haben die Bäche beschattet,
Kinder wuchsen heran und Alte wurden bestattet,
Viertausend Tage, viertausend unendliche Nächte,
Stunde für Stunde befragt, ob eine das Zeichen brächte!
Völker, Ihr zählt, was an Frevel in diesem Jahrzwölf geschehen.
Was gelitten wurde, hat keiner von Euch gesehen,
Keiner die Taufe, darin wir getauft, die Buße, zu der wir erwählt.
Und der Engel allein hat Striemen und Tränen gezählt.
Er nur vernahm durch Fanfarengeschmetter, Festrufe und Glockendröhnen
Der Gefolterten Schreien, Angstseufzer und Todesstöhnen,
Er nur den flatternden Herzschlag aus nächtlichen Höllenstunden,
Er nur das Wimmern der Frauen, denen die Männer verschwunden,
Er nur den lauernden Schleichschritt um Fenster und Pforten,
Er nur das Haßgelächter der Richter und Häftlingseskorten –

Völker der Welt, die der Ordnung des Schöpfers entglitt,
Völker, wir litten für Euch und für Eure Verschuldungen mit.
Litten, behaust auf Europas uralter Schicksalsbühne,
Litten stellvertretend für Alle ein Leiden der Sühne.
Völker der Welt, der Abfall war allen gemein:
Gott hatte jedem gesetzt, des Bruders Hüter zu sein.
Völker der Welt, die mit uns dem nämlichen Urgrund entstammen:
'Zwei Jahrtausende stürzten vor Euren Grenzen zusammen.
Alle Schrecknis geschah vor Euren Ohren und Blicken,
Und nur ein Kleines war es, den frühen Brand zu ersticken.
Neugierig wittertet Ihr den erregenden Atem des Brandes.
Aber das Brennende war der Herzschild des Abendlandes!
Sicher meintet Ihr Euch hinter Meeren und schirmendem Walle
Und vergaßt das Geheimnis: Was Einen trifft, das trifft Alle.
Jeglicher ließ von der Trägheit des Herzens sich willig verführen.
Jeglicher dachte: „Was tut es … An mich wird das Schicksal nicht rühren ..
Ja, vielleicht ist's ein Vorteil … Das Schicksal läßt mit sich reden… "
Bis das Schicksal zu reden begann, ja zu reden mit einem jeden.
Bis der Dämon, gemästet, von unserem Blute geschwellt.
Brüllend über die Grenzen hervorbrach, hinein in die Welt.

Völker der Erde, Ihr haltet Euer Gericht.
Völker der Erde, vergeßt dieses Eine nicht:
Immer am lautesten hat sich der Unversuchte entrüstet,
Immer der Ungeprüfte mit seiner Stärke gebrüstet,
Immer der Ungestoßene gerühmt, daß er niemals gefallen.
Völker der Welt, der Ruf des Gerichts gilt uns Allen.
Alle verklagt das gemeinsam Verratene, gemeinsam Entweihte.
Völker, vernehmt mit uns Allen das Göttliche: Metanoeite!*

Aus dem damals noch unveröffentlichten Zyklus „Dies irae", geschrieben im Sommer 1945, abgedruckt in: Süddeutsche Zeitung, 1. Jg., Nr. 1, München, Samstag 6. Oktober 1945

*„Metanoeite", der Ruf Johannes des Täufers, bedeutet: Werdet andere.

René Magritte
(1898 – 1967)
Le grande style, 1951
Öl auf Leinwand
31,5 x 23,6 cm
Collection Fondation
de Menil, Houston

Eugène Ionesco
(geb. 1912)
Poträtphoto

Für Kultur, gegen Politik

Eugène Ionesco (geb. 1912)

Im Prinzip ist die Kultur von der Politik nicht zu trennen. Kultur, Politik, das ist unser Leben. Tatsächlich bilden die Künste, die Philosophie, die Metaphysik, die Religion oder andere Formen des Geisteslebens wie die Naturwissenschaften die Kultur. Doch hat die Politik, die im Grunde das Wissen um unsere Beziehungen und die Kunst, sie zu organisieren, sein sollte, um das Leben in der Gesellschaft, das eigentliche kulturelle Leben, zu ermöglichen, heutzutage die anderen Manifestationen des Geistes überrundet. Die Politik, die die Organisation jeder Gesellschaft sein sollte, ist auf chaotische Weise zu einer Organisation um der Organisation willen geworden; das führte zur Desorganisation des kulturellen Bereichs auf Kosten der Metaphysik, der Kunst, der Spiritualität und auch der Wissenschaft. Indem sie sich also übergreifend auf die anderen Betätigungen des Menschen entwickelte, hat die Politik die Menschheit toll gemacht. Sie ist nur noch ein unsinniger Kampf um die Macht, sie hat alle Energien des modernen Menschen mobilisiert und monopolisiert. Tatsächlich gibt es keine Ideologie mehr, keine Philosophie, keine Kunst, ja selbst die Wissenschaft ist in den totalitären Ländern der Politik unterworfen, Wissen und Kreation ebenfalls. Wenn wir sagen, es gibt weder Ideologie noch Philosophie mehr, so meinen wir, daß keinerlei freies Denken von der Politik mehr gestattet wird. Jedwede Politik sollte eine Perspektive anvisieren, die über sie hinausgeht. Doch die Religion ist tot, oder sie schläft. Der Marxismus war eine ganzheitliche Doktrin, die mittels politischen Handelns zur Befreiung von Mensch und Geist und in aller Freiheit zur philosophischen oder wissenschaftlichen Erkenntnis führen sowie der Suche nach unserem Endzweck dienlich sein sollte. Aber statt zur erhofften Befreiung ist die Politik zu fanatischer, stumpfer Bindung geworden, die jede Kritik und jede Infragestellung ablehnt. Politik kann ohne den Rückhalt einer Philosophie nicht existieren. Sie ist aber trotzdem da und gedeiht auf Kosten jedes fundamentalen Glaubens.

Es kann kein Leben, kein kulturelles Leben, ohne Metaphysik und Spiritualität geben. Für die Kultur müßten Metaphysik und Spiritualität den Brennpunkt bilden, und wenn auch die Biologen Gott und die Beschäftigung mit den Letzten Dingen abgeschafft haben: die großen Physiker haben sie nicht verleugnet. Und selbst unter den Ärzten und Biologen gibt es Leute wie den großen Jean Bernard, der zu Gott betete, damit er ihm bei seinen Forschungen über die Blutkrankheiten beistehe; das hat er bei einer Rundfunksendung („Radioscopie") Chancel gegenüber gestanden. Louis de Broglie, einer der Begründer der modernen Physik, ist gläubiger Katholik; Einstein war überzeugt, daß eine höhere göttliche Macht die Welt leite. Im Zusammenspiel und in der Entwicklung der kosmischen Kräfte glaubte er, wirke ein göttlicher Plan. Weder Heisenberg noch Planck waren Atheisten. Leprince Ringuet von der Académie française, ein außergewöhnlicher Physiker auch er, ist Christ. Nur die Journalisten, die Literaten, die Ideologen, die Philosophen zehnten Ranges spotten Gottes und meinen, der Glaube an Gott sei eine verwerfliche Schwäche.

Ich betone, daß die Politik, so wie sie betrieben wird, nur ein Zeitvertreib ist, ein dramatischer oder tragischer Zeitvertreib, ein grausamer auch, den man sich leistet, ohne wirklich daran zu glauben. Die Leute stellen sich vor, es sei die einzige Zerstreuung, die uns trotz allem erlaubt, zu leben. In Wirklichkeit stirbt man an der Politik. In Wirklichkeit ist die Politik selbst tot, da, wie wir sagten, die Ideologien und die Philosophien, von denen sie zu stammen vorgibt, tot sind. Ich fasse zusammen, was ich bisher gesagt habe: Wir leben in einem Chaos, mit dem niemand zufrieden ist, in dem subrationale, niedrigste, rein materialistische, in ihrer Verblendung unheilvolle Mächte wirken. Wir sind in einem außer Rand und Band geratenen Räderwerk gefangen.

Wenn Gott nicht existiert, sagt jemand bei Dostojewski, dann ist alles erlaubt. Wir sind jetzt auf der Suche nach den ewigen Verhaltensgrundlagen, die die Politik moralisieren und sogar der Metaphysik zuwenden könnten. Andernfalls gehen wir dem Untergang der Menschheit entgegen, den die französischen Ideologen mit einer Art finsterer Freude oder mit enttäuschtem, unglücklichem Zynismus verkünden. Wenn wir nicht zu unseren Grundlagen zurückfinden, dann droht sehr bald eine Rückentwicklung des Individuums, eine Rückentwicklung der Menschheit. Die Krise ist fundamental. Wir schreiten auf einem gespannten Seil wie Artisten, jeden Augenblick in Gefahr abzustürzen. Worum geht es? Um welches Ziel geht es? Es geht ganz einfach um das Problem des Seins, des Überlebens des menschlichen Wesens in der Welt.

Die Menschheit lebt nur durch die Kultur. Sie ist der Garant der menschlichen Existenz in der Welt.

Was ist diese Kultur? Ist sie Wissen? Wissen – und damit die Wissenschaft – kann nur die Plattform der Kultur sein. Ein Geist ist erst dann kultiviert, wenn er eine lange Lehre der Besinnung durchgemacht hat und die Dinge von vielen verschiedenen Gesichtspunkten aus betrachten kann, so sagt Amiel in seinem Tagebuch. Die Kultur besteht aus einer Fülle spezieller Gegebenheiten, die man mehr oder weniger mühsam erlernt hat und von denen viele dem Gedächtnis wieder entfallen. Aber darum ist noch nichts verloren. Die intellektuelle Kultur als Ergebnis dieser Arbeit bleibe bestehen, und nur das wiege, sagt Renan. Und Edouard Herriot meint, wie um das zu bestätigen, Kultur sei das, was bleibe, wenn man alles vergessen habe, und dieses Bleibende sei das Wesentliche. Kultur sei etwas ganz anderes als Bildung, sagt Alain. Und weiter führt er aus, die Dichter seien ebenso notwendig wie die Geometer. Ich würde hinzufügen: nötiger als die Geometer. Es gebe Kultur in dem Maß, als die Kontingenz des Wissens schwinde, sagt Gaston Bachelard.

Kultur im wirklichen Sinn gibt es nur, wenn der Geist sich bis in die Dimension des Universellen hinein weitet.

Im Wortschatz der Soziologie und der Ethnologie ist Kultur, laut amerikanischen Formulierungen, die Erscheinungsform erlernter Verhaltensweisen und ihrer Ergebnisse, deren Elemente von den Mitgliedern einer bestimmten Gesellschaft übernommen und überliefert werden (R. Limpton).

Kultur ist in der Tat die Gesamtheit übernommener Verhaltensweisen, die eine Gruppe von Individuen mit einer gemeinsamen Tradition ihren Kindern übermittelt. Dies Wort umfasse also, sagt Margaret Mead, nicht nur künstlerische, wissenschaftliche, religiöse und philosophische Traditionen, sondern auch deren Praxis, das politische Verhalten und die tausend Gewohnheiten, die das tägliche Leben charakterisieren. Mit dieser Definition bin ich ziemlich einverstanden, möchte aber eine kleine Verbesserung vorschlagen. Ich möchte sagen, es seien vor allem die künstlerischen, wissenschaftlichen, religiösen und philosophischen Traditionen, vor allem sie seien der wesentlichste und höchste Ausdruck der Kultur.

Denn aus den materiellen Verhältnissen und Strukturen herausragend, sie überragend, sind es die Kunst und das Denken, die den Menschen ausmachen, ihn würdig bestimmen.

Man kann sagen, daß es zweierlei Künstler und Schriftsteller gibt: die einen, die sich an die soziale Welt halten, die sie umgibt, und die anderen, denen mehr am Jenseits der Welt liegt. Balzac ist, neben vielen anderen, ein politischer und sozialer Schriftsteller. In seinem Naturalismus ist Zola auf den ersten Blick noch mehr den sozial engagierten Schriftstellern zuzuzählen. Shakespeare ist ein Kommentator der Geschichte, der Macht, der Politik, aber er ist gleichzeitig und vor allem ein metaphysischer Schriftsteller. Doch selbst scheinbar eindeutig sozial engagierte Autoren wie Balzac und Zola sind mit weiterreichenden Problemen beschäftigt: der eine, nämlich Balzac, mit metaphysischen Fragen, der andere, Emile Zola, mit Problemen, die im eigentlichen Sinne an die Sterblichkeit des Menschen rühren. Gibt es bei Zola etwas Furchtbareres und Schöneres als Thérèse Raquin und die Zwangsvorstellungen von Verfall und Tod? Seine schönsten Seiten sind jene, in denen er Todeskämpfe beschreibt, den der Nana unter andern. Und Ronsard, war nicht auch er besessen vom Schicksal des Menschen, von seinem Tod, seinem Altern? Ebenso François Villon wie auch Malherbe und der große Pascal. Sein Schauer vor den großen leeren Räumen jenseits unserer Wirklichkeit, die Frage nach dem Jenseits der Welt ist und bleibt immer aktuell. Spricht nicht Brecht, der Illustrator einer heute überholten Ideologie, wie wider Willen in „Mutter Courage" vom Verlorensein des Menschen in der Zeit, von Hinfälligkeit und Tod? Vom Tod: das heißt von den Grenzen des Menschen am Fuße der Mauer, am Rande unserer menschlichen, nicht nur der sozialen Kondition. In seiner Kritik der Könige, der Macht, des Bösen geht Shakespeare weit über all das hinaus: Hamlet stellt das Problem, das ewige, beängstigende Problem vom Sein und vom Nichts auf, er meditiert über den Tod und die Eitelkeit der Dinge; der Monolog Richards des Zweiten stellt eine der schönsten Betrachtungen über den Tod dar. Und ist das Buch Hiob etwas anderes als eine tragische Meditation über Gott? Wenn König Salomo von der Eitelkeit der Güter und des Tuns der Menschen dieser Welt spricht, trifft er sich mit Beckett. Alle Autoren von einiger Authentizität haben eine unausrottbare Problematik, sie spüren einen mystischen Ruf: sei es vordergründig und offenkundig, sei es in der Tiefe ihres Bewußtseins, das plötzlich zutage tritt im Gewirr ihrer weltlichen Sorgen.

In seinem Buch „Utopischer Sozialismus" meint Martin Buber, der Sozialismus hätte den Weg zur Kultur ebnen können. Doch er führte zu einem Zerfall, zu einer Zertrümmerung, wie sie schlimmer weder die kapitalistische noch sonst eine Gesellschaft je hätte bewirken können. Es gibt in der Welt ein Übermaß an Bösem; einer der Aspekte dieses Übermaßes an Bösem, um den Ausdruck Philippe Nemos zu gebrauchen, ist der Staat. Der liberale Staat, der manchmal mild, manchmal schwach war, ist, wie wir wissen, von einem andern, von einem gewalttätigen, unerhört unduldsamen Staat, abgelöst worden. Die Konzentration der Macht, der ungehemmte, unterjochende Staat, ist der Tod des Menschen. Eine gerechte Ordnung ist ohne Barmherzigkeit und ohne Liebe nicht möglich. Ich weiß, diese beiden Worte sind verfemt, und ich bitte Sie, nicht darüber zu lächeln, daß ich sie ausgesprochen habe. Der Staat ist eine enorme Maschine geworden, die das Individuum zermalmt. Der Staat ist der Tod. Dieser übermächtige Staat wird ohne Zwang nicht abdanken, nicht ohne eine von uns bis zu Ende geführte und gelungene Revolte. Da der Staat der Tod ist, wird seine Macht nicht abnehmen, und er wird nur weichen, wenn er dazu gezwungen wird. Der Staat ist tot, oder er trägt den Tod in sich. Aber, sagt Martin Buber weiter, der Tod könne seine Herrschaft auf das Lebendige erstrecken. Das ist Mechanisches auf Leben gepfropft; nach Bergsons Definition entspricht das der Komik, es ist aber nicht komisch, sondern derart gewaltsam, daß es zur absoluten Gleichschaltung, zur Entropie, zum Tode führt.

In den von der Mehrzahl der Utopisten – deren letzter ist sicherlich Karl Marx – geträumten Welten wird das Problem der Kultur nicht anvisiert, das der Kunst schon gar nicht. Doch jeder von uns lebt – wenn auch unwissentlich – innerhalb der Kultur: Die Reichen halten auf ihre Möbel aus dem 16. oder 17. Jahrhundert, die Kunstwerke sind. Die meisten Leute sehen sich Boulevardtheaterstücke an, die uns das Ende des 19. Jahrhunderts überliefert hat, sie gehen ins Kino, wo sie nur kommerzielle Filme sehen, sie schauen sich im Fernsehen die jämmerlichen Theaterproduktionen eines Pierre Sabbagh an. Doch bei alledem fühlen sie dunkel, daß es nicht das ist, was sie brauchten. Sie sind wie die Leute, die während des Krieges Kaffee-Ersatz tranken und Saccharin statt Zucker nahmen.
Sie wissen nicht, aber sie spüren, daß die Kunst ihnen fehlt. Was würde aus uns allen, gäbe es nicht die wahre Kultur? Die Politik hat eine Rolle zu spielen: sie soll objektiv die Entwicklung der Kunst in all ihrer Vielfalt ermöglichen. Es gibt auch die Wissenschaft: sie ist Wissen, das Kultur ermöglichen kann, doch Kultur ist sie nicht. Wir hofften, der Westen würde die Quellen des Denkens und der traditionellen Kultur im Osten finden. Und wenn der Westen sich gegen Osten wende, werde der Osten zum Westen kommen. Jetzt aber hat im Gegenteil die kulturelle, die geistige Kolonisation die östliche Gedankenwelt und Kultur überlaufen und überschwemmt. Der marxisierte, vom Westen technisierte Osten ist das Opfer des Westens geworden.

Um auf Wissenschaft und Kunst zurückzukommen, möchte ich sagen, daß nicht die Wissenschaft, sondern nur die Kunst zugleich archaisch und modern ist, sehr alt und dennoch zeitgenössisch. Es ist also die Kunst, die das Bewußtsein unserer Kontinuität, unserer Identität sichert. Sie ist das Reservoir des kollektiven Unbewußten, in dem sich der Schatz befindet wie in einem Meer des menschlichen Geistes. Die Wissenschaft ist Kenntnis und Entdeckung. Kunst ist Kenntnis, Entdeckung und Schöpfertum. Nur der Künstler und das durch ihn wirkende Kreative tragen die Welt in sich, von der Vorgeschichte bis zur Gegenwart, und nehmen die Zukunft vorweg. Die Politik – um mit einem Satz darauf zurückzukommen – kann Lüge sein. Der Gelehrte kann sich in seinen Hypothesen irren. Die Kunst kann nicht lügen. Der Künstler kann nicht lügen, selbst wenn er es wollte. Selbst wenn er lügen wollte, könnte er es nicht, denn seine Schöpfungen sind Phantasiegebilde, und die Phantasie verdeckt nicht, sie enthüllt, sie deutet. Die Kunst trägt alle Zeiten in sich, sie ist die Vorgeschichte, sie ist alt, und sie ist neu durch die Sprache.
Im Laufe der Zeit kann ein Kunstwerk auf die verschiedensten Arten gedeutet werden. Doch diese Deutungen sind nicht erschöpfend und zeigen uns nur einen unbestimmten Aspekt des Kunstwerks in der jeweiligen Zeit. Schließlich und ideal gesehen ist nur eine einzige Deutung möglich, das Werk hat nur eine einzige

Wahrheit; sie wird sich eines Tages offenbaren und wie in einer lebendigen Synthese die verschiedensten, auch gegensätzliche Aspekte in sich vereinen.

Die Kunst verbindet also das Archaische und das Moderne. Aber die Kunst, an der Grenze zwischen Wirklichkeit und Unwirklichkeit (das heißt einer Wirklichkeit, die die andere Wirklichkeit ist) verbindet unsere Welt in ihren wesentlichen und spirituellen Strukturen auch mit dem Jenseits der Welt. Und dies, weil neben andern Gründen der Anfang der Welt, wie sie ist, und so, wie der Künstler sie erfaßt, auch die Wahrheit ihres Endes ist. Das Ende liegt im Beginn.

Wir haben schon mehrere Antworten auf die Frage „wozu Kunst?" gegeben. Der hauptsächlichste Grund – und ich bestehe darauf – ist der, daß die Kunst uns über uns hinaushebt, daß sie uns bis an den Rand des Mysteriums führt, gefühlsmäßig, geistig und auch wissensmäßig, denn Wissen existiert auch in der Kunst. Die Kunst nimmt den Menschen bei der Hand, führt ihn durch Wort, Bild, Musik bis an die Quelle des Geheimnisses. Sie ist für den Geist eine Religion oder, wenn man will, ein zur Religion parallellaufender Weg. Wenn die Kunst uns auch nicht den Schlüssel zum Leben jenseits des Lebens oder zum Nichts jenseits des Nichts bringt – denn keine menschliche Anstrengung und keine Methode kann ihn uns geben –, öffnet sie uns die Tür dazu doch einen Spalt breit. Die Kunst stellt die Frage nach dem unlösbaren Problem besser als die in Gelehrsamkeit verhaftete Philosophie, sie stellt uns unseren Fragen nach den Letzten Dingen gegenüber. Die Kunst ist durch und durch fragend. Dieses Fragen ist bereits der Beginn einer Antwort. Um uns uns selbst zurückzugeben, hebt sie uns aus uns heraus, stellt sie uns uns selbst gegenüber, dem Rätsel gegenüber.

Politik trennt die Menschen, sie vereint sie nur äußerlich, sie ist ein Arm-in-Arm blinder Fanatiker (Fanatismus ist Blindheit!). Dagegen einigen Kultur und Kunst uns alle im Bewußtsein unserer gemeinsamen Angst, die unsere einzig mögliche Brüderlichkeit darstellt, unsere existentielle und metaphysische Gemeinschaft. Die Kunst taucht uns in die Tiefe des namenlosen Mysteriums; die Kunst – das einzige Lebens- und Ausdruckssystem – sagt uns beinahe, was man nicht sagen kann: das Unsagbare. Wenn alles gesagt sein wird, gehören wir schon anderen Zeiten an. Rät uns nicht Shakespeare in einem seiner bedeutendsten Werke, „Macbeth", zu schweigen? Es gibt kein wirklich großes Kunstwerk, das uns nicht rät, das uns nicht lehrt, dem Schweigen zu lauschen.

Der Kritiker Jan Kott hat die Gemeinsamkeiten hervorgehoben, die zwischen dem machtlüsternen Macbeth und den zu Tyrannen gewordenen Revolutionären wie Stalin bestehen. Gegen Ende seines Lebens erklärte Stalin de Gaulle und Malraux gegenüber, zum Schluß bleibe der Tod Sieger. Eine banale Feststellung, aber nicht für Stalin, der geglaubt hatte, die Welt politisch neu zu gestalten. Er hat demnach erkannt, wie absurd es ist, Politik um der Politik willen zu machen.

Furchtbar und grandios sind die Offenbarungen der Kunst. Doch wie soll man literarische und poetische Werke lesen, wie soll man Kathedralen, Gemälde betrachten, wie Musik hören? Kunst ist alles, Kunst ist nichts, wenn man sich nicht ganz und gar ihrer Betrachtung hingibt. Wer vor einem Meisterwerk nicht außer sich gerät, der hat nicht achtgegeben, der hat nicht begriffen, der hat es nicht zu sich sprechen lassen. Jedes Erfassen eines Kunstwerks ist Kampf, ist Leiden. Kunstwerke stellen alles in Frage, sie sind dazu da, euch anzuregen. Laßt euch gehen, laßt euch einfangen durch Netze positiver Täuschungen, laßt euch fallen in die Abgründe, die sie euch wohlmeinend auftun. Fürchtet euch nicht. Keine Rettung, wenn ihr euch den Prüfungen nicht auszusetzen wagt. Lest, hört, schaut, betrachtet die Kunstwerke aus vollem Herzen, mit ganzer Kraft, sonst bleibt euch kein Gewinn. Wenn Kunstwerke euch nicht Qualen bereiten, wenn sie euch weder übermenschliche Freude, noch ebenso übermenschliches Leid bringen, dann laßt es bleiben. Werdet einfach Kustos in einem Museum, haltet Kathedralen und Gemälde für Zierat, schreibt Kunstgeschichte, treibt gelehrte Studien, bleibt konservativ. – Doch ich rate euch ab. Tut euer Möglichstes, damit das, was aus der Tiefe zu euch spricht mit rätselvollen Gesichtern, damit all dies für euch das beängstigendste, überwältigendste, befreiendste Problem eurer menschlich-seelischen Erfahrungen werde.

Eugène Ionesco hat die hier in Auszügen abgedruckte Rede zur Eröffnung des dritten Treffens von Autoren des Erker-Verlages und Künstlern der Erker-Galerie in St. Gallen im Jahre 1979 gehalten. Die Übersetzung aus dem Französischen stammt von Lore Kornell, in größerem Umfang als hier abgedruckt in der Süddeutschen Zeitung, Jg. 35, Nr. 184, Samstag/Sonntag, 11./12. August 1979, vollständig in: Eugène Ionesco, Pour la culture, contre la politique, Für Kultur gegen Politik, Erker-Verlag, Franz Larese und Jürg Janett, St. Gallen 1979

Flötenspielerin, um 460 v. Chr. Seitenplatte vom sog. Ludovisischen Thron Marmor von Paros ca. 84 x 61 cm Thermenmuseum (Museo Nazionale Romano) Rom

Für den Erhalt der kulturellen Vielfalt in Europa

August Everding

Zwei gegenläufige Entwicklungen prägen zur Zeit das Bild Europas: in West- und Nordeuropa streben die Nationalstaaten zueinander, während im Osten die bisher unter kommunistischem Zeichen zusammengehaltenen Staaten auseinanderfallen und Identitätsfindung auf nationalistischem Wege betreiben – mit all seinen barbarischen Auswüchsen.

In beiden Fällen scheint der Bestand der kulturellen Leistungen, die kulturelle Vielfalt gefährdet: Im Westen drohen einseitig kommerzielle Orientierung und Subventionsabbau in Zeiten der Rezession, für den Osten gilt die Angst vor kultureller Polarisierung und Regionalisierung.

Wenn in Deutschland, dem reichsten Land Europas, ein Theater schließt – nein, nicht irgendein Theater, sondern das Schillertheater in Berlin – , so stellt sich die Frage nach dem Erhalt kultureller Vielfalt brandaktuell. Nicht, daß Berlin nun keine Theaterstadt mehr wäre, nur, es ist jetzt eine ärmere Theaterstadt.

Im Vergleich zu Europa stehen wir nach wie vor blendend da. Unser deutsches Subventionssystem ist das beste, klügste Theatermodell in Europa und hat in Berlin dennoch versagt. Dieses Struktursystem ist ein sicheres, vielleicht zu sicheres Netz: nur wenn Kultur kosten darf, kann sie auch etwas erreichen. Müssen wir unser Subventionssystem im Rahmen einer europäischen Verständigung, einer europäischen Einigung aufgeben, oder läßt es sich auf andere Länder übertragen? Frankreich, Italien und England leisten sich schon längst nicht mehr den Luxus eines Ensemble- und Repertoire-Theaters, wie es bei uns historisch gewachsen ist. Bleibt in einem vereinten Europa unser Repertoire-Theater und Subventionsmodell mit den Strukturen der anderen Länder wettbewerbsfähig und kompatibel?

In jahrzentelanger Anstrengung hat die Europäische Gemeinschaft eine Einheitlichkeit in Normen und Gesetzgebung angestrebt und auch erreicht. Einheitlichkeit ist das Gegenteil von Vielfalt und in den genannten Bereichen durchaus von Vorteil. Tatsächlich ist nun zwischen Nordkap und Sizilien der Heringsfang geregelt und die Form von Flaschen festgelegt. Sicherlich sind dies auch erstrebenswerte Ziele, doch nicht auf Kultur übertragbare.

Kulturelle Vielfalt ist der Natur verbunden, hat mit Hege und Pflege, mit Wildwuchs und Wuchern, mit Blühen und Verrotten zu tun, ist ein Blumen- und ein Kräutergarten, eine Dornenhecke ebenso wie ein Weizenfeld. Eine Viel-Gefaltete ist sie, unüberschaubar, vielseitig und ungeordnet. Die Einschränkung dieser Vielfalt wäre wie eine Dschungelrodung. Wer weiß, welche Blüte oder medizinischen Heilmittel auf immer damit verlorengehen. Das Gegenteil kultureller Vielfalt ist schlichtweg Einfalt.

Lange, zu lange Zeit bildeten allein Politik und Wirtschaft das einigende Band Europas. Spotthaft wird von den drei europäischen Tugenden gesprochen: liberté, égalité, portemonnaie. Kultur ist jedoch nicht wirtschaftlich, auch wenn wir uns immer darum bemühen. Aber sie ist mehr als wirtschaftlich, sie ist wesentlich.

Milan Kundera nennt die Kultur „das Gedächtnis der Völker, das kollektive Bewußtsein und die historische Kontinuität, die Denkweise und die Lebensart.“

Erst die Kultur als typische Lebensform einer Bevölkerung einschließlich ihrer Wertvorstellungen baut uns eine Brücke zum Verständnis anderer Völker. Dabei gilt es nicht nur, das andere, das Unterschiedliche zu sehen, sondern auch das Ähnliche und Verbindende.

Wie oft tun wir so, als wäre Jugoslawien am anderen Ende der Welt, als wäre die Kultur in diesem Raum nicht auch in hohem Maße die unsere. Europäische Kultur ist wie ein vielfach verästelter Baum mit reichem Wurzelwerk. Um Früchte zu tragen, bedarf es zweierlei: zum einen der Zuführung von Nahrung aus dem Heimatboden über die Verwurzelung, zum anderen einer Befruchtung von außen, von anderen Bäumen. Europäische Kulturen, das sind lediglich verschiedene Äste an ein und demselben Baum mit gemeinsamem Stamm und gemeinsamen Wurzeln. Die europäische Kultur gibt es nicht. Die kulturelle Vielfalt, oder, um in der Metapher zu bleiben, die Fülle des Baumes erst macht dessen Schönheit aus.

Zu einem kulturellen Bewußtsein Europas gehört die Kenntnis der gemeinsamen geistigen und geschichtlichen Wurzeln. Diese Kenntnis erst ermöglicht in der Vielfalt das Trennende, aber auch das Verbindende zu erkennen.

In den wenigen Jahren der politischen deutschen Einheit haben wir erfahren, wie unendlich mühselig es sein kann, zwei Bevölkerungen, die Geschichte, Sprache und noch so viele andere Dinge teilen, wieder zusammenzuführen – und das nach einem historisch kaum nennenswerten Zeitraum der Trennung! Bei der Bewältigung dieser Aufgabe konnten wir, die Kunstschaffenden, die Politiker davon überzeugen, wie existentiell wichtig der Erhalt von kulturellen Infrastruktren aus DDR-Zeiten war. Nicht die Inhalte wollten wir übernehmen, aber die Möglichkeit, neue Botschaften in möglichst großer Vielzahl zu verkünden. Wie sonst sollte eine neue, eine demokratische Kultur wachsen können, wie sonst sollte ein neues Selbstbewußtsein, eine kulturelle Identität entstehen können. Über die Beibehaltung der strukturellen Vielfalt, die es in der DDR zweifellos gab, sollte auch wieder eine künstlerische Vielfalt entstehen.

Der Staat hat dabei wertvolle, unverzichtbare Unterstützung geleistet und wird sie noch leisten. Das erwartete große Theatersterben konnte durch eine großzügige Übergangsfinanzierung des Bundes vorläufig gestoppt werden. Die Notwendigkeit einer übergreifenden Kulturpolitik – ohne Länderkompetenzen zu beeinträchtigen – wurde erkannt, und entsprechend wurde gehandelt. Wegen des föderativen Prinzips kann dies jedoch nicht auf Dauer auf nationalstaatlicher Ebene geschehen. Übergreifende Kulturpolitik und Kulturförderung muß von einer übergeordneten Institution ausgehen. Diese darf sich nicht an den Inhalten und Form der Kunst vergreifen – das ist Sache von uns Kunstschaffenden. Sie muß jedoch gewährleisten, daß Kultur in all seiner Vielfalt möglich und erhalten bleibt. Sie muß Strukturen schaffen und fördern, die das vermögen. Die Europäische Gemeinschaft hat nun die Weichen in diese Richtung gestellt. Mit der Annahme der „Leitlinien für die Kulturaktion der Gemeinschaft" am 12. November 1992 wurde der entscheidende Schritt getan. Im Artikel 128 des Vertrages über die Europäische Union heißt es: „Die Gemeinschaft leistet einen Beitrag zur Entfaltung der Kulturen der Mitgliedstaaten unter Wahrung ihrer nationalen und regionalen Vielfalt sowie gleichzeitiger Hervorhebung des gemeinsamen kulturellen Erbes". Bis dato gab es nur sporadische, wenig strukturierte kulturelle Initiativen. Nun soll systematisch auf dem gesamten kulturellen Sektor vorgegangen werden. In all diesen schön klingenden Absichtserklärungen gibt es jedoch einen Wermutstropfen. Der von der EG vorgesehene Etat für Kulturförderung beläuft sich gerade einmal auf 0,00016 % des Gesamtetats. Dabei wäre es auch politisch wichtig, ein europäisches Bewußtsein in der Bevölkerung fest zu verankern. Dies ist der Politik nämlich bisher nur unzureichend gelungen. Ein Apparat, der alles zu vereinheitlichen und zu verwalten scheint, verstellt den Blick auf die Vision von Europa. Diese Version zu vermitteln bedarf es eines kulturellen Bewußtseins von Europa, einer kulturellen Identität. Man muß um das Eigene wissen und mit dem Fremden konfrontiert werden. Wir müssen im Vergleich mit den Nachbarn Verbindendes und Faszinierendes, Trennendes und Interessantes sehen können. Wir müssen um das andere wissen, um es schätzen zu können. Europa ist multikulturell und erhält seinen besonderen Stellenwert aus der kulturellen Vielfalt. Sie ist Europas eigentlicher Reichtum. Es muß daher Aufgabe der Kulturpolitik sein, diese Vielfalt strukturell und finanziell zu erhalten und zu fördern.

Einen wesentlichen Punkt habe ich bislang ausgespart. Gerade in Osteuropa ist die kulturelle Vielfalt durch eine Vielzahl von Problemen bedroht. Finanznöte und Zerfall der alten Wertesysteme, Frustration und Orientierungslosigkeit engen den kulturellen Spielraum ein. Als Beispiel mögen die vielen polnischen Theater dienen, die nach der drastischen Kürzung von staatlichen Mitteln vor dem Ruin stehen. Viele Theater können nur einen stark eingeschränkten Betrieb aufrechterhalten. Die Situation in der Gemeinschaft Unabhängiger Staaten ist ähnlich trostlos. Es gibt zwar Aktionen von internationalen Organisationen wie Europarat oder UNESCO, um dem entgegenzuwirken. Das kann aber nur ein winziger Tropfen auf den heißen Stein der europäischen Theaterkrise sein. Diese Krise ist in den reichen Ländern des Westens in erster Linie eine finanzielle, ausgelöst durch die wirtschaftliche Rezession. Mittelfristig, spätestens in der nächsten Konjunkturphase wird sich dies ändern. In den Staaten des ehemaligen kommunistischen Blocks dagegen sind ungleich höhere Hürden zu überwinden. Nach Jahrzehnten ideologisch gesteuerter „Mono-Kultur", wo nur wenig wild wachsen konnte, muß eine Vielfalt erst wieder neu entstehen. Das müssen wir fördern, und hier liegen die größten Aufgaben und Herausforderungen für das Europa von morgen. Nationalismus und Partikularisierung sind geistige Selbstbeschränkung und der größte Feind des freien Kulturaustausches und eines gemeinsamen Europas. Es gilt gerade für diese Staaten, ein „Haus Europa" zu errichten. Aufbauen können wir dabei auf vielerlei Gemeinsamkeiten, auf dem traditionellen christlich-abendländischen Humanismus, der Aufklärung mit ihren Menschenrechten, dem Liberalismus, all dem Kultur- und Gedankengut also, das konstruktiv zu einer Einigung Europas führt. Wie dabei konkret vorzugehen ist, vermag wohl niemand zu sagen. Daß der Kulturaustausch dabei eine wesentliche Rolle spielen wird, ist jedoch sicher.

Aus der Vielfalt erst erwächst das Besondere, aus der Vereinheitlichung nur die Einfalt.

Marc Chagall
(1887   1985)
Der Akkordeonspieler
im Schnabel, 1949
Öl auf Leinwand
85 x 75 cm
Privatbesitz
E. H. Rübel,
Coscob/USA

Verbindet Musik Völker und Menschen?
Vorsichtige Thesen zu einem grenzenlosen Thema

Joachim Kaiser

Auf den ersten Blick, auch auf den zweiten noch, ist die Sache eindeutig: Sprachgrenzen trennen die Menschen – Töne können sie verbinden. Wer als Deutscher oder Franzose kein Russisch versteht, vermag den Gedankengängen eines Tschechow-Dramas, wenn es in der Originalsprache aufgeführt wird, schwerlich zu folgen. Aber man muß wirklich kein Russe, sondern nur ein wenig musikalisch sein, um dem Sog einer Tschaikowsky-Symphonie oder der „typisch russischen" Exzentrik eines Skrjabin-Klavierstückes zu erliegen. Musik ist die grenzüberschreitende menschenverbindende Universal-Sprache unseres Kulturkreises. Wer ihr etwas Zeit widmet, wer ihr einen Platz einräumt in seinem Leben, wer sich an ihre Besonderheiten und Konventionen und Stil-Eigentümlichkeiten gewöhnt, dem können mithin Töne den Weg tief ins Herz einer anderen Nation, Region, Kultur-Einheit bahnen – wie ihn Worte nicht zu vermitteln vermögen oder höchstens erst nach umfassendem Sprachstudium.

Oskar Kokoschka
(1886 – 1980)
Die Macht der Musik,
1918
Öl auf Leinwand
151 x 191 cm
Van Abbe-Museum
Eindhoven

Sind diese Behauptungen, die man sich in pathetischem Festredner-Ton vorgetragen zu denken hat, eigentlich zutreffend? Offenbart sich das Wesen der Nationen wirklich in ihrer Musik, vermögen gutwillige, „offene" Hörer tatsächlich, die Weltsprache der Musik, dieses „Esperanto" komponierter Tonfolgen, zu kapieren? Es gibt Musik-Formen, die auf uns Europäer wie einstimmige Weisen wirken, während sie dort, wo sie erklingen, als mehrstimmig empfunden werden. Die Mehrstimmigkeit liegt da eben im Nacheinander. (Um zu verdeutlichen, was das meint, sei an gewisse rasche Sätze aus den Solo-Sonaten für Violine von Bach erinnert. Da wird ja auch mit Einstimmigkeit die Illusion einer mitzudenkenden, virtuellen Mehrstimmigkeit erzielt.)

Oder: es gibt Kulturen, in deren Melodik sind große und kleine Terz austauschbar. Nicht so wichtig. Was für uns grundlegend und emphatisch über die seelische Stimmung eines Musiksatzes entscheidet – Dur oder Moll; durch Nacht zum Licht, depressives Changieren wie beim späten Schubert, wo der Musik gleichsam der affirmative Wille fehlt, sich festzulegen auf heroisches C-Dur oder tragisches c-Moll – , das ist anderswo nebensächlich, marginal. Was solche Unterschiede und Mißverständnismöglichkeiten betrifft, ist übrigens die europäische Musik, „unsere" Kunstmusik, keineswegs unbedingt immer die differenziertere, entwickeltere, ausgebildetere Sprache. Als man (diese Anekdote erzählen die Musik-Ethnologen gern, um europäische Kultur-Imperialisten nachdenklich zu machen), als man einst einigen nicht verwestlichten Türken große Musik der Wiener Klassik vorführte, Streichquartette, Sonaten, da fragte ein Türke bescheiden und etwas verlegen, warum die Europäer für die Demonstration denn lauter Marschmusik ausgesucht hätten. Diesem gebildeten Orientalen war der rhythmische Parameter des Vorgetragenen doch verdammt marschhaft primitiv erschienen – während er für die anderen Parameter (das Harmonische, Modulatorische, die thematische Arbeit und so weiter) keinen Sinn, kein Ohr hatte …

Aber dies seien doch alles nur Spezialprobleme, denken Sie – verehrte Leserin, verehrter Leser – jetzt wahrscheinlich etwas unwillig. Natürlich existieren Auffassungs-Unterschiede und Verständnisprobleme. Aber das ändere doch nichts am Grundsätzlichen: In der Musik spiegelt sich das Seelen-Leben von Völkern wie von Komponisten. Und die tönende, der Übersetzung nicht bedürfende Musiksprache setze uns instand, dieses Seelische zu erfahren, ihm – indem man sich öffnet und konzentriert zuhört – nahezukommen.

So gebe es doch unzweifelhaft die typisch deutsche, ungarische, polnische, tschechische, norwegische, finnische Musik. Und was könnte aufnahmebereite Konsumenten daran hindern, mit Gewinn Bach, Bartók, Chopin, Smetana, Grieg und Sibelius zu lauschen… Beweist nicht gerade die unbezweifelte Weltgeltung der großen deutschen Musik, daß der Universalität wohlgeformter tönender Verläufe keine Grenzen gesetzt sind? Nun ist die Frage, was an Musik „deutsch" oder „französisch" oder „ungarisch" sei, leichter gestellt als beantwortet. Zugegeben: Bange machen gilt nicht – und wenn unser Gefühl darauf besteht, daß die „Matthäus-Passion", die „Pastorale", der „Ring des Nibelungen" genauso wie Schumanns Lieder oder Brahms' Kammermusik emphatisch deutsch seien, dann dürfen wir diesem

Gefühl durchaus Gewicht und Wahrheit zubilligen, auch wenn man weder nach-
messen noch analytisch beweisen kann, was deutsch sei und was nicht. Des philosophischen Dirigenten Ansermet bewundernder Satz: „Die deutsche Musik hat die
Welt gelehrt, was Tiefe ist“, war schließlich auch nicht nur so in den Wind gesprochen, sondern Erfahrungsextrakt eines langen Musikerlebens.

Sehen wir näher zu: Harmonische Tiefgründigkeit, polyphone gediegene Aus-
druckskraft, pietistische Innigkeit, Lebenslust und Todessehnsucht mögen bei
Bach als etwas unvergleichlich Deutsches erscheinen. Das, so schreibt Carl Dahlhaus in unserem Zusammenhang, unverkennbar Deutsche des „Freischütz“, bei
dem alle Welt germanische Naturliebe, Waldvergötterung und Vergötzung konsta-
tiert, hat freilich mit Bachs Deutsch-Sein wenig zu tun. Und wenn im 19. Jahrhundert die Metaphysik der ans Unsagbare rührenden großen deutschen Instrumental-
musik (sowohl der Kammermusik, wie auch der Symphonik und der symphonischen Musikdramen von Wagner, Strauss oder Berg) als Kontrast empfunden wurde zur großen, auf die Entfaltung der Affekte und des stimmlichen Ausdrucks zie-
lenden italienischen Oper, dann erscheint da die Bezeichnung deutsch wiederum
in anderem Licht, in anderer Bedeutung.

Rein analytisch kommt man bei solchen Fragestellungen nicht allzu weit. Es läßt
sich keineswegs ohne weiteres fixieren, worin sich die Kompositionen des Norwe-
gers Grieg und des Polen Chopin eindeutig im Hinblick auf ihre Harmonik oder
Chromatik unterscheiden, obwohl man beim Hören schon nach ein paar Sekunden
zu wissen glaubt: Typisch Chopin. Unverkennbar Grieg.

„Stimmen der Völker in Liedern“, hat Herder (1744 – 1803) nachdichtend publiziert und die Kultur Asiens oder Osteuropas, die man vor Herder noch nicht so
systematisch beachtet hatte, zum danach immer wichtiger werdenden Thema
gemacht. Doch seien wir bei alledem nicht zu sicher: Ist Chopin die Stimme
Polens, des polnischen Stolzes, der zur Kultur veredelten polnischen Folklore, der
wütenden oder elegischen polnischen Depressivität? Wahrscheinlich lassen die
Dinge sich auch umgekehrt denken: Europa hat gewissermaßen beschlossen, daß
Mussorgski das Russische definiere (also eben nicht der „russische Volksgeist“, an
den die Romantiker so gern glauben wollten, Mussorgski!). Die musikalische Aus-
drucksweise eines Komponisten wird nicht unbedingt durch seine Herkunft
erklärt. Manchmal folgert die Musikwelt auch in umgekehrter Weise: wie Dvořák
komponiert – das ist Böhmen. Und analog: wir leiten aus Chopin „das Polnische“,
in französischem Gewand, ab!

So kompliziert, so dialektisch verhält sich das. Zieht man sich nun auf die
beliebte „Folklore“ zurück, so als sei sie das Ursprüngliche, das Nationale schlechthin, dann muß man wiederum Folgendes mitbedenken: Wenn „Folkloristisches“
wie eine Würze hinzugefügt wird, wirkt es mehr wie ein „Reiz“, denn als etwas spezifisch Nationales. Das „Ägyptische“ in der „Aida“, das „Spanische“ in der „Carmen“, das „Chinesische“ in der „Turandot“, das „Türkische“ bei Mozart (in der
„Entführung“, im A-Dur-Violinkonzert, in der A-Dur-Klaviersonate), hat mit Volk,
Nation, Volksgeist ziemlich wenig zu tun: es ist nur eine Mischung aus Exotismus

und Zitat. Da aber, wo die spezifische Form und Aura einer Musik nun wirklich „typisch" sein mögen (Zigeuner-Tonleiter; Fernöstliches bei Debussy, Pentatonik), da geht man meist fehl, wenn man nach Nationen als den Ursprungsorten fahndet. Es sind eher Regionen. Und das, was der systematisch sammelnde Béla Bartók als Volksmusik oder Bauernmusik fixierte, war, als „Repertoire" der fahrenden Spielleute... – jenseits nationaler Determinierung – international zusammengestückt".

Es ist keineswegs einfach, alledem mit hörendem Verstehen beizukommen. Uns entgeht nur zu oft die Vielstufigkeit fremder Rhythmik, wir leiden leicht unter „Fehlender Bewegungsspannung", wissen zu wenig von den Traditionen, die in der Kunstmusik beispielsweise des Vorderen Orients durchaus professionell erlernt und weitergegeben werden. Wie groß solche Gegensätze sein können, mag der Hinweis darauf illustrieren, daß für unsere westlichen Ohren beispielsweise der Ton japanischer Sänger seltsam, ja fast unangenehm „näselnd" klingt, während eben dieses gepreßte Hervorbringen der Töne einem bewußt erworbenen und gepflegten japanischen Kunststil entspricht. „Nur Betrunkene und Kutscher", so befand ein japanischer Musikologe, „lassen ihre Stimme frei rausschallen". Andererseits ist es für einen Mitteleuropäer, genährt von der Tradition der Wiener Klassik (unserer musikalischen Muttermilch) fast unmöglich, jenes durchaus Spezifische, Regionale, Gebundene, Idiomatische, das der Kompositionsweise von Haydn, Mozart, Beethoven, Schubert anhaften mag, zu erkennen. Uns erscheint als Universalsprache, reinstes Musik-Hochdeutsch, was wahrscheinlich imgrunde auch nichts anderes ist als ein – Dialekt. Freilich ein Dialekt, in dem so viele Werke obersten Ranges geschrieben sind, daß wir instinktiv dazu neigen, diesen Dialekt für die Sprache der Welt zu halten – und alles übrige daran messen...

Diese zur Vorsicht mahnenden Überlegungen werden hier nicht vorgebracht, um den Besuchern von EUROPAMUSICALE Angst zu machen oder den Spaß zu verderben. Sondern nur, um vorschnelle Enttäuschungen zu vermeiden. Man muß dem Ungewohnten – und sich selber – etwas Zeit lassen...

Neugier und die Bereitschaft, Qualitäten und Traditionen anderer, ferner oder auch näherer Kulturen, Städte zu respektieren, sollten sich von selbst verstehen. Man kann Musikwerke und Interpretationen durchaus auch in der Absicht aufnehmen, herauszufinden, wie anders die anderen „fühlen". Aber man muß sich dabei vor Ohr halten, daß – so geht es in der Literatur ja auch – das Oberflächliche, Glatte, Harmlose und Zweitklassige meist viel leichter die Grenzen überschreitet als das wirklich Charakteristische, Eigenständige und Eigentümliche.

Sprechen wir es ruhig aus: bei alledem spielen auch Ressentiments eine trübe Rolle. Kunst verbindet die Völker. Schön. Der Sport verbindet die Völker auch – bloß wenn es in den Stadien Krach, Prügeleien und sogar Tote gibt und danach in den Zeitungen hämisch chauvinistische Kommentare, dann hat sich eine schöne Idee in ihr Gegenteil verkehrt. Auch im Kunstbereich existiert eine nur wenig verdrängte Konkurrenz-Mentalität: Nationen beurteilen sich und ihre Bedeutung ohne weiteres danach, wie viele „große" Künstler oder Interpreten sich in ihrer Mitte entwickelten und es zu etwas gebracht haben. (Nobelpreisträger, Komponisten, Pianisten, Sänger, Dirigenten werden gezählt, als gäbe es auch im musischen Bereich so etwas wie einen olympischen Medaillen-Spiegel.) Das schlägt dann leicht in beleidigtes Selbstbewußtsein um. Man hat es – um nur irgendein Beispiel zu geben – einst in Wien dem Karajan schrecklich übel genommen, daß er als Staatsoperndirektor so viele italienische Stars verpflichtete ... Doch alles in allem kann hierzulande, was Orchester, Opernensembles, Kammermusikvereinigungen betrifft, von Fremdenfeindlichkeit wirklich keine Rede sein. Gottseidank. Im Gegenteil: die deutsche Subventionskultur ist zum – von aller Welt bewunderten, beneideten, benutzten – Anziehungspunkt für Talente von nah und fern geworden. Darauf dürfen wir – mag es noch soviel Mißbrauch und Mittelmaß geben – sogar ein wenig stolz sein.

Es ist in diesem programmatischen Aufsatz viel, vielleicht allzuviel, gewarnt worden. Die Homogenität einer fremden Kultur, die Spielweise fremder Völker mit ganz anderen, gewachsenen Traditionen: das alles begreift sich nicht von heute auf morgen. Das Schöne läßt sich nicht abkürzen und die Aneignung ungewohnter Auffassungen – die im Recht sein, aber unter Umständen auch ein Mißverständnis darstellen können – bedarf schlicht der Zeit.

Trotzdem erlebt man immer wieder, wie sich plötzlich eine neue Unmittelbarkeit herstellt. Wie ein Teil unseres Wesens „begreift", während der andere, meist der vernünftigere, noch gar nicht so richtig kapiert hat. Die Macht der im unmittelbaren Spiel sich ereignenden „Vergegenwärtigung" kann dazu führen, daß man die fremden Töne gleichsam spontan versteht. Ohne diese Vergegenwärtigungskraft, die andererseits in geglückten Konzerten, Theater- und Opern-Aufführungen bewirkt, daß man gespannt Anteil nimmt, obwohl man „eigentlich" weiß, wie es weiter geht, wäre der Kunst- und Kulturbetrieb zum wohlverdienten Scheitern verurteilt. Sowohl bei der Wiederholung wohlbekannter Repertoire-Stücke als auch beim Aufnehmen völlig fremder Kunst-Objekte kommt es entscheidend an auf diesen Vergegenwärtigungsschub. Was das Wohlvertraute betrifft, so muß man sich den Vorgang wohl folgendermaßen vorstellen: Ich sehe Tristan lieben und leiden, ich erlebe mit, wie Isolde im dritten Akt den Todgeweihten zu retten versucht. Ich bin gepackt vom Moment. Und weiß doch nur zu gut, wie es weitergehen wird, weiß, daß Tristan sterben muß und Isolde dann sterben will. Mindert dieses Wissen meine momentane Vergegenwärtigungspannung? Antwort: Nur in schwachen, uninspirierten Aufführungen tritt eine solche Minderung ein, die bis zu tödlicher Langeweile gehen kann. Dann achtet man routiniert professionell auf Einzelheiten. Auf Nuancen. Aber vom Ganzen wendet man sich gähnend ab.

Was aber passiert in guten, spannungsvollen Aufführungen? Nun, da engagiert man sich mit dem Moment, zitternd, besorgt, beseligt, auch wenn man das Ende kennt. Sei es Beethovens 5. oder 9. Symphonie: der Augenblick der Rettung, des Jubels, kommt doch wie eine Erlösung, selbst wenn man das Stück eigentlich auswendig kann. Handelt es sich da um kontrollierte Schizophrenie? Um Verstellung? Um eine Haltung der Seele, die so tut, als wüßte sie nicht, was sie nur zu gut weiß? Keineswegs. Sondern die interpretatorische Leistung kann eine neue Unmittelbarkeit, eine Atmosphäre von Gegenwärtigkeit und Neugier herstellen – durchaus innerhalb der Gegebenheit von gewußt, was. Wie nun Vergegenwärtigungskraft beim Bekannten, allzu oft schon Gehörten, Gesehenen es schafft, den Augenblick so übermächtig zu machen, daß die Zukunft zwar irgendwo im Bewußtsein existiert, aber vor der Gewalt des Momentan-Gegenwärtigen versinkt – so schafft es eben diese Dynamik des Augenblicks auch, über die Distanzen hinwegzuhelfen, mit denen ferne, unbekannte, ungewohnte Kunst oder Interpretationsform uns konfrontiert. Vergegenwärtigungskraft läßt – unter glücklichen Umständen – das allzu Bekannte als neu erscheinen und das gefährlich Ferne als nah. Als wichtig. Als Atom jener Weltseele, an der alle Menschen Anteil haben. Erzwingen läßt sich solches Vergegenwärtigungsglück nicht. Nur – auch für die Veranstaltungen von EUROPAMUSICALE – ersehen und erhoffen. Sind Scharfsinn und Scharfgefühl (auf beide kommt es in Kunstinterpretationsdingen an) – mit im Spiele, da können die Musen eigentlich nicht ausbleiben. Im übrigen lassen sich immer nur die Voraussetzungen künstlerischen Tuns organisieren. Die Voraussetzungen – aber nicht das Gelingen. Denn in der Kunst hat alles Mißlingen seine Gründe. Aber alles Gelingen sein Geheimnis.

*Charles Burney,
im Jahre 1770
anonyme Kreide-
zeichnung
Innendeckblatt von:
Charles Burney,
Music, men and man-
ners in France and
Italy, 1770,
Eulenburg Books,
London 1980*

EUROPAMUSICALE
Eine musikalische Entdeckungsreise durch 31 Länder

Franzpeter Messmer

1770 unternahm der englische Organist, Komponist und Doctor der Musik Charles Burney eine musikalische Reise durch Frankreich, Italien, Flandern, die Niederlande, Deutschland, Böhmen und Holland. Er besuchte berühmte Musiker, Literaten und Künstler, hörte Konzerte in privaten Salons, Kirchen, großen Sälen und Opernhäusern, beobachtete die herrschenden Gebräuche, machte sich Notizen über die Kochkunst und die Qualität der Weine und veröffentlichte, zurück in London, seine Reisetagebücher: „The present State of Music in France and Italy, in Germany, the Netherlands and United Provinces ...". Als Ergebnis der Reise notierte er, daß jedes Land und jede Schule „ihre eigenen Fehler" und „ihre eigenen Vollkommenheiten" habe, daß in Deutschland „die musikalischen Tugenden der Eingeborenen in Geduld und Gründlichkeit und ihre Fehler in Weitschweifigkeit und Pedanterie" bestünden und daß die Italiener „vielleicht das einzige Volk auf dem Erdboden seien, das mit Anmut tändeln könne", während die Deutschen wiederum das einzige wären, das „selbst durch Arbeit Vergnügen" erwecke. Doch klar war für ihn auch, daß die Musik in England den erstaunlichsten Fortschritt und die größte Vollkommenheit erzielt habe. Das jedenfalls behauptete er in seiner „General History of Music", die als Ergebnis seiner Recherchen auf dem Kontinent entstand.

Was würde ein Charles Burney unserer Zeit schreiben, der auf den Spuren des ersten Musikjournalisten der europäischen Kulturgeschichte durch Europa reist? Doch ist eine solche Reise heute überhaupt noch sinnvoll? In Italien fände der heutige Burney beispielsweise keine so feinen Unterschiede zwischen lombardischer, venezianischer und neapolitanischer Schule mehr und in Deutschland könnte er nicht mehr feststellen, daß Wien durch „Feuer und Invention", Mannheim durch „eine nette und brilliante Exekution", Berlin „durch Kontrapunkt" und Braunschweig „durch Geschmack" im Musizieren die anderen Städte übertrifft.

Doch noch viel grundsätzlichere Zweifel würden ihn verunsichern: Gibt es heute überhaupt noch Musiknationen? Haben wir nicht den zu Burneys Zeiten beginnenden musikalischen Nationalismus glücklicherweise überwunden? In unserer Zeit käme kaum jemand mehr auf die Idee, die Musik eines Landes zum Maßstab aller anderen zu erheben, wie im 18. Jahrhundert die italienische Musik, weshalb der alte Burney die französische für 100 Jahre zurück geblieben beurteilte. Opernkriege wurden damals zwischen Anhängern der italienischen und französischen Musik ausgetragen. Man bejubelte, beneidete und haßte die überall dominierenden italienischen Komponisten, Gesangs- und Instrumentalvirtuosen – und zwar bis zum Ende des 19. Jahrhunderts: noch Wagner und Richard Strauss meinten, die deutsche Musik gegen die Verdis, Leoncavallos und Puccinis verteidigen zu müssen. Doch im Grunde hatten damals die Italiener bereits ihre Vorherrschaft eingebüßt und deutsche Komponisten und Dirigenten bestimmten das Musikleben Europas und der USA. – Und heute hat dieses Musikleben längst die europäischen Querelen überwunden. Die großen Musiker stammen nicht mehr allein aus Europa, sondern aus der ganzen Welt – aus Süd- und Nordamerika, Japan, Korea...

Warum aber dann doch eine musikalische Entdeckungsreise durch Europa? Ein Blick auf die Konzertprogramme und Opernspielpläne läßt den Verdacht aufkommen, daß die alten Vorurteile doch noch nicht ganz verschwunden sind. Auch in den Regalen der Schallplattenläden sucht man meist vergeblich nach klassischer Musik etwa aus Rumänien oder der Ukraine. Selbst ein so kluger und weitsichtiger

„Doctor der Musik" unseres Jahrhunderts, Theodor Adorno, konnte beispielsweise mit den Symphonien eines Jean Sibelius nur wenig anfangen, und weite Teile deutscher Musikliebhaber verdrängen, daß es auch in England Komponisten gibt. Doch wer kennt schon Musik aus Estland, Kroatien oder Bulgarien? Nein, noch immer bestehen Vorurteile, werden die Konzertprogramme von deutscher Klassik und Romantik, italienischer Oper, französischem Impressionismus, angereichert mit tschechischem und russischem Kolorit beherrscht. Eine musikalische Entdeckungsreise wie EUROPAMUSICALE scheint also notwendiger denn je, wenn aus der angestrebten wirtschaftlichen und politischen Vereinigung eine lebendige, kommunizierende europäische Kultur entstehen soll.

Der Burney unserer Zeit würde gewiß nicht die Reiseroute seines Kollegen im 18. Jahrhundert wählen. Italienische, deutsche und französische Musik scheinen genug bekannt zu sein.

Allerdings hätte er Probleme mit seinem eigenen Land. Zwar war England schon vor 200 Jahren berühmt für die Perfektion und hohe Qualität der Aufführungen – und ist dies noch heute. Aber gibt es ernst zu nehmende englische Komponisten? Nach dem Tod Purcells brachte Großbritannien über 200 Jahre keinen erfolgreichen Komponisten mehr hervor! Heute nimmt das Publikum auf dem Kontinent deshalb nur am Rande wahr, daß im 20. Jahrhundert in England ein neuer schöpferischer Impuls erwacht ist: die Musik von Benjamin Britten, Peter Maxwell-Davies und Harrison Birtwistle ist auf dem Kontinent einem breiten Konzertpublikum kaum bekannt. Gewiß komponieren die meisten englischen Komponisten für den Geschmack der Anhänger der Avantgarde auf dem Festland zu konservativ. Doch ihre Musik klingt ohne Zweifel eigenständig, interessant und anders als die des Kontinents: Sie spart die zweihundert Jahre der so dominierenden Klassik und Romantik aus und hat ihre Wurzeln im viel ferneren 16. und 17. Jahrhundert – in einer Zeit also, die uns die englischen Musiker – die King's Singers, das Hilliard Ensemble, der Dirigent John Eliot Gardiner mit seinem Monteverdi Choir und Orchestra und viele mehr – wieder näher gebracht haben.

Der musikalische Entdeckungsreisende des 20. Jahrhunderts muß sich entscheiden: will er große Interpreten, erstaunliche junge Talente, die alten Werke in neuer Regie und musikalischer Interpretation hören? Dann sind die Stationen seiner Reiseroute Musikmetropolen wie London, Paris, Wien, Rom, Berlin oder München und Festivals in Salzburg, Bayreuth, Glyndebourne oder Aix en Provence. Oder will er neue, selten oder noch nie gehörte Musik entdecken? Dann muß er die etwas abgelegeneren Regionen aufsuchen. Seine Reise könnte auch eine Zeitreise werden. Er würde beobachten, wie sich die einzelnen Länder von der in Europa vorherrschenden Musik befreiten.

Schon Charles Burney stellte 1772 fest, daß die Böhmen „unter allen Nationen in Deutschland, ja vielleicht in ganz Europa" am meisten musikalisch wären. Doch lange mußten sich die Tschechen in großer Selbstverleugnung der italienischen und deutschen Musik anpassen. Erst in den 60er Jahren des 19. Jahrhunderts fanden sie den Weg zu einer eigenen Musik: die Tschechen empfinden noch heute Smetanas „Mein Vaterland" und seine Oper „Die verkaufte Braut" und Dvořáks Symphonien, Kammermusik und Opern als ihre Nationalmusik.

In Rußland vollzog sich die Abwendung von der herrschenden europäischen Musik noch radikaler. Neben dem als Prowestler geltenden Tschaikowsky hob das „Mächtige Häuflein" – Balakirew, Cui, Borodin, Rimsky-Korsakow und Mussorgsky die Gesetze der Tradition aus den Angeln. Mussorgsky nannte deutsche Musik „das beste und überzeugendste Beispiel für musikalische Sklaverei, Verehrung der Konservatoriumsweisheit und Routine – Bier und stinkende Zigarren ..." Im Gegenzug beschimpften die konservativen Musiker das „mächtige Häuflein" als eine Vereinigung von Dilettanten – und in der Tat: Borodin war Professor für Chemie, Rimsky-Korsakow Offizier und Mussorgsky Ingenieur.

Warum klingt tschechische Musik tschechisch, russische russisch, Sibelius' Symphonien finnisch, Griegs Klaviermusik nordisch? Für die Mitteleuropäer erschien im 19. Jahrhundert die Musik abseits der klassisch-romantischen, italienischen, französischen und deutschen Tradition im Grunde als Folklore. Man hörte gerne böhmische Lieder und Tänze, die ungarische Zigeunertonleiter und die Schwermut, Weite und Leidenschaft russischer Melodien, liebte die Couleur locale, das Exotische und Archaische.

Wenn Mozart in der „Entführung aus dem Serail" oder in seiner A-Dur-Klavier-sonate türkische Musik imitiert, wenn ein Jahrhundert später Camille Saint-Saëns arabische Melodien und Klänge in seine „Suite Algérienne" oder seine Oper „Sam-son et Dalila" einbaut, so ist das nicht mehr als ein Stilzitat, ein exotischer Reiz in einer doch wesentlich – bei Mozart – deutschen oder – bei Saint-Saëns – französi-schen Musik.

„Folklore" war im 19. Jahrhundert weitgehend die Domestizierung der Musik des Volkes nach den Prinzipien des von Mussorgsky so verhaßten Konservatoriums. Sie wurde in die herrschenden Gesetze von Rhythmus, Tonalität, Melodik und Klang eingepaßt. Die exotisch wirkenden „Regelwidrigkeiten" wurden als Abwechslung, als pikanter Reiz empfunden. Doch merkwürdigerweise sind die kompositionstechnischen Mittel, mit denen die Wirkung von Lokalkolorit erzeugt wird, sehr stereotyp, wie der Musikwissenschaftler Carl Dahlhaus feststellte. Die leere Quinte etwa findet sich nicht nur in russischer Musik, sondern ebenso in Saint-Saëns „Suite Algérienne", in Gounods jüdischer „La reine de Saba" und im Bajaderen Chor von Davids indischer „Lollah Roukh". Pentatonik, kleine Mollsept und ein Herausfallen aus dem starren Taktmetrum zeichnen nicht nur tschechische und ungarische Volksmusik aus, sondern auch – wie Dvořák in Amerika entdeckte – die Musik der Indianer und Schwarzen.

Man kann also zurecht bezweifeln, ob die aus der jeweiligen Volksmusik eines Landes gewonnene Couleur locale überhaupt eine spezifisch tschechische, ungari-sche oder russische Musik ergibt. Deshalb wies Carl Dahlhaus darauf hin, daß die Musik von sich aus nicht eindeutig und klar Nationalität darstellen kann. Vielmehr muß Außermusikalisches hinzukommen, etwa die Handlung einer Oper oder ein programmatischer Titel. Mozarts „Entführung" spielt in einem türkischen Serail, Saint-Saëns nennt seine Fantasie für Klavier „Africa", Liszt seine Tondichtung „Hungaria".

Der heutige Burney müßte also feststellen, daß gerade das Aufkommen so vieler Nationalmusiken um die Jahrhundertwende das Denken und Urteilen über Musik in nationalen Kategorien ad absurdum führte. Ist Nationalmusik nicht eine Fiktion? Schon etwa bei Bach und Schumann – zwei gemeinhin als typisch deutsch betrach-teten Musikern – kann man unschwer Einflüsse aus anderen Ländern erkennen: Bach studierte Vivaldi und Corelli, Schumann eiferte Paganini nach. Dies zeigt, wie verflochten zwischen regionaler Verwurzelung und Offenheit die europäische Musikkultur ist.

Doch unser Burney wird auf seiner Zeitreise auch entdecken, daß sich am Ende des 19. Jahrhunderts die Komponisten nicht mehr mit folkloristischen Stilzitaten begnügten. Modest Mussorgsky etwa brach mit der „musikalischen Sklaverei" der deutschen Musik und komponierte in seiner Oper „Boris Godunow" ein Werk, das die Russen so begeisterte, daß Studenten in Petersburgs Straßen Chöre aus dem „Boris" sangen. Doch die Musikfachleute kritisierten das neue Werk als eine „Kakophonie in vier Akten", die Oper konnte nur ausschnittsweise bei einer Benefizvorstellung uraufgeführt werden, da nach Meinung der Operngewaltigen die Massenszenen zu sehr überwögen und eine weibliche Hauptrolle fehle. Der Pro-westler Peter Tschaikowsky schrieb an seine Freundin Nadeschda von Meck,

Camille Saint-Saëns
Africa, Fantasie für
Klavier und Orchester.

Mussorgsky sei eine „ziemlich tief stehende Natur, die das Grobe, Ungeschliffene, Häßliche liebt."

Was war geschehen? Unsere Entdeckungsreise führt nun in eine freiere, wildere und ungebändigtere musikalische Topographie. Die ästhetischen Gesetze, denen die europäische Musik seit Jahrhunderten folgte, verloren ihre Gültigkeit, „absolute musikalische Schönheit" wurde als Leere und Lüge, als erstarrte, akademische Lehre des Konservatoriums und der „symphonischen Päpste" empfunden. Mussorgsky sprengte im „Boris" manche Gesetze der Oper, machte die Chöre, die das leidende Volk darstellen, zum eigentlichen Helden und schuf eine Musik, die in der russischen Sprache und in der orthodoxen Kirchenmusik wurzelt und im Ausdruck von Gefühlen und Gedanken eine erstaunliche Direktheit und Unmittelbarkeit hat.

Das „Russische" ist hier nicht mehr „Folklore" oder „Lokalkolorit", sondern erfaßt den gesamten Bau der Musik, die Struktur von Melodie, Rhythmus und Form. Diese Musik kümmert sich nicht um traditionelle Regeln, sondern malt, erzählt, ist ironisch und expressiv zugleich. Damit öffnete Mussorgsky ein Tor zur Moderne.

Dies gelang auch einem Komponisten im fernen Prag. Der 15 Jahre nach Mussorgsky geborene Leos Janáček studierte genau die Sprachmelodie nordmährischer Volkslieder und erkannte dabei Gesetzmäßigkeiten der Melodik, Rhythmik und Harmonik, welche die herrschende Tradition sprengten. Seine Musik besteht nicht mehr aus Stilzitaten böhmischer Volkslieder und -tänze, sondern gestaltet aus der tschechischen Sprache, ihrer Rhythmik und Melodik, aus den in der Volksmusik gehörten, oft dissonanten Klängen eine Musik, die viel direkter wirkt als die der alten Musiknationen und existenzielle Betroffenheit im Hörer hinterläßt.

Im selben Jahr 1904, als Janáčeks Oper „Jenufa" uraufgeführt wurde, notierte der 23jährige Béla Bartók erstmals ein ungarisches Bauernlied, das ihm ein junges Mädchen im Gömör-Destrikt vorsang. Er war von dieser Entdeckung so begeistert, daß er in den folgenden Jahrzehnten mit dem Phonographen und dem Notenblatt in entlegenste Dörfer wanderte und über 13.000 ungarische, 2.500 rumänische, außerdem slowakische, ruthenische, serbische, kroatische und anatolische Lieder sammelte. Die sogenannte ungarische Volksmusik, wie sie bislang als Couleur locale in die Kunstmusik hereingenommen wurde, hatte er als eine zurechtgebogene, domestizierte Folklore durchschaut und erregte nun die Wut der Kollegen, schließlich der Nationalisten: so „barbarisch", dissonant und modern klangen diese vom Aussterben bedrohten Lieder und Tänze, daß sich die Nationalisten nicht damit identifizieren wollten. Für Bartók wie Janáček und Mussorgsky wiesen verschüttete Traditionen der Volkskultur, die seit Jahrtausenden auf mündlicher Überlieferung beruht und im 19. Jahrhundert in Mitteleuropa bereits ausgestorben war, den Weg zu einer neuen Musik, die zwar aus den Traditionen ihrer Heimat entstand, aber keine Nationalmusik wurde, vielmehr eine neue universale Sprache.

Unser Burney des 20. Jahrhunderts hat bei dieser Zeitreise eine wichtige Erfahrung gesammelt: nicht da, wo die Musik am perfektesten und glänzendsten aufgeführt wird, finden sich die originellsten und erstaunlichsten musikalischen Entdeckungen, sondern eher in den Randgebieten – bei den ungarischen Bauern, in Rumänien, Bulgarien, Griechenland, in Irland oder Island, in der Weite Rußlands...
Dabei wird dieser moderne Burney von einigen Vorstellungen des alten Burney Abschied nehmen müssen. Ist die Musik außerhalb der vorherrschenden Musiktradition der Brahms, Wagner, Mahler, Strauss und Schönberg nicht „primitiver", weniger wertvoll, da sie nur auf Melodie und Rhyhtmus beruht? – so wenigstens ein weit verbreitetes Vorurteil. Noch die Zeitgenossen eines Richard Strauss (und auch er selbst) glaubten, daß die Musikgeschichte – wie überhaupt die Geschichte – auf dem Prinzip einer logischen Entwicklung und eines ständigen Fortschrittes beruhe – und zwar auf einer zunehmend komplizierteren Kompositionstechnik mehrstimmiger Musik. Dieser hoch entwickelten Technik steht die vergleichsweise einfache, oft als dilettantisch kritisierte, aber freilich viel eingängigere, viel verständlichere, ursprünglichere, musikantischere Musik der Tschechen, Russen, Ungarn... gegenüber.
Doch unser heutiger Burney wird entdecken, daß die Melodien und Rhythmen der außerhalb Mitteleuropas liegenden Regionen von einer Kunstfertigkeit, Vielfalt und einem Ausdrucksreichtum geprägt sind, den unsere Musik längst verloren hat. So wird er die Vielzahl der Möglichkeiten, der schöpferischen Impulse, die Befreiung von kultureller Bevormundung, das Entstehen von Neuem aus dem Zusammenwirken regionaler Besonderheiten, auswärtiger Einflüsse, der geschichtlichen Situation und besonderen Mentalität einer Region studieren – und dabei wird er entdecken, daß immer einzelne Künstler, die oft im Widerstand zu ihren Landsleuten stehen und doch von ihrem Land geprägt sind, bedeutende neue Musik komponierten und komponieren.
Doch zeichnete das nicht schon immer Europa aus? Bereits der alte Burney machte sich zwar Gedanken über die nationalen Besonderheiten der italienischen, französischen und deutschen Musik, aber im Grunde ging es ihm um einzelne

Menschen, wenn er Gluck in Wien, Carl Philipp Emanuel Bach in Hamburg oder den Kastraten Farinelli in Bologna besuchte.

Heute kann unser moderner Burney auf einer Reiseroute, die nicht nur die musikalischen Kernländer umfaßt, sondern durch ganz Europa führt, wichtige Erfahrungen machen, um unser Bild europäischer Musik zu korrigieren.

Wer weiß schon, daß aus Kroatien erfolgreiche Komponisten stammen wie etwa Jakov Gotovac, dessen musikalische Komödie „Ero, der Spaßmacher" in über 80 Theatern Europas gespielt wurde, daß dort Krešimir Baranović und Boris Papandopulo, ausgehend von kroatischen Volksliedern, eine eigenständige und phantasiereiche Musik komponierten?

Unser Burney müßte nach Bulgarien reisen, Informationen über den vor 15 Jahren verstorbenen Pantscho Wladigerov sammeln, sowie Interviews mit Guerogui Mintchev und Emil Tabakov führen. In den führenden europäischen Musiklexika fehlen bislang noch ihre Namen. Er würde der Frage nachgehen, wie anders als in den alten mitteleuropäischen Kulturnationen sich Musik in einem Land entwickelt, das im frühen Mittelalter mit dem alt-bulgarischen Kirchengesang ein Zentrum der Musik war, in dem östliche byzantinische Kultur noch bis heute ihre Auswirkungen hat und in dem noch die Bauern und Hirten auf dem Dudelsack, der Fiddle, der

Tambura (einer Langhalslaute) oder der Tapan, einer großen Trommel, wie vor 1000 Jahren musizieren. Die Spuren einer in Zentraleuropa längst versunkenen Kultur sind hier noch deutlich.

Dann würde unser moderner Burney weiter nach Griechenland reisen, viele Musiker und Komponisten treffen, die in Deutschland oder Frankreich ausgebildet wurden und doch nicht ihre Eigenart verloren haben. Vor allem wird er einen Mann aufsuchen, der dort so populär ist wie es vielleicht einst Mozart in Wien war: Mikis Theodorakis. Er liebt die byzantische Kirchenmusik, die kretische Volksmusik, griff mit seinem Manifest 1959 das griechische Musikestablishment scharf an, befaßte sich in seiner revolutionären Erneuerung der Kunst auch mit Film, Dichtung und Drama, wurde 1967 während der Diktatur eingesperrt, seine Musik wurde verboten und er zum Freiheitsheld. Seine Musik überwindet Grenzen – auch die zwischen sogenannter Unterhaltungs- und Ernster Musik.

Die Vielfalt der geschichtlichen Zusammenhänge, der Wurzeln in unterschiedlichsten Traditionen, der Entwicklungen und Einflüsse in den einzelnen Ländern würde unseren modernen Burney mit Material überschütten, und sein Reisebericht müßte viele Bände umfassen.

Seine Reiseroute würde ihn von Griechenland in die Türkei führen, und er würde dort eine musikalische Kunst kennenlernen, die arabisch beeinflußt ist, nicht primär auf der Mehrstimmigkeit und dem Klang beruht, sondern auf einer melodischen und rhythmischen Kunst von einer Feinheit und Differenziertheit, welche mitteleuropäische Melodien und Rhythmen geradezu als barbarisch erscheinen läßt.

Ist das noch europäisch, wird er fragen? Doch was ist überhaupt europäisch: nur die italienische, französische, deutsche, tschechische, skandinavische Musik? Oder auch die bulgarische, kroatische, rumänische, türkische, die ja immerhin auf Mozart großen Einfluß hatte? Schon Bártok erkannte, daß die einfachen Lieder der ungarischen Bauern mehr Ähnlichkeit mit anatolischer Volksmusik haben als mit der Musik, die im Verständnis eines eurozentrischen Kulturbildes als „europäisch" angesehen wird. Nein, unser neuer, verunsicherter Burney muß erkennen, daß schon das musikalische Europa ein Universum ist – daß zur europäischen Musik viel mehr dazugehört, als ein an Mozart, Verdi und Ravel geschulter Hörer vermutet.

Wenn nun dieser Burney des 20. Jahrhunderts vom Südosten über die Mittelmeerländer Italien, Frankreich, Spanien und Portugal sich südwestwärts wendet, überfliegt er einige der reichsten, lichterfülltesten und produktivsten musikalischen Regionen Europas: obwohl sie im Schatten einer Jahrhunderte alten Geschichte leben, zeigen ihre Künste eine Frische, Klarheit und erstaunlich neue Sicht der Welt, ob dies nun Luigi Nono in Italien, Ernesto Halffter in Spanien oder Joly Braga Santos in Portugal ist. Was für ein Reichtum an Musik! Wie selten hört man sie. Wie wenig weiß man von ihr!

Doch noch viel mehr Entdeckungen wird unser Burney machen, wenn er in den Osten reist: Allein schon Polen – der Musikliebhaber denkt nur an Chopin und Arthur Rubinstein – ist ein schwarzer Fleck in der musikalischen Topographie Europas. Aber dann geht die Reise weiter in ganz neue Länder, die erst vor einigen Jahren ihre Selbstständigkeit von sowjetischer Beherrschung erlangten: nach Lettland, Litauen und Estland sowie in die Ukraine – und überall besteht eine sehr alte

Béla Bartók zeichnet mit dem Phonographen Lieder ungarischer Bauern auf, 1908

und dennoch in der Gegenwart höchst lebendige und produktive Musikkultur.

Wenn im estländischen Tallinn, einer protestantischen, nach Schweden und dem Westen orientierten Stadt, ein bedeutendes Jazz-Festival stattfindet, wenn dort Arvo Pärt, der heute bekannteste estländische Komponist, von der Zwölftonkomposition zu einer an der Vokalpolyphonie der Niederländer des 16. Jahrhunderts orientierten Musik zurückfand und wenn dagegen im rund 1000 km entfernten Kiew noch immer – wie einst im Mittelalter von bulgarischen und griechischen Mönchen gelehrt – byzantinische Kirchengesänge erklingen und ukrainische Komponisten unserer Zeit Symphonien und Konzerte komponieren, sich also den Formen der westlichen Tradition zuwenden, so scheinen diese neuen Länder durch Welten voneinander getrennt und gehören doch zu Europa.

Unser Burney des 20. Jahrhunderts wird von dieser musikalischen Entdeckungsreise zurückkommen und feststellen, daß wir mit „Europa" bislang immer nur unser kleines Mitteleuropa meinten, und wir erst am Anfang stehen, Europa zu entdecken und zu begreifen.

Anm.: Von Franzpeter Messmer erschien: „Musiker reisen. Vierzehn Kapitel aus der europäischen Kulturgeschichte", Artemis & Winkler, Zürich 1992

Das Wunderbare an der Musik*

Yehudi Menuhin (geb. 1916)

Die Musik entsprang aus der freien Natur, aus den Klängen, die unsere Vorfahren umgaben: mit dem Donnerschlag, dem Rhythmus der Regentropfen, dem Hämmern des Spechts, dem Rauschen des Windes, dem Lockruf der Taube, dem Schrei des Neugeborenen, dem Seufzen des Sterbenden. Mit, wie wir heute sagen würden, primitiven Mitteln, mit Trommeln, Blas- und Saiteninstrumenten begann die Welt zu klingen.

Von alters her wird der Musik heilende Kraft zugeschrieben. Musik heilt. Musik bringt Freude. Musik tröstet. Jeder von uns, sei er nun ein aktiver Musiker oder passiver Zuhörer, hat das schon viele Male erlebt.

Wir haben gelernt, die unterschiedlichsten Formen von Musik zu akzeptieren und anzuerkennen. Für den einen wird es immer Bach sein, für den anderen die Romantiker, die Avantgardisten, für sehr viele junge Menschen heute ist es der moderne, schreiende Klang, der mit seinen unerbittlichen Rhythmen imponiert. Vielleicht ist das auch eine Therapie. Es mag für die jungen Leute ein eigener, wenn auch kommerzialisierter Weg sein, ihre Sorgen und Kümmernisse zu vergessen. Sich wirklich austoben zu können, bringt ihnen Trost und Erleichterung.

Gute, wahre, echte Musik spiegelt die Abgründe und Frustrationen, die Leiden und Leidenschaften der Menschen wider und hebt sie auf eine andere Ebene. Es ist, wie wenn wir plötzlich von uns selbst befreit würden. Plötzlich verstehen wir, was uns aneinander bindet, bei einem Konzert zum Beispiel, wenn ein Publikum aus ganz verschiedenen Menschen dort zusammensitzt. Plötzlich ist das gesamte Publikum mit einem Gefühl der Zusammengehörigkeit im Geist des Menschlichen vereint. Das ist das Wunderbare an der Musik.

In der Musik steckt bei aller Harmonie eine strenge Struktur. Und von beiden, von Harmonie und Struktur, sollte der Zuhörer sich gleichermaßen inspiriert fühlen. Harmonie in Disziplin bedeutet aber Freiheit.

Auszug aus der Rede „Unvollendete Reise", die Yehudi Menuhin am 8. November 1992 im Rahmen der „Berliner Lektionen" im Renaissance-Theater, Berlin, hielt. Abgedruckt in Süddeutsche Zeitung, Jg. 48 Nr. 264, München, Samstag/Sonntag 14./15. November 1992

*Überschrift nicht vom Autor

Music

William Shakespeare (get. 1564 – 1616)

Jessica: I am never merry when I hear sweet music.

Lorenzo: The reason is your spirits are attentive:
                   For do but note a wild and wanton herd
                   Or race of youthful and unhandled colts
                   Fetching mad bounds, bellowing and neighing loud,
                   Which is the hot condition of their blood, –
                   If they but hear perchance a trumpet sound,
                   Or any air of music touch their ears,
                   You shall perceive them make a mutual stand,
                   Their savage eyes turn'd to a modest gaze,
                   By the sweet power of music: therefore the poet
                   Did feign that Orpheus drew trees, stones, and floods,
                   Since naught so stockish, hard, and full of rage,
                   But music for the time doth change his nature, –
                   The man that hath no music in himself,
                   Nor is not moved with concord of sweet sounds,
                   Is fit for treasons, stratagems, and spoils,
                   The motions of his spirit are dull as night,
                   And his affections dark as Erebus:
                   Let no such man be trusted: – mark the music.

*Aus:
William Shakespeare,
The Merchant of
Venice –
Der Kaufmann
von Venedig,
hrsg. von Barbara
Puschmann-Valenz,
Philipp Reclam Jun.,
Stuttgart 1982*

Musik

William Shakespeare (get. 1564 – 1616)

Jessica: Ich bin nie fröhlich, wenn so süße Musik ich höre.

Lorenzo: Das kommt, weil du sie mit dem Kopf hörst.
Denn denk nur mal an eine wilde, ausgelassene Herde,
Oder an ein Gestüt von jungen, ungezähmten Füllen,
Die machen irre Sätze, brüllen, wiehern laut, so
Treibt sie ja ihr heißes Blut – doch wenn sie nun
Zufällig, sagen wir, Trompeten hören oder
Sonst ein Musikstück ihre Ohren trifft,
Dann siehst du, wie sie da mitsammen stillstehn,
Die wilden Augen schaun gesetzt und sanft, verwandelt
Durch die süße Macht der Musik. Und darum
Stellte sich der Dichter vor, es habe Orpheus
Mit sich gezogen Bäume, Steine, Fluten, denn
Nichts ist so hölzern, steinern, ungestüm,
Daß nicht seine Natur auf eine Zeit verwandelt
Die Musik.
Wer nicht Musik hat in sich selbst, wer nicht
Gerührt wird durch der süßen Töne Harmonie,
Ist fähig zu Ränken, zu Verrat und Raub.
Die Bewegung seines Geists ist trüb wie Nacht,
Sein Trieb und Sinnen düster wie der Erebus:
So jemand traue nicht. – Horch,
Die Musik.

Aus:
William Shakespeare,
Der Kaufmann von
Venedig,
übersetzt und hrg.
von Klaus Reichert,
Verlag der Autoren,
Frankfurt am Main
1981

Tagesablauf eines Musiker

Erik Satie (1866 – 1925)

Ein Künstler sollte sein Leben genau einteilen.
Hier der präzise Stundenplan, wann ich was am Tag mache:

Aufstehen: 7.18. Zeit der Inspiration: von 10.23 bis 11.47. Mittagessen: 12.11, Ende des Mittagessens: 12.14.

Heilsamer Spazierritt in meinen Park hinein: 13.19 bis 14.53. Neue Inspiration: von 15.12 bis 16.07.

Verschiedene Beschäftigungen (Fechten, Zeit zum Nachdenken, Zeit der Unbeweglichkeit, Besuche, Betrachtungen, Zeit der Geschicklichkeit, Schwimmen usw.): von 16.21 bis 18.47.

Das Dîner wird 19.16 serviert und ist 19.20 beendet. Folgt die laute Lektüre symphonischer Partituren: von 20.09 bis 21.59.

Genau 22.37 gehe ich zu Bett. Einmal wöchentlich wache ich, aus dem Bett springend, um 3.19 auf (Dienstag).

Ich nehme nur weiße Nahrung zu mir: Eier, Zucker, Knochenmehl; Fett von toten Tieren; Kalbfleisch, Salz, Kokosnüsse, in klarem Wasser gegarte Hühnchen; Speisepilze, Reis, weiße Rüben; mit Kampfer angemachte Blutwurst, Teigwaren, Weiß-Käse, Baumwollsalat und gewisse Fische (ohne Haut).

Ich koche meinen Wein, trinke ihn aber kalt, vermischt mit Fuchsiensaft. Ich esse reichlich. Aber ich rede niemals, wenn ich esse, aus Angst, ich könnte mich verschlucken.

Ich atme sorgfältig (wenn auch nur in kurzen Zügen). Nur ganz selten tanze ich. Beim Gehen halte ich mir die Rippen und blicke, mit festem Blick, hinter mich.

Ich bin von sehr seriösem Äußeren. Und wenn ich lache, geschieht es nicht absichtlich. Ich entschuldige mich deshalb immer und mit ausgesuchter Höflichkeit.

Ich schlafe nur mit einem Auge. Aber mein Schlaf ist tief. Mein Bett ist rund, mit einer Höhlung für den Kopf. Jede volle Stunde mißt mein Diener meine Temperatur und tauscht sie mir gegen eine neue.

Seit langem bin ich Abonnent von Mode-Journalen. Ich trage eine weiße Mütze, weiße Beinkleider und ein weißes Gilet.

Mein Arzt rät mir immerzu zum Rauchen. Seinen (üblichen) Ratschlägen fügt er hinzu:

Rauchen Sie, mein Freund: sonst raucht ein Anderer an Ihrer Stelle.

Aus: Erik Satie, Memoires d'un amnésique, in: Musik-Konzepte, Die Reihe über Komponisten, hrsg. von Heinz Klaus Metzger und Rainer Riehn, Heft 11, Erik Satie, edition text + kritik GmbH, München 1988

Michel Van den
Eeckhoudt
Fanfare suisse, 1991

Die Philharmonie im Gasteig

Eckard Heintz

Hoch über dem rechten Isar-Ufer, unweit der kleinen gotischen Nikolaikirche, steht seit 1985 Münchens großes Kultur-, Bildungs- und Tagungszentrum. Hinter den roten Ziegelmauern und schlanken Außenglas-Fassaden findet der Besucher neben vielen anderen Veranstaltungsbereichen dessen Herzstück, die Philharmonie:

einen amphitheatergleich gestalteten modernen Konzertsaal mit 2.400 aufsteigenden Sitzplätzen, der Saal in heller Roteiche getäfelt, hinter dem Orchesterpodium mit einer prächtigen 72-Register-Klais-Orgel ausgestattet.

Der Saal bietet hervorragende Sicht- und Hörverhältnisse in Verbindung mit einer komplexen, multivariablen Podiumslandschaft der Bühne sowie modernsten technischen Aufnahme-, Übertragungs- und Lichteinrichtungen.

Seit der Eröffnung der Philharmonie haben die Münchner Philharmoniker mit diesem Saal ihre neue Münchner Wirkungsstätte erhalten, nachdem sie infolge der 1944 zerstörten „Tonhalle" rund vier Jahrzehnte im Herkulessaal zu Gast sein mußten.

Auch die beiden Orchester des Bayerischen Rundfunks nutzen die Philharmonie im Gasteig – neben Herkulessaal und Rundfunksaal – als ihren zentralen Aufführungs- und Übertragungsort.

München ist Deutschlands aktivste Musikstadt. Neben fünf großen, in München residierenden Orchestern bietet eine Vielzahl renommierter Konzertdirektionen in edlem Wettbewerb um die Gunst des interessierten Musikpublikums in Abonnement-Reihen und Sonderkonzerten ein breites Angebot internationaler Orchester, Ensembles und Solisten. Ob „E" oder „U", ob Jazz, konzertante Oper oder Ballett, für viele und vieles ist die Philharmonie im Gasteig der große Münchner Musik-Spielort geworden. Darum sind auch Künstler und Besucher der „EUROPAMUSICALE" herzlich willkommen.

Innenansicht der Philharmonie

Das Prinzregententheater

Klaus Jürgen Seidel

Das Prinzregententheater, 1900/1901 nach Vorbild des Bayreuther Richard-Wagner-Festspielhauses mit amphitheatralischem Zuschauerraum und versenktem Orchester von Max Littmann entworfen, ist nicht nur architektonisch, sondern auch theatergeschichtlich von Bedeutung. Geplant als Festspielhaus, war es mit seinen alljährlich stattfindenden Richard-Wagner-Sommerfestspielen eine von Cosima Wagner heftig bekämpfte Konkurrenz zu Bayreuth. Weiten Volkskreisen öffnete sich das Haus in der Herbst-Winter-Saison mit „Klassiker-Vorstellungen", in denen auch der Münchner Generalintendant Ernst von Possart – auf dessen Initiative der Bau dieses Theaters zurückgeht – seine Glanzrollen verkörperte. Mitten im Ersten Weltkrieg wurde Hans Pfitzners „Palestrina" unter der Leitung von Bruno Walter uraufgeführt. Ab 1919 erlebte das Prinzregententheater als „Volksbühne" Höhepunkte mit Uraufführungen wie Wedekinds „Herakles" und Hofmannsthals letztem Drama „Der Turm". Im Oktober 1934 übernahm die NS-Organisation „Kraft durch Freude" das Theater als Kulturstätte des deutschen Arbeiters. In dieser Zeit erfolgten bauliche Instandsetzungsarbeiten, denen die „entartete" Jugendstil-Innenausstattung zum Opfer fiel.

Im Zweiten Weltkrieg nur geringfügig beschädigt, diente das Theater bis zur Wiedereröffnung des Nationaltheaters im November 1963 der Bayerischen Staatsoper als Ausweichquartier. Funktionslos geworden, wurde es von den Baubehörden für baufällig erklärt und geschlossen. Erst im Januar 1988 konnte das Prinzregententheater mit einer als „kleine Lösung" konzipierten Teilinstandsetzung – einer Spielfläche vor dem eisernen Vorhang – sowie Restaurierung aller dem Zuschauer zugänglichen Räumlichkeiten im Originalzustand wieder eröffnet werden. Nach Jahren der Bespielung durch das Bayerische Staatsschauspiel und die Generalintendanz der Bayerischen Staatstheater ist ab 1994 der moderne Ausbau der Hauptbühne hinter dem eisernen Vorhang in einer „schlichten Lösung" geplant. Künftig soll das Haus nicht nur wie bisher reichhaltiges Programm bieten, sondern auch Ausbildungsstätte der neugegründeten Theaterakademie sein.

Das Prinzregenten-
theater

Der Herkulessaal in der Residenz

Karl Friedrich Beuckelmann

Wie vieles andere auch, war die Münchner Residenz fast vollständig den Zerstörungen des 2. Weltkrieges zum Opfer gefallen. Ziel des Wiederaufbaus war es von Beginn an, aus der Residenz einen kulturellen Mittelpunkt Münchens entstehen zu lassen. Diesem Ziel diente auch die erste größere Baumaßnahme, mit der ein ganzer Bautrakt einer neuen Zweckbestimmung zugeführt wurde. Nach der Zerstörung des Odeons und der städtischen Tonhalle war München – von der Kongreßhalle des Deutschen Museums als Ausweichmöglichkeit abgesehen – ohne repräsentatives musikalisches Zentrum. So fiel die Entscheidung, in den ehemaligen Thronsaal König Ludwig I. im klassizistischen Festsaalbau am Hofgarten einen Konzertsaal, den heutigen Herkulessaal, einzubauen. Angesichts der Not der damaligen Zeit, in der es auf nahezu allen Gebieten am Lebensnotwendigen mangelte, war dies keine so selbstverständliche Entscheidung, wie sie aus heutiger Sicht erscheinen mag. Die monumentale Fassade des ehemals von Leo von Klenze erbauten Residenztraktes blieb erhalten, während die Innenräume dem Verwendungszweck als repräsentativer Fest- und Konzertsaal angepaßt wurden. Die großzügig angelegte Planung für die Zugangs- und Foyerräume ist von dem Gedanken getragen, den Besucher auf dem Weg zum Konzertsaal, beim Durchschreiten einer in ihrer zunehmenden Ausweitung und architektonischen Gliederung aufeinander abgestimmten Raumfolge, zu dem ihn dort erwartenden festlich-musikalischen Ereignis hinzuführen. So fallen in der Eingangshalle im Erdgeschoß die Ahnenreihe der bedeutendsten Wittelsbacher ins Auge, zwölf von Ludwig von Schwanthaler in den Jahren 1837 – 1842 in Bronze gegossene Herrscherfiguren, die im ehemaligen Thronsaal bis zu dessen Zerstörung gestanden haben. Im Foyer des Herkulessaals über den Saaleingängen befindet sich ein Abguß des Alexander-Frieses, dessen Original Bertel Thorwaldsen in den Jahren 1811/ 12 für den Quirinal in Rom gefertigt hat. Eine Folge von großformatigen Gobelins, auf denen die Taten des Herkules dargestellt sind, gab dem Herkulessaal seinen Namen. Die Wandteppiche wurden zwischen 1565 und 1579 im Auftrag von Herzog Albrecht V. bei Michel de Bos in Antwerpen nach Entwürfen von Frans Floris für das Schloß Dachau gewirkt.

Während der frühere Thronsaal in der Zeit der Monarchie für Staatsakte und gesellschaftliche Feste bestimmt und in den 20er und 30er Jahren museal und nur gelegentlich für repräsentative Zwecke genutzt worden ist, dient der am 3. März 1953 festlich eröffnete Herkulessaal heute überwiegend als Konzertsaal. Seine hervorragende Akustik ist international anerkannt. Der Bayerische Rundfunk nutzt den Saal deshalb häufig für Rundfunk- und Schallplattenaufnahmen. Erst vor kurzem nahm der Bayerische Rundfunk im Herkulessaal seine erste digitale Tonregie in Betrieb – ein wichtiger Schritt zum digitalen Hörfunk. Neben Konzerten dient der Herkulessaal aber auch vielen anderen Zwecken. So finden hier immer wieder große Festveranstaltungen, Kongresse, Wohltätigkeitsveranstaltungen, Preisverleihungen, Empfänge sowie staatliche Fest- und Trauerakte statt.

Der Herkulessaal
in der Münchner
Residenz

Unsere Vielfalt präsentieren wir Ihnen nach allen Regeln der Kunst.

Sowohl im Luftverkehr als auch im Kulturgeschehen ist es von Bedeutung, Brücken zu schlagen. Deshalb engagiert sich Lufthansa seit vielen Jahren bei einer großen Zahl von Bühnen-projekten im In- sowie im Ausland. Denn uns geht es darum, auch auf diesem Gebiet einen aktiven Beitrag zur kulturellen Vielfalt und zum Dialog der Völker und Nationen zu leisten. So können wir Ihnen als Airline neue Horizonte eröffnen, auch auf den Brettern, die die Welt bedeuten.

Lufthansa. Ihre Airline.

Wo die Sprache aufhört, fängt die Musik an

E.T.A. Hoffmann (1776 – 1822)

EUROPAMUSICALE

Das europäische Musikfest
in München

1. – 31. Oktober 1993

Programm

Symphonieorchester und Chor des Mitteldeutschen Rundfunks Leipzig
geben im Oktober in München den Auftakt
zu einer europäischen Konzertreihe von Rang.

In Leipzig hat unser persönliches Anliegen,
historische Werke der Baukunst zu sanieren und damit zu erhalten,
prägnante Verwirklichung gefunden.
Die Mädler Passage und Auerbachs Keller sind zwei Beispiele.

In diesen Tagen schlägt das Gastspiel des Leipziger Orchesters,
für das wir mit großer Freude die Patenschaft übernommen haben,
eine Brücke nach München.
Hier haben wir vor wenigen Jahren das ehemalige Bernheimer Haus erworben.
Mit großem Respekt vor seiner Tradition
wird es nun saniert und behutsam restauriert.
Zum Jahresende wird mit der restlichen Aufsetzung des detailgetreu
rekonstruierten historischen Turmes und dem Richtfest
ein weiterer großer Bauabschnitt abgeschlossen sein.

Durch Hinzufügung anliegender Gebäude
entwickelt sich ein erweiterter Gesamtkomplex:
mit dem
Palais am Lenbachplatz
entsteht ein Geschäfts- und Bürohaus auf hohem Niveau,
ein neuzeitliches Münchner Palais,
das sich ab 1995 dem Publikum vollkommen öffnet,
und die Münchner einlädt zum Einkaufen, Flanieren und Verweilen.

Dr. Jürgen Schneider
Claudia Schneider-Granzow

Eröffnungskonzert

am 1. Oktober 1993

Deutschland

Festliche Eröffnungsmatinee

am 2. Oktober 1993

Mein blaues Klavier

Else Lasker-Schüler (1869 – 1945)

Aus: Else Lasker-Schüler, Sämtliche Gedichte, Kösel-Verlag, München 1984

Ich habe zu Hause ein blaues Klavier
Und kenne doch keine Note.

Es steht im Dunkel der Kellertür,
Seitdem die Welt verrohte.

Es spielen Sternenhände vier
– Die Mondfrau sang im Boote –
Nun tanzen die Ratten im Geklirr.

Zerbrochen ist die Klaviatür.....
Ich beweine die blaue Tote.

Ach liebe Engel öffnet mir
– Ich aß vom bitteren Brote –
Mir lebend schon die Himmelstür –
Auch wider dem Verbote.

*Max Ernst
(1891 – 1976)
Heilige Cäcilie –
 Das unsichtbare
Klavier, 1923
Öl auf Leinwand
101 x 82 cm
Staatsgalerie Stuttgart*

August Everding

Staatsintendant und Präsident des Deutschen Bühnenvereins

August Everding wurde 1928 in Bottrop, Westfalen geboren. Nach dem Abitur studierte er in Bonn und München Philosophie, Theologie, Germanistik und Theaterwissenschaften. Er war Regieassistent an den Münchner Kammerspielen unter Leitung von Fritz Kortner und Hans Schweikert. Es folgten eigene Regiearbeiten in München und an auswärtigen Bühnen. Seine Opernproduktionen nahmen immer größeren Raum ein. Mit seinen Inszenierungen „Tristan" (Wien 1967) und „Der Fliegende Holländer" (Bayreuth 1969) etablierte er sich als Opernregisseur. Der Weg an die New Yorker Met, an der er seit Anfang der 70er Jahre in fast jeder Spielzeit inszenierte, war geebnet. 1959 wurde August Everding Oberspielleiter, 1960 Schauspieldirektor und – 34jährig – Intendant der Münchner Kammerspiele. 1973 übernahm er die Intendanz der Hamburgischen, vier Jahre später die der Bayerischen Staatsoper. 1982 wurde er Generalintendant der Bayerischen Staats-

theater. In den folgenden Jahren tritt der Manager und Kulturpolitiker August Everding immer mehr in den Vordergrund. So erreichte er 1985 die Einführung einer Regieklasse an der Münchner Hochschule für Musik. In den 80er Jahren war er einer der Initiatoren der Enzyklopädie des Musiktheaters, die in Zusammenarbeit mit der Universität Bayreuth und dem Piper-Verlag entstand. Unermüdlich setzte er sich für die Wiederherrichtung des Münchner Prinzregententheaters ein. August Everding ist Präsident des Deutschen Bühnenvereins und des Internationalen Theaterinstituts, Vorsitzender der Gesellschaft der Freunde und Förderer der Hochschule für Fernsehen und Film in München, Mitglied des Rundfunkrats, Vizepräsident des Goethe-Instituts, wissenschaftlicher Beirat des Forschungs-Instituts für Musiktheater der Universität Bayreuth sowie Präsident der Internationalen Vereinigung der Opernhausdirektoren. In München lehrt er an der Ludwig-Maximilian-Universität und hat eine Professur an der Musikhochschule. Er ist u.a. Träger des Bundesverdienstkreuzes I. Klasse und des Bayerischen Verdienstordens und ist „Commendatore nell' ordine al merito della Repubblica Italiana". 1988 erhielt er den Ehrenpreis der Stadt München. Seine umfangreiche Regietätigkeit führt ihn in alle Welt. Ein Teil seiner brillanten Reden wurde 1985 in dem Buch „Es ist mir die Ehre widerfahren" publiziert.

Philharmonie

August Everding
Staatsintendant und Präsident des Deutschen Bühnenvereins

Symphonieorchester des Bayerischen Rundfunks
Erez Ofer, Violine • Wen-Sinn Yang, Violoncello
Semyon Bychkov, Leitung

Richard
Wagner
(1813 – 1883)

„Die Meistersinger von Nürnberg",
Vorspiel zum 1. Akt

Johannes
Brahms
(1833 – 1897)

Konzert für Violine, Violoncello u. Orchester a-moll opus 102

Allegro

Andante

Vivace non troppo

Ludwig van
Beethoven
(1770 – 1827)

Symphonie Nr. 3 Es-Dur opus 55 „Eroica"

Allegro con brio

Marcia funebre (Adagio assai)

Scherzo (Allegro vivace)

Finale (Allegro molto – Poco Andante – Presto)

Symphonieorchester des Bayerischen Rundfunks

Das Symphonieorchester des Bayerischen Rundfunks wurde 1949 als erste Formation des Bayerischen Rundfunks gegründet. Erster Chefdirigent wurde Eugen Jochum, der vorwiegend das Repertoire der Klassik und Romantik aufbaute. Berühmte Gastdirigenten bereicherten das Repertoire. Einer der ersten Gäste, die 1949 im Münchner Funkhaus ans Pult des jungen Orchesters traten, war der 85-jährige Richard Strauss. 1960 wurde Rafael Kubelík Chefdirigent, der in 18-jähriger Zusammenarbeit, mit Gastdirigaten wurden es sogar 25 Jahre, das Orchester prägte. Er begann, die damals noch als problematisch geltende Musik Gustav Mahlers, zu pflegen. Der erste Mahler-Zyklus auf Schallplatte überhaupt, noch in den sechziger Jahren eingespielt, wurde Beispiel für mehrfache Nachahmungen. Außerdem reizten den Dirigenten besonders die Zyklen geistlicher Werke von Palestrina bis Strawinsky sowie Neuentdeckungen auf dem Opernsektor, u.a. Pfitzners „Palestrina", Honeggers „Jeanne d'Arc" und Orffs „Ödipus der Tyrann", um nur einige zu nennen. 1979 endete die Amtszeit von Rafael Kubelík. Nach Jahren des Suchens und Tastens wurde 1983 Sir Colin Davis Chefdirigent des Orchesters. Er erarbeitete schwerpunktmäßig Werke von Mozart, Berlioz, Sibelius und Strawinsky und pflegte die neuere englische Musik der Komponisten Elgar, Tippett und Vaughan Williams. Ab September 1993 ist Lorin Maazel Chefdirigent. Die internationale Elite dirigierte das Orchester, besonders häufig Ernest Ansermet, Leonard Bernstein, Karl Böhm, Erich Kleiber, Otto Klemperer, Clemens Krauss, Charles Münch und viele andere. Neben Aufnahmen für Musiksendungen des Bayerischen Rundfunks konnte das Orchester schon seit 1950 seinen hohen Standard auf Konzertreisen zeigen. Allein mehr als zehn Tourneen in die USA und nach Japan verzeichnet die Geschichte des Orchesters. Es spielte zahlreiche Schallplattenproduktionen mit internationaler Solistenbesetzung ein.

Semyon Bychkov

Der heute in Europa und in den USA lebende und wirkende Dirigent Semyon Bychkov wurde 1952 in Leningrad geboren. Er studierte am Glinka-Konservatorium seiner Heimatstadt bei Ilya Musin und gewann 1973 den 1. Preis beim Rachmaninov-Dirigierwettbewerb. 1975 emigrierte er in die USA und mußte dort seine Karriere quasi ein zweites Mal aufbauen. Er wurde zunächst Chefdirigent des Grand Rapids Symphony Orchestra und ständiger Gastdirigent des Buffalo Philharmonic Orchestra. Von 1985 bis 1989 übernahm er die Aufgabe des Chefdirigenten bei diesem Orchester. Mitte der 80er Jahre debütierte er mit dem New York Philharmonic Orchestra, dem Royal Philharmonic Orchestra in London und mit den Berliner Philharmonikern, die er seitdem regelmäßig bei Konzerten und Schallplattenaufnahmen dirigiert. Ebenso regelmäßig ist er Gast bei dem Symphonieorchester des Bayerischen Rundfunks. 1988 dirigierte er erstmals an der Chicago Lyric Opera und in der Saison 1989/90 wurde er als erster aus der ehemaligen UdSSR emigrierter Dirigent nach Prag eingeladen, um Konzerte der Tschechischen Philharmonie zu leiten. 1989 verließ Semyon Bychkov Buffalo und wurde als Nachfolger Daniel Barenboims Chefdirigent beim Orchestre de Paris. Das Orchester und sein Dirigent wurden vom Schleswig-Holstein Musik-Festival zu mehreren Konzerten eingeladen, ebenso nach London zu den BBC Promenaden-Konzerten. Tourneen führten ihn nach Amerika, Deutschland und Japan. 1992 wurde er zum ständigen Gastdirigenten des Teatro Comunale in Florenz ernannt. Außerdem arbeitet er als ständiger Gastdirigent mit den St. Petersburger Philharmonikern. Semyon Bychkov ist Preisträger des „Caecilia Award" und des „Grand Prix Lyrique Laser D'Or de l'Académie du Disque", den er für die Gesamtaufnahme des Nußknacker-Balletts von Tschaikowsky erhielt. Weitere Einspielungen entstanden mit dem London Philharmonic Orchestra, dem Koninklijk Concertgebouworkest sowie mit dem Chor und dem Symphonieorchester des Bayerischen Rundfunks.

Erez Ofer

Wen-Sinn Yang

Der Geiger Erez Ofer wurde 1965 in Tel Aviv geboren. Er studierte bei Ilona Fehèr, Josef Gingold und Nicholas Chumachenco in Israel, Bloomington, USA, und in Freiburg. Schon sehr bald konzertierte er als Solist in Israel und Europa in so renommierten Konzerthallen wie dem Louvre in Paris, dem Herkulessaal in München, dem Beaux-Arts in Brüssel und dem Mann-Auditorium in Tel Aviv. Der Künstler gewann u.a. den ersten Preis beim Zino Francescatti-Wettbewerb in Marseille sowie Preise beim Queen Elisabeth-Wettbewerb in Brüssel und beim Internationalen Violinwettbewerb in Köln. 1992 wurde er beim ARD-Wettbewerb in München mit dem zweiten Preis ausgezeichnet. Derzeit ist Erez Ofer Konzertmeister des Symphonieorchesters des Bayerischen Rundfunks in München. Er spielt auf einer Montagnana-Violine aus dem Jahr 1729.

Der 1965 in Bern geborene Cellist Wen-Sinn Yang, Sohn taiwanesischer Eltern, erhielt seine Ausbildung sowie wichtige künstlerische Impulse von seinen Lehrern Wolfgang Boettcher in Berlin und Claude Starck in Zürich. Er legte seine künstlerische Reifeprüfung mit Auszeichnung ab. 1989 wurde Wen-Sinn Yang erster Solocellist im Symphonieorchester des Bayerischen Rundfunks. Der junge Musiker gewann mehrere Preise, u.a. 1988 den Joseph-Joachim Preis der Akademie der Künste in Berlin für seine Interpretationen der Werke von Henri Dutilleux, Aribert Reimann und Alfred Schnittke, und wurde 1991 Preisträger beim Internationalen Musikwettbewerb in Genf. Wen-Sinn Yang tritt regelmäßig als Solist und Kammermusiker in Deutschland, Frankreich, der Schweiz und in Taiwan auf. Seinen guten Ruf manifestieren auch seine Einspielungen der Cellokonzerte von Haydn mit dem Zürcher Kammerorchester und die Aufnahme des Streichquintetts von Schubert mit dem Brandis-Quartett Berlin.

Festliche Eröffnungsmatinee
am 2. Oktober 1993

Christian Führer

Pfarrer der Nikolaikirche in Leipzig

Christian Führer wurde 1943 als Sohn eines Pfarrerehepaares in Sachsen geboren. Er studierte Theologie an der Karl-Marx Universität Leipzig, absolvierte anschließend sein Lehrvikariat und ein Jahr später das Predigerseminar. 1968 trat er sein Amt als Pfarrer in Lastau und Coldlitz an. Im Jahr 1980 wurde er an die Nikolaikirche Leipzig, die älteste und größte Leipziger Stadtkirche, berufen, an der schon Johann Sebastian Bach seine Dienste leistete. Sein besonderes Interesse gilt der Friedensproblematik im Lichte des Evangeliums, besonders der Bergpredigt Jesu. „Offen für alle" steht seit Jahren in großen Lettern an der Kirche, ein Konzept, um Schwellen- und Berührungsängste Kirchenfremder und Nichtchristen abzubauen. Schon in seinem ersten Amtsjahr startete Pfarrer Führer Aktivitäten wie die dann jährlich wiederkehrende Friedensdekade. Es folgte die Einführung der täglichen Friedensgebete für Randgruppen, ein Friedenscafé, eine Friedensbibliothek, die „Lange Nacht für Frieden" und der ökumenische Friedensgottesdienst. Christian Führer begreift die evangelische Kirche als Vermittler: Aktuelle Vorgänge, Namen von Inhaftierten oder kirchliche Reaktionen auf staatliche Maßnahmen werden auf Informationstafeln in der Nikolaikirche aufgestellt; alles, was vor und hinter den Kulissen der ehemaligen DDR geschah, fand in den Montagsgebeten für mehr Frieden, Gerechtigkeit und Bewahrung der Schöpfung Echo und Kommentar, gleich ob es um die Ausreisewelle im Jahr 1984 ging oder 1985 um Gorbatschow als Hoffnungsträger der Zukunft. 1987 organisierte Christian Führer bei der Veranstaltung „Frieden konkret" einen weder von Staat noch Kirche vorgesehenen Pilgerweg von Torgau nach Riesa, der über drei Bezirksgrenzen hinwegführt. Seit 1988 ist er Moderator der Fürbittenandachten für die Berliner Verhafteten. Im gleichen Jahr hielt er einen Vortrag zum Thema „Leben und Bleiben in der DDR", der von über 600 Personen gehört wurde, und gründete den Gesprächskreis „Hoffnung" für Ausreisewillige. Bezugnehmend auf die aktuellen Probleme der neuen Bundesländer, entstand 1990 der Gesprächskreis „Hoffnung" für Arbeitslose. Pfarrer Führer ist für die strikte Trennung von Kirche und Staat. „Nur wenn die Kirche unabhängig bleibt, kann sie ein kritisches Gegenüber für den Staat sein." Zusammen mit fünf weiteren Persönlichkeiten der ehemaligen DDR erhielt er 1991 den Theodor-Heuss-Preis, betitelt „Den gewaltlosen Demonstranten für den aufrechten Gang in die Demokratie".

Philharmonie

Christian Führer
Pfarrer der Nikolaikirche in Leipzig

Symphonieorchester und Chor des Mitteldeutschen Rundfunks
Sona Ghazarian, Sopran • Julia Hamari, Alt
James Wagner, Tenor • Piotr Nowacki, Baß
Daniel Nazareth, Leitung
Gert Frischmuth, Choreinstudierung

Ludwig van
Beethoven
(1770 – 1827)

Missa solemnis opus 123

Kyrie

Gloria

Credo

Sanctus

Agnus Dei

Konzertpate: Dr. Jürgen Schneider und Claudia Schneider-Granzow

Symphonieorchester und Chor
des Mitteldeutschen Rundfunks

Das 1923 gegründete Symphonieorchester trat die Nachfolge des seit 1915 existierenden „Orchesters des Konzertvereins" an. Mit Beginn der Rundfunksendungen in Leipzig wurde das Orchester 1924 von der Mitteldeutschen Rundfunk AG übernommen. Berühmte Dirigenten und Komponisten sorgten für ein breitangelegtes Repertoire, so Hermann Scherchen, Carl Schuricht, Ernst Krensk, Richard Strauss und Alfred Szendrei. Neuen Aufschwung erlebte das Orchester ab 1945. Unter dem Dirigat von Hermann Abendroth wurde das klassische Repertoire erweitert, Herbert Kegel erarbeitete mustergültige Interpretationen der bedeutendsten Werke des 20. Jahrhunderts. Ab 1978 pflegte Wolf-Dieter Hauschild vor allem das romantische Erbe. Als Spezialist für Musik der Vorklassik und der Moderne erreichte Max Pommer in den Jahren 1987 bis 1991 die internationale Beachtung des Ensembles. Seit 1992 ist Daniel Nazareth Chefdirigent des MDR-Orchesters. Berühmte Solisten wie Ruggiero Ricci, David Oistrach und Mstislav Rostropowitsch sorgten für musikalische Sternstunden. Renommierte Komponisten wie Paul Dessau, Hans Werner Henze, Witold Lutoslawski, Luigi Nono und Krzysztof Penderecki kamen als Gastdirigenten nach Leipzig, um ihre Werke aufzuführen. Das Orchester spielte über 100 Schallplattenaufnahmen ein und unternahm zahlreiche Tourneen. Die Konzerte werden live im Programm von MDR-Kultur übertragen.

Chor des Mitteldeutschen Rundfunks

Ein Jahr nach seiner Gründung wurde der Chor 1946 vom Mitteldeutschen Rundfunk Leipzig übernommen. Geprägt durch seinen Chefdirigenten Herbert Kegel, entwickelte er in den 50er und 60er Jahren eine Klangkultur, die ihn in die Reihe europäischer Spitzenchöre aufrücken ließ. Dazu trugen später auch die Chorleiter Dietrich Knothe und Horst Neumann sowie die Chefdirigenten Wolf-Dieter Hauschild und Jörg-Peter Weigle bei. Seit 1988 ist Gert Frischmuth, ein international anerkannter Chorpädagoge und Hochschulprofessor, Chordirektor. Das Repertoire des Chores umspannt a-capella-Literatur, Chorsymphonik sowie Opernchöre. Zahlreiche Uraufführungen weisen ihn auch als Spezialensemble für Musik unseres Jahrhunderts aus. Annähernd 200 Schallplatten wurden unter Leitung der berühmtesten Dirigenten eingespielt. Internationale Festspiele und Gastspiele führten den Chor u.a. nach Frankreich, Großbritannien, Italien, Österreich, Polen, Spanien, Israel und Japan.
Eine langjährige, schöpferische Zusammenarbeit verbindet den Chor mit Peter Schreier.

Daniel Nazareth

Daniel Nazareth wurde 1948 in Bombay geboren und erhielt seinen ersten Violinunterricht mit sieben Jahren. 1964 begann er ein Wirtschaftsstudium an der Universität Bombay, das er 1968 mit Auszeichnung abschloß. Er studierte ferner Klavier und Musiktheorie. Nach weiteren Studien an der Royal School of Music in London ging er nach Wien, um Komposition und Orchesterleitung zu studieren. 1975 erwarb er an der Wiener Hochschule für Musik und Darstellende Kunst das Dirigenten-Diplom mit Auszeichnung. Parallel zu seiner Ausbildung gab er bereits Klavierkonzerte und dirigierte das Bombay Chamber Orchestra. In der Saison 1975/76 war er Dirigenten-Assistent im Wiener Musikverein und wurde 1976 vom Boston Symphony Orchestra ins Berkshire Music Center nach Tanglewood in den USA eingeladen, wo er sich als Preisträger der Kussewitzky-Foundation bei Leonard Bernstein auszeichnete. 1977 gab Daniel Nazareth sein Operndebüt mit Mozarts „Cosi fan tutte" beim Internationalen Festival „Dei Due Mondi" in Spoleto. Seither leitete er mehrere erfolgreiche Opernproduktionen in Italien, Kanada und Portugal. Von 1982 bis 1985 war er Chefdirigent der Berliner Symphoniker. Darüber hinaus stand er am Pult der renommiertesten Orchester Europas. 1988 wurde er zum Chefdirigenten des Teatro San Carlo in Neapel und 1991 zum Musikdirektor der Arena di Verona berufen. Seit 1992 ist er Chefdirigent des Symphonieorchesters des Mitteldeutschen Rundfunks in Leipzig. Der Dirigent ist auch mit zahlreichen erfolgreichen CD-Einspielungen hervorgetreten, u.a. mit Respighis „Sinfonia Drammatica", Janáčeks „Sinfonietta" und „Taras Bulba", Mussorgskys/Ravels „Bilder einer Ausstellung" und den beiden Klavierkonzerten von Liszt. Er ist Preisträger mehrerer Dirigierwettbewerbe, so des Nikolai Malko-Wettbewerbs für junge Dirigenten in Kopenhagen und des Internationalen Ernest Ansermet-Dirigentenwettbewerbs in Genf.

Sona Ghazarian

Die Sopranistin Sona Ghazarian wurde als Tochter armenischer Eltern in Beirut geboren. Bereits mit sieben Jahren gab sie ihr erstes öffentliches Klavierkonzert. Nach dem Besuch des Armenischen Colleges absolvierte sie an der Amerikanischen Universität ein Psychologiestudium. Gleichzeitig ließ sie ihre Stimme ausbilden. Anschließend besuchte sie Meisterkurse an den Musikakademien von Rom und Siena. 1968 wurde ihr im Bereich „Lied" und 1970 im Bereich „Oper" das Ehrendiplom verliehen. Im Jahr 1970 gewann sie den ersten Preis beim Internationalen Gesangswettbewerb in s-Hertogenbosch in Holland. Engagements für Konzerte und Liederabende folgten. Ihr erfolgreiches Operndebüt gab sie 1972 an der Wiener Staatsoper als Oscar in Verdis „Maskenball" und in Genf als „Lucia" unter der Leitung von Nello Santi. Bei weiteren Premieren an der Wiener Staatsoper verkörperte sie die Giulietta in „I Capuletti e I Montecchi" unter Giuseppe Patané, die Nanetta im „Falstaff" unter Sir Georg Solti und die Adina im „Liebestrank" unter Silvio Varviso. In der folgenden Zeit sang sie in Barcelona, Brüssel, Chicago, Genf, Hamburg, London, Madrid, München, New York, Paris und Zürich sowie bei den Salzburger Festspielen eine Reihe von Hauptpartien wie Adina, Constanze, Gilda, Lucia, Micaela, Pamina, Rosina, Violetta und Zerlina. Weitere wichtige Stationen ihrer Karriere waren Premieren in Genf und Zürich unter Nello Santi, Gastspiele in London am Royal Opera House, Covent Garden, unter Carlos Kleiber sowie an der Mailänder Scala in „Figaros Hochzeit" unter der Leitung von Riccardo Muti.

Julia Hamari

Julia Hamari wurde 1942 in Budapest geboren. Sie begann ihre musikalische Ausbildung als Sechsjährige am Klavier und mit sechzehn Jahren im Fach Gesang bei der türkischen Musikpädagogin Fatime Martin. Anschließend studierte sie am Konservatorium von Bukarest. Mit Auszeichnungen diplomiert, führte ihr Weg nach einem bedeutenden Wettbewerbssieg, dem „Ferenc-Erkel"-Preis in Budapest, zu weiteren Studien nach Stuttgart und zugleich als Lied-, Oratorien- und Opernsängerin ins internationale Musikleben. Ihr Debüt bei den Wiener Festwochen 1966 in Bachs „Matthäus-Passion" unter Karl Richter war sensationell. 1967 folgte ihr Operndebüt als Mercedes in Bizets „Carmen" bei den Salzburger Festspielen unter Herbert von Karajan. Die Titelrolle sang sie wenig später in Stuttgart unter Carlos Kleiber. An der Deutschen Oper am Rhein in Düsseldorf festigte sie ihren Ruf als Mozart- und Rossini-Koloraturaltistin in einer Inszenierung von Jean-Pierre Ponnelle. Weitere internationale Erfolge hatte Julia Hamari u.a. 1974 in der New Yorker Carnegie Hall unter Sir Georg Solti mit Mahlers „Lieder eines fahrenden Gesellen", 1976 als „Cherubin" am Royal Opera House, Covent Garden, an der Mailänder Scala als „Cenerentola" unter Claudio Abbado, in Florenz unter Riccardo Muti als „Orpheus" und in Edingburgh als „Italienerin". Seit ihren Premieren als „Rosina" und „Despina" an der Metropolitan Opera in New York in der Saison 1982 wird sie regelmäßig von diesem Haus verpflichtet. Neben ihrer nach wie vor regen Operntätigkeit in Europa und Übersee gibt sie zahlreiche Konzert- und Liederabende im In- und Ausland.

James Wagner

Der aus New Orleans, Louisiana, stammende Tenor James Wagner studierte zunächst Klavier in Los Angeles. Nach seinem Abschluß mit dem Konzertreife-Diplom setzte er seine musikalischen Studien im Fach Gesang an der Universität von Rochester, New York, fort. Anschließend ermöglichte ihm das „Fullbright"-Stipendium weitere Studien an der Hochschule für Musik in Wien mit den Schwerpunkten Lied und Oratorium. Der Sänger gewann mehrere Wettbewerbe in Amerika und Europa, u.a. beim Metropolitan Opera-Wettbewerb und in Salzburg beim Internationalen Mozart-Wettbewerb 1978. Der Sänger wirkte bei den Salzburger Mozart-Wochen 1978 und 1980 mit und war 1979 Gast der Salzburger Festspiele. Weitere Engagements führten James Wagner an die Opernhäuser in Athen, Frankfurt, Hamburg, Kopenhagen, Madrid, New York, San Francisco und an die Wiener Volksoper. Von 1985 bis 1988 war James Wagner Mitglied des Staatstheaters am Gärtnerplatz in München. Wichtige Gastspielreisen unternahm er in den letzten Jahren nach Frankfurt an die Alte Oper, an das Teatro Comunale in Bologna, das Teatro La Fenice in Venedig und das Staatstheater Stuttgart. Mit der Titelpartie in Johann Christian Bachs „Amadis" gastierte er in Frankfurt und Stuttgart. In Palermo war er in Wagners „Das Liebesverbot" zu hören. Neben der Oper widmet sich James Wagner intensiv der Konzerttätigkeit. In Verdis „Requiem" sang er u.a. in Bern, Budapest, Köln und Madrid. Er ist regelmäßig Gast beim Musikfestival in Straßburg und bei den Händel-Festspielen in Karlsruhe.

Piotr Nowacki

Der Baß Piotr Nowacki wurde in Lodz geboren. Er studierte dort von 1979 bis 1985 am Konservatorium bei Jadwiga Pietraszkiewicz. Schon während seines Studiums erhielt er erste Möglichkeiten, als Solist an den Opernhäusern in Krakau, Lodz und Breslau und an der Warschauer Kammeroper zu gastieren. Preise bei nationalen und internationalen Gesangswettbewerben in Wien 1986 und in Philadelphia 1988 manifestierten seine weitere Karriere. Besondere Verdienste erwarb sich Piotr Nowacki in zwei Opernrollen des russischen Komponisten Rimsky-Korsakov: In den Jahren 1988 und 1989 wurde er an die Mailänder Scala eingeladen, wo er mit großem Erfolg als „Zar Saltan" in Rimsky-Korsakovs gleichnamiger Oper debütierte; 1990 sang er unter der Leitung von Mstislav Rostropowitsch in Washington mit dem National Symphony Orchestra sowie beim Pablo Casals-Festival in Puerto Rico den König „Dodon" in einer konzertanten Aufführung von Rimsky-Korsakovs Oper „Der goldene Hahn". Im Jahr 1989 wurde der Sänger einem breiteren Publikum durch seine Mitwirkung in einer Video-Produktion von Rossinis „Der Heiratswechsel" bekannt.

Im Herzen Europas verbinden uns

internationale Musik
bayerische Gastlichkeit
bayerisches Lebensgefühl

Bayerischer Hotel- und Gaststättenverband
Türkenstraße 7, 80333 München, Tel. 089/28 16 00

Plameni vjetar (1918)

Miroslav Krleža (*1893)

Jednoga će dana krvavo jutro svanuti,
jednoga će dana crljeni vihor planuti
o – jednoga dana –
nad piramidom mrtvih domobrana.
Buknut će plamen iz bezbrojnih rana.
U potresu će onda strahotnom
rasplinut se simboli kletve i tamjana,
komedijâ i crkvi, bolnicâ i kavanâ,
ludicâ, bordelâ i samostanâ,
jednoga dana, o, jednoga dana!
A pjevat će zvona,
stjegovi i glazbe i gnjev kazniona.
Pjevat će plameni vjetar svetu pjesmu vatre, kaosa i eona.
Ulico!
Krvavi talas
nek te kovitla danas!
Proklet je pean zlata,
i dok mirišu žene, svila i šokolata,
vješaju gologa boga na trgu ko tata.
O, Ulico,
danas
budi crveni talas!
Tako će urlati plameni vjetar jednoga dana
nad piramidom mrtvih domobrana,
i crni će stjegovi crveno liznut ko gorući jezici.
Okna će samrtno blijedih kuća planut ko luđačke oči,
a vatrena nebeska kiša u mlazu
na grad će da se toči.
Sverazorni će ritam po ulici da ori:
gori! Gori!
Kugla nebeska gori!
I u tom kolu roblja, kraljeva, žena i smeća,
tramvaja, volova, konja, topova, vjetra, karteča,
u ludom ciklonu vatre i krvi, gdje bukti Slobode Sreća
gdje se božanstvo Laži ko sveto sunce vrti,
hihot će jecati glasan
Njezinog Veličanstva
Pobjednice Smrti.

Kroatien

Der flammende Wind (1918)

*Miroslav Krleža (*1883)*

Deutsch:
Miodrag Vukić
und Britta Titel
Aus: Auf der Karte
Europas ein Fleck,
Gedichte
der osteuropäischen
Avantgarde,
hrsg. von
Manfred Hein,
Ammann Verlag,
Zürich 1991

Eines Tages wird der blutige Morgen dämmern,
eines Tages wird der rote Sturm losbrechen –
o eines Tages –
über der Pyramide der toten Landwehrmänner!
Lodern wird die Flamme aus unzähligen Wunden.
Und in dem grauenvollen Aufruhr werden
zergehen die Symbole von Flüchen und Weihrauch,
Komödien und Kirchen, Hospitäler und Kaffeestuben,
Irrenhäuser, Bordelle und Klöster,
eines Tages, o eines Tages!
Und singen werden Glocken,
Fahnen und Musikkapellen und der Grimm der Zuchthäuser.
Singen wird die Flamme des Sturms das heilige Lied des Feuers, des
                                        Chaos und des Äons:
Du Straße!
Blutige Welle
soll dich aufwühlen heute!
Verflucht sei des Goldes Päan,
und da es duftet nach Frauen, Seide und Schokolade,
hängt man Gott nackt wie einen Dieb auf dem Markt auf.
O du Straße
heute –
werde zur roten Welle!
So brüllen wird der flammende Wind eines Tages
über der Pyramide der toten Landwehrmänner,
und die schwarzen Fahnen werden rot wie brennende Zungen lecken,
die Scheiben der leichenblassen Häuser flackern wie Augen von Irren,
und vom Himmel wird Feuerregen in Strömen
auf die Stadt sich ergießen.
Alles zerstörend wird in der Straße der Rhythmus dröhnen:
Feuer! Feuer!
Die Himmelskugel brennt!
Und in dem Tanz von Sklaven, Königen, Frauen und Gesindel,
Trambahnen, Ochsen, Pferden, Kanonen, Winden, Kartätschen,
im irren Zyklon von Feuer und Blut, wo das Glück der Freiheit lodert,
wo sich die Gottheit der Lüge wie eine heilige Sonne dreht,
wird laut das Gelächter aufschluchzen
Seiner Majestät des Todes,
des großen Siegers.

Vjekoslav Karas
(1821 – 1858)
Mädchen mit Laute
Öl auf Leinwand
98,5 x 74 cm
Historisches Museum
Kroatiens, Zagreb

Slobodan Prosperov Novak

Schriftsteller und ehemaliger Stellvertretender Kulturminister

Slobodan P. Novak wurde 1951 in Belgrad geboren. Er verbrachte seine Kindheit und Jugend in Dubrovnik und studierte dort an der Philosophischen Fakultät. 1978 promovierte er in Zagreb zum Doktor der Literaturwissenschaften und hielt dort Vorlesungen über vergleichende Literatur. Von 1981 bis 1984 war er Gastdozent am Institut für slawische Philologie in Rom und vertiefte seine wissenschaftlichen Studien in Florenz, Rom und Venedig. Seit 1987 ist er Redaktionsmitglied der Zeitschrift „Gordogan" und seit 1989 Chefredakteur der Zeitschrift „Most / Bridge" des Kroatischen Schriftstellerverbandes. Nach der Unabhängigkeitserklärung Kroatiens war Slobodan P. Novak stellvertretender Kulturminister seines Landes, trat jedoch 1992 von seinem Amt zurück. Heute ist er Ordentlicher Professor für ältere kroatische Literatur an der Universität Zagreb und hält Gastvorlesungen in Budapest, Graz, London, Los Angeles, Mailand, Venedig und Wien. Slobodan P. Novak ist Autor und Co-Autor zahlreicher

Bücher, die sich hauptsächlich mit den frühen Stadien der kroatischen Kulturgeschichte beschäftigen. Bekannt wurde er mit „Essays und Notizen aus Dubrovnik" (1975) sowie seinen Essays „Komparatistische Rätsel" (1979) und „Warum hat Euridike zurückgeschaut" (1981). Zu seinen zentralen Werken gehören auch seine Dramen „Ecce homo" (1985) und die Dramensammlung „Marko Marulic" (1986) sowie die Studie „Zwei Jahrtausende schriftlicher Kultur in Kroatien" (1987/88), „Als die Teufel Kroatisch mochten" (1988) und die Monographie „Gundulics Traum" (1989). Slobodan P. Novak ist Herausgeber einer Reihe von Büchern über Schauspieler und Schriftsteller der Gegenwart im Verlag des Internationalen Slawistischen Zentrums Kroatien, Herausgeber des Buches „Sommerfestspiele in Dubrovnik 1950 – 1989" (1989) und Mitherausgeber der Bücher für die Bibliothek PSHK (Geschichte der älteren kroatischen Literatur).
Slobodan P. Novak ist Vorsitzender des Kroatischen PEN-Clubs und Mitglied des Kroatischen Schriftstellerverbandes.

Philharmonie

Slobodan Prosperov Novak
Schriftsteller und ehemaliger Stellvertretender Kulturminister

Zagreber Philharmonie
Radovan Vlatković, Horn
Milan Horvat, Leitung

Boris
Papandopulo
(1906 – 1991)

Sinfonietta

Intrada (Festivo, Tempo di marcia)
Elegie (Andante sostenuto)
Perpetuum mobile

Krešimir
Baranović
(1894 – 1975)

Konzert für Horn und Orchester

Allegro
Elegie (Andante sostenuto)
Allegro vivo

Milko
Kelemen
(*1924)

Mageia

Blagoje Bersa
(1873 – 1934)

Sonnige Felder

Jakov Gotovac
(1895 – 1982)

Symphonischer Tanz

Konzertpate: Bayerischer Hotel- und Gaststättenverband mit Arbeitskreis „Kroatische Wirte"

Zagreber Philharmonie

Die Zagreber Philharmonie ist mit über 100 Musikern die bedeutendste Institution des Zagreber Musiklebens. Das Orchester wurde 1871 auf eine Initiative von Ivan Zajc hin gegründet. Die musikalische Laufbahn begann mit Quodlibet-Konzerten einiger Mitglieder des Opernorchesters. Sie spielten zunächst Ausschnitte aus Opern und Symphonien, später komplette Werke. Ein Markstein in der Geschichte des Orchesters war das „Symphoniekonzert der jungen Komponisten Kroatiens" am 5. Februar 1916. Der Name des Orchesters wechselte mehrmals. Seit 1920 wurde die Bezeichnung Zagreber Philharmonie beibehalten. In der Nachkriegszeit dirigierten Mladen Bašić, Pavle Dešpalj, Milan Horvat, Pavel Kogan, Lovro von Matačić und Friedrich Zaun die Zagreber Philharmonie und führten sie zu internationalem Ruhm. Die weitere Orchestergeschichte ist mit so prominenten Namen wie Aaron Copland, Milan Horvat, Dmitri Kitaenko, Clemens Krauss, Rafael Kubelík, Igor Markevitch, Zubin Mehta, Václav Neumann, Igor Strawinsky, Bruno Walter und Felix Weingartner verbunden. Der gegenwärtige Chefdirigent ist der Japaner Kazushi Ono. Zahlreiche Tourneen führten die Musiker durch Europa, in die USA, Hongkong und Taiwan. Das Orchester spielt regelmäßig beim Dubrovnik-Festival. 1987 dirigierte Lorin Maazel die Neunte Symphonie von Beethoven, um die Geburt des fünfmilliardsten Bewohners unserer Erde zu feiern. Das Orchester spielte über 30 Plattenaufnahmen ein und erhielt mehrere Preise. Es arbeitet häufig mit jungen, noch unbekannten Solisten zusammen, um sie zu fördern und in der Öffentlichkeit bekannt zu machen.

Milan Horvat

Der kroatische Dirigent Milan Horvat studierte zunächst an der Akademie in Zagreb Musik und absolvierte gleichzeitig sein Jurastudium. Seine künstlerische Laufbahn begann er 1946 als Dirigent des Radio-Symphonieorchesters Zagreb und wurde anschließend Chefdirigent des Symphonieorchesters Irland. Seit 1956 arbeitet Milan Horvat mit den Musikern der Zagreber Philharmonie, die ihn aufgrund der langjährigen und hervorragenden Zusammenarbeit zum Ehrenchef ihres Orchesters ernannten. Er unternahm mit dem Orchester erfolgreiche Tourneen durch ganz Europa und in die USA. 1969 wurde der Dirigent Chef des neu gegründeten ORF-Symphonieorchesters in Wien, mit dem er an den Festspielen in Luzern und Salzburg teilnahm. Milan Horvat ist gleichermaßen im Konzertsaal wie in der Oper heimisch. Zehn Jahre war er Chef der Zagreber Oper und steht als Gastdirigent an den Pulten zahlreicher italienischer Opernhäuser. Sein künstlerisches Schaffen führte ihn in die großen Musikzentren Europas, nach Japan und in die USA. Seit den siebziger Jahren leitete Milan Horvat mehrmals die Dirigierkurse an der Sommerakademie in Salzburg sowie gegenwärtig die Dirigentenklasse an der Hochschule in Graz. Er ist regelmäßig Gast beim Basler Symphonieorchester, dem Orchestre de Chambre de Lausanne und dem Orchestre de la Suisse Romande. Zahlreiche Schallplattenaufnahmen dokumentieren sein künstlerisches Wirken.

Radovan Vlatković

Der 1962 in Zagreb geborene Hornist Radovan Vlatković begann seine Studien an der Musikhochschule seiner Heimatstadt und ging anschließend an die Musikakademie nach Detmold. Dort schloß er seine Ausbildung mit Auszeichnung ab. Während seiner Studienzeit wurde er Preisträger beim Internationalen Hornwettbewerb in Liège, Belgien, beim Jugoslawischen Musikwettbewerb und beim Internationalen Wettbewerb „Premio Ancona" in Italien. Eine besondere Auszeichnung war der erste Preis beim Internationalen ARD- Wettbewerb in München 1983. Danach entwickelte sich die Karriere sehr schnell. Der Solist trat in vielen Ländern Europas, in Japan, im Nahen Osten, in Ostafrika, Rußland und in den USA auf. Auch als Kammermusiker feierte er große Erfolge, u.a. mit dem Cherubini Quartett sowie mit Heinz Holliger, Gidon Kremer und András Schiff. Von 1982 bis 1990 sammelte Radovan Vlatković Orchestererfahrungen als 1. Solohornist beim Radio-Symphonieorchester Berlin. Er verließ das Orchester, um sich wieder ganz solistischen Aufgaben widmen zu können. Sein Repertoire umfaßt Werke von der Barockmusik bis ins 20. Jahrhundert. Viele Interpretationen sind auf Schallplatte festgehalten. Ein Meilenstein in seiner Discographie ist die Aufnahme aller Hornkonzerte von Wolfgang Amadeus Mozart und Richard Strauss mit dem English Chamber Orchestra unter Jeffrey Tate. Die Einspielung der Mozartschen Hornkonzerte wurde mit dem Preis der Deutschen Schallplattenkritik ausgezeichnet. 1992 wurde Radovan Vlatković Professor nach Stuttgart an die Staatliche Hochschule für Musik und Darstellende Kunst berufen.

Jede Zeitung hat die Leser, die sie verdient.

Schön für uns.

Süddeutsche Zeitung
Deutschlands große Tageszeitung

Klavier-Auszüge
Oratorien / Kantaten / Chorwerke

C. F. PETERS · FRANKFURT
LEIPZIG · LONDON · NEW YORK

Pavane

*Rolf Jacobsen (*1907)*

Pavanen, denne sære påfugldansen
som infantinnen Isabella danset
med don Juan Fernandez av Castilien
den siste natt før døden gjestet slottet
  — likblek og merket alt av kalde fingre
men kledt i påfuglprakt og med de stive
bizarre skritt som om de alt var døde
  — den samme dans som Spanias dronning danset
med hjertet tungt av frykt og halvt forstenet
av tung brokade, pomp og etikette
lik hård emalje om det ville hjertet
  — er det den samme dans som havet danser
med skyene derute, denne stumme
forstemte lek med skyers påfuglhaler
og havets brutte skritt i tung brokade
møt øde himmelhvelv — slik danser havet
til dump musikk en ødslig dans med skyer.

Norwegen

141

Pavane

*Rolf Jacobsen (*1907)*

Aus:
Museum
der modernen Poesie,
eingerichtet von
Magnus Enzens-
berger, Bd. 1,
Suhrkamp Verlag,
Frankfurt am Main
1960

Pavane, seltsamer Pfauentanz,
Infantin Isabellas Tanz mit Don
Juan Fernandez von Kastilien,
nachts, eh der Tod ins Schloß kam,
todbleich, gezeichnet, kalt die Hand,
in Pfauenpracht getan und steifen
bizarren Schritts, wie Tote, Tanz,
den Spaniens Königin tanzte, furcht –
beschwert das Herz und halb versteint
von Pomp, brokatner Last, der Etikette
hartem Email auf ihrem wilden Herzen –
ist es der Tanz, den auch das Meer
mit Wolken tanzt, das stumme Spiel,
verstimmt, mit Pfauenrädern – Wolken,
brokatne Last, des Meers gebrochner Schritt
aufs öde Himmelszelt – zu dumpfem Schall
tanzt so das Meer, tanzt einsam mit den Wolken.

Åse Kleveland

Kulturministerin

Åse Kleveland wurde 1949 in Stockholm geboren. Sie studierte zunächst klassische Gitarre und Gesang und anschließend Jura an der Universität in Oslo. Nach ihrem Mediendebüt im Jahr 1959 wirkte sie bei zahlreichen Rundfunk- und Fernsehmusiksendungen der nordischen Länder mit und gab dort sowie in Deutschland, Frankreich, Italien, Luxemburg, Österreich, in der Schweiz, in Spanien, Japan und in den USA Gastkonzerte. Die Künstlerin spielte zahlreiche Schallplatten in mehreren Ländern ein, u.a. in Deutschland, Frankreich und in den skandinavischen Ländern. Bei der internationalen Presse fand ihr Solo-Doppelalbum „Ballade" besondere Beachtung. Eine Aura des Besonderen vermitteln die vier LP's in japanischer Sprache, die in der Zeit von 1965 bis 1969 in Japan aufgenommen wurden. Åse Kleveland war Schriftführerin des Norwegischen Musikerverbandes und von 1983 bis 1987 dessen Vorsitzende. In den Jahren 1987 bis 1990 war sie leitende Direktorin der Firma Park Partner A/S sowie Präsidentin der Norwegischen Musikerunion. Seit November 1990 ist Åse Kleveland norwegische Kulturministerin. Ihrem Engagement ist es zu verdanken, daß das Budget für den Kultur-Bereich wesentlich erhöht wurde. Als „Künstlerin in der Politik" setzt sie sich dafür ein, daß Kultur im alltäglichen Leben der breiten Bevölkerung eine größere Rolle spielt. Åse Kleveland tritt regelmäßig bei der UNESCO als Rednerin für die Menschenrechte der Dritten Welt ein.

Philharmonie

Sonntag,
3.10.1993

20 Uhr

Åse Kleveland
Kulturministerin

Oslo Filharmoniske Orkester
Walter Weller, Leitung

Edvard Grieg
(1843 – 1907)

Norwegische Tänze opus 35
Allegro marcato
Allegretto tranquillo e grazioso (Allegro)
Allegro moderato alla marcia (Tranquillo)
Allegro molto

Geirr Tveitt
(1908 – 1981)

Aus der Suite „100 Volksmelodien aus Hardanger":
Domedag (Der Jüngste Tag), Nr. 75
Du (Du), Nr. 46
Friarføter (Auf Freiersfüßen), Nr. 47
Langeleiklåt (Langeleik Melodie), Nr. 9
Garsvoren dansar (Die Tänze des Puck), Nr. 70
Velkomne med æra (Herzlich Willkommen), Nr. 1
Hardingol („Hardanger"), Nr. 60

Leoš Janáček
(1854 – 1928)

Lachische Tänze
Der Altertümliche
Der Gesegnete
Der Schmiedetanz
Der Altertümliche
Der Betteltanz
Der Sägetanz

Zoltán
Kodály
(1882 – 1967)

Suite aus dem Singspiel „Háry János" (1927)
Vorspiel: Das Märchen beginnt
Wiener Spielwerk
Lied
Schlacht und Niederlage Napoleons
Intermezzo
Einzug des kaiserlichen Hofes

145

Oslo Filharmoniske Orkester

Die Geschichte des Orchesters beginnt im Jahr 1871. Einer der Gründer und ersten Dirigenten war der norwegische Komponist Edvard Grieg. Erst seit 1919 besteht das Oslo Filharmoniske Orkester als ständige Einrichtung. Von 1931 bis 1962 prägten vor allem zwei Chefdirigenten das Orchester: Odd Grüner-Hegge und Olav Kielland. In den letzten 25 Jahren nahm das Ensemble einen enormen künstlerischen Aufschwung unter Dirigenten wie Herbert Blomstedt, Miltiades Caridis und Okko Kamu. Seit 1979 leitet Mariss Jansons das Orchester und festigte in seiner mehr als zehnjährigen künstlerischen Arbeit den internationalen Ruf der Musiker. Das seit 1977 in der Osloer Konzert Halle beheimatete Orchester gibt jährlich über 60 Konzerte, die zum großen Teil vom nationalen Radio und Fernsehen übertragen werden. Gastkonzerte führten die norwegischen Musiker 1987 nach Großbritannien, wo sie seitdem regelmäßig gastieren, und 1988 nach Japan. 1990 ging es auf Europatournee und nahm zum ersten Mal an den Salzburger Festspielen teil. Ein Jahr später führte eine Tournee nach Frankreich und in die Vereinigten Staaten, 1992 nach Deutschland, Österreich, in die Schweiz und nach Spanien. Geplant sind eine Japantournee und Konzerte bei den Londoner „Proms". Das Orchester erhielt für seine erfolgreichen Interpretationen den Peer Gynt-Preis, den „Norwegian Critic's Award", dreimal den „Norwegian Grammy Award" und für die Schallplattenaufnahme der Bruckner Symphonie Nr. 9 unter Yoav Talmi den „Grand Prix du Disque".

Walter Weller

Walter Weller wurde 1939 in Wien geboren. Er studierte an der dortigen Musikhochschule Violine und anschließend Orchesterleitung bei Karl Böhm und Horst Stein. Seine Studien setzte er bei Josef Krips und George Szell fort. Mit 17 Jahren wurde er bereits Mitglied der Wiener Philharmoniker, 1961 deren Konzertmeister. Das 1957 von ihm gegründete Weller Quartett erlangte unter seiner Leitung internationalen Ruf und spielte bis zu seiner Auflösung im Jahr 1970 zahlreiche Plattenaufnahmen ein. Das Engagement des österreichischen Musikers erstreckt sich auch auf die Pädagogik. So unterrichtete er von 1964 bis 1966 Kammermusik an der Wiener Musikakademie. 1966 debütierte er als Dirigent bei den Wiener Philharmonikern und unterzeichnete 1969 einen langjährigen Vertrag mit der Wiener Staatsoper. 1977 übernahm er die Leitung des Royal Liverpool Philharmonic Orchestra. Dieses Orchester verlieh ihm den Ehrentitel „Conductor Laureate". Von 1980 bis 1985 ging er als Chefdirigent zum Royal Philharmonic Orchestra nach London. 1988 leitete er in London die Uraufführung des einzigen, von Barry Douglas rekonstruierten, Satzes von Beethovens Symphonie Nr. 10. Gegenwärtig ist Walter Weller Musikdirektor und Chefdirigent des Royal Scottish Orchestra. Seine Gesamteinspielung der Symphonien Beethovens und dessen Klavierkonzerte mit dem Solisten John Lill und dem City of Birmingham Symphony Orchestra wurde von Publikum und Presse mit höchstem Lob bedacht. Walter Wellers Repertoire beinhaltet auch die Oper. Neben seiner intensiven Arbeit mit der Wiener Staatsoper dirigierte er an der Mailänder Scala, an der English National Opera, am Teatro Comunale in Bologna, an der Scottish Opera und beim Tivoli Festival in Kopenhagen.

Bayern 4 Klassik

BAROCK, KLASSIK ODER AVANTGARDE:
MUSIK AUF WELTNIVEAU
FÜR UNSERE HÖRER GERADE GUT GENUG!

Bayerischer
Rundfunk

Mano Kamrarys

Antanas Jasmantas (1908 – 1983)

Tas mano kambarys kaip didelė šv entovė:
Nusvirę gėlės lyg vėliavos maldingai stovi,
Ir liudesys vargonais groja,
O prie kojų,
Prie Nukryžiuotų kojų,
Į gėdulo veliurą susisupę,
Mano džiaugsmas ir mano meilė klupi.

O liudesys vargonais groja
Ir nesustoja:
Jis trello palube graudena,
Jis šliaužia pažeme lyg vox humana,
Rusčiais pedelais sunkiai dunda
Ir skundą,
Skundą tylų, skundą liudną be galo
Išverkia fleitom antro manualo.

Litauen

Mein Zimmer

Antanas Jasmantas (1908 – 1983)

Deutsch:
Alina Grinius

Mein Zimmer ist wie eine große Kirche:
Geneigte Blumen wie Fahnen fromm stehen,
Und die Trauer spielt Orgel,
Und bei den Füßen des Gekreuzigten
In eine Trauerschleife eingewickelt
Meine Freude und meine Liebe knien.

Und die Trauer spielt immer Orgel
Ohne Pause:
Sie rührt mit Trello oben an der Decke,
Sie schleicht am Boden wie vox humana,
Sie dröhnt tief mit den zornigen Pedalen,
Und eine Klage,
Eine stille, unendlich traurige Klage
Ertönt mit der Flöte des zweiten Manuale.

Mikalojus
Konstantinas
Čiurlionis
(1875–1911)
Sternensonate,
Andante, 1908
Tempera auf Papier
73,5 x 62,5 cm
Staatliches Čiurlionis-
Museum,
Kaunas, Litauen

Vytautas Landsbergis

Professor der Musikwissenschaften, Deputierter und ehemaliger Vorsitzender des Obersten Rates der Republik Litauen

Vytautas Landsbergis wurde 1932 in Kaunas, Litauen geboren. Er studierte Klavier am litauischen Konservatorium in Vilnius und anschließend Kunstgeschichte. Seit den 60er Jahren war er als Musikpädagoge am Pädagogischen Institut von Vilnius tätig. 1969 promovierte er in Kunstgeschichte und erhielt 1978 den Professorentitel. Das Spezialgebiet von Vytautas Landsbergis ist die litauische Musikkultur um die Jahrhundertwende. Er porträtierte litauische Komponisten der jüngeren Vergangenheit in Schrift und Film. Ein besonderes Denkmal setzte er dem Maler und Tondichter Mikolajusus Čiurlionis mit zwei Schallplattenaufnahmen mit Klavierkompositionen. Als Kunst- und Kulturschaffender galt sein besonderes Engagement immer der Abwehr einer Russifizierung der litauischen Nationalkultur. Vytautas Landsbergis politische Karriere begann 1988 in der nationalistischen SAJUDIS-Bewegung (Volksbewegung für die Perestroika), die wirtschaftliche, soziale, kulturelle und politische Souveränität und Wiederherstellung der Unabhängigkeit forderte. Im Oktober 1988 wurde er zum Parlamentspräsidenten gewählt. Bei den Wahlen 1990 erreichte SAJUDUS die absolute Mehrheit der Mandate. Das neue Parlament wählte Vytautas Landsbergis ebenfalls zu ihrem Parlamentspräsidenten. In der Folgezeit stärkte sich seine Position, bedingt durch die Anerkennung der Souveränität Litauens und die Aufnahme der baltischen Republiken in die UNO 1991. Vytautas Landsbergis war bis November 1992 Parlamentspräsident, verzichtete jedoch bei den Wahlen im Februar 1993 auf eine weitere Präsidentschaftskandidatur, nachdem die von ihm geführte Bürgerbewegung SAJUDIS bei den Wahlen im November eine schwere Niederlage erlitten hatte.

Prinzregententheater

Vytautas Landsbergis
*Professor der Musikwissenschaften, Deputierter
und ehemaliger Vorsitzender des Obersten Rates der Republik Litauen*

Litauisches Staatliches Symphonieorchester
Giedre Kaukaite, Sopran
Gintaras Rinkevičius, Leitung

Osvaldas
Balakauskas
(*1937)

Symphonie Nr. 2

Die Flamme

Reflexion

Der Fluß

Feliksas
Bajoras
(*1934)

Liederzyklus „Auki, auki zalias berzas"
(Wachse, wachse, grüne Birke)

Mikolajus
Konstantinus
Čiurlionis
(1875 – 1911)

Symphonische Dichtung „Das Meer"

Litauisches Staatliches Symphonieorchester

Das Litauische Staatliche Symphonieorchester gehört zu den ganz jungen Orchestern in der europäischen Musiklandschaft. Es wurde erst 1988 gegründet. Die Orchestermitglieder wurden durch einen Wettbewerb ausgewählt. Sie stammen hauptsächlich aus dem Kreis der Hochschullehrer des Litauischen Konservatoriums und aus anderen Orchestern. Im Januar 1989 debütierte das Orchester unter der Leitung von Gintaras Rinkevičius mit der Symphonie Nr. 5 von Beethoven und der symphonischen Dichtung „Im Wald" des litauischen Komponisten und Malers Mikalojus Konstantinas Čiurlionis. Im Repertoire des Orchesters finden sich Werke der Klassik, der Romantik und der Moderne sowie Werke von litauischen Komponisten wie Bacevičius, Bajoras, Balakauskas, Čiurlionis, Gaidelis und anderen. Das Orchester konzertierte mit berühmten litauischen und italienischen Pianisten, Violinisten und Sängern. Während seiner kurzen Geschichte arbeitete das Orchester u.a. unter der Leitung von Alexander Dmitriev, Veronika Dudarowa, Paul Mägi und Jurij Simonov. Besondere Verdienste erwarb sich das Ensemble in der Zusammenarbeit mit renommierten litauischen und internationalen Chören. Das Litauische Staatliche Symphonieorchester gastierte in Deutschland, Frankreich und in Italien. Während einer Konzertreise nach Griechenland im Jahr 1991 entstand in Zusammenarbeit mit mehreren Ländern ein Videofilm über das Orchester und seine Arbeit. Im Oktober 1992 wurde bei einer Japantournee eine CD aufgenommen, u.a. mit symphonischen Werken von Čiurlionis.

Gintaras Rinkevičius

Gintaras Rinkevičius wurde 1960 geboren. Er studierte Orchesterleitung am Konservatorium in St. Petersburg. In der Zeit von 1983 bis 1986 absolvierte er ein Dirigierpraktikum am Moskauer Konservatorium bei Juri I. Simonov, dem langjährigen Leiter des Bolschoi-Theaters, bei dem er wertvolle Erfahrungen sammelte. Seit 1988 ist er Chefdirigent des Litauischen Staatlichen Symphonieorchesters. Er ist mehrfacher Preisträger des internationalen Dirigentenwettbewerbs der 1968 in Wien gegründeten Herbert von Karajan-Stiftung und des Wettbewerbs „In memoriam Janos Perenscik". Gintaras Rinkevičius gastierte in Italien beim Verdi-Festival in Roncole, in Deutschland, Finnland, Frankreich, Griechenland, Italien, im ehemaligen Jugoslawien, in den Niederlanden, Österreich, der ehemaligen Sowjetunion, Spanien, der ehemaligen Tschechoslowakei und in Ungarn. Sein breitgefächertes Repertoire reicht von Werken des Barock bis zu Komponisten unseres Jahrhunderts und umfaßt gleichermaßen symphonische Werke wie Opern. Besonders intensiv widmet sich Gintaras Rinkevičius den Werken litauischer Komponisten wie Balakauskas, Basjoras, Čiurlionis und Kutavičius. Er brachte die Oper „Mazvydas" der jungen litauischen Komponistin A. Zigaityte zur Uraufführung.

Giedre Kaukaite

Die litauische Sopranistin Giedre Kaukaite studierte am Litauischen Konservatorium. Die Auszeichnung mit dem ersten Preis beim renommierten Glinka-Wettbewerb ermöglichte ihr, durch das damit verbundene Stipendium für zwei Jahre als Graduiertenstipendiatin an die Mailänder Scala zu gehen, wo sie bei Barra, Piacca und Merlini studierte. Nach ihrer Rückkehr nach Litauen wurde sie an die Oper von Vilnius engagiert. Dort war sie in den Musiktheaterproduktionen „Faust", „La Bohème", „Madame Butterfly", „Othello" und „Eugene Onegin" zu hören und zu sehen. Sie konzertierte mit dem National Philharmonic Symphony Orchestra, dem Großen Symphonieorchester des Russischen Rundfunks in Moskau, dem Litauischen Kammerorchester und dem Ensemble für Alte Musik „Musica Humana". Innerhalb ihres vielseitigen Repertoires widmet sich Giedre Kaukaite gleichermaßen der Oper und dem Konzertgesang, dem „klassischen" und dem zeitgenössischen litauischen Repertoire. Tourneen führten sie durch die ehemalige UdSSR und durch Europa. Sie ist Preisträgerin des Litauischen Sängerwettbewerbs und erhielt den großen Preis beim Internationalen Gesangswettbewerb in Sofia.

Für ein vereintes Europa leisten unsere modernen Telekommunika-
tionssysteme einen technischen und wirtschaftlichen Beitrag. Wir wollen
aber auch einen Beitrag leisten für die künstlerische Zusammenarbeit in
Europa.

Daher fördern wir mit dem Northern
Telecom Arts Europe Programm in
den nächsten drei Jahren europäische Kunstprojekte mit rund zwei
Millionen DM.

IP

Für unsere Kunden ist das vereinte Europa bereits Realität.

Die 1939 gegründete IP-Gruppe ist der größte Multimedia-Vermarkter in Europa. Mit Vertretungen in 15 Ländern betreut sie 20 Fernsehanstalten, 120 Radiosender und rund 40 Pressetitel.

In Deutschland ist IPA-plus exklusiv für die Vermarktung von RTL und RTL 2 verantwortlich.

Beratung der Werbekunden und Marktforschung im Medienbereich gehören dabei genauso zum Service wie die eigentliche Buchung.

Und das mit Erfolg: RTL ist mittlerweile Marktführer* in Deutschland, und RTL 2 hat sich in kürzester Zeit zum „Größten kleinen Sender Deutschlands" entwickelt.

Wenn Sie mehr über IPA-plus und unsere Arbeit erfahren wollen, rufen Sie uns einfach an: (069) 9 71 18-0.

* Quelle: Marktanteile in %, 6.00–6.00 Uhr, Mo.–So., Zuschauer gesamte BRD, 2. Quartal 1993, GfK-Inmarkt.

O&MD

IPA-PLUS: FRANKFURT · BERLIN · DÜSSELDORF · HAMBURG · MÜNCHEN · ZÜRICH

Les oiseaux continueront à chanter

Anise Koltz (*1928)

Abattez mes branches
et sciez-moi en morceaux
les oiseaux continueront à chanter
dans me racines

Luxemburg

Die Vögel singen weiter

Anise Koltz (*1928)

Aus: Anise Koltz,
Sich der Stille
hingeben,
Französisch
und Deutsch,
ausgewählt und hrsg.
von Roswitha
Th. Hlawatsch
und Horst
G. Heiderhoff,
Horst Heiderhoff
Verlag,
Waldbrunn 1983

Schlagt mir die Äste ab
und sägt mich in Stücke
die Vögel singen weiter
in meinen Wurzeln

Joseph Kutter
(1894–1941)
Clown mit Akkordeon,
1936
Gouache auf Papier
67 x 50 cm
Musée d'Histoire
et d'Art,
Luxemburg

Colette Flesch

Generaldirektorin für Audiovisuelle Medien, Information, Kommunikation und Kultur bei der Kommission der Europäischen Gemeinschaften

Colette Flesch wurde 1937 im luxemburgischen Grenzort Düdelingen geboren. Während ihrer Schulzeit in Luxemburg widmete sie sich intensiv dem Fechten und gehörte bei den Olympischen Spielen in Rom, Tokio und Mexiko der luxemburgischen Olympia-Mannschaft an. Nach Abschluß der höheren Schule studierte sie in den USA Politische Wissenschaften am Wellesley College und an der Fletcher School of Law and Diplomacy in Medford, Massachusetts. Von 1963 bis 1964 arbeitete sie als Assistentin für kulturelle Fragen und Information an der US-Botschaft in Luxemburg und war danach fünf Jahre im Sekretariat des Rates der Europäischen Gemeinschaften in Brüssel tätig. Das Jahr 1969 war für die Politikerin sowohl auf nationaler als auch auf europäischer Ebene ein bedeutsames Jahr: Sie wurde Mitglied des luxemburgischen Parlaments (bis 1989) und als Abgeordnete ins Europäische Parlament gewählt. Ihr politisches Engagement spiegelt sich auch auf kommunaler Ebene wider:

Von 1970 bis 1980 war Colette Flesch Bürgermeisterin von Luxemburg und ab 1987 Mitglied des Gemeinderats. Auf Parteiebene fungierte sie von 1976 bis 1980 als Generalsekretärin der (Liberalen) Demokratischen Partei. Bei der ersten europäischen Direktwahl 1979 als EG-Abgeordnete bestätigt, leitete sie bis November 1980 den Ausschuß für Entwicklung und Zusammenarbeit. Im Juni 1980 übernahm sie den Vorsitz der Demokratischen Partei; fünf Monate später folgte sie Gaston Thorn als stellvertretende Ministerin für Auswärtige Angelegenheiten, Außenhandel, Entwicklung und Zusammenarbeit, Wirtschaft, Mittelstand und Justiz. Als luxemburgische Außenministerin führte sie – als erste Frau – turnusmäßig den Vorsitz im EG-Ministerrat. Aus dem Europäischen Parlament schied sie zur gleichen Zeit aus. Im Jahr 1984 mußten die Liberalen auf die Oppositionsbank wechseln und so war die Ära außenpolitischer Regierungsverantwortung beendet.

Colette Flesch kehrte ins Europäische Parlament zurück. Von 1989 bis 1990 war sie Erste Stellvertretende Vorsitzende der Liberalen und Demokratischen Fraktion sowie Erste Stellvertretende Vorsitzende des Haushaltsausschusses des Europäischen Parlaments in Straßburg. Seit 1990 fungiert sie als Generaldirektorin des Ressorts „Audiovisuelle Medien, Information, Kommunikation und Kultur" der Kommission der Europäischen Gemeinschaften in Brüssel. Dem früher eher stiefmütterlich behandelten Bereich verhalf sie zu neuem Ansehen. Colette Flesch erhielt zahlreiche internationale Auszeichnungen, u.a. das Große Bundesverdienstkreuz. Zweimal wurde der sprachen-, literatur-, theater- und musikinteressierten Politikerin die Ehrendoktorwürde verliehen.

Philharmonie

Colette Flesch
Generaldirektorin für Audiovisuelle Medien, Information, Kommunikation
und Kultur bei der Kommission der Europäischen Gemeinschaften

RTL Sinfonieorchester – Luxembourg
Bella Davidovich, Klavier
Leopold Hager, Leitung

Alexander
Müllenbach
(*1949)

„Flugsand" für großes Orchester

Solaris – Ozean der Formen
Shan Tao
Drift
Paysage mort
Verweht ...

Frédéric
Chopin
(1810 – 1849)

Konzert für Klavier und Orchester Nr. 1 e-moll opus 11

Allegro maestoso risoluto
Romanza (Larghetto)
Rondo (Vivace)

Antonín
Dvořák
(1841 – 1904)

Symphonie Nr. 7 d-moll opus 70

Allegro maestoso
Poco Adagio
Scherzo (Vivace)
Finale (Allegro)

In Zusammenarbeit mit Münchener Mozart Konzerte e.V.

Konzertpate: RTL Television / IPA plus GmbH, München

RTL Sinfonieorchester – Luxembourg

Radio Luxembourg gründete 1933 ein kleines Ensemble, das den musikalischen Teil seiner Sendungen live gestalten sollte. Aus diesem ging das später international anerkannte Symphonieorchester hervor. Gründer und Leiter des damaligen Ensembles war Henri Pensis. Er leitete das Orchester bis zu seinem Tod im Jahre 1958. Sein Nachfolger wurde für die nächsten zwanzig Jahre Louis de Froment, unter dem das Orchester erste Tourneen ins Ausland unternahm und zahlreiche Schallplatten einspielte. Das einzige Symphonieorchester des Großherzogtums steht seit 1980 unter der Leitung von Leopold Hager. Bedeutende Gastdirigenten waren Yuri Ahronovich, Alexander Dmitriev, Eliahu Inbal, Hyroyuki Iwaki, Ferdinand Leitner und Jerzy Semkov. Unter den mit dem Orchester konzertierenden Solisten finden sich berühmte Namen wie Boris Belkin, Brigitte Engerer, Lynn Harrell, Mischa Maisky, Aurèle Nicolet, Mstislav Rostropowitch, Wolfgang Schulz, Isaac Stern, Christian Zacharias, Krystian Zimerman. Das Orchester erfüllt für sein Land die Aufgabe des „Musikalischen Botschafters". Zahlreiche Tourneen führten das Orchester in die großen Musikzentren Europas und zu bekannten Musikfestspielen, so zur Mozartwoche nach Salzburg. Für das Jahr 1995 ist eine Österreichtournee geplant. Zahlreiche Fernsehproduktionen, Schallplatten- und Filmmusikaufnahmen dokumentieren die geleistete Arbeit. Das RTL Sinfonieorchester – Luxembourg bestreitet auch die Konzertsaison in seinem Land.

Leopold Hager

Leopold Hager wurde 1935 in Salzburg geboren. Er studierte am dortigen Konservatorium Orchesterleitung, Cembalo, Klavier, Orgel und Komposition. Nach ersten Engagements als Dirigent in Mainz, Linz und Köln wurde er von 1965 bis 1969 Generalmusikdirektor in Freiburg und kehrte als Chefdirigent des Mozarteum-Orchesters von 1969 bis 1981 nach Salzburg zurück. Zahlreiche Konzertreisen führten ihn durch Europa und nach Amerika. Er folgte Einladungen an viele große Opernhäuser, u.a. nach Wien und München, an die Metropolitan Opera in New York und an das Royal Opera House, Covent Garden nach London. Leopold Hager arbeitete mit berühmten Orchestern wie den Wiener- und den Berliner Philharmonikern, der Staatskapelle Dresden, dem Leipziger Gewandhausorchester und dem Koninklijk Concertgebouworkest zusammen. Gegenwärtig ist er Chefdirigent des RTL Sinfonieorchesters – Luxembourg. Eine enge Zusammenarbeit verbindet ihn mit dem Symphonieorchester des Bayerischen Rundfunks und seit 1988 mit dem English Chamber Orchestra. Im Herbst 1991 leitete er zwei Opernproduktionen in den Vereinigten Staaten: „Cosi fan tutte" an der New Yorker Metropolitan Opera und „Don Giovanni" an der Oper in San Francisco. Leopold Hager ist regelmäßig Gastdirigent beim „Mostly Mozart"-Festival in New York. Seine besondere Liebe gilt dem Komponisten Wolfgang Amadeus Mozart. So gehören zu seinen vielen Schallplattenproduktionen u.a. die Einspielungen sämtlicher Klavierkonzerte sowie der Jugendopern und Konzertarien des Komponisten. Dem auf dem Gebiet der zeitgenössischen Musik sehr regen Dirigenten verdanken wir Uraufführungen von Helmut Eder, Jean Françaix, Wilhelm Killmayer, Giselher Klebe und Alfred G. Schnittke.

Bella Davidovich

Bereits vor ihrer Emigration in die USA gehörte die Pianistin Bella Davidovich zu den herausragenden Künstlern der Sowjetunion und war zugleich eine der wenigen Frauen, die zum engeren Kreis des russischen Kulturlebens gehörten. Sie entstammt einer Musikerfamilie aus Baku, Aserbaidschan, und begann ihre pianistische Ausbildung im Alter von sechs Jahren. Ihre Lehrer am Moskauer Konservatorium waren Konstantin Igumnov und Jakov Flier. 1949 gewann sie den ersten Preis beim Chopin-Wettbewerb in Warschau. Im Laufe ihrer bemerkenswerten Karriere in der ehemaligen UdSSR musizierte sie mit allen namhaften Dirigenten dieses Landes und gastierte alljährlich beim Leningrader Philharmonischen Orchester. In den mehr als zehn Jahren, die die Pianistin nun schon in Amerika lebt, gelang es ihr, sich einen festen Platz in der Klavierelite ihrer Wahlheimat zu erspielen. Ihr Carnegie-Hall-Debüt im Jahr 1979 war ein großer Presse- und Publikumserfolg. Bella Davidovich gastierte in ganz Europa, in Kanada und in den USA. Im Zeichen von Perestroika erhielt sie als erste sowjetische Emigrantin eine Einladung der offiziellen Agentur „Goskoncert", in ihrem Heimatland zu konzertieren. 1992 gab sie zusammen mit dem russischen Nationalorchester ein Konzert in Moskau zum Gedenken an ihren Lehrer Jakov Flier. Neben ihren Schallplatteneinspielungen wurden zahlreiche Konzerte vom Radio und Fernsehen aufgezeichnet und übertragen. Bella Davidovich unterrichtete bis zu ihrer Übersiedelung in den Westen im Jahr 1978 sechzehn Jahre lang am Moskauer Konservatorium. Heute gehört sie dem Lehrkörper der Juillard School, New York, an.

KOMMISSION DER EUROPÄISCHEN GEMEINSCHAFTEN

VERTRETUNG IN DER BUNDESREPUBLIK DEUTSCHLAND
VERTRETUNG IN MÜNCHEN

Die Europäische Gemeinschaft ist ein zukunftsorientiertes Projekt, getragen von derzeit 12 Mitgliedsstaaten. Hervorgegangen aus einer mehr wirtschaftlich orientierten Gemeinschaft wird sie mehr und mehr zu einer politischen Solidargemeinschaft, die Kohärenz auf wichtigen Gebieten mit Respekt vor der kulturellen Vielfalt verbindet.

Ihre Ziele sind:

- Förderung von Frieden, Sicherheit und Demokratie in Europa und in der Welt

- Förderung des wirtschaftlichen, sozialen und ökologischen Fortschritts

- Stärkung der Solidarität zwischen den Völkern unter Achtung ihrer Geschichte, ihrer Kultur und ihrer Traditionen (Subsidiarität und Solidarität)

- Neugestaltung des zukünftigen Europas und Überwindung der Folgen der jahrzehntelangen Teilung unseres Kontinents.

Wenn Sie mehr über die Europäische Gemeinschaft wissen wollen, so wenden Sie sich bitte an die

KOMMISSION DER
EUROPÄISCHEN GEMEINSCHAFTEN
Vertretung in der Bundesrepublik Deutschland
Zitelmannstraße 22 • 53113 Bonn
Telefon: 0049-228-530090
Telefax: 0049-228-5300950

Vertretung in Berlin
Kurfürstendamm 102 • 10711 Berlin
Telefon: 0049-30-8960930
Telefax: 0049-30-8922059

Vertretung in München
Erhardtstraße 27 • 80331 München
Telefon: 0049-89-2021011
Telefax: 0049-89-2021015

Außerdem gibt es Vertretungen in Belgien (Brüssel), Dänemark (Kopenhagen), Frankreich (Paris, Marseille), Griechenland (Athen), Irland (Dublin), Italien (Rom, Mailand), Luxemburg (Luxemburg), Niederlande (Den Haag), Portugal (Lissabon), Spanien (Madrid, Barcelona), Vereinigtes Königreich (London, Belfast, Cardiff, Edinburgh).

Terça Rima (1940)

Louis Notari (1879 – 1961)

Aus: Louis Notari,
Bülüghe
Munegasche,
Frey & Trincheri,
Nice 1941

« Vox clamantis in deserto »,
Isaïe, XI, 3; St. Jean, I, 23

    N' aujelitu cantava ünt'ün desertu
e min gh'ò ditu: « Amigo picenin,
scutu ben vuřenteřa u to cunçertu,
    ma de sügüru nun canti per min ...
e se l'amur t'ünspiřa, meschinitu,
te pòi mite ün burnaca u to tavin:
    nun vidi che 'n stu lœgu mařaditu
giamài düsciün nun te respondeřà? »
Candu me sun tajjũu, chil'aujelitu
    à lestu repigliàu řu so cantà,
ma 'n bisbigliàndu, cuma se avissa
vusciũu me dì carcosa e me spiegà:
    « Ma nun capisci che se min vuscissa
cantà per ünteřessu o per passiun,
daubon nun è aiçì che canteřissa?
    Và che ün scivuřandu a me' cançun
nun pinsu a ř'ambiçiun, nin mancu au nìu ...
Vœi che t'u dighe? Piciun cuma sun,
provu a cantà per řa glòřia Dìu! ... »

Monaco

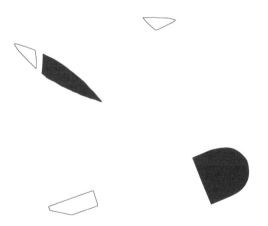

Terça Rima (1940)

Louis Notari (1879 – 1961)

Deutsch: Anise Koltz

„Die Stimme dessen, der in der Wüste spricht"
Isaias, XI, 3; Johannes I, 23

Ein Vogel sang an einem öden Ort
und ich sprach zu ihm: „Mein Freund,
wie gerne lausch' ich Deinem Lied,
wiewohl Du sicher nicht für mich singst…
und wenn es Liebe ist, die Dich bewegt, Du Armer,
so steck nur Deine Flöte wieder ein:
Merkst Du denn nicht, daß Dir an diesem unheilvollen Ort
niemand je antworten wird?"
Ich schwieg – da hub der kleine Vogel
schnell wieder an zu singen,
zwitschernd, als wollte er mir etwas sagen und erklären:
„Begreife doch, wenn ich aus Eigenliebe sänge, oder Leidenschaft,
dann sänge ich bestimmt nicht hier!
Sei gewiß: aus Ehrgeiz sing ich nicht,
auch nicht aus Liebe …
Soll ich's Dir sagen? Ich versuche nur, so klein ich bin
ein Lied zu singen Gott zu Ehren! …"

Claude Rosticher
(*1936)
Jacobs Laute
mit Windel, 1990
Öl auf Leinwand
80 x 100 cm
Privatbesitz,
Monte Carlo

Albert Prinz von Monaco

Prinz Alexandre Louis Pierre Albert, Marquis des Baux, wurde 1958 in Monaco als einziger Sohn des Fürsten Rainier III. und der Fürstin Gracia Patricia geboren. Prinz Albert studierte politische Wissenschaften in den USA am renommierten Amherst College in Massachusetts und schloß dort im Jahr 1981 sein Studium mit der Magisterprüfung ab. Im Zusammenhang mit seiner militärischen Ausbildung schiffte er sich im gleichen Jahr als Offizier auf dem Hubschrauber-Träger „Jeanne d'Arc" der französischen Marine ein. Im Jahr 1983 absolvierte Prinz Albert eine Ausbildung bei der New Yorker Wirtschaftsbank „Morgan Guaranty Trust" und ging 1985 an deren Geschäftsstelle in Paris, um dort weitere Erfahrungen in der Marketing- und Rechtsabteilung sowie im Bereich der Finanzgeschäftsführung zu sammeln. Die verschiedenen Aspekte eines „multinationalen Konzerns in voller Expansion" lernte er bei der Champagner-Firma Moët-Hennessy in Paris kennen und machte dort weitere kaufmänni-

sche und wirtschaftliche Erfahrungen. Seine Ausbildung wurde durch die Einführung in die monegassische Administration vervollständigt. – Prinz Albert machte vor allem als Sportler in äußerst vielseitigen Disziplinen auf sich aufmerksam. Neben Fechten, Fußball, Handball, Judo, Rudern, Schwimmen, Tennis und Windsurfen widmete er sich in den letzten Jahren auch riskanteren Sportarten wie Rallye- und Bobfahren. Wegen eines Motorschadens mußte er 1985 bei der Rallye Paris-Dakar aufgeben. Seine Leidenschaft für das Bobfahren entdeckte der Prinz im Winter 1985 während eines Skiurlaubs in der Schweiz. Er besuchte die FIBT-Bob-Schule in Innsbruck-Igls und trainierte in den nächsten Jahren vor allem dort und in St. Moritz. Im Jahr 1987 gründete Prinz Albert den monegassischen Bob-Verband, dessen Vorsitz er auch übernahm. Er startete für die Olympischen Winterspiele 1988 in Calgary und war damit das erste Mitglied des Internationalen Olympischen Komitees, das aktiv an Spielen teilnahm. Prinz Albert ist u.a. Präsident des monegassischen Roten Kreuzes und des Leichtathletik-Verbandes sowie Vizepräsident der Stiftung „Princesse Grace". Als Mitglied einer großen Anzahl von Verbänden widmet er sich besonders intensiv den Menschenrechten. Prinz Albert wurde mit zahlreichen Orden ausgezeichnet, u.a. 1984 vom französischen Staatspräsidenten François Mitterrand mit dem „Grand Officier de la Légion d'Honneur".

Herkulessaal

Mittwoch,
6.10.1993

20 Uhr

Albert Prinz von Monaco

Orchestre Philharmonique de Monte Carlo
Cristina Ortiz, Klavier
Lawrence Foster, Leitung

Lous Abbiate (1866 – 1933)

Illuminations
Symphonische Dichtung opus 25

Francis Poulenc (1899 – 1963)

Konzert für Klavier und Orchester

Allegro assai

Andante con moto

Rondeau à la française (Presto giocoso)

Paul Dukas (1865 – 1935)

Symphonie in C

Allegro non troppo vivace, ma con fuoco

Andante espressivo e sostenuto

Allegro spiritoso

Orchestre Philharmonique
de Monte Carlo

Das Orchestre Philharmonique de Monte Carlo führte bis 1980 den Namen „Orchestre National de l'Opera de Monte-Carlo". Als solches wurde es im Jahr 1856 von Alexandre Hermann, seinem ersten Chefdirigenten, gegründet. Unter der Leitung von Eusèbe Lucas gelangte das Orchester ab 1863 zu internationalem Ruf. In den folgenden Jahrzehnten prägten Roméo Accursi, Arthur Steck, Léon Jehin, Paul Paray, Henri Tomasi und Louis Frémaux als Chefdirigenten den Klangkörper, seit 1966 Edouard van Remoortel, Igor Markevitch, Lovro von Matacic, Lawrence Foster und Gianluigi Gelmetti. Häufiger Gastdirigent ist seit 1992 Lawrence Foster. Bis heute widmet sich das Orchester neben Symphoniekonzerten auch Ballett- und Opernaufführungen an der Oper von Monte Carlo. Werke von Fauré, Massenet, Panufnik, Penderecki und Rossellini wurden ebenso wie „La Rondine" von Puccini und „L'Enfant et les Sortilèges" von Ravel von dem Orchester uraufgeführt. Das Orchester wurde mehrfach mit französischen und internationalen Schallplattenpreisen ausgezeichnet. Allein fünf Auszeichnungen erhielt es für seine Aufnahme des „Ödipus" von George Enescu. Zahlreiche Reisen führten das Orchestre Philharmonique de Monte Carlo in die europäischen Nachbarländer und in die USA, sowie zu zahlreichen internationalen Festivals. Das Orchester steht unter der Schirmherrschaft des Fürsten von Monaco, Rainier III.

Lawrence Foster

Lawrence Foster wurde 1941 in Los Angeles geboren. Er studierte bei Fritz Zweig und Karl Böhm Orchesterleitung. 1966 erhielt er in Boston den Dirigentenpreis der Kussewitzky-Stiftung, 1967 gab er sein England-Debüt. 1969 wurde er als ständiger Gastdirigent von dem Royal Philharmonic Orchestra in London eingeladen. Es folgten Gastspiele bei den Berliner Philharmonikern, den Wiener Symphonikern, der Mailänder Scala und dem Orchestre de Paris. Als Nachfolger von Sir John Barbirolli wurde Lawrence Foster 1971 musikalischer Leiter des Houston Symphony Orchestra und dirigierte die wichtigsten Orchester Amerikas. Er arbeitete an den Opernhäusern in Berlin und Paris und weihte im Jahr 1986 die Oper in Los Angeles ein. Von 1980 bis 1990 war er musikalischer Leiter des Orchestre Philharmonique de Monte Carlo und leitete seit 1985 gleichzeitig das Orchestre de Chambre de Lausanne. Nach zwei Jahren am Pult des Symphonieorchesters Jerusalem kehrte er nach Monte Carlo zurück. Lawrence Fosters Discographie ist sehr umfangreich; Aufnahmen mit dem Orchestre Philharmonique de Monte Carlo nehmen den größten Raum ein. Bedeutend sind die Aufnahmen der Rhapsodien 1 und 2, des Poème „Romain", der Symphonie Concertante und der „Suites" für Orchester sowie der Weltpremiere der lyrischen Tragödie „Oedipe" von George Enescu, die ihm fünf internationale Auszeichnungen einbrachte. Das Repertoire des Orchesters unter der Leitung von Lawrence Foster umfaßt besonders deutsche, russische und slawische Musik. 1992 erzielte er an der Opéra Bastille in Paris mit der Aufführung „Der feurige Engel" von Prokofiev enorme Erfolge.

Cristina Ortiz

Die im brasilianischen Bahia geborene Pianistin Cristina Ortiz studierte zunächst in Rio und anschließend bei Magda Tagliaferro in Paris. Als erste Frau und jüngste Künstlerin gewann sie beim Van Cliburn-Klavierwettbewerb in Texas den ersten Preis. Danach erweiterte sie ihre Studien am Curtis Institut in Philadelphia, wo sie regelmäßig mit Rudolf Serkin zusammenarbeitete. Im Jahr 1972 ging die Pianistin nach London und setzte dort ihre rasant verlaufende Karriere fort. Sie konzertierte mit vielen berühmten Orchestern unter der Leitung so renommierter Dirigenten wie Vladimir Ashkenazy, Riccardo Chailly, Kyrill Kondraschin, Erich Leinsdorf, Kurt Masur, Zubin Mehta und André Previn und unternahm mit ihnen Tourneen durch ganz Europa. Weitere Konzertreisen führten sie nach Australien, wo sie überaus erfolgreiche Konzerte mit dem Melbourne- und dem Sydney Symphony Orchestra gab, und in die USA, wo sie mit dem National Symphonic Orchestra Washington, dem Minnesota Orchestra, dem Chicago Symphony- und dem New York Philharmonic Orchestra arbeitete. Cristina Ortiz trat mit zahlreichen Platteneinspielungen hervor. Mustergültig sind ihre Aufnahme des 2. Klavierkonzerts von Stenhammar mit den Göteborger Symphonikern unter Neeme Järvi sowie der fünf Klavierkonzerte von Villa-Lobos mit dem Londoner Royal Philharmonic Orchestra unter Miguel Gomez-Martinez.

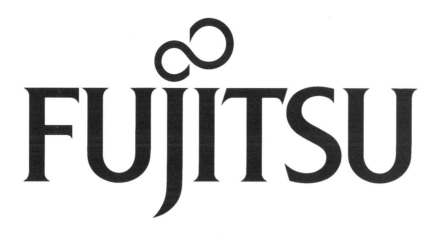

High Tech und Kultur

Seit über einem halben Jahrhundert entwickeln wir neue Technologien für die Welt von morgen. Mit unserem Engagement haben sich stetig neue Aussichten und Einsichten eröffnet, die weit über geschäftliche Interessen hinausgehen.

So stehen wir allen gesellschaftlichen Bereichen aufgeschlossen gegenüber, die mit uns die Kraft und den Willen zum Fortschritt teilen. Einem Fortschritt, der nicht einfach Platz greift, sondern auch Platz schafft: für Traditionen, Besinnung und Kultur.

Vor uns sehen wir eine Welt mit unendlichen Herausforderungen…und wachsenden Möglichkeiten, nicht nur die Technik zu kultivieren. Gemeinsam möchten wir die unbegrenzten Zukunftschancen nutzen. Auch für die Kultur, durch die wir uns mit allen Freunden der Europa Musicale verbunden wissen.

FUJITSU DEUTSCHLAND GMBH

Frankfurter Ring 211 · 80807 München

Концерт на вокзале (1921)

Оссип Мандельштам (1891 – 1938)

Нельзя дышать, и твердь кишит червями,
И ни одна звезда не говорит,
Но,видит бог, есть музыка над нами, –
Дрожит вокзал от пенья аонид,
И снова, паровозными свистками
Разорванный, скрипичный воздух слит.

Огромный парк. Вокзала шар стеклянный.
Железный мир опять заворожен.
На звучный пир, в элизиум туманный
Торжественно уносится вагон.
Павлиний крик и рокот фортепьянный.
Я опоздал. Мне страшно. Это сон.

И я вхожу в стеклянный лес вокзала,
Скрипичный строй в смятеньи и слезах.
Ночного хора дикое начало
И запах роз в гниющих парниках,
Где под стеклянным небом ночевала
Родная тень в кочующих толпах.

И мнится мне: весь в музыке и пене
Железный мир так нищенски дрожит.
В стеклянные я упираюсь сени.
Куда же ты? На тризне милой тени
В последний раз нам музыка звучит.

Rußland

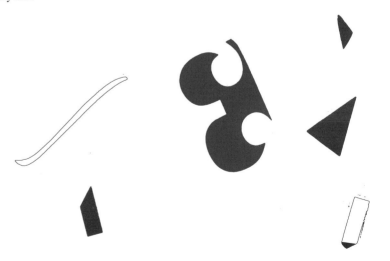

179

Bahnhofskonzert (1921)

Ossip Mandelstam (1891 – 1938)

Deutsch: Paul Celan

*Aus: Museum der
modernen Poesie,
eingerichtet von
Hans Magnus
Enzensberger, Bd. 1,
Suhrkamp Verlag,
Frankfurt am Main
1960*

Kein Atmen mehr. Das Firmament – voll Maden.
Verstummt die Sterne, keiner glüht.
Doch über uns, Gott siehts, Musik, dort oben –
Der Bahnhof bebt vom Aonidenlied.
Und wieder ist die Luft, zerrissen von Signalen,
die Geigenluft, die ineinanderfließt.

Der Riesenpark. Die Bahnhofskugel, gläsern.
Die Eisenwelt – verzaubert, abermals.
Und feierlich, in Richtung Nebel-Eden,
zu einem Klang-Gelage rollt die Bahn.
Ein Pfauenschrei. Klaviergetöse.
Ich kam zu spät. Ich träum ja. Mir ist bang.

Der Glaswald rings, ich habe ihn betreten.
Der Geigen-Bau – in Tränen, aufgewühlt.
Der Duft der Rosen in den Moder-Beeten;
der Chor der Nacht, der anhebt, wild.
Der teure einst, der mitzog, er, der Schatten …
Sein Nachtquartier: ein gläsernes Gezelt …

Die Eisenwelt, sie schäumt, schäumt vor Musik –
Mir ist, als bebte sie am ganzen Leibe –
Ich steh im Glasflur, lehne mich zurück.
Wo willst du hin? Es ist die Totenfeier
des Schattens, der dort ging. Noch einmal war Musik.

Iwan Puni
(Jean Pougny)
(1892 – 1956)
Synthetischer
Musiker, 1921
Öl auf Leinwand
145 x 98 cm
Berlinische Galerie
Museum für
Moderne Kunst,
Photographie
und Architektur

Anatolij Sobtschak

Professor der Rechtswissenschaften
und Bürgermeister von St. Petersburg

Anatolij Sobtschak wurde 1937 in Tschita, Sibirien geboren. Er studierte Jura in Leningrad und promovierte zum Dr. jur. Der habilitierte Wirtschaftsrechtler lehrte an der Rechtswissenschaftlichen Fakultät in Leningrad. 1988 trat er der KPdSU bei und engagierte sich reformpolitisch, indem er, zusammen mit anderen Juristen, jenen rechtlichen Beistand gewährte, die am Auf- und Ausbau des Genossenschaftswesens mitwirkten. Um eine Aufnahme in die Partei hatte sich Anatolij Sobtschak schon einmal in den 60er Jahren beworben, war damals aber eigenem Bekunden zufolge mit der Begründung abgewiesen worden, in der Partei gebe es genug Intellektuelle. Im ersten halbwegs demokratisch gewählten Sowjetparlament war Anatolij Sobtschak Mitbegründer der sogenannten „Interregionalen Gruppe". Als Abgeordneter des Obersten Sowjets plädierte er für die Ausbildung des Mehrparteien-Systems und für die Entpolitisierung der staatlichen Leitungsebene. Landesweit bekannt geworden ist der Politiker als Vorsitzender der Parlamentarischen Kommission, die den mörderischen Truppeneinsatz gegen Demonstranten in der georgischen Hauptstadt Tiflis (April 1989) zu untersuchen hatte. Nach dem für die Reformer enttäuschenden Parteitag der KPdSU trat Anatolij Sobtschak im Juli 1990 aus der Partei aus. Zuvor hatte er sich der Gruppierung „Demokratische Plattform in der KPdSU" angeschlossen. Er begründete seine Entscheidung mit der Unfähigkeit der Partei, „ein wirkliches Programm für den Übergang zu einer neuen Gesellschaft" auszuarbeiten und zu realisieren. Seit Mai 1990 Bürgermeister von Leningrad (jetzt St. Petersburg), steht Anatolij Sobtschak seit September einem Stadtrat vor, in dem die Kommunisten erstmals seit Oktober 1917 keine Mehrheit mehr haben. Seine Hauptaufgaben sieht der Politiker in der Zerstörung des administrativen Sozialismus und der Überwindung der kommunalen Armut durch Marktwirtschaft und Privatinitiative.

Philharmonie

Donnerstag,
7.10.1993

20 Uhr

Anatolij Sobtschak
Professor der Rechtswissenschaften
und Bürgermeister von St. Petersburg

Moskauer Staatliches Symphonieorchester
Nikolai Petrov, Klavier
Pavel Kogan, Leitung

Peter I.
Tschaikowsky
(1840 – 1893)

Capriccio Italien opus 45

Andante un poco rubato – Allegro moderato – Andante –
Allegro moderato – Presto – Più presto – Prestissimo

Serge
Rachmaninov
(1873 – 1943)

Rhapsodie über ein Thema von Paganini opus 43
24 Variationen

Serge
Prokofiev
(1891 – 1953)

Symphonie Nr. 5 B-Dur opus 100

Andante
Allegro marcato
Adagio
Allegro giocoso

Konzertpate: Daimler-Benz AG

Moskauer Staatliches Symphonieorchester

In dem Land, dessen kulturelle Tradition viele außergewöhnliche Orchester hervorgebracht hat, hat sich das Moskauer Staatliche Symphonieorchester als ein Orchester mit Weltruf etabliert. Das Orchester wurde von Nikolai Anossov, einem der herausragenden Musiker seiner Zeit, gegründet und feiert in diesem Jahr sein 50jähriges Bestehen. Nikolai Anossov war auch der erste musikalische Leiter des ursprünglich 25 Musiker zählenden Orchesters. Unter der Leitung von Lew Ginsburg entwickelte es eine enge Beziehung zu führenden russischen Komponisten der Zeit, wie Prokofiev und Schostakowitsch, deren Werke zum Teil unter seiner Leitung uraufgeführt wurden. Das breitgefächerte und ständig wachsende Repertoire des Orchesters umfaßt sowohl Werke russischer Komponisten wie Borodin, Mussorgsky, Prokofiev, Rimsky-Korsakov, Schostakowitsch und Tschaikowsky als auch die großen Werke der westlichen Musikliteratur bis zur Gegenwart. Seit der Ernennung von Pavel Kogan zum musikalischen Leiter und Chefdirigenten im Jahre 1989 hat das Orchester sein Repertoire noch erweitert. Über 50 Konzerte werden jährlich im Ausland gegeben. So hat sich das Moskauer Staatliche Symphonieorchester nicht nur auf seinen ausgedehnten Tourneen in Rußland, sondern auch in vielen bedeutenden Städten außerhalb des eigenen Landes einen Namen gemacht. Konzertreisen führten nach Deutschland, Italien, Spanien, nach Südamerika und nach Japan. Im Mai 1993 unternahm die Gruppe eine Tournee nach Australien, um das 100. Todesjahr Tschaikowskys musikalisch zu feiern. Höhepunkt der Jubiläums-Saison 1993/94, ist eine Konzerttournee entlang der Wolga. Das Moskauer Staatliche Symphonieorchester hat an zahlreichen internationalen Festspielen teilgenommen und über 100 Aufnahmen eingespielt, von denen viele mit angesehenen Preisen ausgezeichnet wurden.

Pavel Kogan

Pavel Kogan ist der Sohn des berühmten Violinisten Leonid B. Kogan und der ebenso renommierten Pianistin Elisabeth Gilels. Der 1952 in Moskau geborene Musiker begann sein Musikstudium an der Zentral-Musikschule seiner Geburtsstadt und setzte es am Moskauer Konservatorium fort. Während dieser Zeit studierte er bei Juri Tankelevic Violine und bei Lew Ginsburg und Ilya Musin Orchesterleitung. 1970 schloß er sein Studium ab und gewann im Alter von 18 Jahren die Goldmedaille beim Internationalen Sibelius-Violinwettbewerb in Helsinki. Es folgten Tourneen durch Rußland, Europa, Japan, und die Vereinigten Staaten. In immer stärkerem Maße widmete er sich dem Dirigieren. Sein Debüt als Dirigent gab er mit dem Philharmonischen Orchester St. Petersburg. Als einer der hervorragendsten russischen Dirigenten leitet er regelmäßig die großen Orchester Rußlands, Australiens, Europas und der Vereinigten Staaten und tritt bei zahlreichen Festspielen, u.a. beim Prager Frühling und den Festivals in Dubrovnik, Flandern und Helsinki auf. 1985 wurde Kogan von dem legendären Evgeni Mravinsky gebeten, das Philharmonische Orchester St. Petersburg während einer Tournee durch Spanien zu dirigieren. Von 1988 bis 1990 war er Musikdirektor und Chefdirigent der Zagreber Philharmoniker. Pavel Kogan ist ständiger Dirigent am Bolschoi-Theater in Moskau und wurde 1989 zum musikalischen Leiter und Chefdirigenten des Moskauer Staatlichen Symphonieorchesters (MSSO) ernannt. In den vergangenen Jahren hat der Künstler mit dem MSSO zahlreiche Aufnahmen eingespielt sowie 1991 eine Europatournee unternommen, bei der er zum ersten Mal mit dem Orchester in Deutschland zu hören war.

Nikolai Petrov

Der aus einer bekannten russischen Künstlerfamilie stammende Nikolai Petrov wurde 1943 in Moskau geboren. Sein ungewöhnliches musikalisches Talent kam schon sehr früh zum Ausdruck. So durfte er eine Musikschule für begabte Kinder besuchen. 1961 trat er in das renommierte Moskauer Konservatorium ein, wo er in der Klavierklasse von Yakov Zak im Sinne der traditionsbewußten russischen Schule studierte. Seine Erfolge bei den internationalen Wettbewerben „Van Cliburn" 1962 in Texas und „Queen Elisabeth" in Brüssel im Jahr 1964 erweckten sofort das Interesse der Musikwelt für den aufstrebenden Künstler. Im weiteren Verlauf der Karriere haben ihn seine glänzende Technik, sein feuriges Temperament und sein Sinn für Proportionen zu einem der interessantesten Interpreten von Beethoven, Liszt, Mussorgsky, Prokofiev, Scarlatti, Schubert, Scriabin, Rachmaninov und Tschaikowsky gemacht. Der russische Komponist Rodion Schtschedrin wählte ihn 1988 für die Uraufführung seines 2. Klavierkonzerts. Der Pianist gibt regelmäßig Klavierabende in ganz Europa, in Asien und den USA mit renommierten Orchestern unter der Leitung von berühmten Dirigenten wie Jevgeni Svetlanov und Juri Temirkanov. Nikolai Petrov spielte zahlreiche Plattenaufnahmen ein. Furore machte er u.a. mit seiner in den 60er Jahren als erste Gesamtaufnahme vorgelegten Einspielung der Sonaten von Prokofiev.

Der künstlerische Ausdruck
macht Inhalte erlebbar.

AUSDRUCK

Das Wesentliche ist jedoch die Qualität
des Inhalts, der Komposition. Und
die lebt von der Qualität des Interpreten -
auch im Konzert der Finanzen

BANKHAUS KARL SCHMIDT
PRIVATBANK VON 1828

Seidlstraße 27 • 80335 München

Csárdás (1923)

Déry Tibor (1894 – 1977)

Szüleink a küszöbön ülnek és tejet isznak
gyerekeink a sötétedő szobában égnek mint az örökmécsesek
mi lassan forgunk fölöttük a dombon
nem ejtjük ki komoly szívünkből a búzaszemeket
homlokunkon három csók él földből és kőböl
és tenyerünkön színes agyagszobrok, melyekbe a meséket zártuk el
hogy melgítsenek, mikor megfogjuk egymást
s mielőtt meghalunk.

Sose halunk meg. Fogd meg a kezét. Fogd meg a derekát. Gyujtsd fel a
száját. Törd el a poharat és öntsd ki a búzát. Fogd meg a torkát,
gyujtsd
fel a házat. Öld meg. sose halunk meg.

Ungarn

Csárdás (1923)

Tibor Déry (1894 – 1977)

Deutsch:
Paul Kárpáti und
Richard Pietraß
Aus: Auf der Karte
Europas ein Fleck,
Gedichte
der osteuropäischen
Avantgarde,
hrsg. von
Manfred Peter Hein,
Ammann Verlag,
Zürich 1991

Unsre Eltern sitzen auf der Schwelle und trinken Milch
unsre Kinder glimmen in dämmriger Stube wie Ewige Lämpchen
über ihnen drehen wir uns langsam auf dem Hügel
und lassen aus unserm ernsten Herzen kein Weizenkorn fallen
auf unserer Stirn drei Küsse aus Erde und Stein
auf unsern Handflächen farbige Tonfiguren, in die wir die Märchen schlossen
und bevor wir sterben

Sterben tun wir nimmer. Faß ihn bei der Hand. Pack sie um die Taille.
Zünde ihren Mund. Zerbrich das Glas, verschütt den Weizensand.
Pack ihn an der Gurgel, steck das Haus in Brand. Töte ihn. Sterben tun wir
nimmer.

Berény, Róbert
Cellospielerin, 1928
Öl auf Leinwand
135 x 102 cm
Ungarische
Nationalgalerie,
Budapest

Gyula Horn
Mitglied des Parlaments
und ehemaliger Außenminister

Gyula Horn wurde 1932 in Budapest geboren. Als Kind war er Lohnarbeiter und machte später eine Mechanikerlehre. Er studierte an der Wirtschaftsfachhochschule in Rostov am Don und kehrte nach seinem Diplom 1954 nach Budapest zurück. Er habilitierte sich 1976 an der Politischen Hochschule in Budapest. Seit 1953 Parteimitglied, arbeitete er zunächst im Finanzministerium. 1956 ergriff Gyula Horn Partei auf der Seite der revolutionären Arbeiter- und Bauernregierung. 1959 wurde er ins Außenministerium berufen, in dem er der selbständigen sowjetischen Abteilung zugeteilt wurde. Binnen zwei Jahren wurde er zum Attaché ernannt, wechselte an die Botschaft in Sofia und 1963 nach Belgrad. 1971 trat er in die außenpolitische Abteilung beim Zentralkomitee (ZK) der Ungarischen Sozialistischen Arbeiterpartei (USAP) ein, ein Jahr später rückte er zum stellvertretenden Abteilungsleiter auf. Mehr als zehn Jahre war er für die Kontakte zu den ausländischen kommunistischen Parteien zuständig. 1983 wurde

Gyula Horn Abteilungsleiter im ZK. In dieser Zeit wurden die außenpolitischen Kontakte zu den westlichen Ländern wesentlich ausgebaut und verbessert. 1985 wurde er Staatssekretär und 1989 übernahm der zur Spitzengruppe der ungarischen Reformer zählende Gyula Horn die Leitung des Außenministeriums. Eine historische Rolle fiel ihm 1989 bei der Öffnung der Landesgrenze für DDR-Flüchtlinge und bei der Beseitigung des Eisernen Vorhangs zu. 1990 wurde Gyula Horn zum Vorsitzenden der Sozialistischen Partei und zum Vorsitzenden des Außenpolitischen Ausschusses der Ungarischen Nationalversammlung gewählt. Im Januar 1993 trat er von diesem Posten zurück. Seitdem ist er einfacher Abgeordneter. Gyula Horn hat drei Bücher und zahlreiche Zeitschriftenaufsätze veröffentlicht. Er erhielt zahlreiche Auszeichnungen: so 1989 den Sacharow-Preis des Europäischen Parlaments und 1990 die Goldene Stresemann-Medaille, den Karlspreis der Stadt Aachen, das Bundesverdienstkreuz und 1992 den Humanitären Preis der Großloge der Deutschen Freimaurer.

Philharmonie

Freitag,
8.10.1993

20 Uhr

Gyula Horn
Mitglied des Parlaments und ehemaliger Außenminister

Budapester Symphoniker
Jenő Jandó, Klavier
András Ligeti, Leitung

Zoltán
Kodály
(1882 – 1967)

Tänze aus Galánta

Franz Liszt
(1811 – 1886)

Konzert für Klavier und Orchester Nr. 2 A-Dur

Adagio sostenuto assai – Allegro agitato assai
Allegro moderato
Allegro deciso – Marziale un poco meno Allegro
Allegro animato

Béla Bartók
(1881 – 1945)

Konzert für Orchester

Introduzione (Andante non troppo – Allegro vivace)
Gioco delle coppie (Allegro scherzando)
Elegie
Intermezzo interotto
Finale (Presto)

Konzertpate: Bayerische Landesbank

Budapester Symphoniker

Das Orchester der Budapester Symphoniker ging im Jahre 1943 aus der Budapester Sinfonietta hervor, die sich sieben Jahre zuvor gruppiert hatte. Zu den Gründern des Orchesters gehören Ernest von Dohnányi und Sándor Végh. In den ersten Jahren leiteten die ungarischen Dirigenten János Ferencsik und László Somogyi die Budapester Symphoniker. Von 1963 bis 1989 war György Lehel, weltweit als Spezialist der Musik von Bartók und Kodály bekannt, Musikdirektor des Orchesters. Unter seiner Leitung fanden zahlreiche erfolgreiche Tourneen und Schallplattenaufnahmen statt. Einen Schwerpunkt bildeten die Werke von Bartók. Seit 1985 ist András Ligeti Chefdirigent. Zu den zahlreichen Gastdirigenten, die das Orchester mitprägten und weiterentwickelten, zählen Claudio Abbado, Sir John Barbirolli, Ferenc Fricsay, István Kertész, Otto Klemperer, Giuseppe Patané, Mario Rossi, Sir Georg Solti und Carlo Zecchi. Die künstlerische Arbeit umfaßt eine rege Konzerttätigkeit. Rundfunkstationen in über 50 Ländern haben wiederholt Konzerte des Orchesters aufgezeichnet und übertragen. Das Repertoire ist breit gefächert. Es umfaßt nicht nur die wichtigsten symphonischen Werke der Musikliteratur, sondern auch Ballett- und Opernmusik. Mit Aufführungen zeitgenössischer Musik leistete das Orchester in seinem Land Pionierarbeit. Berühmte Solisten wie György Cziffra, Sir Yehudi Menuhin, Ruggiero Ricci, Svjatoslav Richter und David Oistrach konzertierten mit dem Orchester. Aus dem Orchester heraus bildeten sich mehrere Kammermusikensembles, die regelmäßig Konzerte veranstalten. Tourneen führten die Budapester Symphoniker nach Belgien, Großbritannien, Deutschland, Frankreich, Holland, Italien, Österreich, Schweiz, Spanien und über Europa hinaus nach Kanada, in die ehemalige Sowjetunion und in die Vereinigten Staaten.

András Ligeti

András Ligeti wurde 1953 in Pécs geboren. Er studierte Violine und Orchesterleitung an der Franz-Liszt-Musikakademie in Budapest und erhielt 1979 sein Dirigenten-Diplom. In der Zeit von 1976 bis 1980 war er Konzertmeister des Orchesters der Ungarischen Oper und konzertierte als Solist mit dem „klassischen" Violin-Repertoire in mehreren Ländern Europas und in Kanada. An seinen Namen knüpfen sich ungarische und internationale Uraufführungen der Werke von zahlreichen zeitgenössischen Komponisten. Für seine Violin-Interpretationen erhielt er zahlreiche renommierte Auszeichnungen, so im Jahr 1975 beim Leo Weiner-Violinwettbewerb in Budapest und 1980 beim „Bloomington Sonata Contest". Der Künstler war auch auf dem Gebiet der Kammermusik aktiv, u.a. als Mitglied des seit 1972 bestehenden Budapester Éder Quartetts. Das Jahr 1980 verbrachte András Ligeti als Stipendiat von Sir Georg Solti und Schüler von Karl Österreicher in Wien. Er studierte außerdem bei berühmten Dirigenten wie Hiroyuki Iwaki und Igor Markevitch. Von 1980 bis 1985 war András Ligeti Dirigent an der Staatsoper in Budapest und zudem seit 1984 Oberassistent der Fachrichtung Dirigieren an der Musikhochschule „Franz-Liszt" in Budapest. 1986 war der Dirigent Assistent von Claudio Abbado beim Gustav Mahler-Jugendorchester und dirigierte einige Konzerte im Rahmen von „Wien Modern". Seit 1985 ist er Chefdirigent und seit 1990 Musikdirektor des Ungarischen Radio-Symphonieorchesters. Mit diesem Orchester unternahm er Tourneen nach Deutschland, Frankreich, Großbritannien, Irland, Italien, Österreich und in die Vereinigten Staaten. Er dirigiert mit Vorliebe die Symphonien von Gustav Mahler und die Orchesterwerke von Béla Bartók und widmet sich mit besonderem Engagement der Ballettmusik und der ungarischen Musik des zwanzigsten Jahrhunderts.

Jenő Jandó

Der 1952 im südungarischen Pécs geborene Pianist Jenő Jandó erhielt seinen ersten Klavierunterricht im Alter von sieben Jahren. Im Jahr 1968 begann er seine Studien in der Klavierklasse der Budapester Franz Liszt-Musikakademie. Seine Lehrer dort waren Katalin Nemes und Pál Kadosa. Nach seinem Abschluß 1974 blieb er mit dem Institut eng verbunden. Jenő Jandó wurde zunächst zum Assistenten seines ehemaligen Lehrers Pál Kadosa ernannt, später erhielt er an diesem Institut eine Professur für Klavier. Neben zahlreichen nationalen Auszeichnungen, u.a. 1970 bei dem vom ungarischen Rundfunk veranstalteten Beethoven-Wettbewerb und 1973 beim Nationalen Ungarischen Klavierwettbewerb, gewann er Preise bei internationalen Wettbewerben: so in Italien beim „Dino Ciani" und in Sydney in der Kategorie „Kammermusik". Neben regelmäßigen Konzerten mit ungarischen Orchestern gibt der Solist Gastkonzerte in vielen europäischen Ländern, in Japan, Süd-Korea, Taiwan und in den Vereinigten Staaten. Viele seiner Konzerte wurden in seinem Heimatland vom nationalen Rundfunk und Fernsehen übertragen. CD-Einspielungen mit Werken von Beethoven und Mozart spiegeln seine glänzende künstlerische Arbeit wider.

EIN GEFRAGTER PARTNER.
NICHT NUR IN BAYERN.

Eine gute Partnerschaft macht sich meist bezahlt. Das wissen auch unsere Kunden. Als eines der führenden deutschen Bankinstitute mit weltweitem Operations-Radius bieten wir Ihnen Ideen und Konzepte. Und individuelle Lösungen, hinter denen die Erfahrung einer international engagierten Bank steht. Wenn Sie also in Finanzfragen einen Partner suchen, sollten Sie mit uns sprechen.

Bayerische Landesbank, Brienner Str. 20, 80333 München.

Bayerische Landesbank
Finanzgruppe

Станка Пенчева (*1929)

Aus:
Горчива билка,
Из – во
"Български
писател",
София 1966

И да искаш, и да не искаш –
никога вече няма да слушаш
тази мелодия сам:
където да си – далече и близко,
където да си – и аз ще съм там.
... Тихо до теб ще се сгушвам,
като зверче укротена
ръката ми ще се промъква
в твойта голяма длан,
и пак песента – златна прежда,
ще ни оплита и омотава
здраво и нежно –
като първия път,
като тогава ...
Дори и да ме забравиш –
тази песен отново ще връща
в дланта ти – моите пръсти,
на коленете ти –
моите коси разпилени ...
И да искаш, и да не искаш
ти и винаги ще я слушаш
със мене.

Bulgarien

Stanka Pentschewa (*1929)

Deutsch:
Barbara Müller

Ob du es möchtest oder nicht,
du kannst nie mehr allein sein
bei dieser Melodie:
wo du auch bist – ob nah, ob fern,
wo du auch bist – ich bin bei dir.
...Ganz leise schmiege ich mich an dich
so wie ein zahmes Tier,
und meine Hand sucht bittend
die Wärme deiner großen Hand,
das Lied umgarnt uns
mit Fäden wie aus reinem Gold –
zärtlich und fest –
wie beim erstenmal,
wie damals...
Auch wenn du mich vergessen hast,
bei diesem Lied wirst du sie spüren –
meine Finger in deiner Hand,
mein Haar – wie ein Fächer –
auf deinen Knien...
Ob du es möchtest oder nicht,
immer wirst du es hören
mit mir.

Elka Konstantinova
Professorin der Literaturwissenschaften und ehemalige Kulturministerin

Elka Konstantinova wurde 1932 in Sofia geboren. Sie studierte Bulgarische Philologie an der Universität in Sofia und promovierte 1969 mit einer Dissertation über die Werke von Georg Raitschev. Von 1957 bis 1991 arbeitete Elka Konstantinova am Institut für Literatur an der Bulgarischen Akademie für Wissenschaften, an dem sie nach mehrjähriger Tätigkeit als wissenschaftliche Mitarbeiterin 1974 Dozentin für Bulgarische Literatur wurde. In den Jahren 1979 bis 1982 hielt sie außerdem Vorlesungen über Bulgarische Sprache und Literatur an der Universität in Krakau, in Polen und von 1987 bis 1990 an der Nationalen Akademie für Theater- und Filmkunst. 1988 habilitierte sie sich und wurde 1990 Professorin für Literaturwissenschaften. Neben redaktionellen und leitenden Tätigkeiten bei mehreren Zeitungen und Verlagen engagierte sich Elka Konstantinova in der Politik. Sie beschäftigt sich mit der Entwicklung des Liberalismus und neuen politischen Tendenzen in Bulgarien. Ende

1989 gründete sie die sozialdemokratische Partei Bulgariens und war bis Juni 1992 dessen Vorsitzende. Von 1991 bis Dezember 1992 war sie Ministerin des Bulgarischen Kulturministeriums und Abgeordnete der Großen Volksversammlung. Elka Konstantinova ist Autorin zahlreicher Studien und Rezensionen, in denen sie sich vor allem mit Zeiterscheinungen und Problemen der bulgarischen Literatur, z.B. dem Symbolismus, befaßt. Es erschienen u.a. „Imagination und Realität. Das Fantastische in der bulgarischen Prosa" (1987), „Die Bulgarische Erzählung gestern und heute" (1987), „Nikolai Liliev. Ein literarisch-kritisches Essay" (1992) und die Monographie über den bulgarischen Schriftsteller Georgi Raitschev (1984). Elka Konstantinova ist Mitglied des Bundes der Bulgarischen Schriftsteller.

Prinzregententheater

Elka Konstantinova
Professorin der Literaturwissenschaft und ehemalige Kulturministerin

Philharmonisches Orchester Sofia
Stella Dimitrova, Klavier
Emil Tabakov, Leitung

Pantscho Wladigerov (1899 – 1978)	**Wardar-Rhapsodie** Allegro vivace Vivacissimo Vivace Impetuso Vivacissimo, con grande bravuro
Gueorgui Mintchev (*1939)	**Konzert für Klavier und Orchester** Ad libitum (Presto) Lento Presto possibile
Emil Tabakov (*1947)	**Symphonie Nr. 3** Moderato Largo Scherzo Finale (Presto)

Philharmonisches Orchester Sofia

Das Philharmonische Orchester Sofia ist Bulgariens ältestes und bedeutendstes Orchester. 1928 wurde es von dem berühmten Geiger, Dirigenten und Pädagogen Sacha Popov unter dem Namen „Akademisches Symphonie-Orchester" gegründet. Es folgten die Chefdirigenten Vladi Simeonov und Dimiter Manolov, unter denen das Orchester die Bezeichnung „Königlich-Militärisches-Symphonie-Orchester" trug. Im Jahre 1944 wurde das Orchester verstaatlicht. Von 1945 bis 1947 leitete Athanas Margaritov das Ensemble und darauf folgend Constantin Iliev und Dobrin Petkov. Zur Zeit wird das Philharmonische Orchester Sofia von seinem Generalmusikdirektor Emil Tabakov und dem Dirigenten Jordan Dafov geleitet. Gastdirigenten des Orchesters waren Hermann Abendroth, Carlo Zecchi, Kurt Masur, Igor Markevitch, um nur einige bekannte Namen zu nennen. Das Orchester konzertierte mit namhaften Solisten wie Emil Gilels, David Oistrach, Svjatoslav Richter, Ruggiero Ricci, Nataniel Rosen,

Mstislav Rostropowitsch und Alexis Weissenberg. Sein Repertoire umfaßt klassische und zeitgenössische Musik und Werke von bulgarischen Komponisten. Seit einigen Jahren konzentriert sich das Orchester besonders auf Werke der symphonischen Musik. Es erarbeitete das Gesamtwerk von Bruckner und Mahler, die großen Werke von Beethoven, Berlioz, Orff, Rachmaninov, Schubert, Skriabin und Richard Strauss sowie Oratorien und Kantaten von Bach und Händel. Das Philharmonische Orchester Sofia führt regelmäßig Konzert-Matineen durch, die vom bulgarischen Fernsehen direkt übertragen werden. Es spielte Rundfunk- und Schallplattenaufnahmen von über 50 Sinfonien ein sowie Konzerte, Opernausschnitte und die Gesamtaufnahmen der Puccini-Opern „Tosca" und „Madame Butterfly" mit Solisten der Mailänder Scala. Zu den künstlerischen Aktivitäten zählen auch Tourneen in verschiedene Länder Europas, nach Mexiko, Japan, Südkorea und in die USA.

Emil Tabakov

Emil Tabakov wurde 1947 in Russe, einem Ort in der Nähe von Sofia, geboren. Er studierte Orchesterleitung, Komposition und Kontrabaß am Staatlichen Konservatorium in Sofia. 1977 wurde er Preisträger des alle drei Jahre stattfindenden Nikolai Malko-Wettbewerbs für junge Dirigenten in Kopenhagen. Im gleichen Jahr gründete er das Kammerorchester des Bulgarischen Konservatoriums Sofia, dessen Leitung er auch übernahm. Von 1979 bis 1987 war er Chefdirigent des Kammerorchesters „Sofioter Solisten". Zusätzlich übernahm er 1985 die Leitung des Philharmonischen Orchesters Sofia und wurde drei Jahre später dessen künstlerischer Leiter. Mit dem bulgarischen Orchester führten ihn Tourneen nach Deutschland, England, Spanien, in die USA, nach Japan, und Südkorea. Emil Tabakov weilte als Gastdirigent in vielen Ländern Europas, in Australien, Brasilien, in Japan, Kanada und in den USA. Seine Interpretationen wurden in Deutschland und in den USA auf Schallplatte eingespielt. Der Künstler ist nicht nur als Dirigent und Kontrabassist tätig, sondern auch als Komponist. Zu seinen Werken gehören u.a. mehrere Konzerte für Orchester und Soloinstrumente, Lieder, drei Symphonien und kammermusikalische Werke. Einige Kompositionen wurden bereits auf Schallplatte eingespielt.

Stella Dimitrova

Die aus Bulgarien stammende Pianistin und Klavierpädagogin Stella Dimitrova begann ihre Ausbildung an der Musikschule und an der Musikakademie in Sofia und belegte anschließend Meisterkurse bei Julia und Konstantin Ganev. Wichtige Impulse für ihre künstlerische Entwicklung erhielt sie anschließend bei Vanden Ayden an der Musikakademie in Brüssel. Ihr künstlerisches Engagement umfaßt Solo- und Kammermusikauftritte sowie Orchesterkonzerte, die sie nach Ägypten, Belgien, Griechenland, Österreich und Osteuropa führten. Neben zahlreichen Rundfunkaufnahmen spielte sie eine Solo-Schallplatte und vier Ensembleaufnahmen ein. Ihre künstlerische Arbeit wurde mit mehreren nationalen und internationalen Preisen ausgezeichnet. Das bulgarische Publikum verdankt der vielseitigen Interpretin u.a. erste Aufführungen von Komponisten der Wiener Schule sowie von Britten, Denissov, Strawinsky und zahlreichen bulgarischen Komponisten der Gegenwart, von denen einige ihre Werke der Pianistin widmeten. Seit einigen Jahren lehrt Stella Dimitrova an der Musikakademie in Sofia und gibt Meisterkurse in Thessaloniki.

Neuinszenierungen:

La Damnation de Faust

Hector Berlioz - Münchner Erstaufführung

Gerd Albrecht, Thomas Langhoff, Jürgen Rose
11., 14., 17., 20., 24., 27., 30. November /
2. Dezember 1993 / 13., 16. Juli 1994

Un ballo in maschera

Giuseppe Verdi - Neuinszenierung

Peter Schneider, Tom Cairns, Aletta Collins
31. Januar / 3., 6., 9., 12., 16. Februar / 15., 19. Juli 1994

Giulio Cesare

Georg Friedrich Händel - Neuinszenierung

Charles Mackerras, Richard Jones, Nigel Lowery
21., 24., 27., 30. März / 2., 5., 9. April / 2., 5. Juni / 18., 21. Juli 1994

Così fan tutte

Wolfgang Amadeus Mozart - Premiere im Nationaltheater

Peter Schneider, Dieter Dorn, Jürgen Rose
23., 26., 29. April / 2., 6., 30. Mai / 1. Juni / 20., 24. Juli 1994

Tannhäuser

Richard Wagner - Neuinszenierung

Zubin Mehta, David Alden, Roni Toren, Buki Schiff
6., 9., 14., 17. Juli 1994

Sansibar

Eckehard Mayer - Uraufführung

Bernhard Kontarsky, Kurt Horres, Pieter Hein
8., 10., 12., 15. Juli 1994

Bayerische Staatsoper, Staatsintendant Peter Jonas
Tageskasse der Bayerischen Staatsoper, Maximilianstraße 11, D-80539 München
Tel. 089/22 13 16

1993/94 | Bayerische | Staatsoper

*Das Geschäft führt uns zusammen,
die Musik verbindet uns.*

Bankhaus Maffei & Co. GmbH, Promenadeplatz 9, 80333 München, Tel. 089 / 2 3699 - 0

Maffei & Co.

Die Vermögensverwaltungsbank

Il canto di un mattino

Umberto Saba (1883 – 1957)

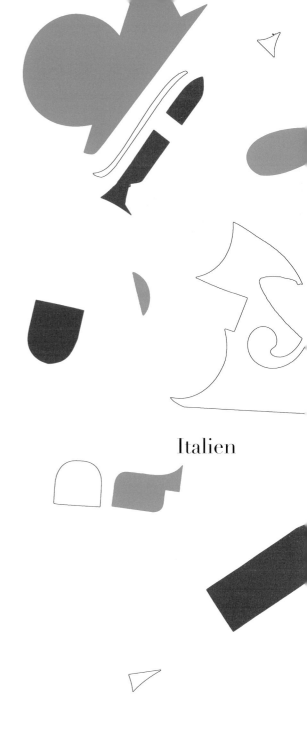

Da te, cuor mio, l'ultimo canto aspetto,
e mi diletto a pensarlo fra me.

Del mare sulla riva solatia,
non so se in sogno o vegliando, ho veduto,
quasi ancor giovanetto, un marinaio.
La gomena toglieva alla colonna
dell'approdo, e oscillava in mar la conscia
nave, pronta a salpare.
E l'udivo cantare,
per se stesso, ma sì che la città
n'era intenta, ed i colli e la marina,
e sopra tutte le cose il mio cuore:
„Meglio – cantava – dire addio all'amore,
se nell'amor non è felicità".
Lieto appariva il suo bel volto; intorno
era la pace, era il silenzio; alcuno
né vicino scorgevo né lontano;
brillava il sole nel cielo, sul piano
vasto del mare, nel nascente giorno.

Egli è solo, pensavo; or dove mai
vuole approdar la sua piccola barca?
„Così, piccina mia, così non va"
diceva il canto, il canto che per via
ti segue; alla taverna, come donna
di tutti, l'hai vicino.
Ma in quel chiaro mattino
altro ammoniva quella voce; e questo
lo sai tu, cuore mio, che strane cose
ti chiedevi ascoltando: or se lontana
andrà la nave, or se la pena vana
non fosse, ed una colpa il mio esser mesto.
Sempre cantando, si affrettava il mozzo
alla partenza; ed io pensavo: È un rozzo
uomo di mare? O è forse un semidio?

Si tacque a un tratto, balzò nella nave;
chiara soave rimembranza in me.

Gesang an einem Morgen

Umberto Saba (1883 – 1957)

Aus: Umberto Saba,
Das zerbrochene
Glas,
Gedichte,
Italienisch/Deutsch
ausgewählt von
Claudio Magris,
aus dem Italienischen
übertragen
und mit einem
Nachwort versehen
von Paul-Wolfgang
Wührl,
Piper, München
und Zürich 1991

Von dir, mein Herz, erwart' ich den letzten Gesang,
und vergnüge mich dran, ihn mir auszudenken.

An der besonnten Meeresküste
hab' ich – war es im Wachen, war es im Traum –
einen Seemann, fast noch ein Jüngling, gesehn.
Das Ankertau löste er vom Poller
am Landeplatz und auf dem Meere schwankte
das bewußte Schiff, bereit, die Anker zu lichten.
Und ich hörte ihn singen,
er sang vor sich hin, aber so, daß ihn die Stadt
vernahm, und auch die Hügel, die Küste
und vor allen Dingen mein Herz:
„Sag lieber – so sang er – der Liebe Lebwohl,
wenn in der Liebe kein Glück für dich liegt".
Heiter erschien sein schönes Gesicht; um ihn
war Friede, war Stille; niemand
erblickte ich, weder ferne noch nah;
die Sonne am Himmel glänzte auf der weiten
Fläche des Meeres, am erwachenden Tag.

Er ist alleine, so dacht' ich; wo wohl
will er sein Schiffchen jetzt landen?
„So, meine Kleine, so geht's nicht",
hieß es im Lied, im Lied, das auf der Straße
dir folgt; auch noch im Wirtshaus ist es bei dir,
wie ein käufliches Mädchen.
Aber an diesem leuchtenden Morgen
mahnte die Stimme zu anderm; und dies
weißt du mein Herz, daß ich dich, während ich
lauschte, seltsame Dinge fragte: ob es weit fährt,
das Schiff, ob es der Mühe wohl wert sei
und meine Traurigkeit gar eine Schuld.
Immerzu singend, sputete sich der Bursche
zur Abfahrt; und ich dachte: Ist er ein rauher
Seemann? Oder vielleicht gar ein Halbgott?

Und plötzlich da schwieg er, sprang in das Schiff;
ein klarer, sanfter Nachklang in mir.

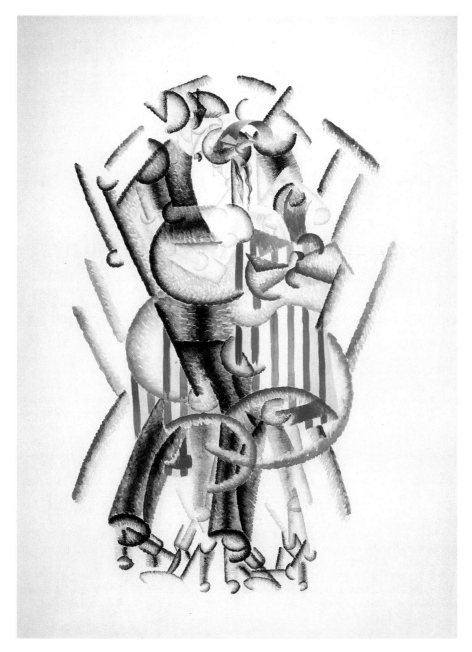

Gino Severini
(1883–1965)
Der Tanz des Bären,
1913
Aquarell auf Papier
77 x 56 cm
Privatbesitz,
Amsterdam

Giulietta Masina
Schauspielerin

Giulietta Masina, eigentlich Giulia Anna Masina, wurde 1921 in San Giorgio di Piano, in der Nähe von Bologna, geboren. Sie studierte Philologie und Archäologie an der Universität in Rom, wo sie zum Dr. phil. promovierte. Während des Studiums sammelte sie erste schauspielerische Erfahrungen an einer Studentenbühne und ging 1942 zum Rundfunk. Ein Jahr später spielte sie die Titelheldin in der Hörspielfolge des Autors Federico Fellini „Cico und Pallina". Durch Fellini, mit dem sie seit 1943 verheiratet ist, kam sie zum Film und gab ihr Debüt 1947 in Lattuadas Film „Ohne Gnade". Für diesen und den folgenden Film „Lichter des Varietés" (1950) gewann sie zweimal hintereinander Preise für die beste Darstellung einer Nebenrolle. Die Hauptrolle ihres Lebens spielte sie 1954 in „La Strada", Drehbuch und Regie Federico Fellini. Niemand glaubte zunächst an den Erfolg der unbekannten Schauspielerin, bis der Streifen auf der Biennale 1954 als einer der besten der Weltproduktion ausgezeich-

net wurde. Der Film, für den das Paar fast 30 Preise erhielt, u.a. den amerikanischen „Oskar", wurde eine Weltsensation und machte Giuletta Masina zu einem Star. Mit ihrer erfolgreichen Darstellung von tragischen Frauenschicksalen eroberte sie sich einen Platz unter den großen Charakterschauspielerinnen. Für ihre Rolle der Prostituierten in Fellinis Film „Le notti di Cabiria" (Die Nächte der Cabiria) wurde sie 1957 als beste Schauspielerin in Cannes und San Sebastián ausgezeichnet. Nach weiteren Erfolgen zog sie sich nach 1970 für längere Zeit vom Film zurück. Zeitweise wirkte sie als Botschafterin der UNICEF in Italien, zwei Jahre lang gestaltete sie eine Lebensberatungs-Sendung der RAI, anschließend arbeitete sie als Kolumnistin für die Zeitung „La Stampa". Als Niederschlag ihrer journalistischen Arbeit erschien das Buch „Il diario degli altri" (Das Tagebuch der anderen). Im Jahr 1976 übernahm sie in „Camilla" wieder eine Filmrolle, wirkte zwei Jahre später in einer Fernsehserie und 1985 in einer sehr freien Märchenverfilmung der „Frau Holle" von Juraj Jakubisko mit. Im gleichen Jahr drehte sie unter der Regie ihres Mannes „Ginger und Fred", eine Art Filmbiographie des legendären Hollywood-Tanzpaares Ginger Rogers und Fred Astaire, die als Eröffnungsfilm der Berliner Filmfestspiele 1986 stürmisch gefeiert wurde. Im Jahr 1990 wirkte sie in dem französischen Film „Aujourd'hui peut-être" unter Leitung von Jean Louis Bertuccelli mit.

Philharmonie

Sonntag,
10.10.1993

20 Uhr

Giulietta Masina
Schauspielerin

Orchestra dell'Accademia Nazionale di Santa Cecilia
Massimo Quarta, Violine
Daniele Gatti, Leitung

Gioacchino
Rossini
(1792 – 1868)

Ouvertüre zu „Semiramide"

Niccolò
Paganini
(1782 – 1840)

Konzert für Violine und Orchester Nr. 1 D-Dur opus 6
Allegro maestoso
Adagio espressivo
Rondo (Allegro spiritoso)

Ottorino
Respighi
(1879 – 1936)

Fontane di Roma
Symphonische Dichtung für Orchester
Der Brunnen von Valle Giulia in der Morgendämmerung
Der Tritonen-Brunnen am Morgen
Der Trevi-Brunnen am Mittag
Der Brunnen der Villa Medici in der Abenddämmerung

Pini di Roma
Symphonische Dichtung für Orchester
Die Pinien der Villa Borghese
Pinien bei einer Katakombe
Die Pinien auf dem Janiculus
Die Pinien der Via Appia

*In Zusammenarbeit mit Istituto Italiano di Cultura, München
und Münchener Mozart Konzerte e.V.*

Konzertpate: Bankhaus Maffei & Co. GmbH

Orchestra dell' Accademia Nazionale
di Santa Cecilia

Das Orchester geht auf eine der ältesten, im Jahr 1566 in Rom gegründeten, Musikeinrichtungen der Welt zurück. Papst Gregor der XIII gab dem Ensemble den Namen „Congregazione dei Musici sotto l'invocazione della Beata Vergine e dei Santi Gregorio e Cecilia", dem wenig später der Beiname „Accademia" hinzugefügt wurde. Im Lauf der Geschichte arbeitete das Orchester mit großen Musikern der jeweiligen Epoche, unter ihnen Arcangelo Corelli, Gaetano Donizetti, Girolamo Frescobaldi, Niccolò Paganini und Giovanni Pierluigi da Palestrina. Ab 1895 trug das Ensemble den Namen „Orchestra dell'Augusteo", betitelt nach dem Ort, an dem es zu dieser Zeit auftrat, und seit 1936 den bis heute beibehaltenen Namen: Orchestra dell' Accademia Nazionale di Santa Cecilia. Erst ab 1908 wurde es unter der Leitung von Graf Enrico di San Martino zu einer ständigen Einrichtung, die regelmäßig mit dem in diesem Jahr gegründeten Chor konzertierte. In der Zeit von 1912 bis 1944 war Bernardino Moli-

nari Chefdirigent des Orchesters. Ihm folgten Igor Markevitch, Fernando Previtali, Thomas Schippers und von 1983 bis 1987 Giuseppe Sinopoli. Unter der Leitung der genannten Dirigenten fanden zahlreiche Uraufführungen statt: so die erste Version der Symphonie Nr. 1 von Samuel Barber, „Le Fontane di Roma" und „I Pini di Roma" von Ottorino Respighi sowie Werke von Donatoni, Ghedini, Malipiero, Petrassi, Pizzetti und Rota. Derzeitiger Chefdirigent ist Daniele Gatti. Auf zahlreichen Konzertreisen, u.a. durch Europa, nach Australien zum zweihundertsten Jahrestag des Kontinents, in die USA und in die ehemalige Sowjetunion brachte das Orchester mit seinen Chefdirigenten sowie mit renommierten Gastdirigenten wie Leonard Bernstein, Ehrenpräsident des Orchesters von 1983 bis 1990, Luciano Berio, Lorin Maazel und Luigi Nono sein breitgefächertes Repertoire dem Publikum nahe. Unter den zahlreichen Plattenaufnahmen des Orchesters nehmen Operneinspielungen den größten Raum ein.

Daniele Gatti

Daniele Gatti wurde in Mailand geboren und studierte am dortigen Giuseppe Verdi-Konservatorium Klavier und Violine. Er arbeitete zunächst erfolgreich mit dem Mailänder Opern- und Konzertverband zusammen und gründete 1986 das Kammerorchester „Stradivari". 1988 debütierte er an der Mailänder Scala mit Rossinis „Gelegenheit macht Diebe", 1990 in der Carnegie Hall in New York und im gleichen Jahr beim Internationalen Festival „Dei Due Mondi" in Spoleto. Von 1990 bis 1992 war er Direktor des Orchesters Pomeriggi Musicali di Milano. Er eröffnete 1991 das Rossini-Opern-Festival in Pesaro mit Rossinis „Tancredi". Seit 1992 ist er Chefdirigent des Orchestra dell' Accademia Nazionale di Santa Cecilia in Rom. Daniele Gatti dirigiert regelmäßig Opern und Symphoniekonzerte an der Oper von Bologna. Der Künstler gastierte bei so renommierten Orchestern wie dem Los Angeles Philharmonic Orchestra, dem Orchestre Symphonique de Montreal und dem Toronto Symphony Orchestra sowie an den Opernhäusern von Chicago und London. Für die nächste Zeit sind Gastkonzerte mit Orchestern in Deutschland, Großbritannien und Übersee geplant sowie Operndirigate an der Lyric Opera of Chicago, der Mailänder Scala, am Royal Opera House, Covent Garden, und beim Rossini Festival in Pesaro.

Massimo Quarta

Der 1965 geborene italienische Geiger studierte an der Accademia di Santa Cecilia in Rom bei Beatrice Antonioni und schloß sein Studium mit Auszeichnung ab. Anschließend erweiterte er seine Studien bei Salvatore Accardo, Ruggiero Ricci und Pavel Vernikov. Er ist Preisträger mehrerer Violinwettbewerbe, u.a. des berühmten Internationalen Paganini Violinwettbewerbs in Genua. Konzertreisen mit renommierten Orchestern wie dem Orchestre National du Capitole de Toulouse, dem Budapester Symphonieorchester und dem Prager Symphonischen Orchester führten den jungen Solisten durch Europa, in den Fernen Osten und in die USA. Auch seine hervorragenden Schallplattenaufnahmen dokumentieren seine rasant verlaufende Karriere. Mit dem Orchestra dell' Accademia Nazionale di Santa Cecilia nahm er am Pacific Music-Festival in Sapporo, Japan, teil. Massimo Quarta spielt auf einer Guadagnini-Geige von 1767, auch bekannt als „Ex-Joachim" und einer Stradivari „Principe-Baccara" aus dem Jahr 1680. Sein Repertoire umfaßt vor allem Werke von Paganini, Pugnani, Ravel, Sarasate und Schumann.

Flughafen München
Landebahn für Kultur in Europa

EUROPAMUSICALE

Das europäische Musikfest in München

MÜNCHEN 1.10. – 31.10.93

ZENTRALE VORVERKAUFSSTELLE: 089-543 81 34

HI·COM®

Flughafen
München
GmbH

Druckt für Europa
mit Full-Service

- ● DTP/EBV
- ● Reproduktion

- ● Bogenoffset
- ● Rollenoffset

- ● Weiterverarbeitung
- ● Versandoptimierung

Gesamtherstellung
dieses Buches
durch Wenschow GmbH

Karl Wenschow GmbH

Hausanschrift:
Kirschstraße 12 – 16
80999 München
Telefon (089) 81 08-1
Telefax (089) 81 08-363

Ein Unternehmen der Gruppe
Süddeutscher Verlag GmbH

De la musique (1929)

Fernando Pessoa (1888 – 1935)

Ah, pouco a pouco, entre as árvores antigas,
A figura dela emerge e eu deixo de pensar ...

Pouca a pouco, da angústia de mim vou eu mesmo emergindo ...

As duas figuras encontram-se na clareira ao pé do lago ...

... As duas figuras sonhadas,
Porque isto foi só um raio de luar e uma tristeza minha,
E uma suposição de outra coisa,
E o resultado de existir ...

Verdadeiramente, ter-se-iam encontrado as duas figuras
Na clareira ao pé do lago?
          (... Mas se não existem? ...)
... Na clareira ao pé do lago? ...

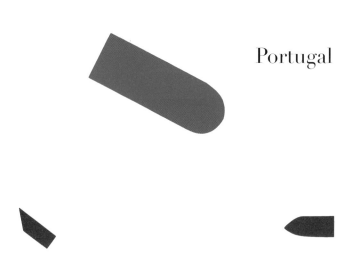

Portugal

De la musique (1929)

Fernando Pessoa (1888 – 1935)

Aus: Fernando Pessoa, Álvaro de Campos, Poesias Dichtungen, Portugiesisch und Deutsch, aus dem Portugiesischen übersetzt und mit einem Nachwort versehen von Georg Rudolf Lind, Ammann Verlag, Zürich 1987

Ah, ganz allmählich unter alten Bäumen
taucht ihre Gestalt auf und ich denke nicht mehr …

Ganz allmählich tauche ich selber aus meiner Angst auf …

Die beiden Gestalten begegnen sich in der Lichtung am Ufer des Sees …

… Die beiden erträumten Gestalten,
denn es war nur ein Mondstrahl und meine Traurigkeit
und eine Ahnung von etwas anderem
und das Ergebnis des Lebens …

Sollten die beiden Gestalten sich wirklich
auf der Lichtung am Ufer des Sees begegnet sein? (… Aber wenn sie
gar nicht vorhanden sind? …)

… Auf der Lichtung am Ufer des Sees? …

Amadeo de Souza-
Cardoso
(1887 – 1918)
Trou de la Serrure –
Parto da Viola bon
Ménage-
Fraise Avant Garde,
ca. 1916
Öl auf Leinwand
70 x 58 cm
Centro de Arte
moderna
Fundação Calouste
Gulbenkian, Lissabon

Eduardo Lourenço
Schriftsteller

Eduardo Lourenço wurde 1923 in San Pedro do Rio Seco, Almeida, Portugal, geboren. Er besuchte das Gymnasium in Guarda und Lissabon und studierte Geschichtswissenschaft und Philosophie in Coimbra. Nach seinem Diplom war er von 1947 bis 1953 wissenschaftlicher Assistent an der Literaturwissenschaftlichen Fakultät in Coimbra. 1953 verließ Eduardo Lourenço Portugal. Zunächst folgte er dem Ruf als Lektor an die Universität Hamburg, 1954 ging er an die Universität Heidelberg. Er lebte von 1955 bis 1958 in Montpellier und ging danach als Professor für ein Jahr an die Universität Salvador da Bahia nach Brasilien. Die nächsten Jahre verbrachte er in Grenoble und Nizza, seit 1969 ist er als Professor Associado in Nizza tätig. Von 1989 bis 1991 war er Kulturattaché in der portugiesischen Botschaft in Rom. Eduardo Lourenço verfaßte zahlreiche politische, literarische und philosophische Essays in portugiesischer und vereinzelt in französischer Sprache, u.a. „Hetérodoxia I" (1949), „Hetérodoxia" (1967), „Pessoa Revisi lá do" (1973), „Labirinto da Saudade" (1978) und „Ferrando Rei da nossa Baviera" (1986). Für seine Veröffentlichung „Nos a Europa ou ar duas Ragóes" (1988) wurde er mit dem von dem Schweizer Industriellen gestifteten Internationalen Literaturpreis der Charles Veillon-Stiftung Lausanne ausgezeichnet. 1991 erschien das Werk „L'Europe Introuvable". Bisher stehen Übersetzungen seiner Werke ins Deutsche noch aus. Eduardo Lourenço lebt heute als freier Schriftsteller in der Nähe von Nizza.

Philharmonie

Montag,
11.10.1993

20 Uhr

Eduardo Lourenço
Schriftsteller

Gulbenkian Orchester
Sequeira Costa, Klavier
Claudio Scimone, Leitung

Joly Braga Santos (1924 – 1988)

Stacatto Brilhante

Wolfgang Amadeus Mozart (1756 – 1791)

Konzert für Klavier und Orchester Nr. 21 C-Dur KV 467

Allegro maestoso
Adagio
Allegro vivace assai

Gioacchino Rossini (1792 – 1868)

Ouvertüre zu „Der Barbier von Sevilla"

João Domingos Bomtempo (1775 – 1842)

Symphonie Nr. 2 D-Dur

Sostenuto – Allegro moderato
Allegretto
Menuett
Finale (Allegro)

Gulbenkian Orchester

Das Orchester wurde 1962 von der Calouste Gulbenkian Stiftung Lissabon gegründet. Den zu Beginn jährlich wechselnden Chefdirigenten folgten ab 1968 Werner Andreas Albert, Gianfranco Rivoli und Michel Tabachnik. Von 1979 bis 1988 leitete Claudio Scimone das Orchester und blieb ihm als ständiger Gastdirigent bis heute eng verbunden. Seit 1988 ist Muhai Tang Chefdirigent. Das Repertoire umfaßt Werke der Klassik und Romantik sowie Kompositionen des 20. Jahrhunderts. Einen besonderen Schwerpunkt bilden Werke portugiesischer Komponisten der Gegenwart sowie selten zu hörende Kompositionen unterschiedlicher Zeitepochen. Die Stiftung gab zahlreiche Werke an zeitgenössische Komponisten wie Berio, Halffter, Milhaud, Nuñez, Penderecki und Xenakis in Auftrag. Während der 30jährigen Orchestergeschichte arbeiteten die Musiker mit vielen weltberühmten Dirigenten, unter ihnen Rudolf Baumgartner, Luciano Berio, Charles Dutoit, John Eliott Gardiner, Neville Marriner, Krzystof Pen-

derecki und Emil Tchakarov. Namhafte Solisten konzertierten mit dem Orchester: so die Sänger Cathy Berberian, Barbara Hendricks, Emma Kirkby, Edith Mathis, Edda Moser, Margaret Price und Teresa Berganza; die Pianisten Emanuel Ax, Katia und Marielle Labèque, Radu Lupu, Maria-João Pires, Ivo Pogorelich und Christian Zacharias; die Geiger Nigel Kennedy, Isaac Stern, Henryk Szeryng, Sándor Végh, der Cellist Mstislav Rostropowitsch und viele andere Künstler. Tourneen führten das Gulbenkian Orchester durch Europa, nach Afrika, Asien und Brasilien. Es nahm an zahlreichen Festivals, u.a. dem Festival d' Automne in Paris teil. Für seine Schallplattenaufnahmen wurde es mit dem „Grand Prix du Disque International de l'Académie Charles Cross" und dem Preis der „Académie Internationale du Disque Lyrique" ausgezeichnet.

Claudio Scimone

Der Dirigent, Musikwissenschaftler und Pädagoge Claudio Scimone wurde 1934 in Padua geboren. Er studierte bei Franco Ferrara, Dimitri Mitropoulos und Carlo Zecchi. Nach seiner Ausbildung arbeitete er zunächst als Kritiker für die „Gazetta del Veneto", gründete 1959 das Ensemble „I Solisti Veneti" und unterrichtete von 1961 bis 1974 an den Konservatorien von Venedig und Verona Kammermusik. Anschließend war er Leiter des Konservatoriums von Padua. Von 1979 bis 1988 leitete er das Orchester der Gulbenkian-Stiftung in Lissabon, dem er bis heute als ständiger Gastdirigent treu ist. Er entdeckte Rossinis Oper „Moses in Ägypten" und führte sie in Lissabon 1981 mit Erfolg neu auf. Der Musiker arbeitete mit berühmten Orchestern Australiens, Europas, Kanadas und der USA sowie an großen Opernhäusern. Als Musikwissenschaftler stellte er Forschungen mit dem Ziel an, das gebräuchliche Repertoire der Kammermusikensembles zu erweitern. Dabei interessierte er sich besonders für die Musik des 18. Jahrhunderts und für die italienischen Symphoniker des 19. Jahrhunderts. Als erster Dirigent nahm er sämtliche Symphonien von Clementi auf und brachte Violinkonzerte und -sonaten von Tartini einem breiteren Publikum näher. Er dirigierte die Rossini-Uraufführungen „Maometto II", „Ermione" und „Zelmira", rekonstruierte Vivaldis Oper „Der wütende Orlando", die er mit Marilyn Horne und Victoria de los Angeles auf Platte einspielte. Claudio Scimone beschäftigt sich ebenfalls mit der zeitgenössischen Musik. Komponisten wie Bussotti, Halffter, Malipiero, Masson und de Pablo widmeten ihm ihre Werke. Claudio Scimone erhielt zahlreiche Auszeichnungen, u.a. den „Grammy Award" in Los Angeles, den „Prix Mondial du Disque International de Montreux", den „Grand Prix du Disque de l' Académie Charles Cros" in Paris und den „Premio della Critica Discografica Italiana". Unter seinen mehr als 250 Aufnahmen finden sich Ersteinspielungen von Clementi, unveröffentlichte Werke von Mercadante, Ponchielli, Puccini, Spontini sowie alle Konzerte von Albinoni. Er ist Autor des Buches „Segno, Significato, Interpretazione".

Sequeira Costa

Der portugiesische Pianist Sequeira Costa erhielt seine Ausbildung zunächst in Lissabon bei dem Lisztschüler Vianna da Motta. Nach dessen Tod setzte er seine Studien bei Jacques Fevrier und Marguerite Long in Paris und anschließend bei Edwin Fischer in der Schweiz fort. Nachdem er zahlreiche Preise erworben hatte und Anfang der 50er Jahre Preisträger des Long-Thibaud-Wettbewerbs war, stand seiner Karriere nichts mehr im Wege. Schon knapp zehn Jahre später umfaßten seine Konzerttourneen Reisen nach Bulgarien, Polen, in die ehemalige Sowjetunion, in die ehemalige Tschechoslowakei, Ungarn, nach China, in den Fernen Osten und in die USA. Sequeira Costa konzertierte in vielen berühmten Konzertsälen und begeisterte dort Publikum und Presse. Schon mit 28 Jahren wurde der Pianist zusammen mit Svjatoslav Richter, Emil Gilels und Dmitri Schostakowitsch in die Jury des Ersten Internationalen Tschaikowsky-Klavierwettbewerbs in Moskau berufen, dessen Mitglied er bis heute ist. Er war außerdem Mitglied in der Jury beim Chopin-Wettbewerb in Warschau und beim Arthur Rubinstein-Wettbewerb in Israel sowie bei renommierten Klavierwettbewerben in Leeds, Montreal, München und Paris. Neben seiner regen Konzerttätigkeit ist er Professor für Klavier an der University of Kansas, USA. Jeden Sommer organisiert der zur Zeit in den USA lebende Künstler ein Musikfestival in seinem Heimatland. Seine CD-Aufnahmen umfassen Einspielungen von Albéniz, Chopin, Ravel und Schumann sowie die Gesamtaufnahme der Klavierwerke von Serge Rachmaninov. In Lissabon gründete er den Vianna da Motta-Wettbewerb, der u.a. den Pianisten Emanuel Ax, Vladimir Krainev, Artur Pizarro und Viktoria Postnikova als Sprungbrett ihrer Karriere diente.

Kultur
entspannt

Was wir schaffen, läßt sich sehen.
Aber auch hören und lesen.
Unser Programm ist die Vielfalt.
50 000 Menschen in mehr als 40 Ländern machen
Medien für Leser, Hörer und Zuschauer
in den unterschiedlichsten Kulturräumen.
Wir vermitteln Wissen und Bildung.
Und wir sorgen für Entspannung.
Weltweit.

Bertelsmann
lesen · hören · sehen

Interiores

*Jaime Siles (*1951)*

¿Qué puede al hombre cautivar, sino la música
que en la quietud la arena en sí eterniza
y las olas tan sólo que a lo lejos
una a una, en su olvido, repite sin cesar?

Como su cuerpo son, también, de sombra
y entre su voz la sal es lo que dura
y ese rumor del eco en tranparencia
de quien no sabe de otra eternidad.

¿Puede la música ser algo más que sombras
hechas a la medida de una idea,
talladas en cristal por el que olvida
que hace surgir un dios de entre sus notas?

¿O lo que aquí llamamos música pudiera
muy bien llamarse el ala de una duda
y el paraíso firme que sostienen
interiores columnas de temblor?

Spanien

Innenraum

Jaime Siles (*1951)

Aus: Jaime Siles,
Musik des
Schweigens,
Spanisch und
deutsch,
ausgewählt,
übertragen und mit
einem Nachwort
versehen von
Hans Hinterhäuser,
hrsg. von
Roswitha und Horst
Heiderhoff,
Horst Heiderhoff
Verlag,
Eisingen 1986

Was kann den Menschen fesseln wenn nicht Musik,
die auf des Sandes Stille zur Ewigkeit sich weitet,
und als die Wellen nur, die in der Ferne
er im Vergessen unablässig wiederholt.

Aus Schatten sind auch sie, so wie sein Körper,
und was in seiner Stimme dauert, ist das Salz
und dieses Echo transparentes Raunen
von einem, der von andrer Ewigkeit nichts weiß.

Kann die Musik denn mehr als Schatten sein,
gestaltet nach des Gedankens Takt und Maß,
geschnitten in Kristall durch einen, der vergißt
daß einem Gott er Leben gab in seinen Noten?

Oder wär's möglich, daß, was hier Musik wir nennen,
auch Flügel eines Zweifels heißen könnte
und festes Paradies, gestützt im Innern
auf schwanke Säulen, die erzittern?

Salvador Dali
(1904 – 1989)
Meditation
auf einer Harfe,
1932 – 1934
Öl auf Leinwand
65,6, x 46,2 cm
Salvador Dali
Museum,
St. Petersburg/Florida

Raimon Panikkar
Priester und Philosoph

Raimon Panikkar wurde 1918 in Barcelona geboren. Er studierte in Deutschland, Italien, Spanien und Indien. Während seiner wissenschaftlichen Laufbahn legte er in verschiedenen Studienrichtungen sein Staatsexamen ab und promovierte in Philosophie und Theologie. 1954 verließ er Europa und ging nach Varanasi, Indien. Seine Berufung als „Libero Docente" an die Universität Rom für das Fach Religionsphilosophie war der Grund seiner Rückkehr nach Europa. 1964 erhielt Raimon Panikkar die Priesterweihe. Barcelona, Madrid, Mysore, Rom, Salamanca und Varanasi sind nur einige Stationen seiner intensiven priesterlichen Tätigkeit. Als Dozent arbeitete er u.a. an den Universitäten von Cambridge, Madrid und Rom sowie in Buenos Aires, in Harvard, USA, und in Montreal. Seit 1971 hatte Raimon Panikkar den Lehrstuhl für vergleichende Religionsphilosophie und Religionsgeschichte an der Universität in Santa Barbara, Kalifornien, inne. Neben seiner Tätigkeit als Dozent ist

Raimon Panikkar Mitglied mehrerer Institutionen in Bologna, London und Paris sowie Mitglied zahlreicher akademischer Verbände in Europa, Amerika und in Indien. Er war Mitglied des Rates für Wissenschaftliche Forschung und Mitbegründer zahlreicher Philosophie- und Kulturzeitschriften wie „Arbor", „Kairos" und „Weltforum". Raimon Panikkar ist Richter am Permanent People's Tribunal in Rom, Präsident des N. G. O. INODEP International in Paris und der Sociedad Española de Ciencias de Religion in Madrid sowie Begründer und Direktor des Center for Cross Cultures Religious Studies in Santa Barbara, Kalifornien, und der Gesellschaft Vivarium, Centre d'Estudis Interculturals in Katalonien. Mehrere Male war er Abgesandter der UNESCO. Raimon Panikkar ist Autor von mehr als 30 Büchern und Verfasser von mehr als 900 Artikeln, die in mehrere Sprachen übersetzt wurden und die Bereiche Philosophie der Wissenschaft, Metaphysik, Vergleichende Religion und Indologie umfassen. Der heute im Ruhestand lebende Priester hat an Buch-Projekten wie dem „Classics of Western Spritually" in New York und dem „Woris Spirituality", einem 25bändigen Werk, mitgearbeitet, von denen die letzten drei Bände über Vergleichendes Geistliches Leben von ihm verfaßt wurden. In deutscher Sprache wurden in den letzten zwei Jahren die Werke „Das Schweigen Gottes. Die Antwort des Buddha für unsere Zeit" (1992) und „Trinität. Über das Zentrum religiöser Erfahrung" (1993) veröffentlicht.

Philharmonie

Dienstag,
12.10.1993

20 Uhr

Raimon Panikkar
Priester und Philosoph

Orquesta Nacional de España
Guillermo González, Klavier
Aldo Ceccato, Leitung

José Luis Turina (*1952)	Fantasía sobre una Fantasía de Alonso Mudarra
Ernesto Halffter (1905 – 1989)	Rapsodia portuguesa für Klavier und Orchester
Maurice Ravel (1875 – 1937)	Rapsodia española Preludio a la noche Malagueña Habanera Feria
Manuel de Falla (1876 – 1946)	El Sombrero de Tres Picos – Suite Nr. 2 Danza de los vecinos (Seguidillas) Danza del molinero (Farruca) Danza final (Jota)

Orquesta Nacional de España

Das im Jahre 1940 gegründete Orquesta Nacional de España übernahm die Nachfolge des „Orquesta Nacional de Concierto". Dieses Ensemble wurde während des Spanischen Bürgerkrieges 1938 in Barcelona ins Leben gerufen und von Bartolomé Pérez Casas geleitet. Während des spanischen Bürgerkriegs und zwischen 1940 und 1942 existierten beide Orchester. Der Dirigent Joaquín Turina förderte die Konsolidierung der beiden Orchester. Das erste Konzert der vereinigten Ensembles fand in Madrid im María Guerrero-Theater unter der Leitung des portugiesischen Dirigenten Pedro de Freitas Branco statt, der auch in der Folgezeit als Gastdirigent dem Orchester nahe stand. Von 1940 bis 1947 leitete Bartolomé Pérez Casas das Orquesta Nacional de España. In den folgenden 30 Jahren bestimmten die Chefdirigenten Ataúlfo Argenta, Rafael Frühbeck de Burgos und Carl Schuricht die Geschicke des Orchesters. Unter Rafael Frühbeck de Burgos fanden bedeutsame Konzerte in New York

und Washington statt. Von 1978 bis 1981 prägte Antoni Ros-Marbá den Klangkörper und von 1984 bis 1989 Jesús López Cobos. Im Jahr 1988 bezog das Orquesta Nacional de España einen eigenen Konzertsaal, den Auditorio Nacional de Música, der mit einer Aufführung von Manuel de Fallas Oper „Atlántida" eingeweiht wurde. Seit 1991 ist Aldo Ceccato Chefdirigent des Orquesta Nacional de España. Er ist der erste nicht-spanische Orchesterleiter in der Geschichte des Ensembles. Mit Uraufführungen der Werke von Roberto Gerhard („Don Quixote"), Luis Iturrizaga (Konzert für Oboe und Orchester), Tomás Marco (Symphonie Nr. 4), Luís de Pablo „Eléphants ivres"), Claudio Prieto (Konzert für Violincello und Orchester) und Pierre Wissmer (Symphonie Nr. 3) erwarb sich das Orchester besondere Verdienste.

Aldo Ceccato

Aldo Ceccato wurde 1934 in Mailand geboren. Er studierte am dortigen Konservatorium Klavier, Komposition und Orchesterleitung. Anschließend ging er an die Musikhochschule Berlin, wo er 1961 sein Diplom ablegte. Er erweiterte seine Studien bei Sergiu Celibidache an der Accademia Musicale Chigiana in Siena und debütierte 1964 in Mailand mit einer Vorstellung des „Don Giovanni" von Mozart. In der Folgezeit dirigierte er an verschiedenen italienischen Bühnen und arbeitete 1967 einige Monate zusammen mit dem Dirigenten und Komponisten Victor de Sabato. In das gleiche Jahr fiel auch

sein Debüt an der Mailander Scala. Zwei Jahre später gewann er den ersten Preis beim Dirigentenwettbewerb des italienischen Rundfunks und wurde zu den Edinburgher Festspielen sowie von der Chicagoer Oper eingeladen. Im Jahr 1970 dirigierte er in London am Royal Opera House, Covent Garden, und ein Jahr darauf in Glyndebourne. Er war von 1973 bis 1977 Musikdirektor des Detroit Symphony Orchestra und leitete in der Zeit von 1972 bis 1983 zusätzlich das Philharmonische Staatsorchester Hamburg. Aldo Ceccato ist auch auf pädagogischem Gebiet engagiert; seit 1978 lehrt er an der Musikhochschule Hamburg. Mitte der 80er Jahre übernahm er die Leitung des Symphonieorchesters von Bergen und die des Symphonieorchesters des NDR in Hamburg. 1991 wurde er als erster Nicht-Spanier außerdem ständiger Leiter des Orquesta Nacional de España. Der Künstler ist Gastdirigent des RAI Orchesters Torino, des Slowakischen Pilharmonischen Orchesters sowie des Seoul Philharmonic Orchestra. Aldo Ceccato konzertierte mit fast allen großen Orchestern der Welt und wirkte bei international renommierten Festivals mit. Seine Arbeit spiegelt sich auch in seinen Schallplattenaufnahmen wider, vor allem der Werke von Brahms, Glasunov, Glinka, Mendelssohn-Bartholdy, Schumann und Richard Strauss.

Guillermo González

Der Pianist Guillermo González wurde 1945 auf der kanarischen Insel Teneriffa geboren. Dort erhielt er seinen ersten Klavierunterricht am Konservatorium von Santa Cruz, der Hauptstadt Teneriffas, und setzte danach sein Studium an der Madrider Musikhochschule bei José Cubiles fort. Seine Ausbildung vervollkommnete er in Paris an der Musikhochschule und an der Schola Cantorum. Dort lernte er von seinen Lehrern Vlado Perlemutter und J. P. Sevilla, den direkten Erben Ravels und Debussys, die große interpretatorische Tradition des Impressionismus kennen. Guillermo González erhielt zahlreiche Auszeichnungen bei internationalen Wettbewerben in Mailand, Paris und Vercelli sowie den „Premio Jaén". Als Solist gab er Konzerte mit den wichtigsten spanischen Orchestern, so dem Spanischen Nationalorchester und den Symphonieorchestern von Bilbao, Madrid und Teneriffa, bei denen er große Erfolge erzielte. Er widmet seine Aufmerksamkeit auch den Werken zeitgenössischer Komponisten, vor allem García Abril und Christóbal Halffter. Unter seinen Schallplattenaufnahmen sind Einspielungen der Klavierwerke von Ernesto Halffter und Alexander Skriabin von besonderer Bedeutung. Für seine Schallplatte „Obras para piano" (Klavierwerke) erhielt er 1980 den Nationalpreis. Vor kurzem hat er zusammen mit dem Orquesta Sinfónica de Tenerife unter der Leitung von Víctor Pablo Pérez eine CD aufgenommen mit Manuel de Fallas „Noches en los jardines de España" (Nächte in Spaniens Gärten) und Ernesto Halffters „Rapsodia Portuguesa" (Portugiesische Rhapsodie). Neben seiner Konzerttätigkeit ist Guillermo González Professor an der Musikhochschule in Madrid und hält an verschiedenen Musikinstituten Interpretationskurse ab. 1991 verlieh ihm die spanische Regierung den Nationalpreis für Musik, die wichtigste Auszeichnung, die in Spanien einem Musiker vergeben wird. Der Pianist bereiste viele Länder Europas sowie Mexiko, Peru, die UdSSR, Venezuela und die Vereinigten Staaten von Amerika, um seine Interpretationen zu Gehör zu bringen.

LfA:
Die Förderbank in Bayern

Als Förderbank des Freistaates Bayern sind wir Partner der bayerischen Wirtschaft und Banken. Wir fördern vor allem mittelständische Unternehmen und dabei besonders junge Menschen, die den Schritt in die Selbstständigkeit wagen. Zur Finanzierung von Investitionen bieten wir zinsgünstige Darlehen, Bürgschaften, Zuschüsse und Beteiligungskapital an.

Wir sind auch kulturell engagiert. So freuen wir uns über die Zusammenarbeit mit der Konzertgesellschaft München. In unserem renovierten, neoklassizistischen Gebäude geben wir jungen Musikern Gelegenheit, im Rahmen kleiner Hauskonzerte aufzutreten.

Bayerische Landesanstalt
für Aufbaufinanzierung

Königinstraße 17, 80539 München

Srdečně vás vítáme
Herzlich willkommen

– heißen wir die Tschechische
Staatsphilharmonie Brünn. Gerne
haben wir bei EUROPAMUSICALE
die Patenschaft für den Konzert-
abend der Tschechischen Republik
übernommen. Neben unserer
Niederlassung in Prag werden wir
in Kürze auch mit Filialen in Brünn
und Pilsen vertreten sein.

**BAYERISCHE
VEREINSBANK**

Koncertní kavárna

Jaroslav Seifert (*1901)

Aus: Jaroslav Seifert,
Na Vlnách,
Československý
Spisovatel,
Praha 1992

Manevrující dreadnought
potkává housle na vlnách
kapitánovi ulétla čepice
kroužíc kolem lodi Bílý pták

Smyčec však
poháněn teplými proudy
nesen byl k neznámým ostrovům
v zátoky hnijící vody

Pod naším nebem
daří se jenom palmám z papíru
lastury prázdných ulic
na dně večerů

Tam upostřed vůní
ostrova černošský král
se smyčcem v ruce trůní

Tam hlavy národa poddaného
jak černé tečky čtvrttonových not
v širokém kruhu tančí kolem něho

a v křivkách houslového klíče
hadi se vymršťují z trav

Jen zněte housle ale jenom tiše
Evropě chce se spát chce se spát
a vrhne hvězdy

Tschechische
Republik

Konzertcafé

Jaroslav Seifert (*1901)

Deutsch:
H.C. Artmann
Aus: Jaroslav Seifert,
Auf den Wellen
von TSF,
Gedichte,
Nachdichtungen von
Friedrich Achleitner,
H.C. Artmann,
Jan Faktor,
Gerhard Rühm,
Peter Weibel,
Nachwort von Eva
H. Plattner,
Hora Verlag,
Wien 1985

Einen dread-nought im manöver
trifft im schwimmen eine geige
käpten fliegt vom kopf die mütze
kreist ums schiff als Weisse möwe

Geigenbogen ward verschlagen
driftete auf warmer strömung
hin nach unbekannten inseln
faulgewässern meeresbuchten

Unter unserm himmel wachsen
nur papierne palmenbäume
muschelhäuser leerer gassen
auf der abenddämmrung boden

Dort inmitten heisser düfte
thront der Insel negerkönig
hält den bogen in den händen

Seiner untertanen häupter
ihn in breitem kreis umtanzen
punkte schwarzer vierteltöne

wie gekrümmte geigenschlüssel
ranken um den bogen vipern

Geige leise nur erklinge
schlafen will Europa schlafen
und wirft sterne

*Frantisek Kupka
(1871 – 1957)
Klaviertasten, See,
1909
Öl auf Leinwand
79 x 72 cm
Národni Galerie,
Prag*

Jiří Gruša
Schriftsteller und Botschafter

Jiří Gruša wurde 1938 in Pardubice, einer Stadt in Ostböhmen, geboren. Von 1957 bis 1962 studierte er Philosophie und Geschichte an der Karlsuniversität in Prag. Nach seinem Militärdienst gründete er 1964 die literarische Zeitschrift Tvář, die bereits ein Jahr später von der Regierung verboten wurde. Jiří Gruša wurde Redakteur der Wochenzeitung Nové Knihy und war Mitbegründer der literarischen Zeitschrift Sešity. 1968 wurde er Redakteur bei der Wochenzeitung Zítřek. Im darauffolgenden Jahr erhielt er von der tschechischen Regierung aufgrund der Teilpublikation seines Romans „Mimner" in der Zeitschrift Sešity Berufsverbot. In der Zeit von 1970 bis 1972 arbeitete er u.a. als freier Mitarbeiter am „Theater hinter dem Tor" und nahm an der Arbeit der Gemeinschaft „Edice Petlice" teil, die die Verbreitung von Texten verbotener Autoren unterstützte. 1977 gehörte er zu den Mitunterzeichnern der Charta 77, der 1977 in der ehemaligen Tschechoslowakei gegründeten Bürgerrechtsgruppe, die sich für die „Respektierung der Bürger- und Menschenrechte" einsetzt. 1978 wurde er aufgrund seines Romans „Dotazník" (Der 16. Fragebogen) inhaftiert, nach zwei Monaten jedoch wieder aus der Haft entlassen und war danach ohne Arbeit. 1980 nahm er eine Einladung in die USA an. Während seiner Rückreise in seine Heimat bürgerte ihn die tschechische Regierung aus. Er hielt sich dann in der Bundesrepublik Deutschland auf, erwarb 1983 die deutsche Staatsbürgerschaft und lebte als freier Schriftsteller in der BRD. Während der „sanften Revolution" im Jahr 1989 kehrte er nach Prag zurück und engagierte sich dort im öffentlichen Leben. Seit 1990 ist Jiří Gruša Botschafter der Tschechischen Republik in Deutschland.

Unter seinen zahlreichen Veröffentlichungen finden sich Gedichte, Romane, eine Novelle und das Kinderbuch „Kudlaseks Abenteuer" (1969). Seinem ersten Gedichtband „Der Tornister" (1962) folgten die Gedichtbände „Die helle Frist" (1964) und „Lernen – Leiden" (1969). Ins Deutsche übersetzt wurden sein Roman „Mimner oder Das Tier der Trauer" (1972), die Anthologie „Stunde namens Hoffnung" (1978), „Franz Kafka aus Prag" (1983), die Anthologie verbotener tschechischer Autoren „Verfemte Dichter" (1983) und der Roman „Janinka" (1984). In den 90er Jahren erschienen in deutscher Sprache die Gedichte „Babylonwald" (1990) und „Prag – einst Stadt der Tschechen, Deutschen und Juden" (1992) in Mitarbeit von Jiří Gruša. Sein Roman „Der 16. Fragebogen" (1975) wurde in mehrere Sprachen übersetzt. Jiří Gruša ist Initiator und Mitherausgeber des „Lexikon der tschechischen Schriftsteller 1948 – 1978" (1980). – Seit 1990 ist Jiří Gruša Mitglied des Deutschen PEN-Clubs.

Philharmonie

Mittwoch,
13.10.1993

20 Uhr

Jiří Gruša
Schriftsteller und Botschafter

Tschechische Staatsphilharmonie Brünn
Igor Ardašev, Klavier
Jiří Bělohlávek, Leitung

Leoš Janáček (1854 – 1928)

Taras Bulba – Rhapsodie für Orchester

Andrejs Tod

Ostaps Tod

Taras Bulbas Prophezeiung und Tod

Bohuslav Martinů (1890 – 1959)

Konzert für Klavier und Orchester Nr. 4 „Inkantation“

Poco Allegro

Poco Moderato

Antonín Dvořák (1841 – 1904)

Symphonie Nr. 6 D-Dur opus 60

Allegro non tanto

Adagio

Scherzo

Allegro con spirito

Konzertpate: Bayerische Vereinsbank (Filiale Prag)

Tschechische Staatsphilharmonie Brünn

Die Tschechische Staatsphilharmonie Brünn wurde 1956 gegründet. Mit der erfolgreichen Teilnahme am „Warschauer Fall Festival" öffnete sich das junge Orchester Möglichkeiten zu Tourneen durch Europa, nach Nordamerika und Japan. Eine Reihe ausgezeichneter Dirigenten prägten das Orchester. Břetislav Bakala, leitete als erster Chefdirigent zwei Jahre die Tschechische Staatsphilharmonie. Sein Nachfolger wurde Jaroslav Vogel und ab 1961 Jiří Waldhans. Fratišek Jílek und Petr Vronský hatten die folgenden 13 Jahre den Chefposten inne. Seit 1991 ist Leoš Svárovský Chefdirigent des Orchesters. Berühmte Gastdirigenten wie Serge Baudo, Jacques Beaudry, Gaëtano Delogu, Dean Dixon, Rafael Kubelík, Charles Mackerras, Charles Münch und Caspar Richter arbeiteten mit dem Orchester. Außer den jährlich stattfindenden Konzerttourneen umfassen die künstlerischen Aktivitäten die Teilnahme an verschiedenen Festivals, so am Internationalen Musikfestival Brünn und am Festival „Prager Früh-

ling". Neben regelmäßigen Einspielungen für den tschechischen Rundfunk ist die Gesamtaufnahme von Janáčeks Orchesterwerken auf CD und die Einspielung der Klavierkonzerte von Schumann und Rachmaninov geplant. Gastkonzerte in Belgien, Deutschland, Italien und Österreich sind in Vorbereitung. Besonderes Interesse gilt der Musik mährischer Komponisten der Vergangenheit und Gegenwart, vor allem dem berühmtesten Meister der mährischen Musikkultur, Leoš Janáček, und dem tschechischen Komponisten Bohuslav Martinů. Daneben steht die Auseinandersetzung mit der Musik des 20. Jahrhunderts im Vordergrund der Orchesterarbeit. Das Orchester befindet sich in der glücklichen Situation, einen Kinderchor und einen gemischten Chor zur Verfügung zu haben. Das ermöglicht die Aufführung von speziell besetzter Literatur. Viele Orchestermitglieder treten auch als Solisten auf und spielen in Kammermusikensembles, die aus der Staatsphilharmonie hervorgegangen sind.

Jiří Bělohlávek

Jiří Bělohlávek wurde 1946 in Prag geboren. Er studierte zunächst Cello, dann Orchesterleitung und ist Absolvent des Prager Konservatoriums und der Akademie der Musikalischen Künste in Prag. Er führte seine Studien bei Sergiu Celibidache fort. 1970 wurde er Finalist im Internationalen Herbert von Karajan-Wettbewerb. In der Zeit von 1972 bis 1978 leitete Jiří Bělohlávek die Tschechische Staatsphilharmonie Brünn, mit der er Konzerttourneen durch Deutschland, Österreich und die Vereinigten Staaten von Amerika unternahm. Mit dem Prager Philharmonischen Orchester FOK, dessen Chefdirigent er von 1977 bis 1989 war, gastierte er in Europa, Japan und in den USA und machte zahlreiche Schallplattenaufnahmen. 1990 wurde er Musikdirektor der Tschechischen Philharmonie in Prag, bei der er im Jahr 1970 als Dirigentenassistent angefangen hatte. Als gefragter Gastdirigent arbeitete er mit vielen international bekannten Orchestern. Er leitete Konzerte bei den internationalen Musikfestivals in Edinburgh, Montreux, Salzburg, Schleswig-Holstein, beim „Prager Frühling" und in Tanglewood mit dem Boston Symphony Orchestra. Jiří Bělohlávek realisiert gegenwärtig mit der Tschechischen Philharmonie in Prag ein 15 CD's umfassendes Einspielungsprojekt. Zwei der schon aufgenommenen CD's wurden in Paris mit dem renommierten Preis „Diapason d'Or" ausgezeichnet.

Igor Ardašev

Der Pianist Igor Ardašev wurde 1967 in der ehemaligen Tschechoslowakei geboren. Er begann seine Klavierstudien am Konservatorium in Brünn und setzte sie bei Inessa Janíčková an der Janáček-Musikakademie fort. 1992 machte er dort seinen Abschluß. Schon seit seiner frühen Kindheit nahm er erfolgreich an Wettbewerben teil. Er wurde Gewinner des „Virtuosi per musica di Pianoforte" in Ustí nad Labem und des „Concertino Praga". Den Grundstein für seine Karriere legte er 1987 mit dem fünften Preis beim Moskauer Tschaikowsky Klavierwettbewerb. Im Jahr 1988 wurde er Preisträger beim Klavierwettbewerb des Festivals „Prager Frühling". Zwei Jahre später erhielt der junge Pianist beim Internationalen Maria Callas Klavierwettbewerb in Athen den ersten Preis und ein Jahr darauf beim Queen Elisabeth-Wettbewerb in Brüssel, wo er außerdem von der Belgischen Fernseh- und Rundfunkanstalt ausgezeichnet wurde. Der Tschechischen Staatsphilharmonie Brünn ist er schon seit 1987 eng verbunden. Als Solist konzertiert er mit dem Orchester in Inlandskonzerten, in Deutschland und Japan sowie in Belgien beim Musikfestival in Flandern. Er arbeitete außerdem mit dem Tschechoslowakischen Rundfunksymphonieorchester Bratislava, dem Tschechoslowakischen Kammerorchester Prag und dem Kyncl Quartett zusammen. Außer in der Tschechischen Republik gab er Solokonzerte in Japan und in den Niederlanden, konzertierte bei den Musikfestivals in Schleswig-Holstein und Jodoigne in Belgien und als Gastsolist mit dem Stuttgarter Kammerorchester.

STRATEGIEN FÜR EUROPA

INTERNATIONALE CONSULTING UND REPRÄSENTANZEN GMBH

ALPEN-ADRIA

WIRTSCHAFTSFÖRDERUNGS – GESELLSCHAFT

ORGANISATION FÜR INTERNATIONALE WIRTSCHAFTSBEZIEHUNGEN
KONSULTATIVSTATUS BEIM WIRTSCHAFTS- UND SOZIALRAT DER VEREINTEN NATIONEN
UND BEIM EUROPARAT

PALESTRINASTRASSE 7 · D-80639 MÜNCHEN
TELEFON (089) 17 77 88 · TELEFAX (089) 17 78 00

MÜNCHEN · BERLIN · WIEN · GRAZ · ZÜRICH · ROM · MAILAND · TRIEST · BRÜSSEL
PARIS · LONDON · PRAG · PRESSBURG · BUDAPEST

Sommerserenaden im Radio. Wie live!

Ein kleiner Kasten mit zwei Knöpfen. Die ganze Familie drumherum. Ein Piepsen, Krächzen, Kreischen. Und plötzlich: Glasklarer Empfang. Wie live! Das reinste Hörvergnügen. Man schrieb das Jahr 1949 – und München hatte den ersten europäischen Hörfunksender. Von Rohde & Schwarz.

Bei dieser Pionierleistung ist es nicht geblieben. Es folgten Meilensteine wie TV-Sender für Farbfernsehen. Das erste Qualitäts-Überwachungssystem für Fernsehsignale. Das erste TV-Stereo/Zweiton-Übertragungssystem in Europa. 1986 schließlich die Einführung des Radio-Daten-Systems (RDS) für den Hörfunk in Deutschland.

Mittlerweile arbeiten wir an noch größerem Seh- und Hörvergnügen. Stichworte: Hochauflösende Bildübertragung (HDTV) und Digital Audio Broadcasting (DAB).

Übrigens: Rohde & Schwarz zählt zu den wenigen Unternehmen weltweit, die komplette Radio- und Fernsehsender sowie alle dafür notwendigen Meßsysteme liefern, installieren und warten können. Rufen Sie einfach an, wenn Sie etwas in dieser Richtung von uns hören wollen. Oder gar sehen:

Rohde & Schwarz, Mühldorfstraße 15, 81671 München, Telefon 0 89/41 29-0.

ROHDE & SCHWARZ

MÚSÍKPLÁNETAN

Gyrðir Elíasson (*1961)

Frá stjörnunni
berst söngur

Og þessi stjarna
hangir lágt
yfir jörðinni
í glitrandi tvinna

Ég er hræddur um
að hún sveiflist
utan í hamrabelti fjallanna
í golunni

Þetta er
brothættur
söngur

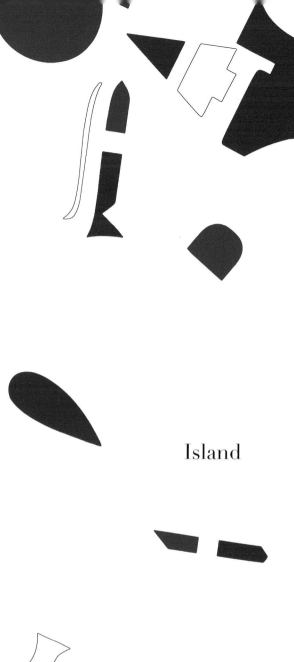

Island

Der Musikplanet

Gyrðir Elíasson (*1961)

*Deutsch:
Gregor Laschen
Aus: Ich hörte
die Farbe Blau,
Poesie aus Island,
hrsg. von
Gregor Laschen und
Wolfgang Schiffer,
edition die horen
im Wirtschaftsverlag
NW Verlag für neue
Wissenschaft,
Bremerhaven 1992*

Der Musikplanet

Von diesem Stern
kommt der Gesang

Und dieser Stern
ist niedrig über
die Erde gehängt
ans Tau, das glänzt

Angst hab ich, daß
er gegen die Felsen-
berge schlägt
im Wind

Dies ist der
zerbrechliche
Gesang

Svarar Gudnason
(1909 – 1988)
Stimmen der Wellen
Öl auf Leinwand
90,5 x 135 cm
Kjarvalsstadir
Museum, Reykjavik

Vigdís Finnbogadóttir
Staatspräsidentin von Island
und ehemalige Theaterdirektorin

Vigdís Finnbogadóttir wurde 1930 in Reykjavík geboren. Sie studierte zunächst Französisch, Literatur und Theaterwissenschaften an der Sorbonne in Paris und an der Universität Grenoble, danach Theatergeschichte in Kopenhagen und Uppsala. Nach ihrem Examen unterrichtete sie Französisch am Gymnasium in Reykjavík und engagierte sich in einer freien Theatergruppe, die sich besonders der französischen Avantgarde zuwandte. Sie hielt Vorlesungen über französische Dramaturgie und Theatergeschichte an der Universität Islands und wurde durch Französischkurse im Fernsehen und als Moderatorin von Kultursendungen bekannt. Von 1972 bis 1980 übernahm Vigdís Finnbogadóttir die Leitung des Stadttheaters Reykjavík. Sie setzte sich besonders für Inszenierungen einheimischer Werke ein und war bestrebt, isländische Literatur im Ausland sowie internationale Literatur des Auslands in Island bekannt zu machen. Sie nahm mehrfach an politischen Aktionen teil, war jedoch bis zu ihrer überraschenden Kandidatur bei den Präsidentschaftswahlen 1980 parteipolitisch ungebunden. Ihre Einstellung bezeichnet die als erste Frau für das Amt des Staatspräsidenten Kandidierende als „leicht rosa angehaucht". 1980 wurde Vigdís Finnbogadóttir Staatspräsidentin und im Jahre 1984, 1988 und 1992 in ihrem Amt bestätigt. Ihre wichtigste Aufgabe sieht Vigdís Finnbogadóttir in der Identitätsbewahrung der Isländer. Sie bemüht sich deshalb besonders um die Pflege und Erhaltung der isländischen Sprache. Seit 1976 ist sie Mitglied des beratenden Kulturkomitees des Nordischen Rates und seit 1987 dessen Vorsitzende. Die Universitäten Bordeaux, Grenoble und das Smith College, USA verliehen ihr in den 80er Jahren die Ehrendoktorwürde.

Philharmonie

Vigdís Finnbogadóttir
Staatspräsidentin von Island und ehemalige Theaterdirektorin

Isländisches Symphonieorchester
Sigrún Edvaldsdóttir, Violine
Osmo Vänskä, Leitung

Jón Ásgeirsson (*1928)	**Fornir Dansar** Hestadans Bas-dance Tröllaslagur Hringbrot
Hafliði Hallgrímsson (*1941)	Poem für Solovioline und Streicher
Jón Nordal (*1926)	Choralis
Jón Leifs (1899 – 1968)	Geysir opus 51

Isländisches Symphonieorchester

Seit dem Jahr 1920 wurden mehrere Versuche unternommen, in Island ein festes Ensemble mit regelmäßiger Konzerttätigkeit zu gründen. Verschiedene offizielle Anlässe, so der Besuch des dänischen Königs im Jahr 1921 und die 1000-Jahr Feier der Gründung des isländischen Parlaments, führten nur zu kurzfristig bestehenden Ensembles. Erst nach dem Entstehen des Isländischen Rundfunks und der Musikschule Reykjavík wurde im Jahr 1950 das Isländische Symphonieorchester gegründet. Zunächst wurde es vom Isländischen Rundfunk und von der Stadt Reykjavík finanziert. Heute trägt der Staat 50% der Kosten, den übrigen Teil übernehmen zur Hälfte der Rundfunk und die Stadt Reykjavík. In den vier Jahrzehnten seines Bestehens ist das Orchester zahlenmäßig angewachsen und verfügt nun über 70 Musiker unter ständigem Vertrag. Zur Aufführung großbesetzter Werke werden weitere Musiker engagiert. Das sich erstaunlich schnell entwickelnde Orchester ist Mittelpunkt des isländischen Musiklebens. Neben regelmäßigen Symphonie- und Kammermusikkonzerten in seiner Heimatstadt spielt das Orchester auch bei Opernaufführungen im isländischen Nationaltheater. Im Repertoire des Orchesters finden sich sowohl Werke isländischer als auch internationaler Komponisten verschiedener Stilrichtungen. Zu den künstlerischen Aktivitäten des Orchesters gehören die Teilnahme bei den seit 1972 stattfindenden Festspielen in Reykjavík sowie jährlich eine dreiwöchige Tournee durch Island. Gastkonzerte führten das Orchester in die nordischen Länder, nach Deutschland, Frankreich und nach Österreich. Das Orchester absolviert regelmäßig Einspielungen für den Isländischen Rundfunk.

Osmo Vänskä

Osmo Vänskä, geboren 1953, gehört zur Elite der jungen Dirigentengeneration mit internationalem Renommee. Er studierte an der Musikakademie Jean Sibelius in Helsinki Orchesterleitung bei Jorma Panula und Klarinette bei Sven Lavela, setzte seine Studien in London und Berlin fort und nahm an Meisterkursen von Rafael Kubelík in Luzern teil. Nachdem er im Jahr 1982 beim Internationalen Dirigentenwettbewerb in Besançon, Frankreich, gewann, erhielt er zahlreiche Einladungen skandinavischer Orchester. Er wurde sehr schnell über die Grenzen der nordischen Länder hinaus bekannt und arbeitete in Estland, Frankreich, in den Niederlanden, in Polen, Spanien, in der ehemaligen Tschechoslowakei und in Japan. Er machte sich auch als Operndirigent einen Namen. Gastspiele führten ihn an die Opernhäuser von Helsinki, Kopenhagen, Stockholm und Tallinn. 1985 wurde Osmo Vänskä ständiger Gastdirigent des finnischen Lahti- Symphonieorchesters, drei Jahre später dessen Chefdirigent. Seit 1989 ist er künstlerischer Leiter des in Finnland stattfindenden Crusell-Festivals und war in der Zeit zwischen 1990 und 1992 Chefdirigent des finnischen Orchesters Tapiola Sinfonietta in Espoo. Kürzlich übernahm er die Stelle des Chefdirigenten bei dem Isländischen Symphonie-Orchester. Osmo Vänskä erhielt 1991 für seine Einspielung des Violinkonzerts von Sibelius mit Leonidas Kavakos den Preis des „Gramophone-Magazin" und 1993 den „Grand Prix du Disque" für die Aufnahme „La Tempéte" von Sibelius mit dem Lahti-Symphonieorchester sowie den Solisten und dem Chor des lahtischen Opernhauses.

Sigrún Edvaldsdóttir

Die isländische Geigerin Sigrún Edvaldsdóttir studierte am Konservatorium in Reykjavík bei Gudny Gudmundsdóttir, dem Konzertmeister des Isländischen Symphonieorchesters, und bei James Laredo und Sascha Brodsky am Curtis Institute of Music in Philadelphia. Nachdem sie bei mehreren internationalen Wettbewerben ausgezeichnet wurde, so beim Jean Sibelius-Violinwettbewerb, beim Carl Flesch-Wettbewerb und beim Wettbewerb „Lexus International", verbreitete sich schnell die Kunde von der hohen Qualität ihres Musizierens. Zahlreiche Einladungen verschiedener Orchester führten sie nach Finnland, Großbritannien, Schottland, Schweden und in die ehemalige Tschechoslowakei. Es folgten Einladungen nach Japan, Litauen und nach Neuseeland. Die isländische Künstlerin repräsentierte ihr Land bei zahlreichen internationalen Festivals, u.a. beim Young Nordic Soloists Radio-Festival in Stockholm, bei der Helsinki Biennale, beim Azalea-Festival in Norfolk und in Glasgow bei der „Celebration of Icelandic Culture". Sigrún Edvaldsdóttir konzertiert regelmäßig mit dem Isländischen Symphonieorchester. Die Künstlerin spielte eine CD mit der Komposition „Poemi" des 1941 geborenen isländischen Komponisten Hallgrímsson ein.

The Orchestra
from the
Land of
Ice and Fire

ICELAND SYMPHONY ORCHESTRA

Haskolabio v/Hagatorg. P.O. Box 7052,
127 Reykjavik, Iceland
Tel. +354 - 1 - 622255. Fax +354 - 1 - 624475

Viljo Kajava (1909)*

Minä olen kitara,
punertavasta, lämpimästä puusta tehty.
Minä olen muuri,
johon kitara lyödään rikki.
Minä olen mies,
joka lyö kitaran rikki.

Minä olen se tapahtuma,
missä tämä kitaran punertava liekki sammuu,
minä olen hahmo
tämän hetkeksi eloon hulmahtaneen tapahtuman yllä
minä olen hiljaisuus
tämän tapahtuman jälkeen
ja häviän siihen.

(1949)

Finnland

Viljo Kajava (* 1909)

Aus: Viljo Kajava,
Nahes Ufer,
fernes Ufer,
Finnisch
und deutsch,
ausgewählt
und übertragen von
Tuuli Mahringer
und Ingrid
Schellbach-Kopra,
hrsg. von Roswitha
Th. Heiderhoff und
Hans Hinterhäuser,
Heiderhoff Verlag,
Eisingen 1988

Ich bin die Gitarre,
aus rötlichem, warmen Holz gemacht.
Ich bin die Mauer,
an der die Gitarre zerschlägt.
Ich bin der Mann,
der die Gitarre zerschlägt.

Ich bin das Geschehen,
in dem die rötliche Flamme der Gitarre erlischt,
ich bin die Gestalt
über diesem für einen Augenblick
zum Leben auflodernden Geschehen,
ich bin die Stille
nach dem Geschehen,
und ich verschwinde darin.

(1949)

Birger Carlstedt
(1907 – 1975)
Die Melodie
der Ferne, 1946
Öl auf Leinwand
73 x 60 cm
Amos Anderson
Kunstmuseum,
Helsinki

Märta Tikkanen
Schriftstellerin

Märta Tikkanen wurde 1935 in Helsinki, Finnland geboren. Sie studierte Philosophie und arbeitete nach ihrem Magisterabschluß in der Erwachsenenbildung sowie als Redakteurin und Kinderbuchkritikerin für Presse, Radio und Fernsehen. Ab 1976 war sie Redakteurin bei Mainos-TV und lebt heute als freie Schriftstellerin in Helsinki. Märta Tikkanen gehört zur schwedischsprachigen Minderheit in Finnland und ist eine der wichtigsten Vertreterinnen feministischer Literatur der nordischen Länder. Sie erhielt 1979 den als Alternative zum Literaturpreis des Nordischen Rates von skandinavischen Frauen gestifteten „Nordischen Frauen-Literaturpreis".

Sie beschäftigt sich in ihren Werken, die zum Teil stark autobiographische Züge tragen, überwiegend mit Fragen, die die Situation von Frauen in Familie und Beruf sowie das Verhältnis zwischen den Geschlechtern allgemein betreffen. Ihre Werke sind ein Aufruf, gesellschaftliche Strukturen aufzubrechen und zu überdenken und das Verhältnis zwischen Frau und Mann neu zu gestalten. Internationale Anerkennung brachte ihr der Roman „Wie vergewaltige ich einen Mann?" (1975), der von dem finnischen Regisseur Jörn Donner verfilmt wurde. Von ihrem Roman „Die Liebesgeschichte des Jahrhunderts" (1978) erstellten verschiedene deutschsprachige Theater eine Bühnenfassung, u.a. das Wiener Burgtheater. 1982 erschien ihr Roman „Aifos heißt Sofia", 1986 „Ein Traum von Männern, nein, von Wölfen", 1989 „Der große Fänger" und 1992 „Arnaia ins Meer geworfen". Fast alle ihre Bücher wurden ins Deutsche sowie in mehr als zwanzig Sprachen übersetzt. Gemeinsam mit ihrem Ehemann, dem Maler und Schriftsteller Henrik Tikkanen, schrieb sie mehrere Fernsehspiele und ein Schauspiel.

Philharmonie

Freitag,
15.10.1993

20 Uhr

Märta Tikkanen
Schriftstellerin

Finnisches Radio-Symphonieorchester
Olli Mustonen, Klavier
Jukka-Pekka Saraste, Leitung

Jean Sibelius
(1865 – 1957)

Tapiola – Symphonisches Gedicht
für Orchester opus 112

Béla Bartók
(1881 – 1945)

Konzert für Klavier und Orchester Nr. 3

Allegretto

Andante religioso

Allegro vivace

Jean Sibelius
(1865 – 1957)

Symphonie Nr. 1 e-moll opus 39

Andante, ma non troppo – Allegro energico

Andante

Scherzo (Allegro)

Finale (Andante)

Finnisches Radio-Symphonieorchester

Das Finnische Radio-Symphonie-orchester wurde 1927 als Zehn-Mann-Studio-Orchester gegründet, gab aber bereits ab 1929 auch öffentliche Konzerte. Sein erster Chefdirigent war zwei Jahre lang Erkki Linko, danach übernahm Toivo Haapanen für die nächsten 21 Jahre die Leitung des Orchesters. Ein Ereignis von besonderem Stellenwert in der Orchestergeschichte war das Konzert am Neujahrstag 1939. Das vom Rundfunk aufgezeichnete Konzert ist das letzte, in dem Jean Sibelius selbst dirigierte. Es ist die einzige Aufnahme mit Sibelius am Dirigentenpult. In der Zeit von 1950 bis 1961, in der das Orchester unter der Leitung von Nils Eric Fougstedt stand, vergrößerte sich das Ensemble auf über 70 Instrumentalisten. Die Auseinandersetzung mit der zeitgenössischen Musik stand in dieser Periode, im Vordergrund. Namhafte Komponisten dieser Zeit wie Paul Hindemith (1955) und Igor Strawinsky (1961) wurden eingeladen, um ihre Werke mit dem Orchester einzustudieren und dem Publikum nahezubringen. 1962 wurde Paavo Berglund Chefdirigent des Finnischen Radio-Symphonieorchesters. Das 1965 unter seiner Stabführung anläßlich des 100. Geburtstages von Jean Sibelius gegebene Konzert wurde vom Fernsehen übertragen. Die weitere Entwicklung des Orchesters übernahmen die Dirigenten Okko Kamu, und von 1977 bis 1987 Leif Segerstam. Seit 1987 ist Jukka-Pekka Saraste Chefdirigent des jetzt aus 90 Musikern bestehenden Orchesters. Das Repertoire des Orchesters, dessen Heimatspielort die „Finlandia Hall Helsinki" ist, umfaßt vor allem Werke der finnischen und zeitgenössischen Musik. Das Orchester brachte u.a. mehrere Werke von Aulis Sallinen sowie eine Ouvertüre von Andrzej Panufnik zur Uraufführung. Die zahlreichen Schallplattenaufnahmen repräsentieren schwerpunktmäßig finnische Musik, u.a. sämtliche Symphonien, Violinkonzerte und weitere Orchesterwerke von Sibelius. Zahlreiche Tourneen führten das Orchester durch die ganze Welt. Seit 1989 konzertierte das Orchester in Deutschland und Großbritannien, in Hongkong, Japan und in Taiwan. 1991 gab das Finnische Radio-Symphonieorchester als erstes finnisches Orchester sein Debüt bei den BBC Promenaden-Konzerten. Geplant sind Konzerte bei den Canaries Festivals 1994 und 1996 sowie Tourneen nach Großbritannien 1995 und eine Europatour im Jahr 1996.

Jukka-Pekka Saraste

Jukka-Pekka Saraste wurde 1956 in Helsinki geboren. Er studierte an der dortigen Jean Sibelius-Musikakademie Violine und Orchesterleitung und debütierte 1980 am Dirigentenpult des Philharmonischen Orchesters Helsinki. 1985 wurde er ständiger Gastdirigent des Finnischen Radio-Symphonieorchesters und übernahm 1987 als Chefdirigent die Leitung des Orchesters. Im gleichen Jahr wurde er zum ständigen Dirigenten des Scottish Chamber Orchestra ernannt und hatte diese Stelle bis 1991 inne. Durch seine hervorragenden Interpretationen machte sich der junge Dirigent sehr schnell einen Namen. Er konzertierte mit dem Orchester in Deutschland, in Großbritannien bei den BBC Promenaden-Konzerten und in der Royal Festival Hall sowie in Nordamerika. Von der internationalen Kritik gefeierte Tourneen führten ihn nach Hongkong, Japan und Taiwan. Jukka-Pekka Saraste erhielt mehrfach Einladungen als Gastdirigent von den Rotterdamer Philharmonikern, vom Chamber Orchestra of Europe, vom Symphonieorchester des Bayerischen Rundfunks, von der Jungen Deutschen Philharmonie und vom Ensemble Modern. Er arbeitete außerdem mit den Wiener Symphonikern und dem Toronto Symphony. Der finnische Dirigent spielte die Symphonien und Tondichtungen von Sibelius und ein Strawinsky-Album mit dem Finnischen Radio-Symphonieorchester ein.

Olli Mustonen

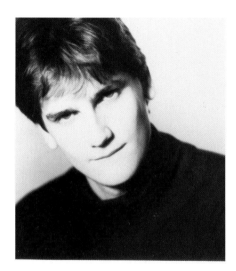

Der Pianist Olli Mustonen wurde 1967 in Helsinki geboren. Im Alter von fünf Jahren begann er mit dem Musikunterricht. Seine pianistische Ausbildung erhielt er bei Ralf Gothoni und Eero Heinonen und studierte Komposition bei Einojuhani Rautavaara. Nach seinem großen Erfolg beim Wettbewerb für Junge Solisten in Genf 1984 stand der internationalen Karriere des jungen Künstlers nichts mehr im Wege. Seither wird er von weltbekannten Orchestern und Dirigenten eingeladen und gibt Solokonzerte in den großen Musikzentren Deutschlands, Englands, Frankreichs und der USA. Er konzertierte u.a. mit dem Cleveland Orchestra unter Vladimir Ashkenazy, dem Chicago Symphony Orchestra unter Daniel Barenboim, dem London Philharmonic Orchestra unter Klaus Tennstedt und dem Koninklijk Concertgebouworkest unter Myung-Whun Chung. Mit großem Engagement widmet sich Olli Mustonen der Kammermusik. Besonders häufig konzertiert er mit dem Geiger Joshua Bell. Für seine Schallplatteneinspielungen erhielt er den „Edison Award" und den „Gramophone Award for The Best Instrumental Recording". Der Musiker widmet sich mit besonderer Begeisterung dem Komponieren. Seine Karriere auf diesem Gebiet ist Olli Mustonen ebenso wichtig wie seine pianistische Laufbahn. Einige seiner Kompositionen wurden bereits auf Schallplatte eingespielt. Olli Mustonen ist künstlerischer Leiter des im Südwesten von Finnland stattfindenden Turku-Musik-Festivals.

Treffpunkt Kultur

Münchner Philharmoniker
Münchner Volkshochschule
Münchner Stadtbibliothek
Richard-Strauss-Konservatorium
Kulturreferat der Landeshauptstadt München

Das Grundgesetz der Bundesrepublik Deutschland trug dem deutschen Volk auf, "seine nationale und staatliche Einheit zu wahren und als gleichberechtigtes Glied in einem vereinten Europa dem Frieden der Welt zu dienen". Die Deutschen erfüllen diesen europäischen Auftrag ihrer Verfassung, wenn sie Schrittmacher der europäischen Einigung bleiben.

Europa wird eins: Mit dem Ziel der Schaffung einer Europäischen Union hat sich die Gemeinschaft einer Jahrhundertaufgabe gestellt. Es geht um die Vision eines wirklich vereinten Europas, das zum Synonym für dauerhaften politischen Frieden werden soll und kann. Zu diesem Europa gehören neue Rechte und Freiheiten seiner Bürgerinnen und Bürger – zum Beispiel die EG-weite "Unionsbürgerschaft".

Gerade der kulturellen Dimension, die wir alle tagtäglich erfahren können, kommt – jenseits aller wirtschaftlichen und politischen Aspekte – eine wichtige Bedeutung zu. Kultur – das ist Geschichte, Sprache, Literatur, Theater, Film, Musik und Kunst. Mehr noch: unser ganzes Denken und Handeln. In alledem werden unsere gemeinsamen europäischen Wurzeln und Ziele sichtbar: Freiheit und Demokratie.

Europa.
Wer sich darum sorgt, hat Verstand.
Wer darauf hofft, hat Herz.
Wer dazu ja sagt, hat beides.

 Presse- und Informationsamt der Bundesregierung

Voor hobo en piano

*Anna Enquist (*1945)*

*Aus: Anna Enquist,
Jachtscènes,
De Arbeiderspers,
Amsterdam 1992*

Zij heeft het riet in huis gehaald waar, altijd
met een zweem van streling, snaren klonken. Zij
wil niet als de klarinet behagen, niet verlokken
als de fluit. Zij stelt. Zo eenzaam heb ik haar
als meisje nooit gehoord. Met haar oprecht en
puur geluid blaast zij zich daaglijks verder weg.
Wat nu? Ik bied haar fluisterende tegenstemmen
op het aangetast gebit van mijn klavier, ik vang
mijn grote kind nog in een uitgerekt accoord
maar ga haar toevertrouwen aan de tegenwind.

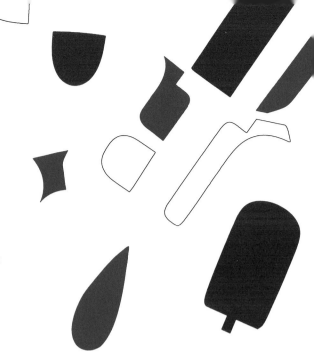

Niederlande

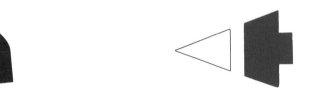

Für Oboe und Klavier

Anna Enquist (*1945)

Deutsch:
Diedrich Dannheim

Sie hat das Schilfrohr ins Haus geholt, wo, immer
mit einem Hauch von Zärtlichkeit, Saiten klangen. Sie
will nicht wie die Klarinette gefallen, nicht verführen
wie die Flöte. Sie macht Aussagen. So einsam hab ich sie
als Mädchen nie gehört. Mit ihrem aufrechten und
reinen Klang bläst sie sich täglich weiter weg.
Was nun? Ich biete ihr flüsternde Gegenstimmen
auf dem angetasteten Gebiß meines Klaviers, ich fange
mein großes Kind noch in einem ausgedehnten Akkord,
aber ich werde sie dem Gegenwind anvertrauen.

Cees Nooteboom
Schriftsteller

Cees Nooteboom wurde 1933 in Den Haag, Niederlande geboren. Er erlebte als gerade Sechsjähriger die deutsche Besetzung Hollands. Nach häufigem Schulwechsel arbeitete er vorübergehend bei einer Bank, bis er 1955 mit seinem ersten erzählerischen Werk „Philip und die anderen" (Titel der zweiten deutschen Ausgabe „Das Paradies ist nebenan", 1958) in den Niederlanden großes Aufsehen erregte. Danach verfaßte er Gedichte, die 1983 in die Sammlung „Feuerzeit – Eiszeit" aufgenommen wurden, und Reportagen, darunter eine über den Ungarnaufstand von 1956. Mit seinem zweiten Roman Mitte der sechziger Jahre distanzierte sich Nooteboom inhaltlich von der Prosaliteratur. Er war die nächsten Jahre als Übersetzer fremdsprachiger Lyrik, als Chansontexter und vor allem als Autor von ungewöhnlichen Reisebüchern, die auf seine Matrosenzeit Ende der 50er Jahre zurückgehen, tätig. 1980 kehrte er mit dem Roman „Rituale" erfolgreich wieder zur fiktionalen Prosa zurück. Es folgten Bücher, die ihn als großen europäischen Erzähler auszeichnen: „Ein Lied von Schein und Sein" (1981), ein Jahr später „Mokusei! Eine japanische Liebesgeschichte" und „In den niederländischen Bergen" (1984). Zwei Themenkomplexe beherrschen sein Werk: Die Auseinandersetzung mit der Zeit und dem Tod und die Frage nach der Wahrnehmung der Welt durch das individuelle Bewußtsein. Cees Nooteboom ist ein genauer, manchmal ironischer und melancholischer Beobachter der Realität. Als solcher hat er, zur Zeit der Wende in Deutschland lebend und diese beschreibend, die „Berliner Notizen" (1991) verfaßt. 1991 erhielt er für dieses Werk den erstmals vergebenen „Literaturpreis zum 3. Oktober". Mit seinem Roman „Die folgende Geschichte" konnte Cees Nooteboom einen belletristischen Bestseller landen. Ebenso erfolgreich waren seine wenige Monate später in Deutschland erscheinenden „Gedichte" (1992), die einen Überblick über 30 Jahre seines lyrischen Schaffens geben. „Nooteboom lesen heißt sehen lernen", so kündete der Verleger den niederländischen Schriftsteller an. 1993 erschien sein Buch „Wie wird man Europäer".

Philharmonie

Cees Nooteboom
Schriftsteller

Koninklijk Concertgebouworkest
Riccardo Chailly, Leitung

Otto Ketting
(*1935)

Adagio

Igor
Strawinsky
(1882 – 1971)

Petruschka
Burleske in vier Bildern (Fassung 1947)

Der Jahrmarkt

Bei Petruschka

Bei dem Mohren

Jahrmarkt und Tod Petruschkas

Richard
Strauss
(1864 – 1949)

„Also sprach Zarathustra"
Tondichtung (frei nach Friedrich Nietzsche)
für großes Orchester opus 30

In Zusammenarbeit mit Münchener Mozart Konzerte e.V.

273

Koninklijk Concertgebouworkest

Im Jahr 1888 wurde in Amsterdam ein neuer Konzertsaal eingeweiht: der Concertgebouw. Im selben Jahr trat das nach diesem Bau benannte Orchester zum ersten Mal unter der Leitung von Willem Kes auf. Dessen Nachfolger Willem Mengelberg entwickelte das Orchester zu einem weltberühmten Ensemble. In der ersten Hälfte des 20. Jahrhunderts wurden Verbindungen mit bedeutenden Komponisten wie Casella, Debussy, Hindemith, Milhaud, Monteux, Muck, Pierné, Ravel, Schönberg und Strawinsky geknüpft. In der Nachkriegszeit waren Rafael Kubelík und George Szell häufige Gastdirigenten des Concertgebouworkest. Eduard van Beinum, seit 1931 zweiter Dirigent des Orchesters, übernahm die Aufgaben des Chefdirigenten. Seine Leidenschaft für die Musik von Bruckner und für das französische Repertoire prägte Orchester und Publikum. 1963 wurde Bernard Haitink Chefdirigent, nachdem er ein paar Jahre zusammen mit Eugen Jochum die Leitung des Ensembles inne hatte. Die Zahl der Schallplattenaufnahmen und Auslandsreisen war unter seiner Leitung besonders groß. 1979 wurde der Russe Kyrill P. Kondraschin neben Bernard Haitink zum festen Dirigenten ernannt. Durch den plötzlichen Tod dieses großen Orchesterpädagogen im Jahr 1981 fand die Zusammenarbeit ein vorzeitiges Ende. Nach 27 Jahren nahm Bernard Haitink Abschied von Amsterdam. Mit Beginn der Saison 1988/89 wurde Riccardo Chailly Chefdirigent. Auch unter seiner Leitung bestätigt das Koninklijk Concertgebouworkest seine bedeutende Position in der Musikwelt. Es kann auf erfolgreiche Gastspiele bei wichtigen Festivals in Europa und in den USA verweisen. Das Prädikat „Koninklijk" wurde dem Orchester anläßlich des hundertjährigen Bestehens 1988 von Königin Beatrix verliehen. Badings, Bartók, Berio, Britten, Casella, Kodály, Křenek, Lutoslawski, Milhaud und Schnittke komponierten Auftragswerke zum 50., 60. und 100. Geburtstag des Koninklijk Concertgebouworkest.

Riccardo Chailly

Riccardo Chailly wurde 1953 in Mailand geboren. Er erhielt von seinem Vater, dem Komponisten Luciano Chailly, ersten Unterricht und trat später ins Mailänder Verdi-Konservatorium in die Klasse von Franco Caracciolo ein. Anschließend besuchte er Meisterkurse bei Piereo Guarino in Perugia und bei Franco Ferrara in Siena. 1970 dirigierte er in Mailand sein erstes großes Konzert, kurz darauf holte ihn Claudio Abbado als Assistent an die Mailänder Scala. Gleichzeitig wurde er immer häufiger von wichtigen Bühnen zu Gastdirigaten eingeladen. So arbeitet er seit 1974 regelmäßig mit der Oper von Chicago und seit 1977 mit der von San Francisco. 1978 debütierte er offiziell an der Mailänder Scala und wurde im darauffolgenden Jahr von Sir Colin Davis an das Royal Opera House, Covent Garden nach London eingeladen. 1982 zum ständigen Dirigenten des Radio-Symphonieorchesters Berlin ernannt, war er in der Zeit von 1986 bis 1989 gleichzeitig Musikdirektor der Oper von Bologna. Seit 1988 hat er die Chefdirigentenstelle des Koninklijk Concertgebouworkest in Amsterdam inne. Riccardo Chailly verwirklichte Uraufführungen mehrerer Werke von Berio, Schnittke, Schönberg, Trojahn, Tutino und seines Vaters. In seinem Repertoire sind gleichermaßen symphonische Werke wie Opern vertreten, von denen zahlreiche auf Schallplatte eingespielt wurden. Als Leiter des Koninklijk Concertgebouworkest setzt er sich besonders für die Musik des 20. Jahrhunderts, schwerpunktmäßig der Gegenwart ein, sowie für Werke dänischer Komponisten. Ein mustergültiges Beispiel hierfür ist die Einspielung der Werke von Johan Wagenaar. Unter Riccardo Chaillys Leitung gelangten die Weihnachtsmatineen und die alle zwei Jahre stattfindenden Open-Air Konzerte, zu denen sich über 70.000 Besucher in Amsterdam versammeln, zu großer Bedeutung. Der Dirigent wurde mit vier Grammies ausgezeichnet und ist Preisträger des „Grand Prix du Disque International de l'Académie Charles Cros".

Flüt

Behçet Necatigil (1916 – 1979)

Parklarda güneşli bir pazar gün
Sıralar tutulur
Ona sıra yoktur.

Geçerler giderler yağmur duyulur
Ağaçlar çiçekler ıslanır ıssız
Bir banka oturur.

Ev yoksa yoksa dost var da çok uzaksa
Bir garip durgunlukta
Ki nasıl unutur?

Şimdi orda iç karartan bir bulut
Çökerken üzerine iç--
Kendi iç aydinlığına tutunur.

Şimdi orda flütünden ezgiler
Ki nasıl unutur
Bir büyük mutluluktur.

Türkei

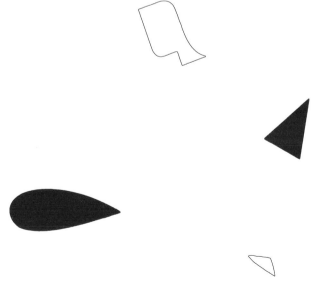

Flöte

Behçet Necatigil (1916 – 1979)

*Aus: Behçet
Necatigil,
Eine verwelkte Rose
beim Berühren,
Gedichte
in zwei Sprachen,
hrsg. übersetzt und
mit einem Nachwort
versehen von
Yüksel Pazarkaya,
Dağyeli Verlag,
Frankfurt am Main,
1988*

Ein sonniger Sonntag im Park
Die Plätze werden eingenommen
Doch die Reihe kommt nicht an ihn.

Sie gehen vorbei, der Regen wird hörbar
Bäume und Blumen werden naß einsam
Sitzt er auf einer Bank.

Wenn kein Zuhaus kein Freund da ist oder sehr weit
In einer sonderbaren Regungslosigkeit
Wie könnte er sie vergessen?

Nun eine Wolke dort, die sein Inneres verdunkelt
Während sie niedersinkt in-
Klammert sich an sein inneres Licht.

Nun Melodien von seiner Flöte dort
Wie könnte er sie vergessen
Eine große Glückseligkeit.

Abdülceli Çelebi,
genannt Levni
(1684 – 1732)
Musizierende Frauen,
um 1730
Erdfarben
auf Pergament
36 x 21 cm
Topkapi Palast,
Istanbul

Yildiz Kenter
Schauspielerin

Yildiz Kenter wurde 1928 in Istanbul geboren. Sie studierte am Staatlichen Konservatorium in Ankara Schauspiel und war danach elf Jahre am Staatlichen Theater in Ankara engagiert. Ein Stipendium der Rockefeller Foundation sowie Einladungen verschiedener Universitäten der USA und Großbritanniens ermöglichten ihr weiterführende Studien über Theater und Methodik des Schauspielunterrichts. Nach ihrer Lehrtätigkeit am Staatlichen Konservatorium in Ankara ging sie als Dozentin für Schauspiel nach Istanbul und lehrte dort vierundzwanzig Jahre am Städtischen Konservatorium. 1959 gründete Yildiz Kenter die „Kent Players Theatre Group", 1968 das „Kenter Theatre" in Istanbul. Zu ihrem breitgefächerten Repertoire gehören Werke von Shakespeare, Ionesco, Tschechow, Gorki, Brecht, Tennessee Williams, Albee und Pinter sowie von türkischen Autoren. Film- und Theatergastspiele führten Yildiz Kenter nach England, Jugoslawien und Zypern, in die USA und UdSSR. Sie wirkte beim Internationalen Istanbul-Festival mit. Für ihre Filmdarstellungen erhielt sie den „Ilhan Iskender" und dreimal den „Golden Orange"-Preis. 1981 wurde Yildiz Kenter zur „Staats-Schauspielerin" ernannt. Die Kulturvereinigung in Rom verlieh ihr als eine der erfolgreichsten Frauen der Welt 1984 den „Adelaide Ristori"-Preis. 1989 erhielt sie eine Auszeichnung beim Bastia Film Festival, 1991 wurde sie vom International Lions Club für ihre Theaterdienste mit dem „Melvin Jones"-Preis geehrt . Yildiz Kenter ist jetzt Leiterin der Schauspielabteilung an der Universität Istanbul sowie künstlerische Leiterin des „Kenter Theatre".

Prinzregententheater

Yildiz Kenter
Schauspielerin

Staatliches Symphonieorchester Istanbul
Hüseyin Sermet, Klavier • David Geringas, Violoncello
Alexander Schwinck, Leitung

Cengiz Tanç (*1933)	Metamorphosen I (Deutsche Erstaufführung)
Ulvi Cemal Erkin (1906 – 1972)	Konzert für Klavier und Orchester Allegro Andante Scherzo Andante – Rondo
Ahmed Adnan Saygun (1907 – 1991)	Konzert für Violoncello und Orchester opus 74 (Deutsche Erstaufführung) Moderato Largo – Animato
Ferit Tüzün (1929 – 1977)	Çesmebasi – Ballettsuite

Staatliches Symphonieorchester Istanbul

Im Zuge der Reformpolitik des türkischen Staatspräsidenten Kemal Atatürk begann seit 1924 die systematische Pflege der europäischen Musik in der Türkei. Ein Vorgänger des heutigen Staatlichen Symphonieorchesters Istanbul, das offiziell das „moderne" Konzertleben repräsentieren sollte, wurde 1934 gegründet. Es wurde von dem Dirigenten, Komponisten und Pianisten Cemal Resit Rey geleitet und stand in enger Verbindung mit dem Istanbuler Konservatorium. 1945 wurde dieses Orchester umgewandelt in das „Istanbul Sehir Orkestrasi" (Städtisches Orchester). Gleichzeitig wurde die Philharmonische Gesellschaft gegründet, die in enger Zusammenarbeit mit dem Orchester weltberühmte Instrumental- und Gesangssolisten in Istanbul zu Gehör brachte. 1973 wurde das aus 110 Musikern bestehende Orchester vom türkischen Kultusministerium übernommen und in „Istanbul Devlet Senfoni Orkestrasi" (Staatliches Symphonieorchester Istanbul) umbenannt. Erster Generalmusikdirektor wurde der deutsche Dirigent Gotthold Ephraim Lessing, der maßgeblichen Anteil an der Entwicklung des vornehmlich aus sehr jungen Musikern bestehenden Orchesters hatte. Seine Nachfolger wurden Mircea Basarab, Anatole Fistoulari und Ilarion Ionescu-Galati. Seit 1990 steht das Orchester unter der Leitung des deutschen Dirigenten Alexander Schwinck. Außerdem arbeitet der türkische Dirigent Erol Erdinc regelmäßig mit den Musikern. Das Orchester gibt alleine in Istanbul jährlich mehr als 70 Konzerte. Tourneen führten es durch ganz Europa. 1992 reiste das Orchester als erstes türkisches Ensemble mit großem Erfolg in die USA. Neben mehrfachen Auftritten bei den Festspielen in Ankara, Istanbul und Izmir, führten Gastspiele die Musiker zu den Festivalorten Bratislava und Patras. Berühmte Solisten wie Pierre Fournier, Natalia Gutman, Gidon Kremer, Sir Yehudi Menuhin, Luciano Pavarotti und Igor Oistrach konzertierten mit dem Staatlichen Symphonieorchester Istanbul.

Alexander Schwinck

Alexander Schwinck zählt zu den herausragenden deutschen Dirigenten der jüngeren Generation. Er wurde 1953 in Darmstadt geboren und studierte Violincello, Klavier und Orchesterleitung an der Musikhochschule des Saarlandes. Er war Meisterschüler von Franco Ferrara, Kyrill Kondraschin, Rafael Kubelík und Hans Swarowsky. Unter Leitung von Gunther Schuller und Seiji Ozawa war er Teilnehmer am Dirigentenkurs in Tanglewood, USA. Weitere wichtige Impulse verdankt er Leonard Bernstein, mit dem er in Amsterdam, München, New York, Salzburg, Wien und zuletzt mit dem Symphonieorchester des Bayerischen Rundfunks beim Schleswig-Holstein Musik Festival zusammenarbeitete. Von 1979 bis 1983 war er Kapellmeister am Landestheater Coburg und am Hessischen Staatstheater Wiesbaden; darüber hinaus gastierte er an den Opernhäusern in Ankara, Bielefeld, Braunschweig, Düsseldorf, Hagen, Kiel, Lübeck und am Teatro la Fenice in Venedig. Von 1985 bis 1989 war Alexander Schwinck Chefdirigent des Folkwang Kammerorchesters Essen und von 1988 bis 1989 zugleich Generalmusikdirektor der Staatsoper Istanbul. Im Jahr 1988 unternahm er eine sehr erfolgreiche Japantournee mit dem Stuttgarter Kammerorchester. Seit 1990 ist er Chefdirigent des Staatlichen Symphonieorchesters Istanbul, mit dem er bereits sehr erfolgreiche Auslandstourneen unternahm. Seine Orchesterarbeit spiegelt sich in hervorragenden Rundfunk- und Fernsehaufnahmen wider. Alexander Schwinck wurde mit dem „Diploma d'Onore" und dem Preis der Mozart-Gesellschaft Wiesbaden ausgezeichnet und war 1977 und 1987 erster Preisträger beim Dirigentenwettbewerb des Deutschen Musikrats.

Hüseyin Sermet

Der Pianist Hüseyin Sermet wurde 1955 in Istanbul geboren. Er begann seine Musikstudien am Konservatorium seiner Heimatstadt und ging drei Jahre später nach Paris an das Conservatoire National Supérieur de Musique. Sowohl pianistische als auch geistige Impulse erhielt er von seinen Lehrern Nadia Boulanger, Maria Curcio, Oliver Messiaen, Pierre Sancan und besonders prägend von Thierry de Brunhoff. In der Zeit von 1975 bis 1988 lehrte der Pianist an der l'Académie Prince Rainier in Monaco und gewann zahlreiche Auszeichnungen bei internationalen Wettbewerben, so beim Klavierwettbewerb „Maurice Ravel" in Paris, beim „Ettore Pozzoli" in Mailand und beim „Queen Elisabeth" in Brüssel, um nur einige zu nennen. Anschließend widmete er sich ausschließlich seiner Konzertkarriere. Er gastierte bei den namhaften europäischen Musikfestivals und gab erfolgreiche Konzerte in Japan und Mexico. Er arbeitete zusammen mit renommierten Orchestern in den großen Musikzentren Europas unter der Leitung bekannter Dirigenten wie Semyon Bychkov, Antal Dorati, Lawrence Foster, Ferdinand Leitner, Alain Lombard und Michael Zilm. Seine Werkinterpretationen von Alkan, Beethoven, Hahn, Rachmaninov, Saint Saëns und Schubert spielte er auf Schallplatte ein.

David Geringas

Der aus einer Musikerfamilie stammende Cellist David Geringas wurde 1946 in Vilnius, Litauen, geboren und 1963 ins traditionsreiche Moskauer Konservatorium aufgenommen. Dort erhielt er bei Mstislav Rostropowitsch die entscheidenden künstlerischen Impulse. 1970 gewann er den ersten Preis und die Goldmedaille beim Tschaikowsky-Wettbewerb. Nach seiner Übersiedlung in die Bundesrepublik Deutschland im Jahr 1975 nahm seine Karriere einen schnellen Verlauf. David Geringas bestätigte seinen Weltruf in Europa, Amerika und im Fernen Osten und arbeitete mit berühmten Dirigenten und Orchestern. Neben seiner Konzerttätigkeit als Solist ist der Cellist Professor an der Musikhochschule in Lübeck und begeisterter Kammermusiker. Er spielt dabei auf dem Baryton, der Gambe oder dem fünfseitigen Cello, u.a. in dem von ihm gegründeten Geringas Baryton Trio, seit 1985 im Trio mit Dmitri Sitkovetsky und Gerhard Oppitz, mit Martha Argerich, Philip Hirshhorn und Gidon Kremer sowie mit seiner ständigen Duopartnerin, seiner Ehefrau Tatjana Schatz, mit der er 1992 sein New York Debüt gab. Sein Repertoire reicht von den frühen Barock-Cellosonaten bis zu zeitgenössischen Werken. David Geringas brachte viele Werke der russischen Avantgarde als erster Interpret im Westen zur Aufführung, darunter Werke von Gubaidulina, Denissov, Schnittke und Suslin. Ein dem Cellisten gewidmetes Konzert des lettischen Komponisten Peteris Vasks ist in Arbeit. Für seinen Einsatz für zeitgenössische Musik wurde er mit dem Preis „Kultur Aktuell" vom Landeskulturverband Schleswig-Holstein geehrt. Das Preisgeld nutzte er, fünf Kompositionsaufträge an litauische Komponisten zu vergeben. David Geringas erhielt für seine zahlreichen Plattenaufnahmen mehrfach Auszeichnungen, so den „Grand Prix du Disque International de l'Académie Charles Cros" und den „Premio Ritmo" in Madrid für die Aufnahme der 12 Cellokonzerte von Luigi Boccherini.

Le chant des Platanes

Maurice Maeterlinck (1862 – 1949)

Ploc, ploc, ploc!
Dans notre grand silence,
Dans l'éternel silence,
La justice s'avance,
On entendra nos pas,
Et Dieu les comprendra...

Plan, plan, plan!
Nous n'avons pas parlé
Lorsque la terre est née,
Il a fallu nous taire
Et vivre sous la terre
Et manger de la terre...

Tramp, tramp, tramp!...
La hache nous abat
Mais ne nous vaincra pas,
Et l'homme est trop ingrat...
Il a fallu nous taire
Mais nous nous vengerons,
Nous le dévorerons,
Lorsqu'il sera sous terre...
Il entendra nos pas
Et ne bougera pas...

Belgien

Der Gesang der Platanen

Maurice Maeterlinck (1862 – 1949)

Aus: Maurice Maeterlinck, Melisandes Lieder, aus dem Französischen und mit einem Nachwort von Stefan Gross, mit 15 Bildern von Margarete Hesse, Verlagsgesellschaft Sachon, Mindelheim 1985

Hui hui hui!
In unserm großen Schweigen,
In diesem ewgen Schweigen
Wird bald das Recht sich zeigen,
Wir werden hörbar gehen,
Und Gott wird uns verstehen...

Ho ho ho!
Wir gaben keinen Kommentar,
Als die Welt entstanden war,
Zu sprechen war uns nicht gegeben,
Wir mußten unter Erde leben,
Und Erde unsre Nahrung war...

Rumm rumm rumm!...
Die Axt fällt uns im Tageslicht,
Aber sie besiegt uns nicht,
Der Mensch ist viel zu undankbar...
Mit Worten hat er zwar gesiegt,
Doch unsre Rache wird gelingen.
Mit Haut und Haar wir ihn verschlingen,
Wenn er unter der Erde liegt...
Unsre Schritte wird er hören,
Doch er wird sich nicht mehr rühren...

René Magritte
(1898–1967)
Das Volksfest,
1961–1962
Aquarell, schwarze
Kreide und Collage
44 x 36,5 cm
Sammlung
Leo Castelli,
New York

Pierre Mertens
Schriftsteller

Pierre Mertens wurde 1939 in Brüssel geboren. Er studierte Rechtswissenschaften und promovierte zum Dr. jur. 1986 erweiterte er seine Studien im Rahmen eines Stipendiums des Berliner Künstlerprogramms, sechs Jahre später war er Stipendiat der Rockefeller Foundation in Bellagio. Bevor er im Jahr 1987 Direktor des Soziologie- und Literaturzentrums an der freien Universität Brüssel wurde, war Pierre Mertens Leiter der Forschungsarbeit am Soziologischen Institut. 1988 erhielt er die Auszeichnung „Ordensritter" der französischen Republik für Kunst und Literatur. Ein Jahr darauf wurde er Mitglied der belgischen Académie Royale für französische Sprache und Literatur. Beobachtermissionen führten ihn in den Nahen Osten, nach Osteuropa, nach Lateinamerika sowie nach Griechenland, Portugal und Spanien. Pierre Mertens verfaßte mehrere Romane (u.a. „Perdre", 1984 und „Lettres clandestines", 1990), Novellen (u.a. „Les phoques de San Francisco", 1991) sowie zahlreiche Literaturkritiken. Er schrieb für Oper („La Passion de Gilles", 1982) und Theater („Collision", 1988). Im Jahr 1974 realisierte er einen Fernsehfilm „Histoire d'un oiseau qui n' était pas pour le chat", für den er 1975 vom Festival „Monte Carlo" ausgezeichnet wurde. Er beschäftigt sich in seinen Werken vor allem mit den Themen: Menschenrechte, Totalitarismus, Pressefreiheit und Terrorismus. Weitere Themen seiner Schriften sind: Unverjährbarkeit von Kriegsverbrechen und politisches Asyl. 1987 erhielt er für sein Gesamtwerk den „Prix Bernheim".

Philharmonie

Pierre Mertens
Schriftsteller

I Fiamminghi
Joris Van den Hauwe, Oboe • Yuzuko Horigome, Violine
Rudolf Werthen, Leitung

Gabriel
Verschraegen
(1919 – 1981)

3 Flämische Tänze für Oboe und Streicher

Guillaume
Lekeu
(1870 – 1894)

Adagio

Henri
Vieuxtemps
(1820 – 1881)

Konzert für Violine und Orchester Nr. 5 a-moll opus 37

Allegro non troppo
Adagio
Allegro con fuoco

Ludwig van
Beethoven
(1770 – 1827)

Symphonie Nr. 7 A-Dur opus 92

Poco sostenuto – Vivace
Allegretto
Presto
Allegro con brio

I Fiamminghi

Das belgische Kammerorchester I Fiamminghi wurde im Jahr 1958 gegründet. Sein Name weist nach Italien: „I Fiamminghi" nannten die Italiener die flämischen Musiker an den Renaissance-Höfen des 16. Jahrhunderts, die die Musik zu höchster Blüte brachten. 1977 übernahm der Geiger und heutige Musikdirektor der Flämischen Oper in Antwerpen und Gent, Rudolf Werthen, das Orchester. Unter seiner Leitung erlebten die Musiker einen neuen Aufschwung. Im Jahr 1992 wurden I Fiamminghi zum kulturellen Botschafter Flanderns ernannt. Das Orchester machte zahlreiche Aufnahmen mit verschiedenen Produzenten. In regelmäßiger Zusammenarbeit mit weltbekannten Sängern wie José Van Dam, Barbara Hendricks, Hermann Prey und den Pianisten Bruno-Leonardo Gelber und Maria João Pires sowie dem renommierten Oboisten Heinz Holliger brachte das Orchester sein breit gefächertes Repertoire, Werke von Corelli bis zu zeitgenössischen Komponisten umfassend, zu Gehör.

Geplant sind Konzerttourneen nach Deutschland, Frankreich, Großbritannien, Italien, in die Niederlande, nach Österreich, Portugal, Schweden, in die Schweiz, nach Spanien, in die Türkei und nach Israel. Die Tourneen umfassen auch außereuropäische Regionen, so Japan, Kanada, Korea, Taiwan und die Vereinigten Staaten.

Rudolf Werthen

Der Dirigent und Violinist Rudolf Werthen wurde 1946 in Mechelen, Belgien, geboren. Er studierte zunächst Violine in Gent bei Robert Hosselets, später am Konservatorium in Brüssel bei André Gertler und anschließend bei Henryk Szeryng. Als Preisträger verschiedener internationaler Wettbewerbe wurde er u.a. beim Bratislava-Wettbewerb der internationalen Tribüne junger Interpreten und beim Queen-Elisabeth-Wettbewerb im Fach Violine ausgezeichnet. Nach seiner Ausbildung wurde Rudolf Werthen Konzertmeister beim Symphonieorchester des Norddeutschen Rundfunks in Hamburg. Dort begann er auch seine Dirigentenlaufbahn. Während einer Tournee des Orchesters sprang er erfolgreich für den Dirigenten Klaus Tennstedt ein. Es folgten Einladungen zu Gastdirigaten in die wichtigsten europäischen Hauptstädte. 1977 wurde er Leiter des belgischen Kammerorchesters „I Fiamminghi" und erzielte mit dem Ensemble in wenigen Jahren international sensationelle Erfolge. 1988 ernannte ihn Gérard Mortier, Intendant der Salzburger Festspiele, zum Musikdirektor der Flämischen Oper in Gent und Antwerpen, wo ihm schon mit seinen ersten Aufführungen mustergültige Interpretationen gelangen. Als Gastdirigent arbeitete er mit zahlreichen renommierten Orchestern in Deutschland, England, Spanien und in den Vereinigten Staaten. Schwerpunkte seines Repertoires sind die Musik der Romantik und des 20. Jahrhunderts.

Joris Van den Hauwe

Der belgische Oboist Joris Van den Hauwe wurde 1962 in Gent geboren. An seinem Studienort, der Brüsseler Musikhochschule, erhielt er mehrere Preise mit höchster Auszeichnung. 1985 ging er nach Berlin und sammelte als Mitglied der Herbert von Karajan-Akademie im Berliner Philharmonischen Orchester wertvolle Orchestererfahrungen. Joris Van den Hauwe wurde beim Internationalen Wettbewerb in Toulon und beim Tenuto-Wettbewerb in Belgien ausgezeichnet. Es gelang dem Künstler mehrere Male, sich bei den strengen Probespielen des European Community Youth Orchestra zu qualifizieren. Seine weitere Orchesterlaufbahn führte ihn nach Belgien zurück, wo er Mitglied des Neuen Belgischen Kammerorchesters und des 1978 gegründeten BRTN-Philharmonischen Orchesters wurde. In den letzten Jahren machte er zunehmend als Solist auf sich aufmerksam. Seit 1983 ist Joris Van den Hauwe bei dem Kammerorchester I Fiamminghi als Solo-Oboist engagiert.

Yuzuko Horigome

Die Violinistin Yuzuko Horigome wurde in Tokio geboren. Sie studierte in Tokio an der Toho Gakuen School of Music bei Toshiya Eto. Noch vor ihrem Abschluß im Jahr 1980 gewann sie in Japan bei zahlreichen Wettbewerben. In ihrem Abschlußjahr erhielt sie den ersten Preis beim Queen Elisabeth-Wettbewerb in Brüssel. Seitdem entwickelte sich ihre Karriere sehr schnell. 1982 debütierte sie in Tanglewood mit dem Boston Symphony Orchestra, anschließend mit dem Philadelphia- und dem Montreal Symphony Orchestra; 1983 in London mit dem London Symphony Orchestra unter Claudio Abbado und André Previn, mit dem Wiener Musikverein und mit dem Koninklijk Concertgebouworkest in Amsterdam. Im Jahr 1985 unternahm die Geigerin eine Tournee mit dem Montreal Symphony Orchestra unter der Leitung von Charles Dutoit nach Kanada und nach Fernost. Regelmäßig führen Yuzuko Horigome Gastkonzerte nach Europa und in die USA. Viele ihrer Konzerte wurden vom Rundfunk und Fernsehen übertragen. Die Künstlerin wirkte als Stargast in dem Film über den Komponisten Dmitri Schostakowitsch „Testimony" mit. Ihre Schallplatteneinspielungen umfassen sämtliche Violinkonzerte von Mozart mit der Camerata von Salzburg, Violinkonzerte von Bach mit dem English Chamber Orchestra sowie Bachs Solo-Sonaten. Mit dem Koninklijk Concertgebouworkest spielte sie unter der Leitung von Ivan Fischer die Konzerte von Mendelssohn-Bartholdy und Sibelius und in Japan das Violin-Konzert von Takemitsu ein.

KUNST UND KÖNNEN

Die Kunst, erwachsen aus Können und Engagement, bestimmt den Stand der Gesellschaft und ihrer Werte.

Aus diesem Verständnis heraus fördern wir Kunst und Kultur. Als unseren Beitrag für München und die Menschen dieser Stadt, der aus dem Können und Engagement in unserem Metier kommt: der maßgeschneiderten Baufinanzierung.

BHB

BAYERISCHE HANDELSBANK AG
Die Bank für Hypotheken
Von-der-Tann-Straße 2 · 80539 München
Postanschrift: 80535 München
Telefon: 0 89/2 86 27-0 · Telefax: 0 89/2 86 27-3 04

АРФАМИ, АРФАМИ ... (1914)

Павло Тичина (1891 – 1967)

Aus: Павло
Тичина.
Золотий гомін.
Поезії
(збірка збірок)
Стейт Каледж,
Па. 1967

Арфами, арфами –
золотими, голосними обізвалися гаї
                Самодзвонними:
    Йде весна
        Запашна,
    Квітами – перлами
        Закосичена.

Думами, думами –
наче море кораблями переповнилась блакить
                Ніжнотонними:
    Буде бій
        Вогневий!
    Сміх буде, плач буде
        Перламутровий ...

Стану я, гляну я –
Скрізь поточки як дзвіночки, жайворон як
                золотий
            З переливами:
    Йде весна
        Запашна,
    Квітами – перлами
        Закосичена.

Любая, милая, –
Чи засмучена ти ходиш, чи налита щастям
                вкрай,
          Там за нивами:
    Ой одкрий
        Колос вій!
    Сміх буде, плач буде
        Перламутровий ...

Ukraine

Arfamy, arfamy ... (1914)

Pawlo Tytschyna (1891 – 1967)

Aus: Weinstock der Wiedergeburt, Moderne ukrainische Lyrik, ausgewählt, übertragen und hrsg. von Elisabeth Kottmeier, Видання "На горі" *in Zusammenarbeit mit dem Kessler Verlag, Mannheim 1957*

Harfen sind, Harfen sind –
holde Antwort wie von Golde alle Wälder worden sind
                                        Die erbebenden:
                Bringt der Mai
                        Die Schalmei,
                Blütenkranz – Perlenband
                        Düfte – Schelmerei.
Runen sinnt, Runen sinnt –
jene Bläue, läßt sie wimmeln, Meer, in dem die Flotte schwimmt
                                        Die verschwebenden:
                Kommt Entzwein,
                        Feuerschein!
                Lachen wird, Weinen wird
                        Wie Perlmutter sein...
Stehn will ich, sehn will ich –
rings der Bächlein helle Glöckchen, Lerche schier ein Goldgeschmeid
                                        Dessen Spur erklang:
                Bringt der Mai
                        die Schalmei,
                Blütenkranz – Perlenband
                        Düfte – Schelmerei.
Liebliche, Liebe, sprich –
ob in Kümmernis du hingehst oder in Glückseligkeit
                                        Dort die Flur entlang:
                Halmt es ein,
                        Wimpern fein!
                Lachen wird, Weinen wird
                        Wie Perlmutter sein...

Mark Epstein
(1899 1949)
Cellospieler, 1919
Tusche,
Aquarell auf Papier
43 x 29 cm
Staatliches Museum
Ukrainischer Kunst,
Kiew

Larissa I. Choroletz
Schauspielerin, Schriftstellerin und ehemalige Kulturministerin

Larissa I. Choroletz wurde 1948 in der Ukraine geboren. Sie studierte in Kiew an der Staatlichen I.K. Karpenko-Karyjhochschule für Theaterkunst und bestand 1970 ihr Examen mit Auszeichnung. Von 1970 bis 1973 war sie am Literarischen Theater „Slowo" des Schriftstellerverbandes der Ukraine engagiert, von 1973 bis 1991 als Schauspielerin am Kiewer Staatlichen Akademischen Ukrainischen Iwan Franko-Dramatheater. Als Autorin, Moderatorin und Programmgestalterin arbeitete sie bei Radio und Fernsehen. Im Juni 1991 wurde Larissa I. Choroletz Kulturministerin des souveränen Staates der Ukraine. Sie spielte die Hauptrollen in zahlreichen Werken der klassischen und zeitgenössischen Literatur. Gastspiele des Kiewer Nationaltheaters führten die Schauspielerin nach Wien und München. Ihre „Doppelfunktion" Schauspielerin – Kulturministerin nutzte sie erfolgreich, um die Möglichkeiten eines Kulturaustauschs auszuweiten. Die Preisträgerin des Republikanischen Ostrowski-Preises (1974) und des Wettbewerbs „Theaterstücke über Jugendliche von heute" schrieb mehrere Theaterstücke und Drehbücher u.a. „Im Ozean des Unbekanntseins", „In der elektrischen Straße", „Sirenen", „Der Dritte" und „Ich bin 30". Larissa I. Choroletz ist Autorin einer Reihe von Publikationen zu den Problemen des Wiederauflebens und der weiteren Entwicklung der Kultur und Kunst in der Ukraine. Sie ist Mitglied des Schriftstellerverbandes und des Verbandes der Theaterschaffenden der Ukraine sowie Vorsitzende des Fonds des nationalen und geistigen Wiederauflebens der ukrainischen Assoziation der schöpferischen und wissenschaftlichen Intelligenz „Swit Kultury".

Prinzregententheater

Dienstag,
19.10.1993

20 Uhr

Larissa I. Choroletz
Schauspielerin, Schriftstellerin
und ehemalige Kulturministerin

Neues Symphonieorchester Kiew
Alexander Kniazev, Violoncello
Roman Kofman, Leitung

Valentin Silvestrov (*1937) — Symphonie Nr. 4

Miroslav Michailovitch Skorik (*1938) — Konzert für Violoncello und Orchester

Levko Kolodub (*1932) — Ukrainische Karpaten-Rhapsodie

Konzertpate: Süddeutsche Zeitung Magazin

Neues Symphonieorchester Kiew

Das Neue Symphonieorchester Kiew besteht in seiner jetzigen Formation erst seit dem Jahr 1988. Es wurde von Roman Kofman, seinem jetzigen Chefdirigenten, gegründet. Das junge Orchester entstand aus dem Zusammenschluß des 1913 gegründeten „Orchester junger Virtuosen" mit dem 1895 gegründeten „Kiew Kammerorchester". Beide Orchester bestreiten auch eigene Konzerte. Unter Roman Kofman, der bereits ab 1980 das „Orchester junger Virtuosen" leitete, avancierte das Neue Symphonieorchester Kiew schnell zu einem international geschätzten Ensemble mit einem äußerst vielseitigen Repertoire. Das Orchester des zweitgrößten Nachfolgestaates der ehemaligen Sowjetunion ist außer in seinem Heimatspielort, der Philharmonie in Kiew, in allen größeren Städten der Ukraine zu Hause. Unter der Leitung seines Chefdirigenten traten bereits viele namhafte Solisten wie Dmitri Bachkirov, Tatjana Gridenko, Natalia Gutman, Oleg Kagan, Gidon Kremer und Mikhail Pletnev mit dem Orchester auf. Das Neue Symphonieorchester Kiew stellt seine künstlerische Arbeit nicht nur in Konzerten, sondern auch in Schallplattenproduktionen vor. In der kurzen Geschichte finden sich bereits einige exzellente Schallplatteneinspielungen. Geplant ist die Gesamtaufnahme aller Symphonien des ukrainischen Komponisten Valentin Silvestrov. Das Orchester unternahm Tourneen nach Finnland, Frankreich und Italien.

Roman Kofman

Roman Kofman studierte am Staatlichen Tschaikowsky-Konservatorium in Kiew. Er erhielt 1961 sein Diplom im Fach Violine und 1971 im Fach Orchesterleitung. Seit 1978 unterrichtete er Dirigieren am Konservatorium in Kiew und leitete ab 1980 das „Orchester junger Virtuosen" in Kiew. Seit kurzem ist er außerdem künstlerischer Leiter des Seoul Philharmonic Orchestra. In seiner Dirigentenlaufbahn arbeitete er mit den besten Orchestern der ehemaligen Sowjetunion zusammen, so dem Orchester des Bolschoi-Theater, der Leningrader Philharmonie, dem Moskauer Staatlichen Symphonieorchester und dem Ukrainischen Symphonieorchester. Obwohl er viele Jahre sein Heimatland auch für Gastdirigate nicht verlassen konnte, führten ihn mögliche Konzerte nach Belgien, Frankreich, Portugal, nach Spanien und in die ehemalige Tschechoslowakei. Heute ist der Künstler regelmäßig als Gastdirigent in Frankreich und Israel tätig. Roman Kofman arbeitete mit berühmten Solisten wie Tatjana Gridenko, Natalia Gutman, Oleg Kagan, Gidon Kremer, Mikhail Pletnev und Alexandre Roudine. In seinem Repertoire spielt die Musik des 20. Jahrhunderts eine große Rolle. Sein besonderes Interesse gilt den Werken von Balakauskas, Berio, Bird, Britten, Messiaen, Milhaud, Kantcheli, Pärt, Schnittke, Schönberg, Silvestrov und Webern. Viele Werke zeitgenössicher Komponisten wurden ihm persönlich gewidmet. Roman Kofman machte mehrere erfolgreiche Schallplattenaufnahmen.

Alexander Kniazev

Der Cellist Alexander Kniazev wurde 1961 in Moskau geboren und begann im Alter von sechs Jahren an der dortigen Musikschule mit dem Cellounterricht. Er setzte seine Studien am Tschaikowsky-Konservatorium in Moskau fort und absolvierte seine Ausbildung im Jahr 1986. Tourneen führten den jungen Solisten nach Belgien, Bulgarien, Deutschland, England, Frankreich, Italien, Jugoslawien, Rumänien, Ungarn, nach Australien, Süd-Korea und in die USA, wo er mit den besten Orchestern der ehemaligen Sowjetunion sowie mit international renommierten Orchestern in ganz Europa konzertierte. Er trat bei zahlreichen Festivals auf, beispielsweise bei den von Svjatoslav Richter organisierten „December Evenings" und bei dem der englischen Cellistin Jacqueline du Pré gewidmeten und von dem Geiger Vladimir Spivakov organisierten Internationalen Festival in Colmar. Alexander Kniazev ist Preisträger des Kammermusik-Wettbewerbs in Trapani 1987, des Tschaikowsky-Wettbewerbs 1990 und zwei Jahre später des UNISA-Wettbewerbs. Die Einspielung von Brahms' „Doppelkonzert" mit Vladimir Spivakov und dem Royal Philharmonic Orchestra wurde von der Kritik mit großem Lob gefeiert. Neben seiner solistischen Tätigkeit ist der russische Cellist auch auf pädagogischem Gebiet tätig. Er hält Meisterkurse in Seoul, Südkorea, und in der oberelsässischen Stadt Colmar.

Jetzt
können Sie mit Ihrem Geld
bis 19 Uhr sprechen.
0 89 – 22 33 44
Der DSK Telefon-Service

RODIER

INTEXAL GmbH • Riesstraße 15 • 80992 München
Telefon: 089/149 70 70 • Fax: 089/14 97 07 50

La Musique

Charles Baudelaire (1821 – 1867)

La Musique souvent me prend comme une mer!
    Vers ma pâle étoile,
Sous un plafond de brume ou dans un vaste éther,
    Je mets à la voile;

La poitrine en avant et les poumons gonflés
    Comme de la toile,
J'escalade le dos des flots amoncelés
    Que la nuit me voile;

Je sens vibrer en moi toutes les passions
    D'un vaisseau qui souffre;
Le bon vent, la tempête et ses convulsions

    Sur l'immense gouffre
Me bercent. – D'autres fois, calme plat, grand miroir
    De mon désespoir!

Frankreich

Die Musik

Charles Baudelaire (1821 – 1867)

*Aus: Stefan Zweig,
Rhythmen,
Nachdichtungen
ausgewählter
Lyrik von
Emile Verhaeren,
Charles Baudelaire
und Paul Verlaine,
S. Fischer Verlag,
Frankfurt am Main
1983*

Oft hebt die Musik mich, ein wogendes Meer,
Zu meinem Sternenzeichen,
Ob heiter der Himmel, ob wolkenschwer,
Laß ich die Schwingen streichen.

Nach vorne die Brust und die Lungen geschwellt,
Die bauschigen Segeln gleichen,
Durchkämpf' ich der Fluten tiefnächtige Welt,
Mein fernes Ziel zu erreichen.

Ich spüre des schlingernden Schiffes Schaukeln
Im tosenden Wellenschaume.
Dann wieder hauchen nur Winde und gaukeln

Mich wie ein Kind im Traume.
Dann wieder erschauert die Fläche so weit
Und spiegelt mein Leid.

*Henri Matisse
(1869 – 1954)
Die Musik, 1939
Öl auf Leinwand
115 x 115 cm
A. Knox Art Gallery,
Buffalo*

Jean d'Ormesson
Schriftsteller, Publizist
und Professor für Philosophie und Literatur

Jean d'Ormesson wurde 1925 in Paris geboren. Er besuchte dort die Ecole Normale Supérieure und erwarb seinen Abschluß in Literaturwissenschaft, Geschichte und Philosophie. Seinen beruflichen Werdegang begann er als Attaché in verschiedenen Ministerkabinetten. In den Nachkriegsjahren nahm er als französischer Delegierter an mehreren internationalen Konferenzen teil und betätigte sich als Mitarbeiter bei verschiedenen Zeitungen. Von 1950 bis 1971 hatte der Professor für Philosophie und Literatur den Posten des stellvertretenden Generalsekretärs beim „Internationalen Rat für Philosophie und Geisteswissenschaften" bei der UNESCO inne, seit 1975 den des Generalsekretärs. In dieser Phase war er verantwortlicher Herausgeber und stellvertretender Chefredakteur der UNESCO-Zeitschrift „Diogène", anschließend Mitglied des Direktionskomitees dieser Zeitschrift. Im Jahr 1974 übernahm Jean d'Ormesson die redaktionelle Leitung der angesehenen Pariser Zeitung „Le Figaro",

kündigte jedoch wie viele Kollegen 1977 mit der Begründung, daß mit der Übernahme von Geschäftsanteilen durch Robert Hersants die journalistische Freiheit der Redakteure in nicht mehr tragbarer Weise eingeengt worden sei. Danach versah er editorische Aufgaben, betätigte sich als Chronist für den „Figaro" und schrieb für zahlreiche Zeitungen und Zeitschriften. Jean d'Ormesson verfaßte eine Biographie über Chateaubriand, zahlreiche Essays und mehrere Romane, von denen bereits einige ins Deutsche übersetzt worden sind. 1991 erschien die Novelle „Histoire du juif errant" und 1992 „Tant que vous penserez á moi". – Neben zahlreichen anderen Auszeichnungen erhielt Jean d'Ormesson für seine Werke als Romancier 1971 den „Grand prix du Roman de l' Académie Française", 1975 den „Prix Balzac" und 1993 in Italien für seinen Roman „Histoire du juif errant" den „Prix Grinzane-Cavour". Der Schriftsteller wurde mit dem Orden „Ritter der Ehrenlegion" sowie dem Verdienstkreuz Frankreichs ausgezeichnet und ist Mitglied der Académie Française.

Philharmonie

Mittwoch,
20.10.1993

20 Uhr

Jean d'Ormesson
Schriftsteller, Publizist und Professor für Philosophie und Literatur

Orchestre National de France
Michel Bouvard, Orgel
James Conlon, Leitung

Florent Schmitt (1870 – 1958)

La Tragédie de Salome

Francis Poulenc (1899 – 1963)

Konzert für Orgel, Streicher und Pauken g-moll

Andante – Allegro giocoso
Andante moderato
Tempo Allegro – Molto agitato
Très calme – Lent
Tempo de l'Allegro initial
Tempo Introduction – Largo

Claude Debussy (1862 – 1918)

Le martyre de Saint Sebastien

Albert Roussel (1869 – 1937)

Bacchus et Ariane – Suite Nr. 2

In Zusammenarbeit mit der Kulturabteilung der Französischen Botschaft, Bonn

Konzertpate: Rodier

Orchestre National de France

Das 1934 gegründete Orchestre National de France war das erste dauerhafte Symphonieorchester Frankreichs. Seit seiner Gründung verwirklicht das Orchester Radio-Einspielungen und gilt als Prestige-Orchester, das französische Musik im In- und Ausland präsentiert und an zahlreichen internationalen Festspielen teilnimmt. Der erste Dirigent Désiré-Emile Inghelbrecht erarbeitete das Repertoire des Orchesters, in dem Werke von Debussy und Ravel sowie von zeitgenössischen französischen Komponisten wie Honegger, Koechlin, Milhaud und Poulenc im Vordergrund standen. Das Orchestre National de France war 1935 eines der ersten Orchester, das dem französischen Publikum die Oper „Boris Godunow" nahe brachte. Während des Zweiten Weltkriegs floh das Orchester zunächst nach Rennes und dann nach Marseille. 1943 kehrte es nach Paris zurück und trat ab dieser Zeit einmal wöchentlich im Théâtre des Champs-Elysées unter bedeutenden Dirigenten wie André Cluytens und Charles Münch auf. Letzterer wurde zum Ehrenpräsidenten des Orchesters ernannt. Weiterhin prägten Roger Désormière, Jean Martinon, Manuel Rosenthal, Maurice Le Roux, Paul Kletzki, Hermann Scherchen und Georges Prêtre den Klangkörper. Regelmäßiger Gastdirigent war von 1973 bis 1975 Sergiu Celibidache. Seine Nachfolger wurden Lorin Maazel, der 1988 für zwei Jahre Musikdirektor wurde, und ab 1989 Jeffrey Tate. Seit 1991 ist Charles Dutoit Musikdirektor. Das Orchestre National de France brachte zahlreiche Werke des 20. Jahrhunderts zur Uraufführung und spielte ausgezeichnete Schallplattenaufnahmen ein, u.a. das komplette Werk von Albert Roussel und von Edgar Varèse. Es arbeitet häufig mit jungen Künstlern zusammen und versucht, diese dadurch zu fördern und international bekannt zu machen. Viele Konzerte des Orchesters werden vom Rundfunksender „France-Musique" übertragen, einige davon auch vom französischen Fernsehen.

James Conlon

James Conlon wurde 1950 in New York geboren. Er studierte bei Jean Morel an der renommierten Juilliard School in New York Orchesterleitung. Er debütierte 1971 in Spoleto mit einer Aufführung der Oper „Boris Godunow" und erzielte im Opernbereich rasch internationale Erfolge. Der endgültige Durchbruch gelang ihm mit seinem Debüt beim New York Philharmonic Orchestra im Jahr 1974. Danach erhielt er zahlreiche Einladungen der bedeutenden Orchester Kanadas und der USA. Seit 1976 dirigiert er regelmäßig an der Metropolitan Opera in New York, an der er in der nächsten Saison seine zweihundertste Vorstellung geben wird. 1979 wurde er Leiter des „Cincinnati May Festivals," einem der ältesten Chorfestivals der USA. Doch ist der Dirigent nicht nur in den USA gefragt. James Conlon hat in allen wichtigen Musikmetropolen Europas und Japans gearbeitet. 1979 dirigierte er zum ersten Mal in London am Royal Opera House, Covent Garden, 1982 gab er sein Debüt an der Pariser Oper. Von 1983 bis 1991 war er Musikdirektor der Rotterdamer Philharmoniker, 1988 wurde er zum Musikdirektor der Kölner Oper ernannt, an der er demnächst Tschaikowskys „Eugen Onegin", Schostakowitschs „Die Nase", Wagners „Rienzi" und „Walküre" sowie Mozarts „Cosi fan tutte" einstudieren wird. Seit 1990 ist James Colon Chefdirigent des Gürzenich-Orchesters in Köln, mit dem er gerade einen Mahler- und Bruckner-Zyklus erarbeitet.

Michel Bouvard

Der aus einer Lyoner Musikerfamilie stammende Michel Bouvard wurde
1958 in Rodez, einem kleinen Ort im
französischen Zentralmassiv, geboren.
In seinem Heimatort erlernte er die
Anfänge auf dem Klavier und der Orgel
und studierte später am Pariser Conservatoire National Supérieur Orgel bei
André Isoir. Seine weitere Ausbildung
erhielt er bei Jean Boyer, Francis Cha-
pelet und Michel Chapius an der
berühmten Orgel der Pariser Kirche
Saint-Severin. Der seit über zehn Jahren in Frankreich und im Ausland kon-
zertierende Organist gewann 1983 den
ersten Preis beim Internationalen
Orgelwettbewerb in Toulouse, der der
französischen Musik des 12. und 13.
Jahrhunderts gewidmet ist. Neben seiner regen Konzerttätigkeit im In- und
Ausland lehrte Michel Bouvard Orgel
an der Ecole Nationale de Musique in
Brest. Anschließend kehrte er als Assistent seines ehemaligen Orgellehrers
Michel Chapuis an seine einstige Ausbildungsstätte, das Pariser Conservatoire National Supérieur, zurück. Derzeit leitet der Organist als Nachfolger
von Xavier Darasse die Orgelklasse des
Konservatoriums der Region Toulouse.

Information für die Freunde des Hörens:

Die Welt des Sehens

Musik genießen, Feinheiten heraushören – ein schönes Beispiel für den Wert unserer Sinne. Doch nichts bestimmt die menschliche Wahrnehmung so stark wie unser erster Sinn: das Sehen. Rodenstock ist in dieser Welt zu Hause. Innovativ, qualitätsbewußt, kundennah. Mit der Kompetenz eines Unternehmens, das dem Sehen dient. Weltweit.

Schlanke, elegante Brillengläser sind die ideale Voraussetzung für moderne, superleichte Brillen. Hochwertige Spezialgläser korrigieren auch extreme Fehlsichtigkeit. Und: Rodenstock-Markengläser stehen für höchsten Sehkomfort.

Zeitgemäß-klassisch orientiertes Design, hoher Tragekomfort sowie sorgfältige Materialauswahl und Verarbeitung sind Qualitäten, die Brillenfassungen von Rodenstock, Cerruti, Lagerfeld, Fila und Nigura prägen.

Augenoptische und ophthalmologische Geräte von Rodenstock dienen der Messung, Diagnostik und Therapie. Unter dem Markennamen Weco sorgt modernste Ausstattung für die Fachwerkstatt des Augenoptikers dafür, daß aus Fassung und Gläsern die ganz persönliche Brille entsteht.

In der Präzisionsoptik zeigt Rodenstock zusätzliche Kompetenz durch Entwicklung und Fertigung optischer Systeme für Profi-Fotografie und Industrieoptik, denen man sogar im Weltraum begegnet.

Dank der Mitglieder der EBU*

werden über **EURORADIO**

15000 KONZERTE

in **EUROPA** und der ganzen

Welt übertragen

* *L'EURORADIO* ist eine Aktivität der EBU,
ein Verband der öffentlich-rechtlichen
Rundfunk-und fernsehanstalten in Europa.

Ἄσμα ἡρωϊκὸ καὶ πένθιμο
γιὰ τὸν χαμένο ἀνθυπολοχαγὸ τῆς Ἀλβανίας, XI

Οδυσσέας Ελύτης (*1911)

Μακρυὰ χτυποῦν καμπάνες ἀπὸ κρύσταλλο —
Τοῦ κόσμου ἡ πιὸ σωστὴ στιγμὴ σημαίνει:
Ἐλευθερία,
Ἕλληνες μέσ' στὰ σκοτεινὰ δείχνουν τὸ δρόμο:
ΕΛΕΥΘΕΡΙΑ
Γιὰ σένα θὰ δακρύσει ἀπὸ χαρὰ ὁ ἥλιος
Τοῦ κόσμου ἡ πιὸ σωστὴ στιγμὴ σημαίνει!

Μὲ βῆμα πρωϊνὸ στὴ χλόη ποὺ μεγαλώνει
Ὁλοένα ἐκεῖνος ἀνεβαίνει·
Τώρα, λάμπουνε γύρω του οἱ πόθοι ποὺ ἦταν
                μιὰ φορὰ
Χαμένοι μέσ' στῆς ἁμαρτίας τὴν μοναξιά·

Γειτόνοι τῆς καρδιᾶς του οἱ πόθοι φλέγονται·
Πουλιὰ τὸν χαιρετοῦν, τοῦ φαίνονται
                ἀδελφάκια του
Ἄνθρωποι τὸν φωνάζουν, τοῦ φαίνονται
                συντρόφοι του
»Πουλιὰ καλὰ πουλιὰ μου, ἐδῶ τελειώνει
                ὁ θάνατος!«
»Σύντροφοι σύντροφοι καλοί μου, ἐδῶ ἡ ζωὴ
                ἀρχίζει!«
Ἀγιάζι οὐράνιας ὀμορφιᾶς γυαλίζει στὰ μαλλιά
                του

Μακρυὰ χτυποῦν καμπάνες ἀπὸ κρύσταλλο
Αὔριο, αὔριο, αὔριο: τὸ Πάσχα τοῦ Θεοῦ!

Griechenland

Hohelied und Klage
für den in Albanien gebliebenen Leutnant, XI

*Odysseas Elytis (*1911)*

Aus: Odysseas Elytis, Hohelied und Klage für den in Albanien gebliebenen Leutnant, Nr. XI, abgedruckt in: Odysseas Elytis, Ausgewählte Gedichte, Neugriechisch und Deutsch, ausgewählt und übertragen von Barbara Vierneisel-Schlörb und Antigone Kasolea, Suhrkamp Verlag, Frankfurt am Main 1979

Fern läuten Glocken aus Kristall –
Läuten dem einzig wahren Augenblick der Erde
Freiheit
Griechen weisen in der Finsternis den Weg
FREIHEIT
Um dich wird aus Freude die Sonne weinen

Es läutet der einzig wahre Augenblick der
Erde

Morgendlichen Schritts durch sprießendes Grün
Steigt jener stetig empor

Jetzt umflimmern ihn Begierden, die einst
In der Sünde Einsamkeit verloren
Sein Herz umzingelt loderndes Verlangen
Vögel begrüßen ihn – scheinen ihm kleine Brü-
der
Menschen rufen nach ihm – scheinen ihm seine
Gefährten
„Vögel, meine guten Vögel, hier endet der
Tod!"
„Gefährten, meine guten Gefährten, hier be-
ginnt das Leben!"

Tau himmlischer Schönheit glänzt ihm im
Haar

Fern läuten Glocken aus Kristall
Morgen morgen morgen Göttliche Ostern!

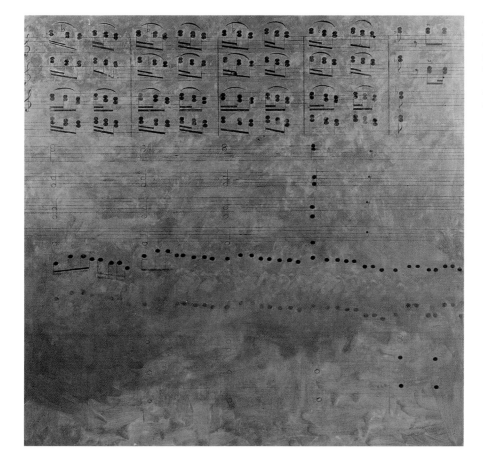

Jannis Kounellis
(*1936)
Ohne Titel
(Bachsche Fuge), 1972
Öl auf Leinwand
170 x 160 cm
Privatsammlung,
Aachen

Mikis Theodorakis
Komponist und ehemaliger Minister

Mikis Theodorakis wurde 1925 auf der Insel Chios, Griechenland geboren. Schon in seiner Jugend war er musikalisch und politisch engagiert. Während seiner Zeit am Athener Musikkonservatorium wurde er Mitglied der Jugend-Widerstandsorganisation EPON. In dieser Zeit komponierte er das Oratorium „3. Dezember" und schrieb zahlreiche Widerstandslieder. 1947 wurde er wegen seiner Aktivität in der EPON verhaftet und während des Bürgerkrieges in das Konzentrationslager auf der Insel Makronisos gebracht. Nach seiner Entlassung im Jahre 1949 arbeitete er als Musikkritiker. In dieser Zeit komponierte er die Ballette „Orpheus und Eurydike" und „Griechischer Karneval". 1954 erhielt er ein Stipendium am Pariser Konservatorium und studierte bei Eugene Bigot und Oliver Messian. 1963 saß Mikis Theodorakis für die kommunistische EDA-Partei im griechischen Parlament. Wegen des prokommunistischen Inhalts wurde seine Musik im Januar 1966 aus dem Programm des Staatlichen Rundfunks ver-

bannt und 1967 verboten. Ab August 1968 lebte er in der Verbannung in dem abgelegenen Bergdorf Zatouna und wurde 1969 in ein Lager für „gefährliche Kommunisten" gebracht. Mit Hilfe des französischen Schriftstellers und Politikers Servan-Schreiber konnte Mikis Theodorakis im April 1970 Griechenland verlassen. Er kämpfte im Ausland gegen das griechische Militärregime und wurde zu einer Symbolfigur des Widerstands. 1972 erschien sein Buch „Journal des Widerstands". Nach dem Sturz des Militärregimes kehrte er 1974 nach Griechenland zurück. Zu Beginn der 80er Jahre war Mikis Theodorakis Abgeordneter der moskautreuen KKE, kandidierte jedoch in der zweiten Hälfte der 80er Jahre für die konservative Partei „Neue Demokratie". 1990 wurde er Minister ohne Geschäftsbereich und zog ins griechische Parlament ein. 1993 verzichtete er auf diesen Sitz, um die Leitung der Orchester des Staatlichen Rundfunks zu übernehmen. Sein umfangreiches Œuvre umfaßt symphonische Musik, Ballette, Filmmusik, Kammermusik, Vertonungen klassischer Tragödien, Liederzyklen, folkloristische Musik und Schlager. Popularität erlangte er mit dem Ballett „Alexis Zorbas" und der Filmmusik zu „Alexis Zorbas" sowie mit den Werken „Elektra", „Phaedra" und „Z". Im Rahmen eines Welttheaterfestes wurde im Frühling 1993 sein Oratorium „Canto General" in Santiago, Chile, uraufgeführt. – In den 80er Jahren wurden seine Bücher „Kämpferische Kultur", „Anatomie der Musik" und der erste Band seiner Autobiographie veröffentlicht. 1983 erhielt er den Lenin-Friedenspreis.

Prinzregententheater

Donnerstag,
21.10.1993

20 Uhr

Mikis Theodorakis
Komponist und ehemaliger Minister

Athener Staatsorchester
Chor des Griechischen Rundfunks
Eleni Michalopoulou, Gesang
Alexander Symeonides, Leitung

Mikis Theodorakis (*1925)

Alexis Zorbas – Ballettsuite

Athener Staatsorchester

Die Geschichte des Athener Staatsorchesters ist eng mit der des 1893 von George Nazos gegründeten Odeon Konservatoriums in Athen verbunden. Viele Musiker erhielten ihre Ausbildung am Odeon Konservatorium, u.a. Philoctetes Economidis, Dimitris Mitropoulos, Andreas Paridis und Theodoros Vavayiannis, die zunächst als Orchestermitglieder ihre Laufbahn begannen und später Dirigenten des Athener Staatsorchesters wurden. Seit 1911 führte das Orchester den Namen „Athener Konservatorium-Symphonieorchester". Gründer und erster Dirigent war Armand Marsik. Das Orchester gab sein erstes Konzert im Jahr 1920 im Herodes Alticus Theater. Einen wichtigen Abschnitt in der Orchestergeschichte bildeten die Konzerte mit Werken von Camille Saint-Saëns unter Leitung des Komponisten. Während des Zweiten Weltkriegs war das Orchester mit finanziellen Schwierigkeiten konfrontiert und nur die immensen Bemühungen des damaligen Direktors und Chefdirigenten Philoc-

tetes Economidis und die Unterstützung der Regierung bewahrten es 1942 vor der Auflösung. Unter dem Schutz der griechischen Regierung erhielt das Ensemble im Jahr 1942 den Namen „Athener Staatsorchester". Philoctetes Economidis wurde wiederum zum Direktor ernannt, Dimitris Mitropoulos zum Chefdirigenten. Anschließend leiteten George Lykoudis und Theodoros Vavayiannis das Orchester, ab 1951 Andreas Paridis. 1967 wurde Theodoros Vavayiannis Direktor. Ihm folgten 1963 der ehemalige Chefdirigent Andreas Paridis und in der Zeit von 1976 bis 1982 Manos Hadjidakis und Yannis Ioannidis. Seit 1978 ist Alexander Symeonides Direktor und Chefdirigent. Unter seiner Leitung bringt das Orchester symphonische Werke des internationalen Repertoires sowie zahlreiche Werke griechischer Komponisten der Vergangenheit und Gegenwart zu Gehör. Eine besondere Rolle im Konzertprogramm spielen die seit 1963 jährlich in Athen stattfindenden Sommerkonzerte.

Alexander Symeonides

Alexander Symeonides wurde 1940 in Cephalonia, Griechenland, geboren. Er studierte zunächst in Athen und anschließend an der Staatlichen Hochschule für Musik in München Orchesterleitung bei Jan Koetsier und Kurt Eichhorn, Komposition bei Harald Genzmer sowie Schlagzeug bei Hans Hölzl und Ludwig Porth. 1978 wurde er ständiger Dirigent des Staatlichen Orchesters Athen und im Jahr 1989 dessen Chefdirigent. Sein künstlerisches Engagement umfaßt regelmäßige Gastdirigate bei den Orchestern seines Geburtslandes und vielen internationalen Orchestern, so dem Münchner Rundfunkorchester, dem Symphonieorchester des Bayerischen Rundfunks, dem Philharmonischen Orchester von St. Petersburg und den Moskauer Philharmonikern, dem George Enescu-Orchester, dem Slowakischen Philharmonieorchester und den Nationalen Orchestern von Armenien, Aserbaidschan und Lettland. Alexander Symeonides nahm an zahlreichen nationalen und internationalen Festivals teil und stellt seine künstlerische Arbeit in Konzerten mit berühmten Chören, u.a. dem Philharmonia Chorus in London, sowie namhaften Solisten wie Sheila Armstrong, Natalia Gutman, Chris Merritt, Nikolai Petrov, Mikhail Pletnev und Sergei Stadler vor. Seine Schallplattenaufnahmen dokumentieren vor allem seine Interpretationen von Werken griechischer Komponisten der Gegenwart, u.a. in einer Aufnahme mit dem Symphonieorchester des Bayerischen Rundfunks.

Eleni Michalopoulou

Die Sängerin Eleni Michalopoulou wurde 1967 in Thessaloniki, Griechenland, geboren. Schon in sehr jungen Jahren engagierte sie sich im Chorleben ihrer Geburtsstadt. Später studierte sie am Staatlichen Konservatorium in Thessaloniki Gesang und Musiktheorie und setzte anschließend ihre Gesangsausbildung am Nationalen Konservatorium in Athen bei Ikeutsi-Kontogeorgiou fort. Sie nahm an Meisterkursen von A. Kontogeorgiou in Athen, von D. Geordakeskou in Thessaloniki und in Zürich von Ernst Haefliger und Christa Ludwig teil. Die Sopranistin interessiert sich besonders für die zeitgenössische griechische Liedkunst. Die Zusammenarbeit mit berühmten griechischen Komponisten der Gegenwart war für sie von außerordentlicher Bedeutung und gab ihr wichtige und wertvolle Impulse auf diesem Spezialgebiet. Eleni Michalopoulou wirkte als Interpretin mit diesem Repertoire in zahlreichen Radio- und Fernsehsendungen mit. Dem Athener Publikum machte sie sich durch exzellente Aufführungen der Werke von G. Kouroupos und Kurt Weill bekannt. Seit Februar 1993 arbeitet sie regelmäßig als Solistin mit dem Chor des Griechischen Rundfunks.

Chor des Griechischen Rundfunks

Der Chor des Griechischen Rundfunks wurde 1978 von dem Komponisten Manos Hatzidakis, zu dieser Zeit Direktor des Dritten Radio-Programms (Kultur-Programm), in Zusammenarbeit mit dem Dirigenten Antonis Kontogeorgiou, gegründet. Dieser ist bis heute Organisator und Chefdirigent des Chors. Das internationale Repertoire des Chors mit mehr als 500 Werken ist breitgefächert und umfaßt Werke der Chorliteratur von Bach, Beethoven, Brahms, Haydn, Mahler, Mozart, Orff, Rossini, Schostakowitsch, Schmitt, Schubert, Strawinsky und Verdi. Einen besonderen Schwerpunkt bilden die Uraufführungen der Werke für Chor und Orchester sowie a-capella-Werke griechischer Komponisten wie Adamis, Antoniou, Baltas, Kalomiris, Konstantinidis, Kouroupos, Kydoniatis, Nezeritis, Nikitas, Papaioannou, Riadis, Theodorakis, Xenakis, Xenos, Zoras und vieler anderer. In der Konzertgeschichte des Chors finden sich 122 nationale und 116 internationale Premieren. Tourneen führten den Chor des Griechischen Rundfunks u.a. nach Ägypten, Kanada, ins ehemalige Jugoslawien und nach Zypern. Der Chor arbeitete mit allen namhaften Dirigenten Griechenlands sowie mit international renommierten Dirigenten wie Adam Fischer, Sylvio Gualda, Dmitri Kitaenko, Sir Yehudi Menuhin, Václav Neumann und Ralf Weikert zusammen.

Under Piletræet

Klaus Rifbjerg (*1939)

Vi mødtes igen under piletræet
en af de uforklarlige sommermorgener
med blæsten af solsort
fra alle tage.

Vi stod med hinanden i hånden
og forsikrede os selv om
at dette var uforglemmeligt:
grenenes hængende svajen
og fuglene.

Vi talte om lyset i Danmark,
og du fulgte med fingeren tagrygningen.
Lod den slutte med droslens
uldne silhouet-punktum.

Vi målte vores liv med fuglenes.
Så holdt vi op med at snakke,
og jeg følte, mens vi gik ind
den misundelsessøde vished om
at de ville synge,
også når vi var væk.

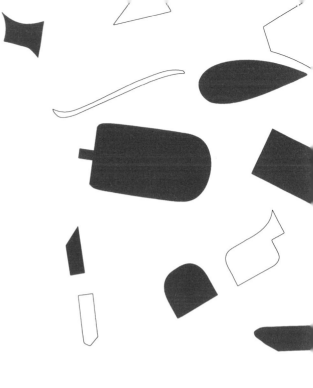

Dänemark

Unter dem Weidenbaum

*Klaus Rifbjerg (*1939)*

Deutsch:
Ralf Thenior
Aus: Mein Gedicht
ist mein Körper,
Neue Poesie aus
Dänemark,
Nachdichtungen von
Michael Buselmeier,
Gregor Laschen,
Johann P. Tammen,
Ralf Thenior und
Peter Urban-Halle,
hrsg. von
Gregor Laschen und
Harly Sonne,
edition die horen,
Wirtschaftsverlag
NW für neue
Wissenschaft,
Bremerhaven 1989

Wir trafen uns wieder unterm Weidenbaum
an einem der unerklärlichen Sommermorgen
mit dem Wind der Amsel
von allen Dächern.

Wir standen, Hand in Hand,
und bestätigten uns
daß dies unvergeßlich war:
das hängende Schwanken der Zweige
und die Vögel.

Wir sprachen vom Licht in Dänemark,
und du folgtest mit dem Finger dem Dachfirst.
Ließest ihn enden
mit dem Silhouettenpunkt der Drossel.

Wir maßen unser Leben mit dem der Vögel.
Dann hörten wir auf zu reden,
und, während wir hineingingen, fühlte ich
die neidischsüße Gewißheit,
sie würden singen
auch ohne uns.

Asger Jorn
(1914 – 1973)
Als ob die Schwäne
singen, 1963
Öl und Acryl
auf Leinwand
146 x 114 cm
Galerie van de Loo,
München

Klaus Rifbjerg

Schriftsteller

Klaus Rifbjerg wurde 1931 in Kopenhagen geboren. Er erhielt seine Ausbildung an der Princeton University, USA, und an der Universität Kopenhagen. Nach mehrjähriger Tätigkeit als Literaturkritiker wurde er 1984 Direktor des Kopenhagener Verlags „Gyldendal", dem größten dänischen Verlagshaus. 1986 wurde er als Professor für Ästhetik an die Universität Kopenhagen berufen. Klaus Rifbjerg debütierte 1956 mit den humoristischen Gedichten „Wind von mir selbst". Bekannt wurde er durch seinen zwei Jahre später erschienenen Roman „Die chronische Unschuld", in dem er, wie in vielen seiner Romane, die dänische Gesellschaft beschreibt. Mit mehr als hundert Werken ist der Schriftsteller der produktivste Autor der dänischen Nachkriegsliteratur. Geschrieben hat er in allen Genres – Romane und Novellen ebenso wie Gedichte, Schauspiele, Essays, Hörspiele, Film- und Fernsehdrehbücher. Die Romane „Der Opernliebhaber" (1966), „Adresse: Lena Jörgensen, Kopenhagen" (1971), „Dilettanten" (1973), „Ein abgewandtes Gesicht" (1977) und „Falscher Frühling" (1984) wurden schon kurz nach ihrer Erstveröffentlichung ins Deutsche übersetzt. Seit kurzer Zeit liegen auch seine Gedichte in deutscher Übersetzung vor. Klaus Rifbjerg wurde mehrfach mit Preisen ausgezeichnet, u.a. 1965 mit dem Dänischen Kritiker-Preis, 1966 mit dem „Grant of Honour" der dänischen Dramatiker, vier Jahre später mit dem Preis des Nordischen Rates, 1979 mit der Holberg-Medaille und 1988 mit dem Hans Christian Andersen-Preis.

Prinzregententheater

Freitag,
22.10.1993

20 Uhr

Klaus Rifbjerg
Schriftsteller

Dänisches Nationalorchester DR
Joshua Bell, Violine
Leif Segerstam, Leitung

Per Nørgaard
(*1923)

Symphonie Nr. 4
„Indischer Rosengarten und chinesischer Hexensee" nach Wölfli

Lento

Allegro meccanico

Jean Sibelius
(1865 – 1957)

Konzert für Violine und Orchester d-moll opus 47

Allegro moderato

Adagio di molto

Allegro ma non troppo

Carl Nielsen
(1865 – 1931)

Symphonie Nr. 5 opus 50

Tempo giusto – Adagio ma non troppo

Allegro – Presto – Andante un poco tranquillo – Allegro

Dänisches Nationalorchester DR

Das Dänische Nationalorchester DR gehört zu den ältesten Radiosymphonieorchestern der Welt. Es wurde 1925 gegründet und besteht heute aus fast 100 Orchestermitgliedern. Zwei Dirigenten beeinflußten die Entwicklung des Orchesters nachhaltig: Fritz Busch und Nicolai Malko. Mehrere berühmte Gastdirigenten wie Daniel Barenboim, Sergiu Celibidache, Paul Kletzki, Rafael Kubelík, Václav Neumann, Eugene Ormandy, Esa-Pekka Salonen und Bruno Walter prägten das Orchester. Herbert Blomstedt war zwischen 1967 und 1977 Chefdirigent des Dänischen Nationalorchesters DR, seit 1988 leitet der finnische Dirigent Leif Segerstam das Orchester. Dmitri Kitaenko und Michael Schønwandt arbeiten regelmäßig mit dem Ensemble. In der Reihe der Gastdirigenten finden sich so berühmte Namen wie Sylvain Cambreling, Aldo Ceccato, Andrew Davies, Gustav Kuhn, Libor Pesek und Esa-Pekka Salonen. Das Dänische Nationalorchester DR machte zahlreiche Schallplattenaufnahmen. Besondere Beachtung verdienen die Einspielungen der Werke für Chor und Orchester des dänischen Komponisten Carl Nielsen sowie dessen Opernaufnahme „Saul und David" unter Leitung von

Segerstam, Blomstedt, Kubelík und dänischen Dirigenten wie John Frandsen, Launy Grondahl, Ole Schmidt, Michael Schønwandt, Erik Tuxen und Mogens Wöldike. Bis 1994 sind Gesamtaufnahmen der Werke von Mahler und Sibelius sowie Aufnahmen der Symphonien von Honegger, Langgaard und Skriabin, mit dem Chefdirigenten Leif Segerstam geplant. Regelmäßige Tourneen führten die Musiker durch Europa und in die USA. Geplant sind Tourneen nach Großbritannien, Japan und Mexiko. Seit der strukturellen Umorganisierung 1988, bei der die Konzerthalle in Kopenhagen und ihre technische Einrichtung modernisiert wurden, ist Per Erik Veng künstlerischer Leiter und General-Manager des Dänischen Nationalorchesters.

Leif Segerstam

Der Dirigent und Komponist Leif Segerstam wurde 1944 im finnischen Vaasa geboren. Nach seiner Studienzeit an der Sibelius-Akademie in Helsinki in den Fächern Orchesterleitung, Komposition, Violine und Klavier ging er nach New York an die renommierte Juilliard School of Music, wo er bei Jean Morel, Louis Persinger sowie bei Hall Overton und Vincent Persichetti studierte. Er begann seine Dirigenten-Laufbahn an der Finnischen National-oper in Helsinki, ging anschließend an die Opernhäuser von Stockholm und Berlin und kehrte 1973 als Generalmusikdirektor nach Helsinki zurück. Von 1975 bis 1982 war er Chefdirigent des ORF-Symphonieorchesters in Wien und stand seit 1977 für zehn Jahre in gleicher Position am Pult des Symphonieorchesters von Radio Helsinki. Gleichzeitig war Leif Segerstam Chefdirigent der pfälzischen Philharmonie in Ludwigshafen und wurde 1988 zum Chefdirigenten des Symphonieorchester des Dänischen Rundfunks in Kopenhagen ernannt. Mit diesem Orchester spielte er Werke von Mahler, den dänischen Komponisten Nielsen und Ruders sowie von Sibelius auf Platte ein. Ein Schwerpunkt seiner umfangreichen Discographie bildet die französische Musik mit Werken von Caplet, Koechlin, Roger-Ducasse, Roussel und Schmitt. Für die Aufnahme von Charles Koechlins „Le Livre de la Jungle" wurde er mit dem „Grand Prix du Disque International de l'Académie Charles Cros" ausgezeichnet. Obwohl Leif Segerstam sich in den letzten Jahren überwiegend dem symphonischen Genre widmete, blieb er den großen Opernhäusern der nordischen Länder und der Wiener Staatsoper treu. Als Komponist widmet er sich besonders der Orchester- und Kammermusik.

Joshua Bell

Der Violinist Joshua Bell wurde 1967 im Bundesstaat Indiana, im Mittleren Westen der USA, geboren. Im Alter von zwölf Jahren begann er seine Geigenstudien bei Josef Gingold und bereits mit vierzehn Jahren gelang dem Künstler in einem Konzert mit dem Philadelphia Orchestra unter Leitung von Riccardo Muti der Durchbruch. Binnen kürzester Zeit avancierte er zu einem gefragten Interpreten und wird von der internationalen Musikkritik zur Elite der jungen Künstlergeneration gezählt. 1985 hatte Joshua Bell sein Debüt in der Carnegie Hall mit dem Saint Louis Symphony unter der Leitung von Leonard Slatkin. 1986 wurde er mit dem „Avery Fisher Career Grant" und 1987 von der Schallplattenfirma Decca ausgezeichnet. Tourneen führten ihn durch die USA, nach Asien, Australien und Europa. Er konzertierte dort mit berühmten Orchestern unter Leitung namhafter Dirigenten wie Vladimir Ashkenazy, Paavo Berglund, Charles Dutoit, John Eliot Gardiner, James Levine, Lorin Maazel, André Previn, Esa-Pekka Salonen und Michael Tilson Thomas. Es gibt wohl kaum ein renommiertes Festival, bei dem er nicht sein Können zu Gehör brachte. Sein Interesse und Engagement gilt gleichermaßen der Solo- und der Kammermusik. Regelmäßige Partner sind die Pianisten Olli Mustonen, Samuel Sanders und Jean-Yves Thibaudet, der Cellist Steven Isserlis und das in Budapest und Boulder beheimatete Takács Quartett. Seine künstlerische Arbeit spiegelt sich auf mehreren Solo-Schallplatten und Kammermusikeinspielungen wider. Joshua Bell spielt auf einer Antonio Stradivari von 1732.

Das komplette Programm zur Ausrüstung von Preßwerken in der Automobil-Industrie:

Großteil-Transferpressen mit Greifer- oder Sauger-transfer, Karosseriepressenlinien, Bandzerteilanlagen, Werkzeugausrüstungen mit Tryout-Center und ein vollständiges Programm zur Pressenautomation

EFFIZIENZ UND FLEXIBILITÄT IN DER FERTIGUNG

Mechanische und hydraulische Pressen für die Blech- und Massivumformung, Werkzeug-Ausrüstungen und Verfahrens-Entwicklungen, Automations-Einrichtungen, Profilieranlagen – mit sechs Produktions-Gesellschaften in Europa und weiteren Fertigungsstätten, Engineering- und Service-Stützpunkten in Übersee bietet die SCHULER-Gruppe technische Kompetenz zur wirtschaftlichen Lösung Ihrer Fertigungsprobbleme.

L. SCHULER GmbH
Postfach 1222 • D 73012 Göppingen
Telefon (07161) 660 • Telefax (07161) 66233

Ūdens noteku caurule (1931)

Aleksandrs Čaks (1901 – 1950)

Ūdens noteku caurule,
tu –
manas zēnības pirmais mūzikas instruments.
Piecstāvu garais,
skārda pelēkais makarons, –
zem tavas runīgās mutes
aukstumā pieaug
ledus mirdzošā bārda –
vienīgais saldējums zēniem par velti.

Tu –
visu mušu un simtkāju miteklis ziemā,
lietus ūdens garākais tunelis
ceļā uz rensteli slīpo,
pie papirosgaliem un ābolu mizām.

Kamdēļ tu stiepies
tik vāra un trausla
gar namiem uz augšu
kā manas skumjas?

Kamdēļ tu esi
tik tieva un kalsnēja
kā manas istabas puķes
un jaunavas modernās pastkartēs?

Laikam tāds liktenis visiem,
kas tiecas uz augšu
no ielas trokšņa un burzmas,
no dzīves tukluma lētā.

Lettland

337

Abflußrohr

Aleksandrs Čaks (1901 – 1950)

Deutsch:
Margita Gūtmane
und Manfred Peter
Hein
Aus: Auf der Karte
Europas ein Fleck,
Gedichte der
osteuropäischen
Avantgarde,
hrsg. von
Manfred Hein,
Ammann Verlag,
Zürich 1991

Abflußrohr,
meiner Jugend erstes Musikinstrument,
fünfstöckig
graue Nudel aus Blech
unterm geschwätzigen Mund dir
wächst in der Kälte
ein glitzernder Bart aus Eis –
für Jungen das einzige
Eis umsonst.

Aller Fliegen und Tausendfüßler
Winterbehausung du
längster Tunnel des Regenwassers
auf dem Weg zur Gosse
zu Zigarettenkippen und Apfelschalen.

Warum reckst du
so zerbrechlich spröd dich
an den Häusern hoch
wie meine Wehmut?

Warum bist du
so mager und dürr
wie meine Zimmerblumen
wie Mädchen auf modernen Postkarten?

Dies Schicksal haben wohl alle
die auf und davon streben
aus der Straße Lärm und Gedräng
aus des Lebens billiger Feistheit.

Dzemma Skulme
(*1925)
Requiem, 1992
Öl auf Leinwand
150 x 140 cm
Galerie
Ludmila Wagner,
München

Raimonds Pauls
Komponist, Pianist und Kulturminister

Raimonds Pauls wurde 1936 in Riga, Lettland geboren. Er studierte dort Klavier und Komposition an der Lettischen Musikakademie. Nach dem Hochschulabschluß bestimmten diese beiden Komponenten gleichermaßen seine künstlerische Tätigkeit. In den folgenden Jahren übernahm er außerdem den Posten als Leiter der Musikredaktion des lettischen Radios sowie des Vorsitzenden des Staatlichen Komitees für Kultur. Von 1955 bis 1988 war er künstlerischer Leiter und Chefdirigent des Staatlichen Lettischen Radios und Fernsehens. Neben dem Lettischen Staatspreis im Jahr 1979, erhielt er für sein musikalisches Wirken mehrere Preise in internationalen Wettbewerben. Seit 1988 ist er Kulturminister von Lettland, der erste nicht kommunistische Minister seit 1920. Der Pianist und brillante Jazz-Improvisator, Komponist und Staatsmann ist eine der populärsten Persönlichkeiten in der Geschichte Lettlands. Raimonds Pauls komponierte über hundert Lieder, drei Musicals, ein einaktiges Ballett sowie Ballettminiaturen, Chormusik, Musik für Kinder, Bühnen- und Filmmusik, mehr als 300 Varieté-Songs sowie zahlreiche Jazzstücke. Er organisierte mehrere Jazz-Festivals und Wettbewerbe und hat so neue musikalische Traditionen in Lettland ins Leben gerufen. Raimonds Pauls arbeitete mit zahlreichen Orchestern und Jazz-Ensembles, u.a. mit dem Varietémusikorchester der Lettischen Philharmonie und als Leiter des Orchesters „Die Seelensaiten". Er hat mehrere Generationen von lettischen Popmusikern erzogen und erwarb sich große Verdienste durch die Ausbildung und Entwicklung der Popmusik in Lettland. Konzerte führten ihn durch verschiedene Länder Europas, nach Australien, Japan und in die USA.

Prinzregententheater

Samstag,
23.10.1993

20 Uhr

Raimonds Pauls
Komponist, Pianist und Kulturminister

Nationales Philharmonisches Orchester Lettland
Valdis Zarins, Violine
Paul Mägi, Leitung

Alfreds Kalnins (1879 – 1951)
Symphonische Idylle „Mana Dzimtene"

Bruno Skulte (1905 – 1976)
Ballade „Über den Soldaten, der nicht heimkehrte"

Romualds Kalsons (*1936)
Konzert für Violine und Orchester

Allegro ma non troppo
Allegro con brio
Andante con moto
Allegro non troppo

Imants Kalnins (*1941)
Symphonie Nr. 3

Moderato molto – Allegro – Molto Grave –
Allegro – Moderato molto

Peteris Vasks (*1946)
„Lauda"

Konzertpate: Talkline GmbH

Nationales Philharmonisches Orchester Lettland

Die Geschichte des Orchesters geht auf das Jahr 1925 zurück. Zu diesem Zeitpunkt wurde im Rigaer Rundfunk ein kleines Musikensemble gebildet, das sich schnell vergrößerte. Seine Leitung übernahm 1926 Arvids Parups. Seine Aufgabe war zunächst die Vorbereitung von Programmen für den Rigaer Rundfunk. Seit 1930 folgten regelmäßige Konzertaktivitäten, die teilweise in Gemeinschaft mit dem Opernorchester stattfanden. Die Konzerte unter den Dirigenten der Nationaloper Janis Medins und Teodore Reiters und den Gastdirigenten Leo Blech, Georg Schneefogt, Igor Strawinsky und Erich Kleiber stimulierten die nationale Interpretenkunst und das symphonische Schaffen der lettischen Komponisten. In den Jahren 1948 bis 1961 entwickelte sich das Orchester zur heutigen Größe von 110 Musikern. Von 1975 bis 1987 leitete Wassily Sinaisky das Orchester. 1990 wurde Paul Mägi künstlerischer Leiter und Chefdirigent. Unter ihm fanden sehr erfolgreiche Werkinterpretationen von Bernstein, Britten, Gershwin, Kalsons, W.A. Mozart, Pärt und Respighi statt. Die Musik der lettischen Komponisten Janis Ivanovs, Adolfs Skulte, Gederts Ramans, Margers Zarins, Janis Kepitis, Arturs Grinups, Imante Kalins, Valters Kaminskis und Peteris Plakidis spielt eine wichtige Rolle im Repertoire des Orchesters. Das Nationale Philharmonische Orchester Lettland nimmt an allen bedeutenden Ereignissen des lettischen Kulturlebens teil. Neben seiner regelmäßigen Konzerttätigkeit wirkt es bei Rundfunk- und Fernsehsendungen mit und spielt Schallplatten ein. Außer in verschiedenen Städten Lettlands konzertierte es in Erivan, Harkov, Kiew, Moskau, St. Petersburg, Rostock, Stralsund, Tallinn, Vilnius, Wladiwostok und gastierte in Bulgarien, Deutschland und in der ehemaligen Tschechoslowakei. Hervorragende Musiker wie David Oistrach, Svjatoslav Richter, Emil Gilels, Leonard Kogan, Pierre Fournier und viele andere konzertierten mit dem Orchester.

Paul Mägi

Paul Mägi wurde 1953 in Tallinn, Estland, geboren. Er studierte dort Violine und Trompete an der Musikhochschule und am Konservatorium, anschließend Orchesterleitung am Moskauer Konservatorium bei Gennadi Rozhdestvensky. 1978 wurde er Dirigent des Symphonieorchesters und der Big Band des estnischen Rundfunks. Im gleichen Jahr begann seine Arbeit mit dem Estnischen Staatlichen Symphonieorchester. Er war Gründer und Chefdirigent des Estnischen Rundfunk-Kammerorchesters, das sich vor allem mit der Musik des Barock und der zeitgenössischen Musik auseinandersetzt. 1984 feierte Paul Mägi sein Debüt am Opernhaus Estonia in Tallinn, an dem er seitdem regelmäßig dirigiert. Besondere Anerkennung erhielt er durch die Uraufführung von Denissovs Ballett „Confessions" im Jahr 1984. In der Zeit zwischen 1985 und 1988 begleitete er den russischen Dirigenten Gennadi Rozhdestvensky mit dem im Jahr 1982 neugegründeten Symphonieorchester des Moskauer Kulturministeriums bei einer Reihe von erfolgreichen Konzertreisen in mehrere europäische Länder. Im Jahr 1986 gastierte er am Bolschoi-Theater in Moskau und 1989 bei den Händel-Festspielen in Halle. Seit 1990 ist er Musikdirektor und Chefdirigent des Nationalen Philharmonischen Orchesters Lettland, mit dem er Gastkonzerte in Deutschland, Estland, Litauen, den Niederlanden, in Schweden und in der Schweiz gab. Der Dirigent arbeitet seit den 80er Jahren regelmäßig mit den Moskauer Philharmonikern und dem Moskauer Kammerorchester zusammen. Tourneen führten den Künstler nach Bulgarien, Deutschland, Finnland, Italien, Litauen, Norwegen, Rußland, Schweden, in die Schweiz und nach Spanien. Paul Mägi hat sich nicht nur als Dirigent einen Namen gemacht, sondern auch als Jazz-Geiger. 1978 erhielt er beim Jazz-Festival in Tiflis den „Jazz Forum"-Preis. Jazz-Sessions führten ihn u.a. nach Großbritannien, nach Kuba und in die USA.

Valdis Zarins

Valdis Zarins ist seit 1976 erster
Konzertmeister und ständiger Solist
des Lettischen Nationalorchesters. Zu
seinem Programm gehören die „klassische" Violin-Literatur und Werke zeitgenössischer lettischer Komponisten,
von denen einige dem Geiger ihre
Werke widmeten. Seine Konzerte wurden zum großen Teil vom Rundfunk
und Fernsehen in Riga und zum Teil
auf Schallplatte aufgenommen. Der
Künstler konzertierte häufig in Europa,
in Kanada und in den USA. Mit dem
Nationalen Philharmonischen Orchester Lettland führten ihn Tourneen
nach Bulgarien, Deutschland und in
viele Städte der ehemaligen UdSSR
sowie zu den Internationalen Musikfestspielen nach Moskau.

Wer mit uns tele-foniert, spart Geld. Morgens, mittags, abends, nachts.

Wann und wieviel Sie auch immer telefonieren: Mit unseren flexiblen D-Netz-Tarifen und gestaffelten Rabatten haben Sie in jedem Fall die besten Karten. Rufen Sie an! Talkline PS PhoneService GmbH, Postfach 14 54, 25333 Elmshorn, Helpline 0 4121/4121.

TALKLINE, IHRE PRIVATE TELEFONGESELLSCHAFT.

Världens tystnad före Bach

*Lars Gustafsson (*1936)*

*Aus: Lars
Gustafsson,
Världens tystnad
före Bach,
Norstedts Förlag,
Stockholm 1982*

Det måste ha funnits en värld före
Triosonatan i D, en värld före a-mollpartitan,
men hur var den världen?
Ett Europa av stora tomma rum utan genklang
överallt ovetande instrument,
där *Musikalisches Opfer* och *Wohltemperiertes Klavier*
aldrig hade gått över en klaviatur.
Ödsligt belägna kyrkor
där aldrig Påskpassionens sopranstämma
i hjälplös kärlek slingrat sig kring flöjtens
mildare rörelser,
stora milda landskap
där bara gamla vedhuggare hörs med sina yxor
det friska ljudet av starka hundar om vintern
och – som en klocka – skridskor som biter i glanskis;
svalorna som svirrar i sommarluften
snäckan som barnet lyssnar till
och ingenstans Bach ingenstans Bach
världens skridskotystnad före Bach

Schweden

Die Stille der Welt vor Bach

Lars Gustafsson (*1936)

Deutsch:
Verena Reichel
Aus: Lars
Gustafsson,
Die Stille der Welt
vor Bach,
Gedichte,
Carl Hanser Verlag,
München Wien 1982

Es muß eine Welt gegeben haben vor
der Triosonate in D, eine Welt vor der A-moll-Partita,
aber was war das für eine Welt?
Ein Europa der großen leeren Räume ohne Widerhall,
voll von unwissenden Instrumenten,
wo das „Musikalische Opfer" und das „Wohltemperierte Klavier"
noch über keine Klaviatur gegangen waren.
Einsam gelegene Kirchen,
in denen nie die Sopranstimme der Matthäus-Passion
sich in hilfloser Liebe um die sanfteren
Bewegungen der Flöte gerankt hat,
weite sanfte Landschaften,
wo nichts zu hören ist als die Äxte alter Holzfäller,
das muntere Bellen starker Hunde im Winter
und Schlittschuhe auf blankem Eis wie ferne Glocken;
die Schwalben, die durch die Sommerluft schwirren,
die Muschel, die das Kind lauschend ans Ohr drückt,
und nirgends Bach, nirgends Bach.
Die Schlittschuhstille der Welt vor Bach.

Carl Larsson
(1855 – 1919)
Junges Mädchen
am Klavier, 1908
Wasserfarben,
Gouache/Kohle
auf Papier
97 x 63 cm
Christie's, London

Lars Gustafsson
Schriftsteller

Lars Gustafsson wurde 1936 in Västeras, Mittelschweden geboren. Er studierte Philosophie und Mathematik in Uppsala und Oxford. Nach der Promotion zum Dr. phil. mit einer Arbeit über „Sprachphilosophen aus der Schule Ludwig Wittgensteins" arbeitete Lars Gustafsson zunächst als Literaturkritiker, dann als Redakteur, später als Chefredakteur für die bedeutende schwedische Literaturzeitschrift „Bonniers litterära Magasin". Die meiste Zeit als freier Schriftsteller und Literaturkritiker in Västeras lebend, führten ihn Gastlesungen ins Ausland, vor allem nach Austin in Texas. Das Jahr 1973 verbrachte er als Stipendiat des Deutschen Akademischen Austauschdienstes in West-Berlin. 1979 habilitierte er sich und wurde Mitglied der Jury des Petrarca-Preises. Nach erneuten Gastprofessuren in Austin und Bielefeld, hat er seit 1983 seinen festen Wohnsitz in Texas und lehrt an der dortigen Universität. Im selben Jahr wurde Lars Gustafsson mit dem „Prix de l'essai" der Charles-Veillon-Stiftung ausge-

zeichnet und erhielt 1985 den Henrik-Steffens-Preis der Hamburger Stiftung F.V.S. – Bereits mit 21 Jahren veröffentlichte Lars Gustafsson seinen ersten Roman „Am Rande des Weges" (1957). Die Romane „Letzte Tage und Tod des Dichters Brumberg" (1959), „Die Brüder" (1960) und „Der eigentliche Bericht über Herrn Arenander" (1969) bezeichnet Lars Gustafsson als „eine Art Triologie". Eines der zentralen Werke seines literarischen Schaffens ist die Roman-Pentalogie „Risse in der Mauer", entstanden zwischen 1972 und 1978, in der die Helden wie er selbst den Vornamen „Lars" tragen und wie er zum Jahrgang 1936 gehören. Weitere Werke sind „Die Tennisspieler" (1977), „Erzählungen von glücklichen Menschen" (1981), „Trauermusik" (1983), „Die dritte Rochade des Bernard Foy" (1986), „Das seltsame Tier aus dem Norden" (1988) und der Roman „Nachmittag eines Fliesenlegers" (1991). 1992 wurde eine Gedichtesammlung in deutscher Sprache herausgegeben.

Philharmonie

Sonntag,
24.10.1993

20 Uhr

Lars Gustafsson
Schriftsteller

Göteborger Symphoniker
Hélène Grimaud, Klavier
Neeme Järvi, Leitung

Carl Nielsen
(1865 – 1931)

„Aladin"– Suite für Orchester opus 34

Orientalischer Festmarsch
Aladins Traum und Tanz der Morgennebel
Hindu-Tanz
Chinesischer Tanz
Der Marktplatz in Ispahan
Tanz der Gefangenen
Neger-Tanz

Serge
Rachmaninov
(1873 – 1943)

Konzert für Klavier und Orchester Nr. 2 c-moll opus 18

Moderato
Adagio sostenuto
Allegro scherzando

Wilhelm
Stenhammar
(1871 – 1927)

Symphonie Nr. 2 g-moll opus 34

Allegro energico
Andante
Scherzo (Allegro, ma non troppo presto)
Finale (Sostenuto – Allegro vivace)

In Zusammenarbeit mit Svenska Institutet
Konzertpate: IKEA Deutschland Verkaufs-GmbH & Co.

Göteborger Symphoniker

Vor der Gründung des Orchesters der Göteborger Symphoniker im Jahre 1905 existierte in Göteborg bereits eine sehr alte „Symphonische Gesellschaft", die in der Zeit von 1856 bis 1861 von Friedrich Smetana geleitet wurde. Das Orchester ist das älteste professionelle Orchester Schwedens. Erster Chefdirigent war zwischen 1905 und 1922 der Komponist und Dirigent Wilhelm Stenhammar. Seine Nachfolger wurden bis 1960 Tor Mann, Issay Dobrowen, Sixten Eckerberg und Dean Dixon. In den darauf folgenden sieben Jahren gab es keine Chefdirigenten, sondern zwei Hauptgastdirigenten, Alberto Erede und Othmar Mága. Danach leiteten Sergiu Comissiona, Sixten Ehrling und Charles Dutoit das Orchester. Seit 1982 ist der in Estland geborene Neeme Järvi Chefdirigent der Göteborger. Das 100 Musiker umfassende Ensemble entwickelte sich in den letzten Jahren zu einem der bedeutendsten Orchester innerhalb der europäischen Musikszene. Berühmte Gastdirigenten wie Myung-Whun Chung, Jesús López-Cobos, Rafael Frühbeck de Burgos und Jevgeni Svetlanov leiteten es. Die künstlerische Tätigkeit des Orchesters ist sehr umfangreich. Besondere Verdienste erwarb es sich mit der Gesamteinspielung der Werke von Sibelius, den Symphonien von Dvořák und Borodin sowie mit Werken von Tschaikowsky. Geplant ist die Gesamtaufnahme der Werke von Grieg und die Einspielung der Symphonien von Schostakowitsch und Nielsen. Die Göteborger Symphoniker geben jährlich mehr als 60 Konzerte in der Konzerthalle von Göteborg. Regelmäßige Tourneen führten das Orchester bisher nach Belgien, in die Hauptmusikzentren Deutschlands, nach Estland, Finnland, Frankreich, Großbritannien, nach Japan, Malaysia, in die Niederlande, die Schweiz, nach Singapur und zur EXPO '92 nach Spanien.

Neeme Järvi

Neeme Järvi wurde 1937 in Tallinn, Estland geboren. Er studierte zunächst Schlagzeug und Dirigieren an der Musikschule in Tallinn und setzte seine Studien danach am Konservatorium in Leningrad fort. Seine Musikerlaufbahn begann er als Schlagzeuger im Orchester des Estnischen Rundfunks, dessen musikalische Leitung er 1963 übernahm. Im gleichen Jahr gründete er das Kammerorchester von Tallinn und war von 1966 bis 1979 Chefdirigent an der dortigen Oper, wo er die sowjetische Erstaufführung des „Rosenkavaliers" von Richard Strauss sowie „Porgy and Bess" von George Gershwin leitete. 1971 gewann er den Wettbewerb der Accademia Nazionale di Santa Cecilia in Rom und erwarb sich damit internationale Beachtung. Einladungen führten ihn daraufhin als Gastdirigent durch Europa, nach Japan, Kanada und Mexiko. 1976 übernahm er die Leitung des soeben gegründeten Symphonieorchesters von Estland. Im Jahr 1980 ging er für einige Zeit in die Vereinigten Staaten, wo er von den führenden Orchestern zu Gastdirigaten eingeladen wurde. 1982 kehrte er nach Europa zurück und übernahm die Leitung der Göteborger Symphoniker und anschließend die des Royal Scottish Orchestra in Glasgow. Dieses Orchester verlieh ihm den Ehrentitel „Conductor Laureate". Seit 1990 ist Neeme Järvi Musikdirektor des Detroit Symphony Orchestra und pendelt gegenwärtig zwischen Detroit und Göteborg. Der Dirigent spielte zahlreiche Schallplatten ein, von denen mehrere mit internationalen Preisen ausgezeichnet wurden. Mit den Göteborger Symphonikern beendet er in diesem Jahr die Gesamtaufnahme der Nielsen Symphonien sowie der kompletten Orchesterwerke von Grieg. Neeme Järvi ist Ehrenmitglied der Königlich-Schwedischen Musikakademie und wurde 1990 zum „Knight Commander of the North Star Order" des schwedischen Königs ernannt.

Hélène Grimaud

Hélène Grimaud wurde 1969 in der berühmten Festivalstadt Aix-en-Provence geboren. Ihre pianistischen Grundfertigkeiten erlernte sie am Konservatorium ihrer Geburtsstadt und ging anschließend nach Marseille, um bei Pierre Babizet ihre Studien fortzusetzen. Mit 13 Jahren kam sie an das Conservatoire National Supérieur de Musique nach Paris und gewann 1985 den ersten Preis in der Klavierklasse von Jacques Rouvier. Im gleichen Jahr erhielt sie einen Platz in der Meisterklasse von Gyorgy Sander und Leon Fleisher. 1987 erspielte sie sich sensationelle Erfolge bei der MIDEM in Cannes und beim Festival „La Roque d'Antheron" und avancierte binnen kürzester Zeit zu einer gefragten Konzertpianistin. Es folgten Konzertreisen nach Japan und ein Probespiel bei Daniel Barenboim, der sie für Konzerte im Jahr 1988 mit dem Orchestre de Paris engagierte. Seither brachte sie ihre technischen und musikalischen Fähigkeiten in den wichtigen Musikzentren Europas, Japans, Kanadas und in den USA zu Gehör. Sie arbeitete mit berühmten Orchestern unter der Leitung international renommierter Dirigenten wie Herbert Blomstedt, Myung-Whun Chung, Charles Dutoit, Lawrence Foster, Eliahu Inbal, Neeme Järvi und Wolfgang Sawallisch. Seit 1988 nimmt die französische Pianistin regelmäßig am Lockenhaus-Festival teil, wo sie mit so berühmten Partnern wie Martha Argerich, Gidon Kremer, dem Hagen Quartett und vielen anderen zusammen konzertierte. Ihre erste Plattenaufnahme machte sie im Alter von 15 Jahren. Die Einspielung wurde 1988 mit dem „Grand Prix de l'Académie du Disque Francais" ausgezeichnet. Es folgten zahlreiche weitere Aufnahmen mit Werken von Brahms, Chopin, Liszt, Rachmaninov, Ravel und Schumann.

Ehrlich gesagt, gab es IKEA schon Millionen Jahre vorher.

Die Idee, die hinter IKEA steckt, ist alles andere als neu. Sie ist so alt wie die natürliche Fähigkeit, sich ein Zuhause selbst einzurichten. Sicher, die Ansprüche sind über die Jahrtausende gewachsen. Das Prinzip jedoch ist immer noch das gleiche.

Ein Teil dieses Prinzips heißt Mühe und Fleiß. IKEA Kunden sind vielleicht etwas fleißiger als normale Kunden. Bei IKEA müssen Sie sich ihre Möbel ohne Verkäufer selbst aussuchen. Sie holen sich die meisten Möbel aus dem Regal und machen sich die Mühe, alles nach Hause zu transportieren. Und dort bauen Sie alles auch noch selbst auf.

Ein weiterer Teil dieses Prinzips heißt Belohnung. Die Belohnung bei IKEA sind Möbel, die eigentlich teurer sein müßten, als sie es sind. Denn alles, was Sie und nicht wir machen, hilft uns und letztendlich Ihnen sparen. Und auch wir sind fleißig dabei, überall dort zu sparen, wo es der Qualität nicht schadet. Zum Beispiel verkaufen wir die meisten Möbel unmontiert in flachen Paketen, weil das billiger zu lagern und zu transportieren ist. Oder bestellen in großen Mengen, wodurch wir hohe Qualität für wenig Geld bekommen.

Am Ende summiert sich Ihr und unserer Fleiß zu einem günstigen Preis. Ob Sie sich nun den Traum einer neuen Kaffeetasse oder einer neuen Schrankwand erfüllt haben – es bleibt Ihnen immer etwas übrig, um das Leben mit anderen Dingen zu bereichern. Vielleicht ja mit einem Picknick im Wald, um die fleißige Waldameise bei der Arbeit zu beobachten.

On the Grasshopper and Cricket

John Keats (1795 – 1821)

The poetry of earth is never dead:
  When all the birds are faint with the hot sun,
    And hide in cooling trees, a voice will run
From hedge to hedge about the new-mown mead;
That is the Grasshopper's – he takes the lead
  In summer luxury, – he has never done
    With his delights; for when tired out with fun
He rests at ease beneath some pleasant weed.
The poetry of earth is ceasing never:
  On a lone winter evening, when the frost
    Has wrought a silence, from the stove there shrills
The Cricket's song, in warmth increasing ever,
  And seems to one in drowsiness half lost,
    The Grasshopper's among some grassy hills.

Groß-
britannien

Grille und Heimchen

John Keats (1795 – 1821)

Aus: John Keats,
Gedichte,
zweisprachig,
übertragen von
Heinz Piontek,
Franz Schneekluth
Verlag,
Münchner Edition,
München 1984

Die Poesie der Erde endet nie.
Sinkt vor der Hitze auch das Vogelheer
Zurück in kühle Wipfel, so zieht quer
Durch Au und Hecken eine Melodie:

Die Grille ists – ihr schwelgerischer Laut,
Des Sommers Kleinod, funkelt unentwegt.
Sogar wenn keine Lust sie mehr erregt,
Ruht sie noch lustvoll müd im süßen Kraut.

Die Poesie der Erde kann nicht enden.
Am Winterabend, wenn der Frost das Land
Zum Schweigen bringt, dann steigt vom Ofen schön

Des Heimchens Lied, ein andres Wärmespenden –
Und jemand wähnt, vom Schlaf halb übermannt,
Die Grille wärs auf grillengrünen Höhn.

Meredith Frampton
(1894 – 1984)
Porträt
einer jungen Frau,
1935
Öl auf Leinwand
205,7 x 107,9 cm
Tate Gallery, London

Peter Jonas
Staatsintendant der Bayerischen Staatsoper

Peter Jonas wurde 1946 in London geboren. Er hörte zunächst Englische Literatur an der Universität in Sussex und studierte anschließend Opern- und Musikgeschichte am Royal Northern College of Music in Manchester und am Royal College of Music in London. Während seiner Studienzeit sammelte er als Statist und Bühnenarbeiter beim Glyndebourne Opera Festival seine ersten Opernerfahrungen. 1973 gewann er für seine englische Neuübersetzung des Osterspiels „Comoedia de Christi resurrectione" von Carl Orff ein Jahresstipendium für Postgraduiertenstudien an der Eastman School of Music in Rochester, New York. 1974 wurde er Assistent von Sir Georg Solti beim Chicago Symphony Orchestra; zwei Jahre später wurde er vom Orchester zum künstlerischen Direktor ernannt. In dieser Zeit arbeitete er mit vielen berühmten Dirigenten und Interpreten zusammen. Er war mitverantwortlich für die umfangreichen Fernseh- und Schallplattenverpflichtungen des Orchesters. Seit 1985 leitete

Peter Jonas als Generalintendant der English National Opera (ENO) die Geschicke dieses Hauses. Er engagierte neue Talente auf dem Gebiet der Opernregie, u.a. die Regisseure Nicholas Hynter, Richard Jones, Tim Albery und David Pountney, und gilt als großer Fürsprecher eines allgemeinverständlichen Opernstils. Speziell um die Förderung der zeitgenössischen Oper hat er sich verdient gemacht, indem er jährlich Auftragsarbeiten von britischen Komponisten anregte, die ins Repertoire der ENO aufgenommen wurden. Zahlreiche Produktionen unter seiner Ägide wurden mit Preisen ausgezeichnet. Die Ausweitung des Repertoires sowie die Öffnung für neue Publikumsschichten sind ein wichtiges Anliegen von Peter Jonas. Überdies erwies er sich als geschickter Kulturfinanzier, der zur finanziellen Unterstützung der stark auf private Gelder angewiesenen English National Opera u.a. das „Zuschauer-Sponsoring" schuf. Die Erwähnung der Namen im Programmheft war der Spender Lohn. 1991 entschloß sich Peter Jonas für eine neue Aufgabe: Ab der Spielzeit 1993/94 ist er Intendant der Bayerischen Staatsoper in München. Nach seiner Berufung kündigte er in einem Pressegespräch ein „Theater der Überraschung" an.

Philharmonie

Peter Jonas
Staatsintendant der Bayerischen Staatsoper

Royal Philharmonic Orchestra
György Pauk, Violine
Sir Peter Maxwell Davies, Leitung

Gustav Holst
(1874 – 1934)

Egdon Heath

Sir Peter
Maxwell
Davies
(*1934)

Konzert für Violine und Orchester

Allegro moderato
Adagio
Allegro non troppo

Ralph
Vaughan
Williams
(1872 – 1958)

Symphonie Nr. 5

Preludio (Moderato)
Scherzo (Presto misterioso)
Romanza (Lento)
Passacaglia (Moderato)

In Zusammenarbeit mit The British Council

Konzertpate: Bayerische Hypotheken- und Wechselbank AG

Royal Philharmonic Orchestra

Das Orchester wurde 1946 in London gegründet und gab sein erstes Konzert unter der Leitung von Sir Thomas Beecham, der fast 15 Jahre lang das Orchester leitete und prägte. Nach dessen Tod übernahmen die Chefdirigenten Rudolf Kempe, Antal Dorati, Walter Weller und André Previn die künstlerische Arbeit mit dem Orchester, das von 1947 bis 1963 bei den Opernfestspielen in Glyndebourne spielte. 1963 wurde das Orchester in eine Unternehmensform umgewandelt, bei der jedes Mitglied Teilhaber ist und zehn Orchestermitglieder in das Direktorat gewählt werden. 1966 verlieh Queen Elisabeth dem Orchester den Titel „Royal". Seit 1987 ist Vladimir Ashkenazy Musikdirektor des Orchesters. Tourneen führten das renommierte Orchester in die ganze Welt, u.a. mit den Geigern Isaac Perlman und Boris Belkin. 1992 wurden zahlreiche Schallplatten eingespielt. Die Zusammenarbeit mit dem Dirigenten Sir Peter Maxwell Davies bietet dem Orchester seit 1992 die seltene Gelegenheit, mit einem zeitgenössischen Komponisten zusammenzuarbeiten. Große internationale Anerkennung fand die Einspielung des Schostakowitsch-Zyklus unter Vladimir Ashkenazy, der einen Markstein in der Geschichte des Royal Philharmonic Orchestra bildet. Zu den künstlerischen Aktivitäten gehören ebenfalls Aufnahmen für Radio, Fernsehen und Film. 1986 gründete das Royal Philharmonic Orchestra als erstes Orchester seine eigene Schallplattenfirma. Dort realisierten die Musiker über 30 Einspielungen mit Künstlern wie Vladimir Ashkenazy, Sir Charles Groves, Sir Yehudi Menuhin, André Previn und Paul Tortelier. Für die Zukunft sind die Einspielung eines Tschaikowsky-Zyklus mit dem japanischen Dirigenten Kazuhiro Koizumi, ein Weihnachtsalbum mit dem Chor der St. Paul's Cathedral sowie die Aufführung der Musicals „West Side Story und „Porgy und Bess" geplant. Hauptgastdirigent ist der Russe Yuri Temirkanov.

Sir Peter Maxwell Davies

Sir Peter Maxwell Davies, Dirigent und Komponist, wurde 1934 in Manchester geboren. Er erhielt seine Ausbildung am Royal Manchester College of Music und bei Goffredo Petrassi in Rom. Mit dem Kammerensemble „Pierrot Players", das er 1967 zusammen mit Harrison Birtwistle gründete, und mit dem Kammerensemble „The Fires of London" setzte er sich für die Aufführung zeitgenössischer Musik ein. Seit 1987 ist er Chefdirigent des Scottish Chamber Orchestra. In Zusammenarbeit mit verschiedenen Orchestern erarbeitete er in den letzten Jahren zunehmend auch das klassische Repertoire. Er ist u.a. Gastdirigent des BBC Philharmonic Orchestra in Manchester, des Boston Symphony Orchestra, des Cleveland Orchestra, des Jerusalem Symphony Orchestra, des Finnischen Radio-Symphonieorchesters, des Rotterdams Philharmonisch Orkest, des Royal Liverpool Philharmonic und des Royal Philharmonic Orchestra in London. Sir Peter Maxwell Davies ist nicht nur ein hervorragender Dirigent, sondern auch ein berühmter Komponist. Seine Werke zeigen eine Verbindung englischer Tradition mit Elementen avantgardistischer Musik. Er komponierte und veröffentlichte über 180 Werke verschiedener Gattungen. Besonderes Aufsehen erregte er mit seiner Oper „The Lighthouse" und dem Auftragswerk des Boston Pop Orchestra „An Orkney Wedding with Sunrise", das zu seinen populärsten Werken zählt. Sir Peter Maxwell Davies erhielt zahlreiche internationale Auszeichnungen. Viele seiner Werke wurden bereits mit großer Resonanz auf Schallplatte eingespielt.

Gyorgy Pauk

Der 1936 in Budapest geborene Geiger verbrachte die Jugend- und Studienzeit in seiner Vaterstadt. Berühmte Lehrer wie Leó Weiner und Zoltán Kodály entwickelten und prägten sein Geigenspiel. Bereits während seiner Studienzeit gab er in ganz Europa Konzerte. 1961 übersiedelte er nach London. Im gleichen Jahr gab er dort sein Konzertdebüt, spielte Platten ein und wurde 1964 am Royal College of Music in Manchester zum Professor ernannt. 1971 debütierte er sehr erfolgreich in den USA mit dem Chicago Symphony Orchestra unter Sir Georg Solti. Inzwischen gibt es wohl kaum ein Orchester von Rang und kaum ein Festival mit Renommee, bei dem Gyorgy Pauk nicht konzertiert hat. Tourneen führten ihn außer nach Australien und Europa, nach Israel, Japan, Neuseeland und in die USA. Der Künstler widmet sich mit Vorliebe der Musikliteratur der Gegenwart, brachte Werke von Lutoslawski, Maxwell Davies, Penderecki, Schnittke und Tippett zur Uraufführung und inspirierte zeitgenössische Komponisten, Werke für ihn zu komponieren. Das 1992 entstandene Violinkonzert von William Matthias steht als jüngstes Beispiel hierfür. Der auf einer Stradivarius aus dem Jahre 1714 spielende Künstler veranstaltete zum zweihundertsten Geburtstag Mozarts ein Festival in London und spielte mit dem Franz Liszt-Kammerorchester in Ungarn ein Mozartalbum ein. Auch seine kammermusikalischen Aktivitäten fanden beim Publikum und bei der Presse große Beachtung. Regelmäßige Kammermusikpartner sind der Pianist Peter Frankl und der Cellist Ralph Kirschbaum. Zusammen mit José Carreras und Klaus Tennstedt wurde er Ehrenmitglied der Royal Academy of Music.

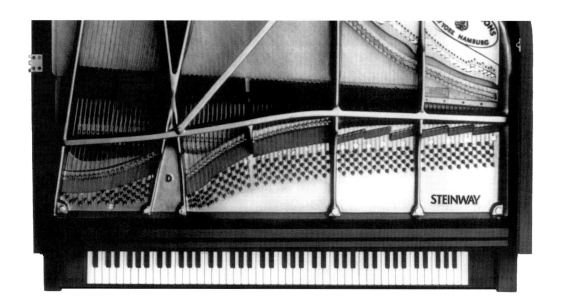

Etudes

Wie man unter den richtigen Vorzeichen seine Anlagen noch besser ausspielt: Wer nach einem Instrumentarium sucht, das ihm hilft, sein Geld optimal zu verwahren und zu vermehren, sollte auf einen Partner setzen, bei dem Erfahrung, Know-how und modernste Banktechnologie im besten Einklang miteinander stehen. Ein solcher Partner ist die HYPO-BANK. Sie hilft Ihnen, alle Fragen zum Thema Geld- und Vermögensanlage spielend zu meistern. Sprechen Sie mit uns.

Die HYPO. Eine Bank – ein Wort.

PIEŚŃ ZOSTAJĘ ZA NAMI (1970)
(pale chtel gili)

Papuscha (ca. 1909 – 1987)

Budzę się w dzień i słyszę
pieśń, słyszę śpiewanie.
Serce ustaje i drży
jak las na wietrze
i przycicha po trochu, i wieje,
i gada coś niedobrego,
i milknie znów.

Serce śmieje się, płacze jak wiatr
i pieśń rozlega się sowia,
śpiewanie ptaka umarłych.

I znów się taniec zaczyna i śmiech.
Tak już się musi żyć:
śpiewać, smiac się,
pić, tańczyć,
skakać, spać, słuchać, iść,
odmieniać się i wracać.
I krzyk się wyrwie nieraz.

A nieraz bywa tak,
że nie pozwala czas
ani na śmiech, ani na płacz.
Czas przelatuje prędzej
i pieśń zostaje za nami.

Polen

Das Lied bleibt hinter uns zurück (1970)

*Papuscha (um 1909 – 1987)**

*Aus: Papuscha,
aus dem Polnischen
hrsg. und übertragen
von Karin Wolff,
Unabhängige
Verlags-
buchhandlung
Ackerstraße,
Berlin 1992*

**Papuscha ist der
Zigeunername der
Dichterin
Bronisława Wajs*

Ich erwache am Tag und höre
ein Lied, höre Singen.
Das Herz erstirbt und zittert
wie der Wald im Wind,
wird leiser und säuselt
und sagt etwas Schlimmes
und schweigt dann erneut.

Das Herz lacht, weint wie der Wind,
und Eulenschrei gellt,
der Sang des Totenvogels.

Und wieder hebt Tanz an und Lachen.
So ist nun das Leben:
singen, lachen,
trinken, tanzen,
springen, schlafen, hören, gehen,
sich verändern, wiederkommen.
Und bisweilen fällt ein Schrei.

Doch oft ist es so,
daß die Zeit nicht reicht
für ein Lachen, ein Weinen.
Die Zeit verfliegt schneller,
und das Lied bleibt hinter uns zurück.

*Tamara de Lempicka
(1898 – 1980)
Dame in Blau
mit Gitarre, 1929
Öl auf Leinwand
116 x 75 cm
Privatbesitz*

Andrzej Szczypiorski
Schriftsteller

Andrzej Szczypiorski wurde 1924 in Warschau geboren. Er studierte in seiner Heimatstadt an der Akademie für Politische Wissenschaften. Mit zwanzig Jahren nahm er am Warschauer Aufstand gegen die deutsche Besatzung teil und wurde nach dessen Scheitern ins Konzentrationslager Sachsenhausen deportiert. Nach dem Krieg arbeitete er bis 1955 als Lehrer, Hörspielautor und Dramaturg bei Radio Kattowitz und am dortigen Theater und war von 1956 bis 1958 im diplomatischen Dienst in Kopenhagen tätig. Nach seiner Rückkehr war er bis 1970 Mitarbeiter von Radio Warschau und schrieb unter einem Pseudonym Filmdrehbücher und Krimis. Wie zahlreiche Intellektuelle Polens distanzierte er sich 1968 vom Regime. Neben seiner schriftstellerischen Arbeit war er Mitherausgeber mehrerer Zeitschriften und von 1974 bis 1984 Generalsekretär des polnischen Autorenverbandes. Als führendes Mitglied des polnischen PEN-Clubs gehörte er zu den Vorkämpfern der intellektuellen Opposition in Polen.

1977 erhielt er wegen seiner regierungskritischen Aktivitäten Publikationsverbot, 1980 schloß er sich dem Bürgerkommitee „Solidarnosc" an und wurde ein Jahr später in der Ära des Kriegsrechts unter General Jaruzelski zum zweiten Mal für mehrere Monate in einem Lager interniert. Nach seiner Freilassung wurde er überwacht und erhielt erneut Publikationsverbot. Von 1989 bis Ende 1992 war Andrzej Szczypiorski Senator im polnischen Parlament. International bekannt wurde der Träger des Nelly-Sachs-Preises, des Österreichischen Staatspreises für Europäische Literatur und des Kunst- und Kulturpreises der Deutschen Katholiken mit seinem Roman „Eine Messe für die Stadt Arras" (1971), für den er 1972 vom polnischen PEN-Club ausgezeichnet wurde. Es folgten der Roman „Der Teufel im Graben" (1974), ein Werk, das in Deutschland 1993 unter diesem Titel erschien, dessen Entstehung aber bereits fast 20 Jahre, jedoch unter einem anderen Titel, zurückliegt. Es erschienen weiterhin der in Deutschland besonders bekannt gewordene Roman „Die schöne Frau Seidenman" (1986), der Erzählband „Amerikanischer Whiskey" (1987) und der Roman „Nacht, Tag und Nacht" (1991), der nach dem politischen Wandel in Polen entstanden ist und sich mit der Zerstörung des Lebens in totalitären Systemen befaßt. Andrzej Szczypiorski hat gerade ein Buch beendet, das 1994 in Deutschland erscheinen wird. Seine Werke sind leidenschaftliche Plädoyers für Toleranz, Gerechtigkeit, Freiheit und Versöhnung.

Philharmonie

Dienstag,
26.10.1993

20 Uhr

Andrzej Szczypiorski
Schriftsteller

Nationalorchester des Polnischen Rundfunks, Kattowitz
Piotr Paleczny, Klavier
Kaja Danczowska, Violine
Antoni Wit, Leitung

Stanislav Moniuszko (1819 – 1872)

Bajka

Henryk Wieniawski (1835 – 1880)

Konzert für Violine und Orchester Nr. 2 d-moll opus 22

Allegro moderato
Romance – Andante non troppo
Allegro con fuoco

Karol Szymanowski (1882 – 1937)

Symphonie Nr. 4 „Concertante" für Klavier und Orchester

Moderato
Andante molto sostenuto
Allegro non troppo

Wojciech Kilar (*1932)

Krzesany

Libero, senza tempo
Meno mosso
Molto rustico, con gran forza e vigore

Konzertpate: Moët & Chandon

Nationalorchester
des Polnischen Rundfunks, Kattowitz

Das Orchester wurde 1934 in Warschau von dem polnischen Komponisten und Dirigenten Grzegorz Fitelberg unter dem Namen Symphonieorchester des Polnischen Rundfunks gegründet. Er leitete das Orchester bis zum Ausbruch des Zweiten Weltkriegs. Schon bald nach Kriegsende nahm das Orchester, jetzt Nationalorchester des Polnischen Rundfunks, Kattowitz, benannt, unter dem polnischen Dirigenten Witold Rowicki seine Konzerttätigkeit wieder auf. 1947 kehrte Grzegorz Fitelberg aus dem Exil nach Polen zurück und wurde zum zweiten Mal Chefdirigent des Orchesters. In den folgenden Jahren übernahmen Jacek Kapsrzyk, Kazimierz Kord, Jan Krenz, Jerzy Maksymiuk, Tadeusz Strugala, Stanislav Wislocki und Bohdan Wodiczko die Leitung. Seit 1983 ist Antoni Wit Chefdirigent. Mit dem Orchester arbeiteten so renommierte Gastdirigenten wie Leonard Bernstein, Pierre Colombo, Paul Kletzky, Kyrill Kondraschin, Charles Mackerras und Solisten wie Martha Argerich, Pierre Fournier, Barbara Hendricks, Julius Katchen, Wilhelm Kempff, Marguerite Long, Garrick Ohlsson, Maurizio Pollini, Hermann Prey, Ruggiero Ricci, Artur Rubinstein, Thomas Schippers, Jerzy Semkov, Isaac Stern, Henryk Szeryng und Krystian Zimerman. Gastkonzerte führten das Orchester durch Europa, nach Australien, China, Hongkong, Japan, in die Mongolei, nach Neuseeland, Taiwan, Süd-Korea und in die USA. Zahlreiche Plattenaufnahmen spiegeln das künstlerische Schaffen des Orchesters wider. Die Zusammenarbeit mit polnischen und internationalen zeitgenössischen Komponisten ermöglichte dem Orchester zahlreiche begeistert gefeierte Uraufführungen, die zum Teil auch auf Schallplatte eingespielt wurden. An dieser Stelle seien stellvertretend für viele andere die Komponisten Bacewicz, Baird, Huber, Kilar, Lutoslawski und Penderecki genannt. Das Nationalorchester des Polnischen Rundfunks, Kattowitz, erhielt für seine Leistungen mehrere Auszeichnungen.

Antoni Wit

Antoni Wit wurde 1944 in Krakau geboren. Er studierte an der Musikhochschule seiner Heimatstadt bei Henryk Czyz Orchesterleitung und bei Krzysztof Penderecki Komposition. Anschließend vervollständigte er seine Studien in Paris bei Nadia Boulanger und Pierre Dervaux. Bis 1969 studierte er gleichzeitig Rechtswissenschaften. Nach seinem Debüt in Krakau im Jahr 1964 war er von 1967 bis 1969 Assistent an der Nationalphilharmonie in Warschau und von 1970 bis 1972 Dirigent des Philharmonischen Orchesters in Posen. Während dieser Zeit gab er regelmäßig Gastkonzerte im Großen Theater von Warschau und gewann 1971 den zweiten Preis beim Herbert von Karajan-Wettbewerb in Berlin. 1973 studierte er bei Stanislav Skrowaczewski und Seiji Ozawa. In den folgenden vier Jahren war er künstlerischer Leiter der Pommerschen Philharmonie in Bydgoszcz und ging danach in der gleichen Funktion zur Krakauer Philharmonie. 1983 wurde Antoni Wit zum künstlerischen Leiter und Chefdirigenten des Nationalorchesters des Polnischen Rundfunks in Kattowitz (PRNSO) ernannt. Seit 1991 ist er regelmäßig Gastdirigent des Philharmonischen Orchesters von Gran Canaria. Antoni Wit, der über 40 Schallplatten eingespielt hat, arbeitete mit zahlreichen internationalen Orchestern. Mit den Krakauer Philharmonikern und dem PRNSO unternahm er Tourneen durch Europa, nach Japan, Südkorea und in die USA. Unter der Leitung von Antoni Wit fand die Uraufführung von Pendereckis „Lacrimosa" (1980) und Rolf Liebermanns „Kosmopolitische Grüße" (1989) sowie von zahlreichen Werken junger polnischer Komponisten statt.

Piotr Paleczny

Piotr Paleczny wurde 1946 in Rybnik, Polen, geboren und studierte von 1965 bis 1970 Klavier am Warschauer Konservatorium bei Jan Ekier. Der Pianist erhielt zahlreiche Preise bei nationalen und internationalen Wettbewerben, so 1968 in Sofia, 1969 in München, 1972 in Bordeaux und beim Chopin-Wettbewerb in Warschau. Er konzertierte mit vielen der berühmten Orchester Europas und der Vereinigten Staaten und bereiste als Solist die fünf Kontinente. Der Pianist brachte seine künstlerische Arbeit bei Festspielen in Bergamo-Brescia, Berlin, Bordeaux, Flandern, Istanbul, Lausanne, Lille, Perth, Prag und Sofia zu Gehör. 1990 saß er in der Jury des Internationalen Chopin-Wettbewerbs. Der Künstler machte Rundfunkaufnahmen für Sendeanstalten in Frankreich, Holland, London, Polen und Spanien. Einen Schwerpunkt unter seinen zahlreichen Schallplattenaufnahmen bilden die Einspielungen der Werke von Chopin und Szymanowski. Besonders verdient machte er sich um die Werke des polnischen Komponisten Paderewski, die er dem Publikum u.a. in der Carnegie Hall und in der Avery Fisher Hall in New York, im Théâtre de Beaulieu in Lausanne und im Salle Pleyel in Paris nahebrachte.

Kaja Danczowska

Schon als 10jährige stand die polnische Geigerin Kaja Danczowska auf dem Konzertpodium des In- und Auslands. Sie erhielt ihre Ausbildung bei Eugenia Uminska. Von Pawel Klecki und Henryk Szeryng gestiftete Stipendien ermöglichten ihr weiterführende Studien. Von 1970 bis 1974 arbeitete sie am Moskauer Konservatorium. In dieser Zeit wirkte sie an den zweijährigen Meisterkursen unter direkter Betreuung von David Oistrach mit. Im Jahr 1976 nahm sie auf Einladung der kanadischen Regierung am Meisterkurs von Ruggiero Ricci teil. Mit ihrem breitgefächerten Repertoire konzertierte sie in Australien, Europa, Japan, Mexiko, Neuseeland und in den USA. Die Solistin ist mehrfache Preisträgerin internationaler Wettbewerbe, u.a. 1967 des Internationalen Henryk Wieniawski-Violinwettbewerbes in Poznan sowie von Wettbewerben in Genf, München, Neapel und Sofia und des Internationalen Queen Elisabeth-Musikwettbewerbes in Brüssel. Neben ihrer regen Konzerttätigkeit und zahlreichen Schallplatteneinspielungen widmet sich die Geigerin mit großem Engagement der pädagogischen Arbeit. Seit 1977 ist Kaja Danczowska Dozentin für Violine an der Krakauer Musikakademie.

James Joyce (1882 – 1941)

Wind thine arms round me, woman of sorcery,
While the lascivious music murmurs afar:
I will close mine eyes, and dream as I dance with thee,
And pass away from the world where my sorrows are.

Faster and faster! strike the harps in the hall!
Woman, I fear that this dance is the dance of death!
Faster! – ah, I am faint... and, ah, I fall.
The distant music mournfully murmureth...

(1907)

Irland

James Joyce (1882 – 1941)

Aus der Gedichtesammlung „Chamber Music", abgedruckt in: James Joyce, Gesammelte Gedichte, Englisch und Deutsch, übersetzt von Hans Wollschläger; Anna Livia Plurabelle, Englisch und Deutsch, übersetzt von Wolfgang Hildesheimer und Hans Wollschläger, edition suhrkamp, Neue Folge Bd. 438, Suhrkamp Verlag, Frankfurt am Main 1987

Wind deine Arme um mich, Zauberin, ganz,
Beim Murmeln fern wollüstiger Musik:
Geschloss'nen Augs will ich träumen mit dir beim Tanz,
Daß ich die Welt meiner Sorgen nicht mehr erblick'.

Schneller und schneller! schlagt die Harfen im Saal!
Weib, mir wird bange – der Tanz ist des Todes Tanz!
Schneller! – mich packt der Schwindel – und, ah ich fall'!
Die ferne Musik murrt trauernd im Mummenschanz...

Nathaniel Hone
(1718–1784)
Pfeifespielender
Knabe, 1769
Öl auf Leinwand
36 x 31 cm
National Gallery
of Ireland, Dublin

Richard Kearney
Philosoph

Richard Kearney wurde 1954 in Cork, Irland geboren. Er studierte an der University Dublin, an der McGill University Montreal und promovierte an der Universität in Paris zum Doktor der Philosophie. Danach leitete er das Cerisy International Philosophy Colloquium. Er war Mitherausgeber zahlreicher Zeitschriften, u.a. „The Crane Bag" und „The Irish Review". Der heute in Dublin lebende Richard Kearney ist Philosophieprofessor am University College Dublin und als Gastprofessor am Boston College tätig. Er arbeitet regelmäßig als Sprecher bei britischen, französischen und irischen Rundfunk- und Fernsehanstalten. Richard Kearney ist Autor zahlreicher philosphischer und kulturkritischer Veröffentlichungen in englischer und französischer Sprache. Zu seinen Werken gehören „Dialogues with Contemporary Continental Thinkers" (1984), „Modern Movements in European Philosophy" (1987), „Transitions" (1988), „The Wake of Imagination" (1989), „Poetics of Imagining" (1991) und sein erster Gedichtband „Angel of PATRICKS Hill" (1991). Er ist Herausgeber von „Heidegger et la Question de Dieu" (1982), „The Crane Bag Book of Irish Studies" (1985 bis 1987), „Across the Frontiers" (1989), „Migrations" (1990) und „Les Metamorphoses de la Raison Herméneutique" von Paul Ricoeur. Richard Kearney ist Mitglied des Irish Arts Council und der Irish Higher Education Authority sowie Vorsitzender des Irish Film Centre und der School of Film Studies am University College Dublin.

Philharmonie

Mittwoch,
27.10.1993

20 Uhr

Richard Kearney
Philosoph

RTE Concert Orchestra
John O'Conor, Klavier
Proinnsias O'Duinn, Leitung

Sean O'Riada (1931 – 1971)

Mise Eire

John Field (1782 – 1837)

Konzert für Klavier und Orchester Nr. 2 As-Dur H 31

Allegro moderato

Poco Adagio

Moderato innocente

John Kinsella (*1932)

Dawn – Rhapsodie nach einem Gedicht von Francis Ledwidge

Hamilton Harty (1879 – 1941)

An Irish Symphony

On the Shores of Lough Neagh (Allegro molto)

The Fair Day (Vivace ma non troppo presto)

In the Antrim Hills (Lento ma non troppo)

The Twelfth of July (Con molto brio)

RTE Concert Orchestra

Bereits bei der Gründung des Rundfunksenders Telefís Eireann im Jahr 1926 wurde auch ein mit ihm in enger Verbindung stehendes Orchester ins Leben gerufen. 1948 gab die Regierung die Genehmigung, unter der Ägide der Rundfunkstation Telefís Eireann zwei ständige Orchester ins Leben zu rufen: das Radio Eireann Symphony Orchestra, jetzt National Symphony Orchestra genannt, und das Radio Eireann Light Orchestra. Beide Orchester werden ohne staatliche Unterstützung komplett von den RTE-eigenen Finanzquellen unterhalten. Das Radio Eireann Light Orchestra baute sich sehr bald einen hervorragenden Ruf auf. 1951 eröffnete es die erste Wexford Festival Opera und setzte seine Konzerte dort bis zum Jahr 1960 fort. 1977 wurde das Orchester in RTE Concert Orchestra umbenannt. In den folgenden Jahren erweiterte das Orchester unter der Leitung von Proinnsias O'Duinn sein Repertoire erheblich. Es umfaßt heute sowohl die „klassische" Konzert- und Opernliteratur als auch

Musicals, Jazz-, Film- und Popmusik. Das RTE Concert Orchestra arbeitete mit dem Ballett des Bolschoi-Theaters, konzertierte bei den Eurovision Song Contests sowie für die Dubliner Grand Opera Society und erzielte Riesenerfolge mit einer Serie von Kinderkonzerten, „Music for Fun" benannt. Jedes Jahr wird das Orchester für eine kurze Zeitspanne um Mitglieder des National Symphony Orchestra erweitert, um großorchestrierte Werke der Orchesterliteratur ins Repertoire aufnehmen zu können; so 1992, um in Irland erstmals Gustav Mahlers Symphonie Nr. 8, „Symphonie der Tausend", aufzuführen. Einen großen Teil der Arbeitskapazität nehmen intensive Radio- und Fernseh-Übertragungen ein. Trotzdem unternahm das Orchester einige sehr erfolgreiche Tourneen durch Großbritannien und in die USA. Die hohe Qualität des Musizierens spiegeln auch die zahlreichen Plattenaufnahmen wider, u.a. Aufnahmen der Werke von Arthur Sullivan und Charles Lennon's „Island Wedding".

Proinnsias O'Duinn

Proinnsias O'Duinn wurde in Dublin geboren. Schon in jungen Jahren wurde er zum Chefdirigenten des Isländischen Symphonieorchesters ernannt. 1961 unternahm er eine ausgedehnte Lateinamerika-Tournee und wurde im gleichen Jahr Chefdirigent und Musikdirektor des Nationalen Symphonieorchesters in Ecuador. 1964 kehrte der vielseitige Dirigent nach Irland zurück, um u.a. in Dublin ein wöchentlich ausgestrahltes Fernsehprogramm mit dem RTE Concert Orchestra einzuführen und zu leiten. In Irland dirigierte der gefragte Dirigent bei allen namhaften Festivals und arbeitete mit den bedeutendsten Opern- und Ballettensembles des Landes. 1974 debütierte er mit dem Royal Philharmonic Orchestra in London. Seit dieser Zeit leitet er regelmäßig als Gastdirigent das BBC Symphony Orchestra sowie die Rundfunkorchester in London und Nordirland. Er dirigierte auch die Symphonieorchester in Dänemark, Norwegen und Schweden. Zu Beginn der 70er Jahre wurde er zum Dirigenten und Vokal-Berater des RTE Chamber-Choir ernannt. Für diese Arbeit erhielt er den „Radio- and Television Critics' Award". 1978 wurde Proinnsias O'Duinn Chefdirigent des RTE Concert Orchestra. Er war maßgeblich an der Entwicklung des Orchesters beteiligt, indem er seine langjährige Erfahrung mit einer Vielzahl von Orchestern in die Arbeit mit dem RTE Concert Orchestra einbrachte und ein breitgefächertes Repertoire aufbaute, das sowohl populäre als auch symphonische Musik umfaßt. Unter seiner Leitung fanden zahlreiche nationale und internationale Premieren statt.

John O'Conor

Der irische Pianist John O'Conor hat sich in erfolgreichen Konzerten mit so bedeutenden Orchestern wie dem Orchestre National de France, dem Royal Philharmonic Orchestra, dem NHK Orchester Tokio, der Tschechischen Staatsphilharmonie Brünn, den Wiener Symphonikern sowie den Symphonieorchestern von Cleveland, Dallas, Detroit, Montreal und Washington DC einen Namen gemacht. In seinem Heimatland konzertiert er regelmäßig mit dem National Symphony Orchestra und dem RTE Concert Orchestra in Dublin. 1992 unternahm er Tourneen durch ganz Europa, nach Australien, in den Fernen Osten und in die Vereinigten Staaten von Amerika. Im Jahr 1993 gastierte er bereits in Neuseeland und zum ersten Mal in Südamerika. Zu Beginn des Jahres 1993 unternahm er eine USA-Tournee, bei der er seine Gesamteinspielung der Beethoven-Sonaten beendete, ein Projekt, daß ihm große Anerkennung der internationalen Presse einbrachte. Im September 1993 wurde er Mitglied in der Jury des Internationalen Klavierwettbewerbs in Leeds. John O'Conor ist künstlerischer Leiter des Klavierwettbewerbs „GPA Dublin International", der im Jahr 1994 zum dritten Mal stattfinden wird.

Diners Club in Deutschland:

Für uns ist es Tradition geworden,

dort zu helfen, wo es gilt,

»dem Wahren, Schönen, Guten«

Gehör und Geltung zu verschaffen.

Diners Club International – mehr als nur eine Kredit-
karte. Als Mittler in Sachen Musik sponsert der Diners Club
große internationale Orchester, und seit über 10 Jahren
unterstützt er die Wiener Philharmoniker auf Deutschland-
Tourneen.

Diners Club. Die Karte mit Kultur.

LÖWENBRÄU

PREMIUM PILSENER

LÖWENBRÄU

Österreich

Dunkles zu sagen

Ingeborg Bachmann (1926 – 1973)

Aus: Ingeborg Bachmann, Werke, Bd. 1, R. Piper & Co. Verlag, München 1984

Wie Orpheus spiel ich
auf den Saiten des Lebens den Tod
und in die Schönheit der Erde
und deiner Augen, die den Himmel verwalten,
weiß ich nur Dunkles zu sagen.

Vergiß nicht, daß auch du, plötzlich,
an jenem Morgen, als dein Lager
noch naß war von Tau und die Nelke
an deinem Herzen schlief,
den dunklen Fluß sahst,
der an dir vorbeizog.

Die Saite des Schweigens
gespannt auf die Welle von Blut,
griff ich dein tönendes Herz.
Verwandelt ward deine Locke
ins Schattenhaar der Nacht,
der Finsternis schwarze Flocken
beschneiten dein Antlitz.

Und ich gehör dir nicht zu.
Beide klagen wir nun.

Aber wie Orpheus weiß ich
auf der Seite des Todes das Leben,
und mir blaut
dein für immer geschlossenes Aug.

Max Oppenheimer
(1885 – 1954)
Die Philharmoniker,
1935, 1939, 1940
Triptychon,
Öl auf Holz
je 302 x 155 cm
Österr. Galerie, Wien

Friederike Mayröcker
Schriftstellerin

Friederike Mayröcker wurde 1924 in Wien geboren. Hier besuchte sie die kaufmännische Wirtschaftsschule und studierte Englisch. 1946 bis 1969 war sie als Englischlehrerin in Wien tätig. Erste schriftstellerische Arbeiten entstanden schon 1939. Im Jahre 1946 wurden erste Gedichte in der Zeitschrift „Plan" veröffentlicht. Zehn Jahre später erschien ihr erstes Buch „Larifari", in dem sie tagebuchartige Prosa vorstellt. Wesentlich für ihre literarische Entwicklung war die Zusammenarbeit mit dem Sprachexperimentator Ernst Jandl, mit dem sie vier Hörspiele, u.a. „Gemeinsame Kindheit" und „Spaltungen", und ein Fernsehfilmdrehbuch schrieb. Eine gattungsmäßige Zuordnung ihrer Texte zur Lyrik, zur Prosa und zum Drama ist nur sehr bedingt möglich. Bilderreiche Erlebnislyrik und ähnliche Prosa stehen neben Texten und Gedichten in der Nähe des Surrealismus. Ein Teil ihrer Werke ist von der experimentellen Dichtung beeinflußt. Sie versucht, mittels Sprache, die Gleichzeitigkeit verschiedener Bewußtseinsvorgänge darzustellen. Wiederkehrende Themen sind „die zersplitterte Welt um uns" und die Verarbeitung ihrer Kindheitseindrücke. Zu ihrem Gesamtwerk gehören mehrere Kinderbücher. Friederike Mayröcker erhielt zahlreiche Auszeichnungen, u.a. 1977 den Georg-Trakl-Preis, 1982 den Großen Österreichischen Staatspreis, 1985 den Literaturpreis des Südwestfunks Baden-Baden, 1989 den Hauptpreis der Deutschen Industrie, 1985 die Ehrenmedaille der Bundeshauptstadt Wien in Gold, 1987 das Ehrenzeichen für Wissenschaft und Kunst der Republik Österreich und 1993 den Friedrich-Hölderlin-Preis. Sie ist Mitglied mehrerer Künstlergremien und Akademien. Zu ihren neuesten Veröffentlichungen gehören die Prosabände „Magische Blätter III" (1991) und „Stilleben" (1991), das Konversationsstück „NADA NICHTS" (1991), der Gedichtband „das besessene Alter" (1992) und die Texte zur Kunst „als es ist" (1992).

Philharmonie

Friederike Mayröcker
Schriftstellerin

Wiener Philharmoniker
Seiji Ozawa, Leitung

Joseph Haydn
(1732 – 1809)

Symphonie Nr. 60 in C-Dur, Hob I:60
Per la Commedia intitolata „Il Distratto"

Adagio-Allegro di molto
Andante
Menuetto
Presto
Adagio (di Lamentatione)
Finale (Prestissimo)

Béla Bartók
(1881 – 1945)

Der wunderbare Mandarin

Antonín
Dvořák
(1881 – 1945)

Symphonie Nr. 9 e-moll opus 95 „Aus der Neuen Welt"

Adagio – Allegro molto
Largo
Scherzo (Molto Vivace)
Allegro con fuoco

In Zusammenarbeit mit Münchner Konzertdirektion Hörtnagel

Konzertpate: Löwenbräu AG & Co.

Wiener Philharmoniker

Bis zum ersten Philharmonischen Konzert im Jahr 1842 unter Otto Nicolai besaß die Stadt Wien kein aus Berufsmusikern bestehendes Konzertorchester. Das Konzert gilt als die Geburtsstunde der Wiener Philharmoniker, u.a. weil erstmals alle Prinzipien der bis heute gültigen „Philharmonischen Idee" verwirklicht wurden, so u.a. die demokratische Selbstbestimmung und unternehmerische Initiative der Orchestergemeinschaft. Doch ehe die Musikervereinigung zu tatsächlicher Stabilität gelangte, vergingen noch einige Jahre. Mit den Abonnementkonzerten unter der Leitung von Carl Eckert wurden 1860 die „Philharmonischen Konzerte" ins Leben gerufen, die seither ohne Unterbrechung bestehen und als einzige grundlegende Änderung den Wechsel vom jeweils für die Dauer einer Saison gewählten Abonnementdirigenten zum Gastdirigentensystem erfahren haben. Mit dem Komponisten und Dirigenten Gustav Mahler trat das Orchester im Jahr 1900 erstmals im Ausland bei der Pariser Weltausstellung auf. Die eigentliche Reisetätigkeit der Philharmoniker, die 1908 ein behördlich genehmigter Verein wurden, begann unter Felix von Weingartner, der das Orchester im Sommer 1922 bis nach Südamerika führte. Einen Höhepunkt der an großen Ereignissen so reichen Geschichte der Wiener Philharmoniker stellt die enge Beziehung zu Richard Strauss sowie die Zusammenarbeit mit Arturo Toscanini und Wilhelm Furtwängler dar. Nach dem Zweiten Weltkrieg band das Orchester alle bedeutenden Dirigenten an sich: Wilhelm Furtwängler, Carlo Maria Giulini, Erich Kleiber, Otto Klemperer, Hans Knappertsbusch, Clemens Krauss, Dimitri Mitropoulos, Eugene Ormandy, Carl Schuricht, Sir Georg Solti, George Szell, Bruno Walter, und von der jüngeren Generation Claudio Abbado, Christoph von Dohnányi, Bernard Haitink, Carlos Kleiber, James Levine, Lorin Maazel, Zubin Mehta, Riccardo Muti, Seiji Ozawa und André Previn, um nur einige Namen zu nennen. Die Zusammenarbeit mit den beiden Ehrendirigenten Karl Böhm und Herbert von Karajan sowie mit Ehrenmitglied Leonard Bernstein nehmen einen besonderen Stellenwert in der Orchestergeschichte ein. — Neben Konzertreisen in die ganze Welt und der Teilnahme an den bedeutendsten Festivals setzte das Orchester mit dem Neujahrskonzert und mit seiner bedeutenden Rolle bei den Salzburger Festspielen Akzente von unvergleichlicher Individualität. Die Wiener Philharmoniker sind nicht bloß Österreichs begehrtester „Kulturexportartikel", sondern Botschafter des mit Musik untrennbar verbundenen Gedankens von Frieden, Humanität und Versöhnung. Für ihre künstlerischen Leistungen erhielten die Philharmoniker zahlreiche nationale und internationale Preise und Auszeichnungen, Schallplatten in Gold und Platin sowie die Ehrenmitgliedschaften vieler kultureller Institutionen. Zwei Vereine „Freunde der Wiener Philharmoniker" in New York und Tokio unterstreichen das internationale Ansehen des Orchesters.

Seiji Ozawa

Seiji Ozawa wurde 1935 in Shenyang, China, als Sohn japanischer Eltern geboren. Er studierte sehr früh traditionelle japanische Instrumente, später Klavier und westliche Musik und setzte seine Klavierstudien in Tokio an der Toho School of Music fort. Eine Sportverletzung zwang ihn, das Klavierspiel aufzugeben. Stattdessen widmete er sich dem Komponieren und der Orchesterleitung und absolvierte sein Studium mit Auszeichnung. 1959 gewann er den ersten Preis beim Internationalen Dirigentenwettbewerb in Besançon, Frankreich. Auf Einladung des in der Jury sitzenden Dirigenten Charles Münch ging er in die Vereinigten Staaten nach Tanglewood. 1960 wurde er von der Kussewitzky Foundation ausgezeichnet und studierte mit Hilfe eines Stipendiums bei Herbert von Karajan. In Berlin begegnete er Leonard Bernstein, der ihm anbot, ihn 1961 auf einer Japantournee mit dem New York Philharmonic Orchestra zu begleiten und danach in New York als einer seiner Assistenten zu wirken.

Seitdem hat Seiji Ozawa fast alle führenden Orchester der Welt geleitet und an den großen Opernhäusern dirigiert. 1962 debütierte er mit dem San Francisco Symphony-Orchestra, 1964 beim London Symphony Orchestra und wurde 1965 für vier Jahre Musikdirektor des Toronto Symphony Orchestra. 1969 feierte er sein Debüt als Operndirigent und leitete eine neue Inszenierung von Mozarts „Cosi fan tutte" bei den Salzburger Festspielen. In der folgenden Saison dirigierte er das Boston Symphony Orchestra in Boston und in Tanglewood. Das einstimmige Lob, das er dabei erhielt, führte zu seiner Ernennung zum zweiten künstlerischen Direktor des Berkshire-Festival in Tanglewood. Von 1970 bis 1976 war er Musikdirektor des San Francisco Symphony Orchestra und führte eine Japantournee mit dem New York Philharmonic Orchestra durch. 1973 wurde er zum zusätzlichen Musikdirektor des Boston Symphony Orchestra ernannt, das er nun schon seit zwanzig Jahren leitet. Tourneen führten ihn mit diesem Orchester nach China, Europa, Fernost, Japan und die USA. Seiji Ozawa wurde mehrmals die Ehrendoktorwürde verliehen, so von der University of Massachusetts, dem New England Conservatory of Music und dem Wheaton College in Norton, Massachusetts. Für die PBS Fernsehserie „Evening at Symphony" des Boston Symphony Orchestra wurde er mit dem „Emmy Award" ausgezeichnet. Zahlreiche Schallplattenaufnahmen, u.a. mit Werken von Debussy, Mahler, Poulenc, Prokofiev, Schönberg und Strauss in Zusammenarbeit mit renommierten Solisten dokumentieren seine künstlerische Arbeit.

Ion Barbu (1895 – 1961)

Din ceas, dedus, adîncul acestei calme creste,
intrată prin oglindă în mîntuit azur,
tăind pe înecarea cirezilor agreste
în grupurile apei un joc secund, mai pur.

Nadir latent! Poetul ridică însumarea
de harfe resfirate ce-n zbor invers le pierzi,
și cîntec istovește: ascuns, cum numai marea
meduzele cînd plimbă sub clopotele verzi.

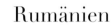

Rumänien

Ion Barbu (1895 – 1961)

Deutsch:
Wolf Aichelburg
Aus: Auf der Karte
Europas ein Fleck,
Gedichte
der osteuropäischen
Avantgarde,
hrsg. von Manfred
Peter Hein,
Ammann Verlag,
Zürich 1991

Der Stunde abgezweigt die Tiefe dieser Gipfelstille,
die durch den Spiegel in erlöstes Blau versunken ist
und über dem Ertrinken der Herden als befreiter Wille
ein Widerspiel im Wasser, ein reineres, vermißt.

Oh, schweigender Nadir! Der Dichter hebt den Harfenklang,
der im verkehrten Fluge irrend sich verlor,
und wie im Meer, verborgen, ist dann vollendet sein Gesang,
wenn Quallen leise schwanken im grünen Glockenchor.

Theodor Aman
(1831 – 1891)
Auf einem
Musikabend
Öl auf Holz
10 x 15,5 cm
Theodor-Aman
Museum, Bukarest

Andrei Pleşu
Philosoph, Kunstkritiker
und ehemaliger Kulturminister

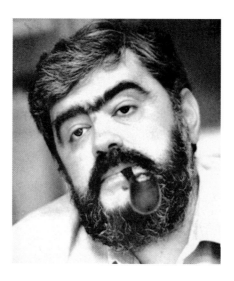

Andrei Pleşu wurde 1948 in Bukarest geboren. Dort studierte er Kunstwissenschaft an der Akademie der Schönen Künste und promovierte 1980 mit der Arbeit „The Feeling for Nature in European Culture". Stipendien ermöglichten ihm weiterführende Studien in Bonn und Heidelberg. Er hielt Gastvorlesungen in Bonn, Dortmund, Düsseldorf und Freiburg im Breisgau über Kulturphilosophie und Rumänische Kunst. In der Zeit von 1971 bis 1979 und von 1984 bis 1989 war er als Wissenschaftler am Kunstgeschichtlichen Institut Bukarest tätig und lehrte außerdem an der dortigen Universität „Geschichte der Kunstkritik" und „Moderne Kunst in Rumänien". In dieser Phase nahm er 1972 am Internationalen Kongress für Ästhetik in Bukarest, 1977 am Kolloquium „Probleme der revolutionären Kunst in Europa 1917 – 1930" in Berlin und 1978 am Symposium „Kunst und Zukunft" in Indonesien teil. Von 1989 bis 1991 war er Kulturminister von Rumänien. Er setzte sich in dieser Funktion vor allem für die Entwicklung der internationalen Beziehungen auf kulturellem Gebiet, für die Gründung neuer Institutionen und Museen sowie für die Förderung der byzantinischen Tradition in Rumänien ein. Seit 1991 ist er Professor an der Akademie der Schönen Künste in Bukarest. Andrei Pleşu war über 20 Jahre als Kunstkritiker tätig. Er ist Autor zahlreicher kunsthistorischer und kunstphilosophischer Artikel sowie mehrerer Bücher, u.a. „Reise in die Welt der Formen" (1974), „Francesco Guardi" (1981) und „Minima Moralia" (1988). Sein neues, sich noch in Arbeit befindendes Werk, ist „Die Sprache der Vögel" betitelt. Andrei Pleşu ist Preisträger der Union Rumänischer Künstler (1980) und des Verbandes der Schriftsteller in Bukarest (1980), „Commandeur de l'Ordre des Arts et des Lettres" (Paris 1990) sowie Mitglied des Verbandes Rumänischer Künstler und des Verbandes Rumänischer Schriftsteller.

Philharmonie

Freitag,
29.10.1993

20 Uhr

Andrei Pleşu
Philosoph, Kunstkritiker und ehemaliger Kulturminister

Nationalorchester des Rumänischen Rundfunks
Marin Cazacu, Violoncello
Horia Andreescu, Leitung

Constantin Silvestri (1913 – 1969)

3 Stücke für Streichorchester

Pesante – Allegro scherzoso – Ritornello

Cantabile

Veloce

Anatol Vieru (*1926)

Konzert für Violoncello und Orchester Nr. 1

Allegro moderato

Andante

Allegro assai

George Enescu (1881 – 1955)

Symphonie Nr. 2 A-Dur opus 17

Vivace, ma non troppo

Andante giusto

Un poco lento, marziale

Allegro vivace, marziale

Nationalorchester
des Rumänischen Rundfunks

Das Nationalorchester des Rumänischen Rundfunks ist das älteste der acht Musikensembles, die für den Rumänischen Rundfunk und das Rumänische Fernsehen tätig sind. Das Orchester besteht seit 1928. Seit seiner Gründung erfüllt es eine doppelte Funktion: einerseits sichert es einen bedeutenden Teil der zur Ausstrahlung verlangten Musikaufnahmen und andererseits bereichert es das Musikleben der Hauptstadt durch wöchentliche Konzerte. Die ersten Generalmusikdirektoren George Georgescu und Constantin Silvestri förderten das Werden dieses Klangkörpers in und außerhalb Rumäniens. Das Nationalorchester des Rumänischen Rundfunks verfügt über ein breitgefächertes Repertoire von der Vorklassik bis zur Moderne. Besondere Aufmerksamkeit gilt den zeitgenössischen rumänischen Komponisten. Zu den Gastdirigenten des Orchesters zählen u.a. Aaron Copland, Paul Kletzky, Igor Markevitch, Kurt Masur, Hermann Scherchen und Wang Jin. Namhafte Solisten wie Dmitri Beschkirov,

Viorica Cortez, Emil Gilels, Gidon Kremer, Silvia Marcovici, Sir Yehudi Menuhin, David Oistrach, Svjatoslav Richter, Isaac Stern und Henryk Szeryng konzertierten mit dem Nationalorchester des Rumänischen Rundfunks. Zahlreiche Konzerte führten das Orchester nach Bulgarien, Deutschland, Frankreich, Italien, Spanien, in die ehemalige Sowjetunion und in die ehemalige Tschechoslowakei. Zwischen 1967 und 1977 bestritt das Orchester in der liberalen Phase des politischen Regimes über 130 Konzerte in verschiedenen Ländern. In den letzten Jahren der Diktatur konnte es nur noch wenige Auslandengagements wahrnehmen. Das Orchester erhielt den „Grand Prix du Disque International de l'Académie Charles Cros" (Frankreich), den Preis der Kussewitzky Foundation (USA) und den Puerta del Sol-Preis (Montevideo).

Horia Andreescu

Horia Andreescu wurde 1946 in der rumänischen Stadt Brasov geboren. Er studierte an der Bukarester Musikakademie Orchesterleitung und Komposition und setzte seine Studien in Wien fort. Ein Stipendium führte ihn in die renommierten Musikzentren der Vereinigten Staaten. Der für seine Klarheit und Transparenz bekannte Dirigent nahm an mehreren Meisterkursen von Sergiu Celibidache teil. Horia Andreescu, den erfolgreiche Tourneen durch ganz Europa führten, ist Generalmusikdirektor des Nationalorchesters von Radio Bukarest, Leiter des Kammerorchesters „Die Virtuosen von Bukarest" und Dirigent der Bukarester Philharmonie. Als ständiger Gastdirigent des Rundfunkorchesters Berlin und der Dresdner Philharmonie prägt er den Klangkörper dieser Ensembles. Er machte mit der Bukarester Philharmonie, dem Holländischen Kammerorchester, dem Collegium Musicum Kopenhagen und dem Symphonieorchester des Mitteldeutschen Rundfunks in Leipzig Schallplattenaufnahmen. Neben mehreren nationalen Auszeichnungen erhielt er Preise beim internationalen Nikolai Malko-Wettbewerb für junge Dirigenten in Kopenhagen und beim Internationalen Ernest Ansermet-Dirigentenwettbewerb in Genf. 1981 wurde Horia Andreescu mit dem Kritiker-Preis der Musikbiennale in Berlin ausgezeichnet.

Marin Cazacu

Der Cellist Marin Cazacu wurde 1956 in der Nähe von Bukarest geboren. Der gegenwärtig beim George Enescu-Philharmonieorchester als Solist engagierte Künstler studierte zunächst an der Hochschule „George Enescu" und anschließend am Konservatorium „Ciprian Porumbescu", an dem er 1979 seine Ausbildung mit Auszeichnung abschloß. Bereits zu dieser Zeit gab er zahlreiche Konzerte. Er setzte seine Studien in Meisterkursen bei E. P. Ksawariev an der Franz Liszt-Musikakademie in Weimar fort. Marin Cazacu wurde mit zahlreichen internationalen Preisen ausgezeichnet: 1979 beim Internationalen Wettbewerb in Markenkirchen und 1980 beim Internationalen Johann Sebastian Bach-Wettbewerb in Leipzig. 1980 erhielt er die Auszeichnung des Rumänischen Theater- und Musikwissenschaft-Verbandes und wurde 1982 Preisträger beim Internationalen Cellowettbewerb „Camillo Oblach" in Bologna. Als Gastsolist konzertierte er mit fast allen rumänischen Orchestern. Konzerttourneen führten den Künstler nach Belgien, Deutschland, Frankreich, Griechenland, Italien, das ehemalige Jugoslawien, Luxemburg, Spanien, in die ehemalige Tschechoslowakei, nach Kanada und in die Vereinigten Staaten. Der Cellist spielte sowohl Solo- als auch Orchesteraufnahmen ein.

Entdeckungen des guten Geschmacks.

Vorhang auf! Der EUROMUSICALE SHOP präsentiert Ihnen Design-Produkte und Accessoires rund um das europäische Musikfest. Exclusive Entwürfe wie das aussergewöhnliche CD-Rack oder der Notenständer, der nicht nur Partituren standfest macht. Schmuckstücke in limitierter Auflage.

Die "Aufführung" der Collection erleben Sie täglich vom 1. -31. Oktober in den Foyers der Konzertsäle. Wer nicht solange warten möchte, fordert vorab den Shop-Katalog an:

Neuwald Marketing Dienste
EUROMUSICALE SHOP
Ottostraße 3 · 80333 München
Tel.: 089/552502-13
Fax: 089/552502-11.
Lassen Sie sich überraschen von den Entdeckungen der besonderen Art.

Musik ist mehr...

als technisch perfekte Beherrschung eines Instruments. In der Schaffung eines die Sinne ansprechenden
Werkes liegt hier die wahre Kunst.

Ebenso machen hochwertige
Zutaten, Ausgewogenheit der Nährstoffe
und moderne Lebensmitteltechnologie
noch lange kein gutes Produkt.
Geschmack, Aroma und appetitliches
Aussehen lassen ein Lebensmittel erst
zum richtigen Genuss werden.

Dies macht Nestlé Produkte zu
mehr als nur zu Nahrungsmitteln.

CV 4888 D

Nestlé

Schweiz

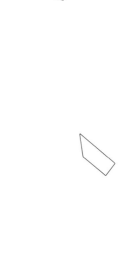

Paul Klee (1879 – 1940)

Aus: Paul Klee,
Gedichte,
Verlags-AG
Die Arche,
Zürich 1980

Ich kenne wohl
die Äolsharfen-artige Weise,
nach innen zu erklingen.

Ich kenne wohl das Ethos,
welches dieser Sphäre eignet.

Ich kenne ebenso gut
die pathetische Gegend der Musik
und denke mir leicht dazu
bildnerische Analoga aus.

Nun tun mir beide
zur gegenwärtigen Zeit
gar nicht not.
Im Gegenteil,
ich sollte so einfach sein, wie ein kleines Volkslied.
Arglos-sinnlich sollte ich sein,
offenen Auges.

Das Ethos möge in der
Ferne warten.
Es eilt nicht.

Das Pathos möge
überwunden sein.
Wozu drangvoll weg
von einer freudigen Diesseitigkeit ??

Das Schwere ist daran nur,
Entwicklungen, die schon vorbei sind,
nachzuholen,
aber „es muß!"

Arnold Böcklin
(1827 — 1901)
Faun, einer Amsel
zupfeifend,
1864/65
Öl auf Leinwand
48,8 x 49 cm
Niedersächsisches
Landesmuseum,
Hannover

Adolf Muschg
Schriftsteller und Professor
für deutsche Sprache und Literatur

Adolf Muschg wurde 1934 in Zolli-
kon, Kanton Zürich geboren. Er studierte Germanistik, Anglistik und Philosophie an der Universität Zürich und
in Cambridge. 1959 promovierte er bei
Emil Staiger mit einer Arbeit über
Ernst Barlach zum Dr. phil. Die nächsten Jahre unterrichtete er an einem
Gymnasium in Zürich und betreute
einige Jahre die literarische Sendung
von Radio Zürich. Von 1962 bis 1964
war er Lektor an der International
Christian University Mitaka bei Tokio,
anschließend Assistent an der Universität Göttingen bei Walter Killy. Nach
dreijähriger Tätigkeit als Dozent an der
Cornell-University Ithaca im Staate
New York, USA, kehrte er nach Zürich
zurück und ist dort seit 1970 als Professor für Literaturwissenschaften an der
Eidgenössischen Technischen Hochschule tätig. Eine Gastlesung über das
Thema „Literatur als Therapie?“ führte
ihn 1980 an die Johann Wolfgang
Goethe-Universität nach Frankfurt a.M.
Im gleichen Jahr unternahm er im Auftrag der Stiftung Pro Helvetia und des

Goethe-Instituts eine Vortrags- und
Lesetournee durch Australien und
Neuseeland. Adolf Muschg, Mitglied
der Akademie der Künste Berlin, der
Akademie für Wissenschaften und
Literatur Mainz, der Deutschen Akade-
mie für Sprache und Dichtung Darm-
stadt und der Schweizerischen Auto-
rengruppe Olten, debütierte mit dem
Roman „Im Sommer der Hasen“ (1965).
Es folgten die Romane „Gegenzauber“
(1967), „Mitgespielt“ (1969), „Albissers
Grund“ (1974), der 1980 nach einem
Chinabesuch geschriebene Roman
„Baiyun oder die Freundschaftsgesell-
schaft“, der Erziehungsroman „Das
Licht und der Schlüssel“ (1984) und
„Der Rote Ritter“ (1993). Seine Er-
zählungen „Liebesgeschichten“ (1972),
„Entfernte Bekannte“ (1976), „Noch ein
Wunsch“ (1979) und „Leib und Seele“
(1982) zeigen Adolf Muschg als einen
Meister der knappen Erzählform.
Unbekannter sind dagegen seine Thea-
terstücke und Fernseh- sowie Hör-
spiele „Das Kerbelgericht“ (1969) und
„Why Arizona“ (1977), produziert für
die Play Commissioning Group in
Basel. Große Anerkennung fanden seine Dramen „Die Aufgeregten von
Goethe“ (1971), „Kellers Abend“ (1975),
in Basel uraufgeführt, und die Monographie über seinen Landsmann Gott-
fried Keller. Adolf Muschg erhielt
mehrfach Auszeichnungen, u.a. 1974
den Hermann-Hesse-Preis, 1984 den
Zürcher Literaturpreis und 1990 die
Carl-Zuckmayer-Medaille.

Philharmonie

Adolf Muschg
Schriftsteller und Professor für deutsche Sprache und Literatur

Orchestre de la Suisse Romande
Martha Argerich, Klavier
Armin Jordan, Leitung

Eric Gaudibert (*1936)	L'Echarpe d'Iris Präludium für großes Orchester

Béla Bartók
(1881 – 1945)

Konzert für Klavier und Orchester Nr. 3

Allegretto
Andante religioso
Allegro vivace

Claude Debussy
(1862 – 1918)

La Mer

De l'aube à midi sur la mer
(Von der Morgendämmerung bis zum Mittag auf dem Meer)
Jeux de vagues (Spiel der Wellen)
Dialogue du vent et de la mer
(Zwiesprache des Windes mit dem Meer)

Maurice Ravel
(1875 – 1937)

La Valse

In Zusammenarbeit mit Münchner Konzertdirektion Hörtnagel

Konzertpate: Nestlé AG

Dieses Konzert findet im Rahmen einer Europa-Tournee statt, die gefördert wird von:
République et Canton de Genève • Ville de Genève • Ein Kulturengagement der Schweizerischen
Kreditanstalt • Stiftung Pro Helvetia • ELVIA Assurances • Wagons-lits Travel

Orchestre de la Suisse Romande

Das Orchestre de la Suisse Romande wurde 1918 von Ernest Ansermet gegründet. Unter seiner mehr als 50 Jahre dauernden Leitung entwickelte sich das einzige große Symphonieorchester der Westschweiz von einem Ensemble mit regionaler Bedeutung zu einem weit über seine Grenzen hinaus bekannten Klangkörper. 1967 übergab Ansermet die Leitung an Paul Kletzki. Dieser wurde später von Wolfgang Sawallisch abgelöst, der zehn Jahre lang Chefdirigent und künstlerischer Leiter des Orchesters war. 1980 trat Horst Stein an seine Stelle. Seit 1985 hat Armin Jordan den Chefposten übernommen. In jeder Saison veranstaltet das Orchester in Genf Abonnementkonzerte und ungefähr 70 Opern- und Ballettabende im dortigen Grand Théâtre. Dazu kommen Konzerte mit den Chören von Genf und Lausanne sowie Symphoniekonzerte für die Westschweizer Radio- und Fernsehgesellschaft RTSR. Zu den künstlerischen Aktivitäten gehören Platteneinspielungen sowie alle zwei Jahre eine Konzertreise ins Ausland. Bisher führten sie das Orchester siebenmal in die USA und nach Kanada, dreimal nach Japan und Südkorea, dreimal nach Deutschland und Österreich sowie mehrmals nach Belgien, Frankreich, Griechenland, Großbritannien, Italien, Spanien und Ungarn. Im Herbst 1987 unternahm das Orchester eine Konzertreise rund um die Welt. Das Orchestre de la Suisse Romande brachte eine Anzahl der großen symphonischen Werke der ersten Hälfte unseres Jahrhunderts zur Uraufführung; außerdem trat es mit hervorragenden Interpretationen der symphonischen Werke von Bartók, Britten, Debussy, Honegger, Martin, Martinů, Prokofiev, Ravel und Strawinsky auf. Unter der Leitung von Ernest Ansermet wurde dem Orchester sechzehnmal der „Grand Prix du Disque" verliehen; dazu kamen für Einspielungen mit Armin Jordan 1985 der „Grand Prix du Disque in honorem" der Académie Charles Cros, 1990 der „Gramophone Award" und 1991 der Maurice Fleuret-Preis.

Armin Jordan

Armin Jordan wurde 1932 in Luzern geboren und studierte in Lausanne und Genf Orchesterleitung. Er begann seine Dirigentenlaufbahn 1957 am Städtebundtheater Biel im Schweizer Kanton Solothurn. Nach sechs Jahren wechselte er an die Oper von Zürich und anschließend ans Stadttheater St. Gallen. 1971 übernahm er die musikalische Leitung des Basler Theaters. Seit 1973 leitete er gleichzeitig das Kammerorchester von Lausanne, das sich unter ihm zu einem der gefragtesten Schweizer Ensembles entwickelte. 1985 verließ er Lausanne und übernahm als erster Schweizer nach Ernest Ansermet die Stelle des Chefdirigenten und künstlerischen Leiters des Orchestre de la Suisse Romande. Von 1986 bis 1992 war er ständiger Gastdirigent des Orchestre de Paris. Armin Jordan gastierte u.a. in Deutschland, Frankreich, Italien und Österreich sowie bei den Festivals von Aix-en-Provence, Athen und Stresa. Die Tourneen, die er mit dem Orchestre de la Suisse Romande nach Belgien, Großbritannien, Japan, Südkorea und in die Vereinigten Staaten unternahm, waren von großem Erfolg gekrönt. Der Dirigent hat an verschiedenen internationalen Opernhäusern gastiert und feierte 1985 in Seattle und 1991 in New York beim „Most-Mozart" Festival große Triumphe. Unvergeßlich bleiben die Erfolge, die ihm am Genfer Grand Théâtre zuteil wurden. Er realisierte zahlreiche Schallplattenaufnahmen mit verschiedenen Orchestern, die zum Teil mit internationalen Preisen ausgezeichnet wurden. Mit dem Orchestre de la Suisse Romande spielte er schwerpunktmäßig Werke von Debussy, Franck, Martin, Ravel und Schumann ein.

Martha Argerich

Die derzeit in Brüssel ansässige, 1941 in Buenos Aires geborene Pianistin gab bereits mit vier Jahren ihr erstes Konzert. Nach frühen Studien in ihrer Heimatstadt übersiedelte die argentinische Pianistin mit ihrer Familie nach Europa, wo sie als Stipendiatin ihre Studien vor allem in Wien, in der Schweiz und in London bei Vicente Scaramuzza, Friedrich Gulda, Nikita Magaloff, Madeleine Lipatti, Stefan Askenase und Arturo Benedetti Michelangeli fortsetzte. 1957 gewann sie den in Bozen stattfindenden Busoni-Klavierwettbewerb sowie den Genfer Wettbewerb, der ihre internationale Karriere einleitete. 1964 wurde sie Preisträgerin des Warschauer Chopin-Wettbewerbs. Einen Meilenstein in ihrer künstlerischen Laufbahn setzte die Aufnahme des Klavierkonzertes Nr. 3 von Serge Prokofiev unter der Leitung von Claudio Abbado. Eine weltweite Konzerttätigkeit führte die Künstlerin in alle wichtigen Musikzentren, wo sie mit den angesehensten Orchestern konzertierte. Sie widmet sich intensiv der Kammermusik und beschäftigt sich besonders mit der Musik von Chopin, Liszt, Schumann, Prokofiev, Ravel und Strawinsky. Fernsehen und Schallplatte haben in gleichem Maße den Ruhm der Solistin verbreitet.

Verschenken Sie einen Stern

mit Omega Constellation

Einem geliebten Menschen
einen Stern vom Himmel zu holen
war in der Weltgeschichte ein oft
gehegter, aber unerfüllbarer
Wunsch. Mit einer goldenen
Constellation wird der Griff nach
den Sternen jetzt Wirklichkeit.

Ein Stern wird auf den Namen
des Beschenkten getauft und in
den Annalen von International
Star Registry für alle Zeiten
festgehalten. Durch ein
individuell gestaltetes Zifferblatt
können Sie dann diesen
Glücksstern stets bei sich tragen.

Ihr Omega – Konzessionär ist
Ihnen bei dem Griff nach den
Sternen gerne behilflich.

OMEGA
The sign of excellence

Kaebelaul (1920)

Marie Under (1883 – 1980)

Kinnikasvanud on koik teed sinikaunide niitudelle,
ja mere rohehiukselised veed on nüüd
jumal teab kelle

Kiita! Minu, päiksesõsara ja meremõrsja, suu
on kinnitopit, ja mu vere viinakobarad on ah –
neist vaevalindest tühjaks nopit!

Kinnimüürit on mu süda, mis oli haavana verivalla.
Kisendusist kihises mu kurk, ent neelasin
nad nagu maiustused alla.

Ah, et kargaks tiigrina üks karje minu huuli
puurist, murdes rahu riivi! Ja et, Jumal, sinu
vasar lööks, sädemete tuuli loites, minu hinge
tulikivvi!

Ah, et jälle igatsuse hambad lõikuks minu
tummund huuli paisund marja! Ning et murraks
kire hundid minu valerahu lambakarja.

Ainus valgus oleks siis mu valu ning sellele
säravalle tuiskaksid mu lahtilastud ihad linnu
parvedena nagu avat väravalle.

Estland

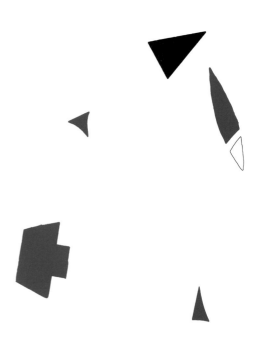

Klagegesang (1920)

Marie Under (1883 – 1980)

Deutsch:
Ilmar Laaban
Aus: Auf der Karte
Europas ein Fleck,
Gedichte
der osteuropäischen
Avantgarde,
hrsg. von
Manfred Peter Hein,
Ammann Verlag,
Zürich 1991

Strauchwerk verwehrt mir den Weg zu den schön blauenden Auen,
und gottweißwem ward es überlassen, der Meeresfluten grünes
Haar zu schauen

und es zu rühmen! Versickert ist mir, der Schwester der Sonne
und Braut des Meeres, die Stimme in einem Knebel, und es wühlen
in den Weintrauben meines Blutes gierige Schnäbel –

die Vögel meiner Qualen sind es! Vermauert ist mein Herz, das
blutend klaffte. Ein Kreischen brodelte in meinem Schlund,
doch schluckt ich es herunter gleich dem Safte

einer köstlichen Frucht. Ach spränge doch mein Schrei wie
ein Tiger aus dem Käfig meiner Lefzen hervor und bräche
meines Schweigens Riegel!

Und meiner Seele Feuerstein – laß doch, Gott, deinen Hammer
auf ihn niedersausen, daß er krache
und Funken sprühe, und daß die Reißzähne der Sehnsucht wieder
in die stumm schwellende Beere meines Mundes bissen und die
Wölfe der Leidenschaft die Schafherde meines falschen Friedens
zerrissen!

Dann leuchtete nur noch mein Schmerz, und es flögen, als schwirrte
hervor ein Vogelschwarm, meine Begierden entfesselt in sein angelweit
strahlendes Tor.

Leili Muuga
(*1922)
Das Orchester, 1962
Öl auf Leinwand
149,5 x 160,5 cm
Estnisches Museum,
Tallinn

Lennart Meri

Schriftsteller und Staatspräsident von Estland

Lennart Meri wurde 1929 in Tallinn, der Hauptstadt vom damals unabhängigen Estland, als Sohn eines Diplomaten geboren. Seine frühe Kindheit verbrachte er in Paris und Berlin, 1939 kehrte die Familie nach Tallinn zurück. Ein Jahr später besetzte die Rote Armee das Land und die Familie Meri wurde, wie viele andere estnische Familien, nach Sibirien deportiert. 1946 konnte Meri nach Estland zurückkehren. Er machte das Abitur und studierte anschließend an der Universität Tartu Geschichte. Nach Abschluß des Studiums wurde ihm jedoch vom KGB die Ausübung seines Berufes als Historiker untersagt. Deshalb betätigte Lennart Meri sich zunächst als Dramaturg am Theater in Tartu. 1958 bot sich ihm die Möglichkeit, an einer Expedition nach Zentralasien teilzunehmen. Diese Reise bedeutete den Beginn seiner Karriere als Reiseschriftsteller und Dokumentarfilmer. In den folgenden Jahren unternahm er rund 30 Expeditionen und beschrieb seine Erlebnisse in Zeitungsartikeln, Büchern und Fil-

men. Er arbeitete für den estnischen Rundfunk, fungierte als Direktor von „Tallinnfilm", wirkte als Sekretär im estnischen Schriftstellerverband mit und amtierte als Leiter des Estnischen Instituts. 1976 verlieh ihm die Universität Helsinki den Ehrendoktortitel. Von Beginn an engagierte sich Lennart Meri in der neuentstandenen Protest- und Autonomiebewegung. 1990 wurde er Außenminister in der estnischen Regierung, in der die Volksfront und Anhänger der Unabhängigkeit die absolute Mehrheit der Mandate bei den Parlamentswahlen erreichten. Nach Zerwürfnissen mit dem neuen Premierminister Tüt Vähi trat Lennart Meri im März 1992 als Außenminister zurück und ging als Botschafter nach Helsinki. Seit Oktober 1992 ist er Präsident der baltischen Republik. Lennart Meri betont das große Interesse Estlands an internationalen Kontakten, insbesondere zu Deutschland, und tritt für den Ausbau kultureller Beziehungen, im Sinne „einer Hilfe zur Selbsthilfe", ein.

Prinzregententheater

Sonntag,
31.10.1993

11 Uhr

Lennart Meri
Schriftsteller und Staatspräsident von Estland

Estnisches Staatliches Symphonieorchester
Arvo Leibur, Violine
Arvo Volmer, Leitung

Heino Eller (1887 – 1970) „Morgenrot“ – Symphonische Dichtung

Eduard Tubin (1905 – 1982) Konzert für Violine und Orchester Nr. 2

Erkki Sven Tüür (*1959) Zeitraum

Arvo Pärt (*1935) Symphonie Nr. 3

Estnisches Staatliches Symphonieorchester

Das Estnische Staatliche Symphonieorchester ist das einzige professionelle Orchester in Estland. Dementsprechend kommt ihm im dortigen Musikleben ganz besondere Bedeutung zu. Das Orchester ist der wichtigste Repräsentant der estnischen Musikkultur. Die Arbeit der Musiker ist eng mit dem Estnischen Rundfunk verbunden. Vor dem Zweiten Weltkrieg arbeitete dort ein Ensemble von acht Musikern. Bei Konzerten wurde dieses Ensemble mit dem Orchester des Theaters „Estonia" verbunden. Erst Ende der 40er Jahre bildete sich daraus ein echtes Symphonieorchester mit regelmäßigen Konzertaktivitäten. Die künstlerische Arbeit des Orchesters umfaßt Aufnahmen für den Estnischen Rundfunk und das Fernsehen sowie die Durchführung von Symphoniekonzerten. Die estnische Musik erhält im Repertoire des Symphonieorchesters besondere Bedeutung. Chefdirigenten waren seit 1944 Neeme Järvi, Paul Karp, Peeter Lilje und Roman Matsov. Seit 1991 ist Leo Krämer Chefdirigent.

Arvo Volmer

Arvo Leibur

Der junge Dirigent Arvo Volmer wurde im Jahre 1962 in Tallinn, der Hauptstadt von Estland, geboren. Er studierte Orchesterleitung an den Konservatorien von Tallinn und Leningrad. Seit 1988 arbeitet er zusammen mit dem Estnischen Staatlichen Symphonieorchester. Außerhalb Estlands dirigierte er das Dänische Nationalorchester DR, in Rußland das Philharmonische Orchester St. Petersburg und stand am Pult der Finnischen Nationaloper.

Der Geiger Arvo Leibur wurde 1964 in Süd-Estland geboren. Schon sehr früh erhielt er seinen ersten Geigenunterricht. Sein Studium begann der Künstler zunächst im estnischen Tartu und in Tallinn und setzte es im Moskauer Konservatorium bei Irina Botschkova, einer Schülerin des berühmten russischen Violinisten Juri Jankelewitsch, fort. Seine Abschlußprüfung absolvierte er im Jahr 1989. Arvo Leibur erhielt mehrere Auszeichnungen bei Wettbewerben. So gewann er bereits im Alter von vierzehn Jahren den in der ehemaligen Tschechoslowakei stattfindenden Cociani-Wettbewerb. Der junge Künstler konzertierte bereits mit großem Erfolg in mehreren Ländern Europas, vor allem in Finnland. Sein vielseitiges Repertoire umfaßt Werke der Barockzeit, der Klassik, der Romantik und der zeitgenössischen Violin-Literatur. Seit Herbst 1981 ist er bei dem niederländischen Orchester Nieuw Sinfonietta Amsterdam engagiert.

Horaz (65 – 8 v. Ch.)

Quem virum aut heroa lyra vel acri
tibia sumis celebrare, Clio?
quem deum? cuius recinet iocosa
    nomen imago

aut in umbrosis Heliconis oris
aut super Pindo gelidove in Haemo?
unde vocalem temere insecutae
    Orphea silvae,

arte materna rapidos morantem
fluminum lapsus celerisque ventos,
blandum et auritas fidibus canoris
    ducere quercus.

quid prius dicam solitis parentis
laudibus, qui res hominum ac deorum,
qui mare ac terras variisque mundum
    temperat horis?

Europa

Horaz (65 – 8 v. Ch.)

*Aus: Horaz:
Carmina (Oden) und
Epoden,
Lateinisch/Deutsch,
mit dem lateinischen
Text der
Ausgabe von
Friedrich Klingner,
in neuer Übersetzung
und mit
Anmerkungen von
Will Richter,
Fischer Bücherei,
Frankfurt am Main
und Hamburg 1964.

Mit Zustimmung des
B.G. Teubner
Verlages, Stuttgart,
der die Rechte an der
lateinischen
Textausgabe hält.*

Welchen Mann oder Heros mit der Leier oder der schrillen Flöte zu feiern hast du, Klio im Sinn ? Welchen Gott? Wessen Namen wird das neckende Echo ertönen lassen,

sei es an den schattigen Küsten des Helikon, sei es am Pindus oder am kühlen Hämus, von dem aus einst die Wälder ohne Zögern dem singenden Orpheus folgten,

der mit der Kunst, die er von seiner Mutter gelernt hat, den reißenden Lauf der Flüsse anhielt und die eilenden Winde, der es schmeichelnd verstand, den Eichen Ohren zu geben, um sie mit klingendem Saitenspiel hinter sich herzuführen !

Was soll ich eher besingen als den vielgesungenen Preis des Vaters (Jupiters), der die Welt der Menschen und Götter, der das Meer, die Länder, das Weltall mit wechselnden Stunden ordnet?

*Symposion mit Leier-
und Flötenklang
attischer Stamnos,
um 430 v. Chr.
Staatliche
Antikensammlung,
München*

Teresa Gouveia
Ministerin für Umwelt in Portugal

Teresa Gouveia wurde 1946 in Lissabon geboren. Sie studierte Geschichte an der Universität ihrer Heimatstadt und war nach ihrem akademischen Abschluß in verschiedenen kulturellen Institutionen in Portugal tätig. In der Zeit von 1982 bis 1985 war sie Direktorin des Kabinetts für Internationale Kulturelle Beziehungen und von 1985 bis 1990 Staatssekretärin im Kultusministerium. 1987 wurde sie als Abgeordnete der Sozialdemokratischen Partei ins Parlament gewählt, wo sie auch Mitglied des Komitees für Außenpolitik war. 1991 wurde sie als Parlamentsabgeordnete erneut bestätigt und wechselte als Staatssekretärin ins Umweltministerium über. In dieser Position war sie bis 1993 tätig und wurde im gleichen Jahr Ministerin für Umwelt in Portugal. Teresa Gouveia war Präsidentin des Komitees für Kulturelle Kooperation beim Europarat in Straßburg sowie Mitglied des General-Rates der portugiesischen Tageszeitung „O Público" und des Kuratoriums der Europäischen Kultur-Stiftung in Amsterdam. Teresa Gouveia setzt sich besonders für die Realisierung des Europagedankens ein. Europa ist für die Ministerin „kein Entwurf der Geographie", sondern „die Geographie einer Kultur, ein Komplex, entstanden aus der Mannigfaltigkeit von individuellen und kollektiven Erinnerungen und Erfahrungen, und trotzdem eine Gemeinschaft. Es ist auch ein Schicksal, doch zur gleichen Zeit ein Projekt des ausdrücklichen Wollens. Europa ist zugleich ein Paradox und eine Gewißheit".

Philharmonie

Sonntag,
31.10.1993

20 Uhr

Teresa Gouveia
Ministerin für Umwelt und Naturschutz in Portugal

European Community Youth Orchestra
Chor der Bayerischen Staatsoper
Francisco Araiza, Teresa Berganza, Edita Gruberova, Jewgenij Nesterenko, Boje Skovhus
Alice Forgiero, Ronnie Johansen, Regina Klepper, Wolfgang Koch, Hermine May,
Rodrigo Orrego, Christoph Späth
Gustav Kuhn, Leitung

G a l a k o n z e r t „Für Freiheit, Frieden und Freundschaft in Europa"

Ludwig van Beethoven (1770 – 1827)	Leonoren-Ouvertüre Nr. 3 C-Dur opus 72 a
Alban Berg (1885 – 1935)	Orchesterstück opus 6 Nr. 3, Marsch
Otto Malling (1848 – 1915)	Konzertarie „Stormen paa Kjøbenhavn 1659"
Bartholomej Urbanec (*1918)	„Dolina, Dolina!", Slowakisches Volkslied
Serge Prokofiev (1891 – 1953)	Monolog des General Kutusov aus „Krieg und Frieden"
José Serrano (1873 – 1941)	Arie der Rosa aus „Los Claveles"
Umberto Giordano (1867 – 1948)	„L'improvviso" des Chénier aus „Andrea Chénier" („Colpito qui...")
Gioacchino Rossini (1792 – 1868)	Ouvertüre zu „Wilhelm Tell"
Ludwig van Beethoven (1770 – 1827)	Szene und Arie des Florestan aus „Fidelio" („Gott, welch Dunkel hier...")
Gioacchino Rossini (1792 – 1868)	Cavatine des Tancredi aus „Tancredi" („O patria...di tanti palpiti...")
Giuseppe Verdi (1813 – 1901)	Szene Philipp/Posa aus „Don Carlos" („Restate!...")
Gioacchino Rossini (1792 – 1868)	Cavatine der Semiramis aus „Semiramide" („Bel raggio lusinghier")
Giuseppe Verdi (1813 – 1901)	Schlußfuge aus „Falstaff" („Tutto il mondo...")

In Zusammenarbeit mit LOFT München • Fernseh-Live-Übertragung durch 3sat •
Künstlerische Beratung: Christian Lange • Gefördert von: Daimler-Benz AG
Konzertpate: L. Schuler GmbH

European Community Youth Orchestra

Die Gründung des European Community Youth Orchestra wurde von Lionel und Joy Bryer, dem Vorsitzenden und der Generalsekretärin der Internationalen Jugendstiftung Großbritannien initiiert. Auslösender Impuls war die Idee, durch Musik die Zusammenarbeit und Einigkeit der europäischen Jugend zu fördern und das europäische Ideal einer vereinten Gemeinschaft der Nationen zu symbolisieren, die Frieden, Harmonie, soziale Gerechtigkeit und Menschenwürde anstrebt. 1974 brachte Baroness Elles den Antrag zur Gründung des Orchesters beim Kultur- und Jugendausschuß des Europäischen Parlaments ein, der vom Plenum mit enormem Beifall angenommen wurde. Im April 1976 bestätigte die Europäische Kommission offiziell ihr Orchester-Patronat. Präsident war Sir Edward Heath. Die Eröffnungstournee fand 1978 unter der musikalischen Leitung von Claudio Abbado, dem Chefdirigenten des Orchesters, statt. Aus mehr als 4000 Kandidaten im Alter von 14 bis 23 Jahren werden jährlich 140 Musiker aus den zwölf Mitgliedsstaaten der Europäischen Gemeinschaft ausgewählt. Die Orchestermitglieder müssen jedes Jahr mit den neuen Anwärtern an einem Auswahlvorspiel teilnehmen, um ihren Platz im Orchester zu sichern. Seit seiner Gründung arbeitete das Orchester mit weltberühmten Dirigenten wie Vla-

dimir Ashkenazy, Daniel Barenboim, Leonard Bernstein, James Conlon, Antal Dorati, Bernard Haitink, Herbert von Karajan, Zubin Mehta, Sir Georg Solti und Jeffrey Tate. Hervorragende Solisten prägten und bereicherten die Konzerte des European Community Youth Orchestra. Die künstlerischen Aktivitäten des Orchesters umfassen Konzerte in allen europäischen Musikmetropolen, die Teilnahme an internationalen Festivals sowie Tourneen durch die ganze Welt. Als musikalischer „Goodwill-Botschafter" unternahm es erfolgreiche Tourneen nach Hongkong, Indien, Japan, Mexiko, in die Vereinigten Staaten und in die Volksrepublik China. Der Gedanke, kulturelle Bande und Freundschaften zwischen den Völkern Osteuropas und der Europäischen Gemeinschaft zu festigen, bildet einen besonderen Schwerpunkt bei der Planung von Konzerten. In diesem Sinne fanden Tourneen nach Osteuropa unter der Stabführung von Jeffrey Tate im Jahr 1990 und ein Jahr darauf nach Rußland statt. 1992 machte das Orchester am Europatag mit der Aufführung der Zweiten Symphonie von Gustav Mahler auf der Weltausstellung in Sevilla Geschichte. Das European Community Youth Orchestra erhielt zahlreiche internationale Preise; so wurde u.a. die Einspielung des „Te Deum" von Hector Berlioz unter Claudio Abbado für die Deutsche Grammophon ausgezeichnet. 1986 erhielt das Orchester den Olympia-Preis der Alexander S. Onassis Public Benefit-Stiftung und 1991 den „Prix d'Initiative Européenne" und den „European Media Prize". – Schirmherren des Orchesters sind die Ministerpräsidenten der 12 Mitgliedsstaaten. Ehrenpräsident ist Egon Klepsch, Präsident des Europäischen Parlaments.

Gustav Kuhn

Der seit Mitte der 80er Jahre auch als Regisseur tätige Dirigent Gustav Kuhn wurde 1947 in Salzburg geboren. Schon in frühen Jahren erhielt er Violin- und Klavierunterricht und studierte seit 1964 am Mozarteum bei Gerhard Wimberger und Kurt Overhoff. Anschließend ging er an die Musikakademie nach Wien und setzte dort seine Studien in den Fächern Dirigieren und Komposition fort. Er vervollständigte seine Dirigierstudien bei Bruno Maderna und Herbert von Karajan. Neben seinem Musikstudium absolvierte er an den Universitäten Salzburg und Wien ein Philosophie-, Psychologie- und Psychopathologiestudium, das er mit einer Promotion abschloß. 1969 gewann er den ersten Preis beim internationalen ORF-Dirigentenwettbewerb. Nach 1970 führte ihn seine Dirigentenlaufbahn an die Opernhäuser von Dortmund, Enschede und Istanbul. 1979 ging er als Generalmusikdirektor nach Bern und 1982 in gleicher Funktion nach Bonn. Vier Jahre später ernannte ihn die römische Oper zum künstlerischen Direktor. Seit 1990 ist er künstlerischer Leiter des Opernfestivals von Macerata in der italienischen Provinz Marken. Gustav Kuhn gastierte bei den Orchestern der bedeutendsten Opernhäusern der Welt, arbeitete mit nahezu allen berühmten Orchestern und gastierte bei zahlreichen renommierten Festivals, u.a. bei den Salzburger Festspielen und beim Opernfestival in Verona. 1992 gründete der Künstler in Farneto in der Nähe von Pesaro die „Accademia Montegridolfo". Ziel dieser Institution ist die Förderung überdurchschnittlich begabter junger Sänger, Instrumentalisten und Dirigenten. Die Interpretationen seines breit gefächerten Repertoires sind auf zahlreichen Plattenaufnahmen zu hören. 1993 erschien sein Buch „Aus Liebe zur Musik", in dem er sich kritisch mit dem heutigen Musikbetrieb auseinandersetzt.

Francisco Araiza

Francisco Araiza wurde 1950 in Mexico City geboren. Er studierte bei Irma Gonzáles am Konservatorium seiner Heimatstadt und debütierte als Zwanzigjähriger als Jaquino in Beethovens „Fidelio" an der Oper von Mexico City. 1974 ging er nach München, um dort an der Musikhochschule bei Richard Holm und Erich Werba seine Gesangsstudien fortzusetzen. Danach wurde er vom Badischen Staatstheater Karlsruhe und 1977 vom Opernhaus Zürich als festes Ensemblemitglied engagiert. Weitere Stationen waren die Opernhäuser in Stuttgart, Paris und Wien. Seit 1988 ist er Kammersänger der Wiener Staatsoper. Als bereits weltberühmter Mozart- und Rossini-Interpret entwickelte er sich ab 1983 zum lirico-spinto Tenor des französischen und schweren italienischen Repertoires. Seine künstlerische und stimmliche Entwicklung gipfelte in seinen von Publikum und Presse gleichermaßen gelobten Rollendebüts als Wagnerheld, zuerst 1990 mit „Lohengrin" am Teatro La Fenice in Venedig und schließlich 1993 mit „Walter von Stolzing" an der New Yorker Metropolitan Opera. Gastauftritte führten ihn an alle großen Opernhäuser der Welt sowie zu den international renommierten Festspielen, u.a. nach Salzburg, wo er 1980 unter Herbert von Karajan debütierte, nach Bayreuth, Edinburgh, zum Rossini-Festival nach Pesaro und zur Schubertiade nach Hohemems. Seine Schallplattenkarriere umfaßt fast 50 Titel des Opern-, Konzert- und Liedrepertoires, eingespielt unter der Leitung berühmter Dirigenten. Auf CD-Video ist er in zahlreichen Opern- und Konzertverfilmungen zu sehen und zu hören, beispielsweise in Abbado/Ponnelles „La Cenerentola" und Böhm/Everdings „Die Entführung aus dem Serail". 1992 strahlte das ZDF ein Fensehportrait mit dem Titel „Francisco Araiza: Ich bin ein Romantiker" aus. Im Jahr 1988 erschien die Bildmonographie „Stimmen der Welt: Francisco Araiza". Der Künstler wurde mit dem „Deutschen Schallplattenpreis" und dem „Orphée d'Or" ausgezeichnet.

Teresa Berganza

Die Sopranistin Teresa Berganza wurde 1935 in Madrid geboren. Sie studierte dort an der Universität Gesang bei Lola Rodriguez Aragón, einer Schülerin der berühmten Elisabeth Schumann. Beim alljährlichen Gesangswettbewerb der Universität gewann sie 1954 den ersten Preis. Ein Jahr später debütierte sie als Konzertsängerin und machte 1957 ihr sensationelles Bühnendebüt bei den Festspielen in Aix-en-Provence als Dorabella in Mozarts „Cosi fan tutte" und 1959 in Glyndebourne als Cherubin in Mozarts „Figaros Hochzeit". Unter der Leitung von Claudio Abbado sang sie dort auch die Angelina in „La Cenerentola" von Rossini und begeisterte ihr Publikum. 1961 erzielte sie glänzende Erfolge beim Holland-Festival. In der Spielzeit 1967/68 wurde sie Mitglied der Metropolitan Opera in New York, wo sie mit der Rolle des „Cherubin" debütierte. Dank der eigentümlichen dunklen Timbrierung ihrer Stimme konnte sie neben den Sopranpartien eine Vielzahl von schwierigen Kolora-

tur-Alt-Partien übernehmen. In ihrem Repertoire finden sich die wichtigsten Werke von Händel, Haydn, Monteverdi und Purcell, Höhepunkte bilden jedoch die Opern von Mozart und Rossini. 1977 sang sie zum ersten Mal bei den Edinburgher Festspielen die „Carmen". Die Aufführung unter Claudio Abbado wurde auf Schallplatte geprägt und gilt seitdem als die ideale Interpretation dieser Rolle schlechthin. Im Laufe ihrer Karriere ist Teresa Berganza an den größten internationalen Opernhäusern wie dem Teatro Colon in Buenos Aires, der Lyric Opera in Chicago, dem Royal Opera House, Covent Garden in London, der Mailänder Scala, der Metropolitan Opera in New York, l'Opéra de Paris, der Wiener Staatsoper sowie den Opernhäusern in Dallas, Hamburg und Stockholm aufgetreten. Sie arbeitete bereits mit den bedeutendsten Dirigenten zusammen, so Claudio Abbado, Carlo Maria Giulini, Herbert von Karajan, Zubin Mehta, Riccardo Muti, Sir Georg Solti und vielen anderen. Bei ihren vom Publikum und der Presse hochgelobten Auftritten als große Interpretin des spanischen, aber auch allgemein des europäischen Liedes, wird sie häufig von ihrem Mann, dem Pianisten und Komponisten Felix Lavilla, begleitet. Neben ihren Auftritten auf dem Opern- und Konzertpodium ist sie auch als Pädagogin erfolgreich tätig. Fernseh-, Rundfunk- und Schallplattenaufnahmen spiegeln ihre Vielseitigkeit und ihr Können wider. In Joseph Walton Loseys Verfilmung des „Don Giovanni" singt sie unter der Leitung von Lorin Maazel die Zerlina.

Edita Gruberova

Die von der Presse als „Prima donna assoluta, Phänomen der Koloratur, Diva des Belcanto Gesangs" gefeierte slowakische Sopranistin Edita Gruberova wurde 1946 in Bratislava geboren. Sie studierte in ihrer Heimatstadt bei Marka Medvecká und Ruthilde Boesch und debütierte 1968 an der dortigen Nationaloper als Rosina in „Der Barbier von Sevilla". Ihre internationale Karriere begann sie an der Wiener Staatsoper in der Rolle der Königin der Nacht in Mozarts „Die Zauberflöte". Nach triumphalen Erfolgen in den Opern „Lucia di Lammermoor" und „Ariadne auf Naxos" wurde sie in den siebziger Jahren zur absoluten Primadonna dieses Hauses. An allen berühmten Opernhäusern der Welt wird sie vor allem als Vertreterin des Koleraturfaches gefeiert. Auf der Bühne sowie bei den fünf großen Opernverfilmungen „Hänsel und Gretel", „Rigoletto", „Arabella", „Ariadne auf Naxos" und „Cosi fan tutte" arbeitete Edita Gruberova mit renommierten Regisseuren wie Jean-Pierre Ponnelle,

Giorgio Strehler und Franco Zeffirelli zusammen. Sie ist ständiger Gast der Opernfestspiele in München und bei den Salzburger Festspielen. Schon seit Beginn ihrer Karriere widmet sie sich intensiv dem Liedgesang und hat bei Liederabenden in vielen Städten der Welt das Publikum begeistert. Zahlreiche Schallplattenaufnahmen dokumentieren die sängerische Laufbahn der Künstlerin. Edita Gruberova wurde u.a. mit dem „Sir Lawrence Olivier-Award", dem „Bellini d'Oro" für hervorragende Gesangsleistungen und dem italienischen „Franco-Abbiati-Kritikerpreis" für die beste Darstellung einer italienischen Opernpartie („Lucia") ausgezeichnet. Von Österreich wurde ihr der Titel „Kammersängerin" verliehen. Die Sopranistin ist Ehrenmitglied der Wiener Staatsoper und Vorsitzende der Richard-Strauss-Gesellschaft in Paris.

Jewgenij Nesterenko

Der in Moskau geborene Bassist Jewgenij Nesterenko studierte am Konservatorium in Leningrad. Noch während seiner Studienzeit debütierte er am Leningrader Maly-Theater als König in Prokofievs „Liebe zu den drei Orangen". Auszeichnungen bei internationalen Wettbewerben legten den Grundstein zu seiner künstlerischen Laufbahn. 1971 wurde er vom Bolschoi-Theater engagiert, mit dem er Tourneen an die Mailänder Scala und an die Metropolitan Opera in New York unternahm. In den nächsten Jahren gastierte er mit den großen Baßrollen, so dem „Sarastro", „Philipp", „Boris", „Fürst Igor" und „Mephisto" in den Opernhäusern in Buenos Aires, Hamburg, London, Mailand, München, San Francisco und Wien. In den Jahren 1986 bis 1988 war er regelmäßig in Dresden, Mailand, in Marseille, Nizza, Rom und an der Wiener Staatsoper sowie bei international renommierten Festivals zu hören. Jewgenij Nesterenko hat mit einer Reihe von berühmten Dirigenten wie Claudio Abbado, Serge

Baudo, Carlo Maria Giulini, Carlos Kleiber, Riccardo Muti, Georges Prêtre, Nello Santi und Wolfgang Sawallisch gearbeitet und spielte zahlreiche erfolgreiche Schallplattenaufnahmen ein. Neben seiner Operntätigkeit ist der Künstler auch ein gefragter Konzertsänger. Sein Repertoire reicht von Bach, Beethoven, Brahms und Schubert bis zu zeitgenössischen Komponisten, wobei der russischen Literatur mit Borodin, Chrennikov, Mussorgsky, Schostakowitsch und Swiridov ein besonderer Platz eingeräumt ist. Auch auf pädagogischem Gebiet ist der mit vielen Auszeichnungen geehrte Sänger tätig. Er hat zahlreiche Meisterkurse in Finnland, Österreich, Ungarn, Japan und in den USA abgehalten und lehrt Gesang am Tschaikowsky-Konservatorium in Moskau.

Boje Skovhus

Der in Ikast, Dänemark, geborene Bariton Boje Skovhus absolvierte sein Gesangsstudium an der Hochschule für Musik in Aarhus und setzte anschließend seine Studien an der Königlichen Opernakademie in Kopenhagen und in New York fort. Seit seinem aufsehenerregenden Debüt in der Titelpartie einer Neuinszenierung des „Don Giovanni" an der Wiener Volksoper 1988 ist der Künstler in Wien zu einem Publikumsliebling geworden und hat sich sehr schnell auch auf internationaler Ebene einen Namen gemacht. Nach seiner zweijährigen Zugehörigkeit zum Ensemble der Wiener Volksoper ist der Sänger seit Beginn der Spielzeit 1991/92 Mitglied der Wiener Staatsoper. Dort singt er u.a. die Partien Eugen Onegin und Graf Almaviva, den Marcello in „La Bohème" und den Silvio in „Der Bajazzo". Neben seiner Tätigkeit auf der Opernbühne ist Boje Skovhus ein gefragter Konzertsolist und Liedinterpret. Mit seinem Klavierbegleiter Helmut Deutsch hat sich der Künstler bereits ein beachtliches Repertoire erarbeitet und dieses in zahlreichen Liederabenden dem Publikum vorgestellt. Gastverpflichtungen führten ihn nach Hamburg, Kopenhagen, Linz, Luzern, München und zu den renommierten Festivals nach Salzburg und Schleswig-Holstein. 1992 gab er sein Debüt an der Kölner Oper in der Titelpartie von Brittens „Billy Budd". Für die Schallplatte hat Boje Skovhus u.a. Partien in Werken von Britten, Orff und Schoeck eingespielt.

Alice Forgiero

Die Sopranistin Alice Forgiero wurde 1964 in Rom geboren. Sie studierte dort Klavier und Gesang an der Accademia di Santa Cecilia. Ihr Gesangs-Debüt gab sie im Jahr 1987 in einer Barockoper. Für die Rolle in dieser Oper wurde sie beim Giovanni Battista Pergolesi-Wettbewerb ausgezeichnet. 1990 war sie Preisträgerin des Ersten Verdi-Festivals in Parma und 1992 Teilnehmerin der Endausscheidung des Pavarotti-Wettbewerbs der Philadelphia Opera Company. Alice Forgiero bringt ihre Interpretationen an zahlreichen Opernhäusern Italiens zu Gehör und beschäftigt sich außerdem intensiv mit dem Konzertrepertoire. Nach einem Konzert mit dem Dirigenten Gustav Kuhn in der „Politeama" von Lecce wurde sie Mitglied der Musik-Vereinigung „Amici Emmanuel". Eine CD-Einspielung mit Arien dokumentiert ihre künstlerische Arbeit.

Ronnie Johansen

Der Baß Ronnie Johansen wurde 1955 in Norwegen geboren. Er studierte an der Opernakademie in Kopenhagen und schloß seine Ausbildung im Jahr 1990 ab. Anschließend nahm er ein festes Engagement an der Deutschen Oper am Rhein in Düsseldorf an. Seit der Spielzeit 1992/93 ist er am Landestheater in Innsbruck engagiert, wo er sein beeindruckendes Debüt als Leporello in Mozarts „Don Giovanni" gab. Aufgrund dieser sängerischen und gestalterischen Darstellung erhielt er zahlreiche Einladungen u.a. zu der Produktion einer Oper von Peter Cornelius „Der Cid" mit dem Radio-Symphonieorchester Berlin unter Leitung von Gustav Kuhn. Die Oper wurde auch auf Schallplatte eingespielt. Ronnie Johansen gastierte als Basilio in Rossinis „Der Barbier von Sevilla" in Frankfurt und als Escamillo in Bizets „Carmen" in Kopenhagen. Der Sänger ist außerdem in den Partien des Zaccarias in „Nabucco", als Banco in „Macbeth", als Philipp in „Don Carlos", als Ramphis in „Aida", als Colline in „La Bohème", als Gremin in „Eugen Onegin" und als Figaro in „Figaros Hochzeit" zu hören und zu sehen.

Regina Klepper

Die Sopranistin Regina Klepper erhielt ihre Ausbildung an der Musikhochschule in Hannover bei Gabriele von Glasow, in München bei Ernst Haefliger und in Padua bei Iris Adami-Corradetti. Durch Auszeichnungen bei nationalen und internationalen Gesangswettbewerben machte sie sich in der Fachwelt einen Namen; Anneliese Rothenberger stellte sie 1982 einem breiten Fernsehpublikum vor. Im gleichen Jahr gab die Sängerin ihr Operndebüt in München. Gastspiele führten Regina Klepper an die Opernhäuser in Florenz, Hamburg und Zürich. Als Konzertsängerin trat die Sängerin mit bedeutenden Orchestern wie den Wiener Philharmonikern, den Wiener Symphonikern, den Bamberger Symphonikern, dem Orchester des Maggio Musicale und verschiedenen Rundfunksymphonieorchestern auf. Unter Leitung von Nicolaus Harnoncourt debütierte sie bei der Salzburger Mozart-Festwoche. Ihre besondere Begabung zur Liedgestaltung stellte die Künstlerin in verschiedenen Ländern Europas, in den USA und in Südamerika unter Beweis. Gemeinsam mit Hermann Prey gestaltete sie Liederabende bei den Herbstlichen Musiktagen in Bad Urbach und bei der Schubertiade in Wien und spielte anschließend mit ihm eine Schallplatte ein. Zahlreiche Rundfunk-, Fernseh- und Schallplattenproduktionen runden die künstlerische Tätigkeit der jungen Sopranistin ab.

Wolfgang Koch

Der im oberbayerischen Burghausen aufgewachsene Baß-Bariton Wolfgang Koch studierte nach dem Abitur an der Hochschule für Musik in München Gesang bei Hanno Blaschke, Liedgesang bei Helmut Deutsch sowie Musiktheorie bei Heinz Winbeck. Anschließend setzte er seine Gesangsstudien bei Josef Metternich fort. Während seiner Studienzeit erhielt der junge Sänger Gelegenheit, sein Können bei mehreren Opernproduktionen der Hochschule unter Beweis zu stellen: Er sang u.a. die Titelpartie in Mozarts „Don Giovanni", die vier Baß-Partien in „Hoffmanns Erzählungen," den Zar in „Zar und Zimmermann" von Lortzing, stellte sich dem Publikum in Görlitz als Figaro im „Barbier von Sevilla" vor und sang in einem Galakonzert der Flämischen Oper Antwerpen den Prolog des Tonio in der Oper „Der Bajazzo". Seit zwei Jahren ist der Künstler Ensemblemitglied des Stadttheaters Bern. Gastspiele führten Wolfgang Koch an die Opernhäuser in Basel, Braunschweig, Mannheim und Stuttgart und an die Berliner Staatsoper sowie zum Bernstein Song Festival nach Bern, zu den Bregenzer Festspielen und zur Uraufführung eines Werkes von Rolf Urs Ringger nach Zürich. In Paris debütierte der Künstler mit „Les Noces" von Strawinsky. Ab der Spielzeit 1993/94 ist er Ensemblemitglied des Staatstheaters Stuttgart. Wolfgang Koch ist Stipendiat des Deutschen Bühnenvereins, des Bayerischen Rundfunks und des Richard-Wagner-Verbandes.

Hermine May

Rodrigo Orrego

Die Mezzosopranistin Hermine May wurde 1966 in Temeswar, Rumänien, geboren. Nach ihrer Übersiedlung nach Deutschland im Jahr 1980 studierte sie Gesang an der Musikhochschule in Stuttgart bei Sylvia Geszty und Louisa Bosabalian. In der Zeit von 1989 bis 1993 gewann die Sängerin zahlreiche Wettbewerbe: u.a. 1990 den ersten Preis beim Bundeswettbewerb für Gesang in Berlin sowie den Sonderpreis für Operette der Robert Stolz-Stiftung, im darauffolgenden Jahr den Förderpreis für junge Künstler des Rotary-Club in Stuttgart und 1992 beim Bundeswettbewerb für Gesang in Berlin. Ein mit dieser Auszeichnung verbundenes Stipendium der Deutschen Oper Berlin führte zu einem einjährigen Vertrag an diesem Haus. Ihr außerordentlich erfolgreiches Bühnen-Debüt gab die Künstlerin dort in der Rolle der Zulima in Rossinis „Italienerin in Algier". Seit der Spielzeit 1993/94 ist Hermine May Ensemblemitglied der Deutschen Oper Berlin, wo sie u.a. in den Musiktheaterproduktionen „Madame Butterfly" und „Die Zauberflöte" zu hören und zu sehen sein wird.

Der Tenor Rodrigo Orrego wurde in Santiago, Chile, geboren. Er studierte dort Gesang bei Hans Stein. Bereits während dieser Ausbildungszeit debütierte er in Santiago mit großem Erfolg in der Partie des Bartolfo in Verdis „Falstaff". 1990 übersiedelte er nach Deutschland und setzte seine Ausbildung bei Aldo Baldin an der Musikhochschule in Karlsruhe fort. Während dieser Zeit stellte sich eine rege internationale Konzerttätigkeit ein. Er wirkte u.a. in Carl Orffs „Carmina Burana" und in Felix Mendelssohn-Bartholdys „Elias" in München mit. Regelmäßig ist Rodrigo Orrego mit der Bach-Akademie Stuttgart unter der Leitung von Helmuth Rilling zu hören. Sein Deutschland-Debüt gab der junge Tenor im Jahr 1991 in Rossinis Oper „Gelegenheit macht Diebe" an der Kammeroper in Frankfurt a.M. 1992 gastierte er in „L'amore dei tre Re", einer Oper von Montemezzi in einer Inszenierung von Giancarlo del Monaco am Opernhaus in Kassel. Im gleichen Jahr trat der Sänger sein erstes festes Engagement am Staatstheater Darmstadt an.

Christoph Späth

Der lyrische Tenor Christoph Späth wurde 1960 in Berlin geboren, wo er nach dem Abitur zunächst eine Lehre als Industriekaufmann absolvierte. Sein Musikstudium begann er an der Hochschule der Künste in Berlin und machte 1983 als Preisträger im Bundesgesangswettbewerb des Verbandes Deutscher Musikerzieher und Konzertierender Künstler auf sich aufmerksam. Es folgten Rundfunkaufnahmen beim Sender Freies Berlin, ein Stipendium des Richard Wagner-Verbandes, die Aufnahme in die Meisterklasse von Dietrich Fischer-Dieskau sowie die Einladung, an renommierten Opernschulen der USA seine Stimme weiterzuentwickeln und erste Bühnenerfahrungen zu sammeln. Er erwarb am Oberlin Conservatory das Artist Diploma und an der Yale University den Master of Music Degree. Sein erstes Festengagement bekam er am Landestheater Altenburg, wo er Don Ottavio in „Don Giovanni", Graf Almaviva in „Der Barbier von Seviglia", den Adam im „Vogelhändler" und den Steuermann im „Fliegenden Holländer" sang. In Produktionen bei 3sat-TV sang er außerdem die Titelpartie in Boris Blachers Kammeroper „Habemeajaja" sowie den Rinuccio in Puccinis „Gianni Schicchi". Seit kurzem freischaffend tätig, ist er als Gast an den Musiktheatern in Bamberg, Braunschweig, Erfurt, am Teatro Comunale Giuseppe Verdi in Triest sowie an der Oper in Amsterdam zu hören. Dort sang er kürzlich die Partie des Don Curzio in einer Gesamtaufnahme von Mozarts „Figaros Hochzeit" mit dem Koninklijk Concertgebouworkest unter Leitung von Nikolaus Harnoncourt. In Monteverdis „Krönung der Poppea" debütierte er bei den Salzburger Festspielen.

Chor der Bayerischen Staatsoper

Die Geschichte des Bayerischen Staatsopernchores läßt sich bis in das Jahr 1523 zurückverfolgen: Herzog Wilhelm IV. erteilte den Auftrag, erstmals berufsmäßige, ausgebildete Sänger, die als Schreiber am Hofe angestellt waren, zu einem Chor zusammenzustellen. Im Jahr 1550 wurde in der Hofstaatsordnung der Chor nach Bassisten, Tenoristen und Altisten aufgeschlüsselt. Nach dem Status von 1655 bestand die Hofkapelle aus 19 Sängern, 3 Organisten und 17 Instrumentalisten. Für die Münchner Erstaufführung „Orfeo" im Jahr 1773 wurde der Chor auf 44 Personen verstärkt. 1781 wirkte der Chor bei der Uraufführung von „Idomeneo" von Wolfgang Amadeus Mozart mit. Im Frühling 1820 richtete der neue Intendant einen engagierten Singchor ein, den ersten berufsmäßig angestellten Chor am Nationaltheater München. Bereits 1824 bestand der Chor aus 30 Herren, 24 Damen und 10 Singknaben. Bei großen Vorstellungen wurde der Chor auf 80 Sänger verstärkt. Der Bayerische Staatsopernchor wirkte bei vielen Uraufführungen der Opernliteratur mit. So u.a. im Jahr 1865 bei Richard Wagners „Tristan und Isolde" und 1868 bei „Die Meistersinger von Nürnberg". Im Sommer 1882 wurde der Opernchor zusammen mit dem Orchester für die Uraufführung des „Parsifal" bei den Bayreuther Festspielen zur Verfügung gestellt. Heute besteht der Staatsopernchor aus 96 Mitgliedern. Bei großen Choropern kommt ein Extrachor mit bis zu 80 Sängern hinzu. Auch auf dem Konzertpodium konnte der Chor unter den Chordirektoren der Nachkriegszeit Wolfgang Baumgart, Herbert Effleinwein, Josef Kugler und seit 1985 unter Udo Mehrpohl große Erfolge erringen.

BAYERISCHER HOF

Ein Hotel? Mögliche Antworten: Dient als Übernachtungsmöglichkeit in fremden Städten, kann günstigstenfalls ein komfortables, vielleicht sogar ein ungewöhnliches Ersatz-Zuhause sein, bemüht sich, den Reisenden mit beinahe allem, was Körper und Geist zur Entspannung oder Belebung benötigen, zu versorgen. Nun, all diese berechtigten Erwartungen treffen auch auf den Bayerischen Hof zu. Doch Münchens Traditionshotel am Promenadeplatz ist noch ein wenig mehr als ein Haus, in dem Gastlichkeit groß geschrieben wird.

Seit seiner Eröffnung vor über 150 Jahren (1841) ist der Bayerische Hof, welcher nach Revolution, Inflation und nach der Zeit des Nationalsozialismus von Falk Volkhardt mit anfangs nur 7 Mitarbeitern wiederaufgebaut wurde und mittlerweile über 700 Angestellte bei über 760 Betten, 3 Restaurants, eigener Komödie, Night-Club und Piano Bar verfügt, immer schon Treffpunkt und Anlaufstelle internationaler Künstler gewesen. Diesen Kulturschaffenden dient nicht nur die entspannte Atmosphäre als günstige Voraussetzung für die edle Tätigkeit, sondern das Hotel fungiert auch als direkter

Ort der Kreativität. In der Komödie des Bayerischen Hofs etwa, wird seit Jahrzehnten nun stets mit den beliebtesten Mimen erfolgreich aufgeführt, was der Name des Theaters verspricht.

Neu hingegen ist eine Konzertreihe, die der maßgeblichen Musik des nun auslaufenden Jahrhunderts, dem Jazz, ein Forum bietet.

Seit dem Sommer 1992 ist der Night-Club im Bayerischen Hof auch ein Ort der Jazz Performance. Was zunächst als Parallel- oder Ergänzungsveranstaltung zum etablierten Musikfestival „Münchner Klaviersommer" begann, wurde später auch außerhalb der Klaviersommer-Saison regelmäßig fortgeführt. Die Elite der swingenden Musik, die Anspruchsvollsten der Gattung, gaben sich bereits ein Stelldichein. Die immer stärker Zuspruch findenden Konzerte werden auch zukünftig das Nachtleben Münchens bereichern.

Im Bayerischen Hof verbindet oftmals gerade die eindringende Kunst Menschen, und hinterläßt dadurch ein unvergleichbares Flair. Doch auch was an Kultur außerhalb der Räumlichkeiten des Hotels seine Wirkung sucht, wird gerne gefördert. So unterstützt und begrüßt der Bayerische Hof als Partner mit Stolz die Aktivitäten, die im Rahmen der erstmalig stattfindenden EUROPAMUSICALE in München inszeniert werden. Der einen ganzen Monat währenden Konzertreihe, die die europäische Idee mit Orchestern aus 31 Ländern des hiesigen Kontinents musikalisch und rhetorisch zu würdigen gedenkt, steht der Bayerische Hof nicht nur als Unterkunft für Ausführende und Musikinteressierte aus aller Welt zur Verfügung.

BAYERISCHER HOF

MITTELDEUTSCHER RUNDFUNK

Wir verbinden Menschen

Der Mitteldeutsche Rundfunk ist die federführende ARD-Anstalt zur Verwertung der Hörfunkrechte von EUROPA-MUSICALE.

Die Welle MDR Kultur - ein modernes Radioprogramm für 9 Millionen Hörer in den Bundesländern Sachsen, Sachsen-Anhalt und Thüringen – hat schon frühzeitig die Bedeutung dieses internationalen Musikfestes für die europäische Verständigung erkannt.

MDR Kultur macht EUROPAMUSICALE zu einem bisher noch nie dagewesenen Radioereignis: Erstmals in der Geschichte des Rundfunks erleben einen Monat lang Tag für Tag Hörer zwischen Atlantik und Pazifik die europäischen Musikkulturen in authentischen Interpretationen. Gedanken über Europa von Schriftstellern, Künstlern und Politikern aus 31 Ländern sind Bestandteil der Live-Übertragungen. Zeitversetzt senden auch Rundfunkstationen aus den USA, aus Japan, Korea und Neuseeland.

Von MDR Kultur übernehmen Konzerte via Satellit: ABC Radio, Australien • Bayerischer Rundfunk, München • BBC, London • Bulgarisches Radio, Sofia • Canadian Broadcasting Corporation, Toronto • Concert fm, Wellington, Neuseeland • Croatian Radio, Zagreb • Czech Radio, Brünn • Czech Radio, Prag • Deutsche Welle, Köln • Deutschlandfunk, Köln • DR Danmarks Radio, Kopenhagen • DS Kultur, Berlin • Eestii Raadio, Tallinn • France Musique, Paris • Hessischer Rundfunk, Frankfurt • Hoofd Radio, Brüssel • NHK Radio, Tokio • Korean Broadcasting System, Seoul • Latviajas Radio, Riga • Litauischer Rundfunk,

Vilnius • Magyar Radio, Budapest • National Public Radio, Washington • NOS Hilversum • Ostdeutscher Rundfunk Brandenburg • Polski Radio, Warschau • Public Radio Services, Malta • Radio Bielorussie, Minsk • RAI, Rom • Radiodifusao Portugesa, Lissabon • Radio Romania, Bukarest • Radion Slovenija, Ljubljana • RIAS, Berlin • RTB, Brüssel • RTL Luxemburg • Sender Freies Berlin • Süddeutscher Rundfunk, Stuttgart • Swedish Broadcasting Corporation, Göteborg • Teleradio Ostankino, Moskau • TRT Turkish Radio, Ankara • TV & Radio Company, St. Petersburg • Ukrainischer Rundfunk, Kiew • Yle, Helsinki.

MDR Kultur überträgt täglich ab 20 Uhr alle Konzerte von EUROPAMUSICALE. Dazu gibt es jeden morgen live im Frühstücksjournal Interviews, Reportagen und Berichte aus München. Auch in anderen Sendungen der Welle ist EUROPAMUSICALE das Thema im Oktober 1993.

MDR Kultur sendet auf folgenden Frequenzen:

Brocken	107,8 MHz	Leipzig	88,4 MHz
Chemnitz	87,7 MHz	Löbau	96,2 MHz
Dequede	89,4 MHz	Oschatz	105,9 MHz
Dresden	95,4 MHz	Sonneberg	95,2 MHz
Gera/Ronneburg	103,9 MHz		
Suhl	89,1 MHz		
Inselsberg	87,9 MHz	Wittenberg	104,0 MHz

und im Kabelnetz

Mitteldeutscher
Rundfunk
Springerstraße 22-24
04105 Leipzig
Tel. (0049)-(0)34155950

KULTUR

EUROPAMUSICALE – Eine akustische Lichterkette des MDR

Karola Sommerey

Wir werden immer wieder gefragt, warum sich gerade der Mitteldeutsche Rundfunk in Leipzig so für ein Festival engagiert, das in München stattfindet. Nun, dafür gibt es eine Reihe von Gründen:

Am Anfang stand die Idee von Dr. Pankraz Freiherr von Freyberg, die uns faszinierte: Einen Monat lang jeden Tag ein anderes Konzert, jeden Tag ein anderes Orchester aus Europa, dazu kurze Reden an und für Europa – das versprach nicht nur musikalisch interessant, sondern auch journalistisch spannend zu werden. Eine großartige Idee, die über den vorgesehenen Rahmen lokaler Veranstaltungen in München hinausreichen mußte, um sich künstlerisch und politisch voll entfalten zu können.

Der Hörfunk des Mitteldeutschen Rundfunks wurde Medienpartner von EURO-PAMUSICALE zu einem Zeitpunkt, wo die Idee noch vielfach belächelt wurde oder unrealisierbar erschien. Doch gerade dies war eine Herausforderung für eine junge Rundfunkanstalt mit Pioniergeist. Dazu muß man wissen, daß der MDR selbst es gerade geschafft hatte, gegen alle Prognosen in kürzester Zeit die größte Rundfunkanstalt im Gebiet der ehemaligen DDR aufzubauen.

Der Mitteldeutsche Rundfunk wurde auf der Grundlage des deutschen Einigungsvertrages im Juli 1991 gegründet, als öffentlich-rechtliche Rundfunkanstalt für die drei Länder Sachsen, Sachsen-Anhalt und Thüringen. Seit dem 1. Januar 1992 strahlt der MDR ein eigenes Fernsehprogramm und acht unterschiedliche Hörfunkprogramme aus, darunter eines in sorbischer Sprache.

Der MDR mit Sitz in Leipzig und seinen Landesfunkhäusern in Dresden, Magdeburg und Erfurt verdankt seine politisch-demokratische Existenz und seine föderale Rundfunkstruktur den politischen Veränderungsprozessen, die in Osteuropa ihren Ausgang hatten und zum Zusammenbruch des Systems in der DDR führten. Es ist die dritte Gründung des Mitteldeutschen Rundfunks, denn bereits am 1. März 1924 sendete die „Mitteldeutsche Rundfunk AG" ein Radioprogramm aus Leipzig. 1933 wurde der Rundfunk jedoch zu einem reinen Propagandainstrument der Nazis und der MDR wurde zu einem Teil des Reichssenders Berlin. Ab 6. Juni 1946 war der „Mitteldeutsche Rundfunk – Sender Leipzig" wieder zu hören. Doch bereits 1952 wurde wiederum mit der Abschaffung der Länder der Rundfunk in Berlin zentralisiert. Die Zentrale entschied, was aus Leipzig gesendet werden durfte. Die Leipziger Redakteure konnten jedoch eine gewisse Eigenständigkeit mit ihren hervorragenden Musikprogrammen durchsetzen und erreichten mit den altbekannten Mechanismen in ständiger Auseinandersetzung mit Berlin auch ein tägliches eigenes Frühprogramm. So wundert es nicht, daß es gerade der Sender Leipzig war, der am 9. Oktober 1989 mit seinen Radio-Aufrufen zur Gewaltlosigkeit dazu beigetragen hat, daß die Bürgerdemonstrationen in Leipzig friedlich verlaufen konnten und eine Signal-Wirkung für die gesamte DDR erhielten.

Heute, im zweiten Sendejahr hat der neue MDR in einem ungewöhnlich hohen Maß die Sympathie und das Vertrauen der Menschen in Sachsen, Sachsen-Anhalt und in Thüringen gewonnen. Die Hörfunk- und Fernsehprogramme spielen eine große Rolle bei der Neuorientierung und Identitätsfindung, die sich nicht nur mit der Eingliederung in die Bundesrepublik Deutschland und die Anbindung an die westeuropäische Wirtschaftsgemeinschaft begnügen will.

Trotz oder gerade wegen der Probleme bei uns zu Haus, inzwischen Ostdeutschland in Westeuropa genannt, bemüht sich der MDR um eine mediale Brückenfunktion zwischen West- und Osteuropa.

Doch welche ost- und westeuropäischen Gemeinsamkeiten können wir hören und sehen lassen nach der Beendigung des Kalten Krieges? Extreme Wohlstandsgefälle, Krieg, Vertreibung, nationale Intoleranz, Unterdrückung von Minderheiten und Ausländerfeindlichkeiten, diese Darstellung ist eine journalistische Pflicht und läßt wenig Hoffnung für ein gemeinsames Europa aufkommen, das auch noch in der Lage sein sollte, global friedensstiftend und problemlösend zu wirken.

Und nun EUROPAMUSICALE – was kann es schon bewirken, wenn in München 33 Symphonieorchester aus 31 ost- und westeuropäischen Ländern Konzerte geben? Dieses ost-westliche Musikfestival wird die real existierende Situation Europas und der Welt nicht verändern. Dennoch hat sich der MDR dafür entschieden, EUROPAMUSICALE auf seiner Hörfunkwelle „MDR-Kultur" vollständig zu übertragen und es gleichzeitig allen Radiostationen in der europäischen Rundfunkgemeinschaft sowie den angeschlossenen Sendern in Amerika und Kanada zur Übernahme anzubieten.

„MDR-Kultur", so heißt eines der Hörfunkprogramme, die der Mitteldeutsche Rundfunk seit dem 1. Januar 1992 als 24-stündiges Vollprogramm ausstrahlt. Es ist ein Kulturradio besonderer Art und mit einem besonderen Auftrag:

Die Redakteure und Künstler von MDR-Kultur stehen im Bewußtsein einer großen Musiktradition, die es zu bewahren und weiterzuführen gilt. Ihr Sendegebiet umfaßt eine Region in der Mitte Europas, die, bis ins Mittelalter zurückreichend, europäische Musikkultur geprägt hat. Tief verwurzelt ist diese Kulturlandschaft in mittelalterlicher Kirchenmusik, aber auch in bürgerlichen Stadtpfeifer-, Luthersänger- und Kunstgeigertraditionen, aus denen weltberühmte Orchester hervorgingen, wie die Staatskapelle Dresden und das Gewandhausorchester Leipzig, der Kreuzchor und der Thomanerchor. Mit der gemeinsamen Sprache der Musik verbinden sich die klingenden Namen Johann Sebastian Bach, Georg Friedrich Händel, Georg Philipp Telemann, Robert Schumann, Richard Wagner, Franz Liszt, Felix Mendelssohn-Bartholdy.

Und so war auch der erste Rundfunksender Leipzigs, die Mitteldeutsche Rundfunk AG, vor allem ein Sender, der Musikgeschichte machte. 1925 wurden 36 Symphoniekonzerte, 62 Kammerkonzerte, 89 Solistenkonzerte und Liederabende, 21 Opern, 13 Oratorien und 51 Orgelkonzerte original ausgestrahlt. Derartiges sucht tatsächlich in der internationalen Rundfunkgeschichte Vergleichbares.

Auf Originalübertragungen war man damals angewiesen, denn Wachswalzen oder Schellackplatten konnten erst ab 1932, und Tonbandaufzeichnungen erst nach 1938 ausgestrahlt werden. Um nun aber für Radiosendungen auf ein ständiges Orchester zurückgreifen zu können, bot der Mitteldeutsche Rundfunk einem jungen Leipziger Symphonieorchester eine vertraglich abgesicherte ständige Zusammenarbeit an und gründete damit eines der ältestes „Rundfunksymphonieorchester".

Dieses Orchester hat alle Rundfunkzeitläufte durch sein hohes künstlerisches Niveau überstanden und ist heute das „MDR-Sinfonieorchester" mit 163 Musikerinnen und Musikern. 1946 übernahm der damalige Mitteldeutsche Rundfunk auch noch einen großen symphonischen Chor, der inzwischen in der Welt eine Spitzenstellung einnimmt und heute ebenfalls nach wie vor zum Mitteldeutschen Rundfunk in Leipzig gehört. MDR-Chor und MDR-Sinfonieorchester unter Leitung ihres Chefdirigenten Daniel Nazareth werden am 2. Oktober in München bei EUROPAMUSICALE dabeisein.

So gibt es also viele gute Gründe für das Engagement des MDR für EUROPA-MUSICALE. *„Es ist etwas Gewaltiges, die Hörer, denen Musik bisher ein Bedürfnis war, die aber aus den verschiedensten Gründen, seien es nun wirtschaftliche oder soziale, von den großen künstlerischen Erlebnissen ausgeschaltet waren, nun mit einem Schlag zu gleichberechtigten Teilhabern an diesen Gütern zu machen. Insofern ist also die Möglichkeit, die der Rundfunk bietet, daß nämlich jedermann die Kunst dann zu Hilfe rufen kann, wenn er sie braucht, ein Phänomen, dessen Einzigartigkeit und gewaltige Auswirkung außer Frage steht."* Dies schrieb der erste Chefdirigent des MDR-Rundfunkorchesters in Leipzig, Alfred Szendrei, 1924. Daran glauben wir in Leipzig nach wie vor, wenn wir aus EUROPAMUSICALE eine weltweite akustische Lichterkette machen.

Karola Sommerey,
Hörfunkdirektorin
Dr. Detlef Rentsch,
„MDR" Kultur,
Wellenchef
Dr. Steffen
Lieberwirth,
Abteilungsleiter
E-Musik

Weltweite Übertragung von EUROPAMUSICALE

44 Rundfunkanstalten in aller Welt werden die Konzerte von EUROPAMUSICALE übertragen. Dadurch ermöglichen sie ca. einer Milliarde Menschen, das europäische Musikfest mitzuerleben und mit den Konzertbesuchern in München verbunden zu sein.

ABC Radio, Australien
Bayerischer Rundfunk, München
BBC, London
Bulgarisches Radio, Sofia
Canadian Broadcasting Corporation, Toronto
Concert fm, Wellington, Neuseeland
Croatian Radio, Zagreb
Czech Radio, Brünn
Czech Radio, Prag
Deutsche Welle, Köln
Deutschlandfunk, Köln
DR Danmarks Radio, Kopenhagen
DS Kultur, Berlin
Eesti Raadio, Tallinn
France Musique, Paris
Hessischer Rundfunk, Frankfurt
Hoofd Radio, Brüssel
NHK Radio, Tokio
Korean Broadcasting System, Seoul
Latvijas Radio, Riga
Litauischer Rundfunk, Vilnius
Magyar Radio, Budapest
Mitteldeutscher Rundfunk, Leipzig
National Public Radio, Washington
NOS Hilversum
Ostdeutscher Rundfunk, Brandenburg
Polski Radio, Warschau
Public Radio Services, Malta
Radio Bielorussie, Minsk
Radiodifussão Portuguesa, Lissabon
Radio Romania, Bukarest
Radio Slovenija, Ljubljana
RAI, Rom
RIAS, Berlin
RTB, Brüssel
RTL, Luxemburg
Sender Freies Berlin
Süddeutscher Rundfunk, Stuttgart
Swedish Broadcasting Corporation, Göteborg
Teleradio Ostankino, Moskau
TRT Turkish Radio, Ankara
TV & Radio Company, St. Petersburg
Ukrainischer Rundfunk, Kiew

Stand: 30.8.1993   Yle, Helsinki

Walter Haupt

Komponist der „Entrada zu EUROPAMUSICALE 1993"

*Walter Haupt
(*1935)
Porträtphoto*

Walter Haupt wurde 1935 in München geboren und studierte an der dortigen Musikhochschule Komposition, Dirigieren und Schlagzeug. Seit 1960 ist er Mitglied des Bayerischen Staatsorchesters. 1968 war er Meisterschüler von Hans Werner Henze am Salzburger Mozarteum. Von 1969 bis 1986 leitete Walter Haupt die Experimentierbühne der Bayerischen Staatsoper und seit 1969 ist er als Komponist, Dirigent und Inszenator im In- und Ausland tätig. Haupt komponierte zwei abendfüllende Opern, „Marat" und „Pier Paolo Pasolini...", und erhielt 18 Ballett-Kompositionsaufträge, die alle an den großen Opernhäusern Europas uraufgeführt wurden. Gastspiele führten ihn zur Weltausstellung in Vancouver, zu den Wiener Festwochen, zum Theaterfestival in Belgrad, nach St. Petersburg und London sowie zur Victoria State Opera Melbourne.

Er dirigierte die Münchner Philharmoniker, das ORF-Symphonieorchester Wien, das Bayerische Staatsorchester München sowie die Orchester der Theater von Heidelberg und Kassel. Vorträge und Konzertreisen führten Walter Haupt nach Australien, Indien, Italien, Jugoslawien, Mexiko, Österreich, Spanien und in die Türkei.

Sowohl viele Fernseh-, Hörfunk-, Schallplatten- und CD-Produktionen als auch mehrere Buch-Dokumentationen geben Zeugnis von dem reichen Schaffen des Künstlers. Walter Haupt arbeitete eng zusammen mit Persönlichkeiten wie André Heller, Martha Mödl, Lorin Maazel, Carl Orff und Johann Kresnik.

Haupts KLANGWOLKEN, gigantische Schau-Spiele aus Musik, Licht, Wasser, Laser und Feuerbildern in der Landschaft, haben bereits über 3 Millionen Menschen begeistert miterlebt.

Walter Haupt erhielt eine Reihe von in- und ausländischen Preisen und Ehrungen, u.a. das Österreichische Ehrenkreuz für Wissenschaft und Kunst, die Kulturmedaille der Stadt Linz, den Kultur-Löwen der Stadt Jerusalem, den Grand Prix des Belgrader BITEF, den Großen Preis der Münchner Opernfestspiele, den Förderpreis für Musik der Stadt München, den Schwabinger Kunstpreis und den International Koussevitzky Record Award.

Die „Entrada zu EUROPAMUSICALE 1993" ist eine Auftragskomposition von EUROPAMUSICALE, gefördert von Eugenie Rohde-Kadjavi.

DIE MÜNCHNER BLÄSERBUBEN spielen die Entrada zu Beginn aller Konzerte des europäischen Musikfestes. Dies wurde ermöglicht durch die freundliche Unterstützung der arko GmbH, Wahlstedt, und des Europäisches Patentamtes.

Die Gedenkmedaille

zum europäischen Musikfest EUROPAMUSICALE in München 1993

Vorderseite   Rückseite

Die Medaille zeigt auf der einen Seite die mythologische Gestalt Europa, sitzend auf dem Rücken eines Stieres (Zeus) und umgeben von zwölf Sternen, Sinnbild der Fülle und Vollkommenheit. In der einen Hand hält das Mädchen eine Fanfare, Hinweis auf das europäische Musikfest, in der anderen Hand einen Lorbeerkranz, Ehrengabe für die europäischen Komponisten. Die andere Seite der Medaille zeigt eine Lyra, Attribut von Apoll, Gott der Musik, des Gesanges und der Dichtkunst. Darunter steht das Signet von EUROPAMUSICALE. Die äußere Umschrift lautet:

Das europäische Musikfest in München 1. – 31.10.1993

Die Medaille wurde von dem in München lebenden bulgarischen Maler und Bühnenbildner Mihail Tchernaev entworfen.

Sie wurde in Feinsilber (Durchmesser 45 mm, Rondengewicht ca. 50 g, Spiegelglanzausführung, Internationale Proof-Qualität) zum Preis von DM 85,-* aufgelegt. * unverb. empf. Verkaufspreis incl. Mehrwertsteuer

Die Medaillen sind numeriert, mit einem Echtheitszertifikat versehen und über Sparkassen und Banken erhältlich sowie bei der

EUROPAMUSICALE
Neuwald Marketing Dienste GmbH
Ottostraße 3
80333 München
Telefon 089 / 55 25 02 - 13
Telefax 089 / 55 25 02 - 11

An die Teilnehmer des Festivals EUROPAMUSICALE

Brief des Staatspräsidenten a.D. Michail Gorbatschow

Von ganzem Herzen begrüße ich die Idee des gesamteuropäischen Musikfestes EUROPAMUSICALE, an dem 33 Symphonieorchester teilnehmen und in dessen Rahmen 33 herausragende europäische Persönlichkeiten der Politik und Kultur aus 31 Ländern auftreten werden.

Ich bin überzeugt, daß dieses Festival die Festigung des gegenseitigen Vertrauens, der Verständigung und Freundschaft fördern und am Beispiel der klassischen Musik die Vielfalt und die Einheit der europäischen Kultur demonstrieren wird.

Es gibt heute wohl keine andere Aufgabe in Europa, die mehr Bedeutung hätte, als die Förderung der Kontakte zwischen den Menschen und Völkern. Die Kultur spielt dabei eine große Rolle.

Die Kultur hilft den Menschen, schwere Zeiten zu überwinden. Sie zeigt die Beispiele der gegenseitigen Unterstützung. Im Sommer dieses Jahres habe ich mich mit dem Aufruf an die deutsche Öffentlichkeit gewandt, die russische Kultur zu unterstützen. Ich bin glücklich, daß mein Aufruf bei bedeutenden Persönlichkeiten aus Politik, Wirtschaft und Kunst sowie bei vielen Bürgern Resonanz gefunden hat.

Die Initiatoren des Münchner Musikfestes haben mir erzählt, daß EUROPA-MUSICALE alle drei Jahre jeweils in einem anderen europäischen Land stattfinden soll. Ich würde mich freuen, wenn als Ort des nächsten Festivals meine Heimat Rußland ausgewählt würde.

Das „Europäische Haus" kann nur dann erfolgreich gebaut werden, wenn wir uns alle an unser gemeinsames geistiges Erbe erinnern, wenn wir geistige Kräfte mobilisieren und uns selbst und den anderen Menschen helfen, auf dem Wege zu einer neuen, echt humanistischen Zivilisation fortzuschreiten.

Michail Gorbatschow

Moskau, 30. Juli 1993.

FAST AN JEDER ECKE

DES ERDBALLS

5200 AVIS STATIONEN IN 142 LÄNDERN, UND ES WERDEN IMMER MEHR.

Avis empfiehlt
Opel

Opel Corsa

400.000 Autos stehen Ihnen als Kulturinteressierten in diesen 142 Ländern zur Verfügung. Und ganz gleich, ob Stadtwagen oder Chauffeurservice, bei AVIS haben Sie immer die Sicherheit, nur mit den neuesten Modellen zu fahren. Ihre Wünsche nimmt unser Internationales Reservierungsbüro unter der Telefonnummer 0 61 71 / 68 18 00 oder eine der Stationen, an der Sie Ihren AVIS Mietwagen übernehmen möchten, gerne entgegen.

AVIS *AUTOVERMIETUNG RENT A CAR*

EUROPAMUSICALE

Europa beim Wort genommen

130 bedeutende Europäer in Photo-Porträts
von Ingrid von Kruse

Eine Ausstellung im Rahmen von EUROPAMUSICALE
1. – 31. Oktober 1993
Foyerräume der Philharmonie im Gasteig

Was ist Europa? – Die Photographin Ingrid von Kruse antwortet: „Die Menschen". – Zwanzig Monate lang reiste sie mit ihrer Kamera durch den alten Kontinent. Sie schaute all jenen in die Augen, die sich für Europa engagieren: Politiker, Historiker, Publizisten, Wissenschaftler, aber auch Poeten, Philosophen, Geistliche, Filmregisseure und Kinderbuchautoren. Es sind allesamt Menschen, deren Medium das Wort ist und die darum Europa im doppelten Sinne beim Wort nehmen. Was die Kamera Ingrid von Kruses während der intensiven Begegnung zu pointierten Wesensschauen der geistigen Elite Europas verdichtet, wird ergänzt durch die hoffnungsvollen und kritischen Gedanken der Porträtierten zur europäischen Utopie und Wirklichkeit. „Europa beim Wort genommen" ist ein kosmopolitisches Werk, Zeichen für die tatsächliche Existenz einer europäischen Republik des Geistes.

Bisherige Stationen der Ausstellung

1992   Berlin, Deutsches Historisches Museum, Zeughaus
1993   Hamburg, Museum für Kunst und Gewerbe
       Bonn, Landesvertretung von Nordrhein-Westfalen
       Stuttgart, Galerie unterm Turm
       Krakau, International Cultural Centre
       Warschau, Goetheinstitut
       Prag, Prager Burg

Im Zusammenhang mit der Ausstellung erschien 1992 im Prestel Verlag, München, das gleichnamige Buch von Ingrid von Kruse.

Dank der großzügigen Unterstützung durch die AVIS GmbH kann die Ausstellung im Rahmen von EUROPAMUSICALE in München gezeigt werden.

Die Konzeption der Ausstellung wurde mit freundlicher Hilfe der Citibank Privatkunden AG ermöglicht.

Lorenzo Costa
(1459/60-1535)
Ein Konzert
Öl auf Holz
95,3 x 75,6 cm
National Gallery,
London

Was kann Kultur für Europa leisten?

Perspektiven einer zukünftigen europäischen Kulturpolitik
Colette Flesch

Die Autorin ist Generaldirektorin der GDX Audiovisuelle Medien, Information, Kommunikation, Kultur bei der Kommission der Europäischen Gemeinschaften

Kulturpolitik wird oft als etwas Unverbindliches, wenn nicht gar als Luxus, angesehen, dem eine gewisse Beliebigkeit zugeschrieben wird, in erster Linie aber eine beträchtliche Folgenlosigkeit. Möglicherweise hat dieses Mißverständnis von Kulturpolitik dazu beigetragen, daß Robert Picht in der jüngsten Ausgabe des „Lettre internationale" behaupten konnte: „Die Krise Europas ist eine Kulturkrise".

Selbst wenn man Pichts Feststellung und Analyse nicht zustimmen sollte: allein die Aufnahme eines Kulturartikels in den Vertrag über die Europäische Union wäre Anlaß genug, jetzt die Möglichkeiten europäischer Kulturpolitik zu gestalten und ihre Chancen für die weitere europäische Einigung zu nutzen. Dabei geht es weder um Vereinheitlichung noch um Instrumentalisierung der Kultur für primär politische Ziele. Vielmehr geht es darum, Kenntnis, Wissen und Bewußtsein der europäischen Bürgerinnen und Bürger von der kulturellen Vielfalt und Einheit Europas (nicht nur der zwölf Mitgliedsstaaten) zu entwickeln, zu vertiefen, zu differenzieren und weiter zu verbreiten. Europa muß, von innen wie von außen, als offener Kulturraum mit eigenen Werten und Leistungen, Zielen und Visionen wahrgenommen werden. Zukunftsgestaltung ohne die Läuterung kultureller Selbstreflexion und ohne die Triebkraft visionärer Entwürfe verkümmerte schnell zu einem lähmenden und unbefriedigenden „Immer-weiter-so".

Auch nach der Ratifizierung des Maastrichter Vertrages bleiben Zuständigkeit und Verantwortung für Kulturpolitik, für die „kulturelle Versorgung", für das Gedeihen des kulturellen Lebens bei den Mitgliedsländern, ihren Regionen und ihren Kommunen. Europäische Kulturpolitik soll und darf ergänzen und unterstützen.

Das darf nicht als Lückenbüßer-Aufgabe mißverstanden werden; Artikel 3b des Vertrags über die Europäische Union, der das Subsidiaritätsprinzip bestimmt, nennt zwei Bedingungen für den „Subsidiaritätsfall" – die anstehenden Maßnahmen können auf mitgliedsstaatlicher Ebene nicht ausreichend und auf gemeinschaftlicher Ebene besser erreicht werden.

Allein schon diese doppelte Bestimmung gibt den und fordert von den kulturpolitischen Aktionen der Europäischen Gemeinschaft eine Qualität sui generis. Aus diesem Grunde lehne ich es auch nicht länger ab, von „Europäischer Kulturpolitik" zu sprechen. Der „Kulturartikel" 128 steckt den Gestaltungsraum hierfür ab: kulturelle Zusammenarbeit zwischen den Mitgliedsstaaten, grenzüberschreitender Kulturaustausch, Zusammenarbeit mit internationalen Organisationen und der Kulturaustausch der Gemeinschaft mit sogenannten Drittländern. Zwar stehen die Förderung des Bewußtseins vom „gemeinsamen kulturellen Erbe" und die „Bewahrung der kulturellen Vielfalt" im Mittelpunkt, erstaunlicherweise fehlt der Blick nach vorne, in eine gemeinsame kulturelle Zukunft – aber es bleibt zu hoffen, daß die praktischen Effekte kultureller, grenzüberschreitender Zusammenarbeit in Europa den Mangel in der gemeinsamen Zielsetzung durch die konkrete Begegnung der Menschen mehr als wettmachen.

Die Formulierung eines Bewußtseins für die Bewältigung der kulturellen Zukunftsaufgaben lag wohl nicht im Trend der Zeit: während der Kulturbegriff in der ersten Hälfte des Lebens der Gemeinschaft eher die Gemeinsamkeit der Europäer betonte (wohl weil dies keine praktischen politischen Konsequenzen hatte), wird er in der zweiten Hälfte in zunehmendem Ausmaß als Abgrenzungs-, ja auch als Ausgrenzungsbegriff gebraucht, der eine möglichst homogene Wir-Gruppe von anderen fein säuberlich unterscheidet. Gleichzeitig haben die Verhandlungen zum Schutz national wertvollen Kulturguts gegen Abwanderung im Binnenmarkt deutlich gezeigt, daß das kulturelle Erbe doch eher nationalstaatlich definiert als europäisch-gemeinsam empfunden wird. Auch deswegen meine ich, daß kulturelle Zusammengehörigkeit eher ein Werk des gemeinsamen Erschaffens durch verläßliche Kooperation ist als eine bequeme Morgengabe im trügerischen Ehebett nationaler Kulturchroniken.

Kultur und Binnenmarkt

Der Maastrichter Vertrag hat durch Artikel 128 Abschnitt 4 – die sogenannte „Kulturverträglichkeits-Klausel" – ein, wenn auch in seiner Einklagbarkeit nicht eindeutig bestimmbares, Instrument geschaffen, das zumindest durch sein Vorhandensein und die politische Bindungswirkung erlaubt, die Tätigkeit der Gemeinschaft in anderen Vertragsbereichen systematisch auf ihre Auswirkungen auf den Kulturbereich zu prüfen. Die Gemeinschaft wird also nicht, wie man es ihr in der Vergangenheit gelegentlich vorgeworfen hat, „kulturblind" alles über den Leisten eines funktionierenden Binnenmarktes ziehen, was durch seinen Doppelcharakter (Kultur und Ware, Kulturschaffen und Dienstleistung) in den originären Regelungsbereich der EG gerät.

Eines der Ziele der Kulturpolitik in der Gemeinschaft muß daher sein, dem kulturellen Leben, den Kulturschaffenden unter den Bedingungen des Binnenmarktes ein fruchtbares Klima und eine vorteilhafte Gestaltung des Gemeinschaftsrechts zu geben. Positive Beispiele hierfür sind die bisher erreichte Harmonisierung des Urheberrechts oder die Beibehaltung ermäßigter Mehrwert-Steuer-Sätze für Bücher und Zeitschriften.

Die Beziehungen zwischen Kultur und Binnenmarkt in Europa sind jedoch zutiefst kultureller Art. Es ist kein Marktbereich denkbar, in dem die handelnden Menschen nicht in Verhalten und Werthaltungen, in Organisation und Arbeitsweise, kurz in ihrem gesamten Denken, Fühlen, Wollen und Handeln kulturell geprägt sind – ja die Idee des Marktes selbst, auch die Idee einer sozial verträglichen Gestaltung der Marktwirtschaft ist ohne unseren europäischen kulturellen Kontext nicht verständlich. Ohne Kenntnis, Anerkenntnis, Toleranz und die nötige Fähigkeit zum Perspektivwechsel, also ohne „interkulturelles Lernen", bleiben die „Kulturmauern" (Picht) bestehen, kann kein Binnenmarkt funktionieren, kann erst recht kein gemeinsames politisches Wollen in einer Europäischen Union entstehen.

456

Sicher ist der Markt nicht das Motiv für europäische Kulturpolitik. Aber er ist ein Beweis für ihre Unverzichtbarkeit. Gleichzeitig machen uns die Herausforderungen an die Marktwirtschaft durch die Öffnung der Staaten Mittel- und Osteuropas deutlich, daß das Modell Westeuropa nicht ohne weiteres transponierbar ist. Es muß sich qualitativ verändern. Dabei spielt die Tradition humanistischen Denkens, die in Mittel- und Osteuropa über Jahrzehnte hinweg lebendig erhalten wurde, eine nicht zu unterschätzende Rolle. Die Gemeinschaft und mit ihr ganz Europa hätte die Kraft, den Marktbegriff aus kultureller Tradition und Reflexion neu zu bestimmen.

„Europa" galt den Völkern Mittel- und Osteuropas bisher als werthaltiger Begriff, als Einheit von Demokratie und Ethik. Die schmerzliche (Selbst-) Erkenntnis, daß dem nicht ohne weiteres so ist, fordert von uns einen verstärkten Dialog über das Verhältnis von Markt, Demokratie und Ethik. Darin liegt die erwähnte Kraft, den Marktbegriff aus den Wurzeln kultureller Tradition und Reflexion in Europa heraus neu zu bestimmen.

Kultur und europäische Bürgerschaft

Eine Gemeinschaft, die nach wie vor in ihrer Entstehungs- und Entwicklungsphase ist, kann nur enger zusammenwachsen, wenn ihre Bürgerinnen und Bürger sich näher kommen, besser verstehen lernen und zu ihrem regionalen und nationalen Bewußtsein auch ein europäisches Bewußtsein entwickeln. Kultur im engeren und Kultur im weiteren Sinne ist eine der Begegnungsmöglichkeiten der europäischen Hausbewohner – sei es physisch, sei es durch Literatur, Kunst, Theater usw. repräsentiert. Wahrscheinlich werden die Europäer sich auch der Vielfalt, Unterschiedlichkeit und Buntheit ihres Kontinents erfreuen.

Eines der Ziele europäischer Kulturpolitik ist daher, die kulturelle Begegnung, das kulturelle Verständnis füreinander zu fördern. Das kann u.a. auch durch die Kenntnis der Geschichte und des Erbes geschehen – wenn mir auf diesem Gebiet jedoch auch eine Reihe neuer Impulse für die Vermittlung, für Museumsarbeit und Geschichtswerkstätten, für Lehr- und Lesebücher und auch für Reiseveranstalter nötig erscheinen.

Kultur und Zukunftsbewältigung

Kultur und Künste werden als Seismographen der Gesellschaft angesehen. Ihre Visionen, ihre Analysen, ihre Interventionen für Standortbestimmung, Entwicklung und Kurskorrektur zu nutzen, heißt sie ernst nehmen. In erster Linie werden diese Aspekte im Dialog von Künstlern und Intellektuellen aus Europa zur Sprache kommen. Gerade mit den Ländern Mittel- und Osteuropas bedarf es eines intensiven gegenseitigen, intellektuellen Austauschprozesses.

Ich meine damit nicht den Diskurs im Elfenbeinturm, ich spreche vom Diskurs über unsere politische Kultur, über unsere „republikanische" Kultur, d.h. unsere Kultur der Verhandlung öffentlicher Angelegenheiten, vom Diskurs über den Markt als unsere tatsächliche Lebensform, vom Diskurs über Werte- und Kulturwandel und auch die Selbstreflexion der Rolle Europas in der Welt. Gerade letzteres erscheint mir nötig, damit Europa seine Offenheit bewahrt und nicht innerhalb seiner „Festungsmauern" sich vom Spiegel der Selbstgerechtigkeit täuschen läßt.

Hier kann die Gemeinschaft weder gesetzgeberisch noch initiativ handeln. Sie kann aber die „civil society" und ihre Protagonisten unterstützen und fördern und damit einen Bewußtseinsprozeß und seine Verbreitung voranbringen. Europa ohne Vision seiner Zukunft, Europa ohne kritische intellektuelle und kritische Öffentlichkeit, Europa ohne zeitgemäßes Nachdenken über sein ureigenes „Gutes, Wahres und Schönes" würde in eine geistige und kulturelle, und damit auch in eine politische und ökonomische Sackgasse geraten.

Bereits hier zeigt sich, daß Kulturpolitik weit in die Bereiche anderer Politiken hineinreicht, daß es kaum eine Fachpolitik ohne kulturelle Dimension geben dürfte. Verweisen meine letzten Beispiele noch auf so naheliegende Bereiche wie Bildungs- und Wissenschaftspolitik (z.B. wäre eine Renaissance der Geisteswissenschaften ein wirksamer Beitrag zu gegenseitigem kulturellen Verstehen), so zeigt sich doch bei näherer Betrachtung, daß eine der wichtigsten Aufgaben europäischer Kulturpolitik darin liegt, das Bewußtsein, auch und gerade der Regierungen und ihrer Vertreter, für die kulturelle Dimension jeder weiteren Entwicklung und Integration zu schärfen. Dann wäre europäische Kulturpolitik auch keine Angelegenheit der Brüsseler Kommission, sondern ein Anliegen aller nationalen und regionalen Regierungen, die sich für die Zukunft Europas engagieren.

Zwischen Euphorie und Euroskepsis

Musik und Musikleben in einem sich einigenden Europa
Andreas Eckhardt

Wie wirkt sich der europäische Einigungsprozeß auf die Musik, besser: auf das Musikleben der Länder, aus? Welche Rolle übernehmen die Musiker dabei? Wird die europabezogene Euphorie nach 1945 zur bloßen Erinnerung an eine aus Ruinen entstandene Vision? Weicht sie einer kritischen, distanzhaltenden Euroskepsis? Oder läßt eine dumpfe Europhobie jedes Vorwärtsdenken erlahmen?

Aus: Neue Zeitschrift für Musik, Heft 3, Musikverlag B. Schott's Söhne, Mainz 1993. Abdruck mit Genehmigung des Verlages B. Schott's Söhne, Mainz

Kulturraum Europa

Mit dem – bislang noch nicht ratifizierten – Vertragswerk von Maastricht wurde ein enormer qualitativer Sprung gemacht: von einer Wirtschaftsgemeinschaft zu einer politischen Union. Diese verbindliche Festlegung des Ziels einer Europäischen Union, die damit verbundene extensive Erweiterung der politischen Kompetenzen für den Europäischen Rat und die Kommission in Brüssel sowie die daraus folgenden eingeengten Handlungsspielräume der nationalen Politik haben ein erschrecktes Innehalten bei vielen Bürgern und daraufhin eine neue Nachdenklichkeit bei Politikern und Eurokraten bewirkt. Dabei hat sich auch gezeigt, daß das Europabewußtsein der Bevölkerung weit hinter der Dynamik des europäischen Integrationsprozesses zurückgeblieben ist. Diese Kluft kann durch eine großangelegte Informations- und Erklärungskampagne allein nicht geschlossen werden, denn dieser „political lack" ist in Wirklichkeit ein „cultural lack".

Nun haben sich die Nationen in Europa, wie sie sich erst im vorigen Jahrhundert herausgebildet haben, in der Gegenwart durchaus als lebendige kulturelle und geistige Wesen gezeigt, die die Wirklickeit unseres Kontinents weitaus stärker bestimmen als das „Hoffnungsprinzip Europa". Dies ist nicht nur darauf zurückzuführen, daß die politischen Entscheidungen vorrangig immer noch von den nationalen Regierungen getroffen werden, sondern darauf, daß die Menschen eines Landes ihre Gemeinsamkeit stets als gemeinsame Vergangenheit empfinden.

Der französische Soziologe Edgar Morin sagt: „Eine Nation wird durch ein kollektives Gedächtnis und durch gemeinsame Normen und Regeln zusammengehalten. Die Gemeinschaft einer Nation schöpft aus einer langen Vergangenheit, die reich ist an Erfahrungen und Prüfungen, Leid und Freude, Niederlagen, Siegen und Ruhm, die jeder Generation, jedem Individuum durch Elternhaus und Schule weitervermittelt und von ihm tief verinnerlicht werden." Im historischen Gedächtnis der Europäer steht deshalb die nationale Identität und Souveränität im Vordergrund. Allerdings gibt es so etwas wie ein Fundament für das „gemeinsame europäische Haus", für eine europäische Identität: nämlich den europäischen Kulturraum. „Europa ist kein geographischer, sondern ein kultureller Weltteil", sagt Oskar Kokoschka.

Dieser Kulturraum hat ein gemeinsames kulturelles Erbe mit unglaublich vielen künstlerisch-ästhetischen Ausprägungen und ebenso viele geistig-ideelle Gemeinsamkeiten sowie eine stets übergreifende Akzeptanz und Rezeption der Kunstwerke hervorgebracht. Dieser Schatz gemeinsamer kulturell-künstlerischer Erfahrungen ist nicht das Ergebnis einer harmonisierenden oder egalisierenden Kultur- und Bildungsbürokratie in Brüssel, sondern er existiert bereits seit Jahrhunderten und ist die Voraussetzung für eine „Europäische Integration", die von den Bürgerinnen und Bürgern aktiv mitgestaltet werden kann.

Die Kultur – und damit auch die Musik – muß sich ihrer „Priorität" im europäischen Einigungsprozeß bewußt werden, zumal immer mehr Politiker erkennen, daß die europäische Integration von den Bürgern nicht nur rational, sondern auch affektiv nachvollzogen werden muß. Die „Europäische Schweinefleischverordnung" scheint sich hierzu wenig zu eignen. Dies meint wohl auch Jacques Delors, wenn er sagt: „Man verliebt sich nicht in einen Binnenmarkt". Der europäische Kulturraum ist gleichsam ein Mosaik, dessen viele verschiedenen Einzelteile ein geschlossenes oder geschlossen wirkendes Ganzes ergeben. Diese „Vielfalt in der Einheit" muß in einem sich einigenden und dann vereinten Europa erhalten werden. „Vielfalt in der Einheit" ja, aber keine zentrale übernationale Harmonisierung von Kultur und Bildung, die doch nur zur „vielfachen Einfalt" führen würde. Insofern scheint auch das ideologische, in anderem Zusammenhang in die politische Diskussion gebrachte Schlagwort von der „multikulturellen Gesellschaft" bedenklich zu sein. Zutreffender ist in diesem Zusammenhang der Begriff der „interkulturellen Kompetenz", der die Verwurzelung in der eigenen Kultur und Tradition anerkennt und sich um fundiertes Wissen über fremde Kulturen und Toleranz gegenüber Fremden bemüht. So kann vermieden werden, daß eine ethnozentrische – übrigens auch eine eurozentrische – Sicht die eigenen Werte und Normen gegenüber anderen Kulturen als überlegen einschätzt.

Der Vertrag

Wie hat nun die EG im Vertrag von Maastricht die Kultur verankert, welcher Stellenwert soll ihr zugemessen werden? Wie kann die kulturelle Vielfalt im Spannungsgefüge der drei Ebenen Religion, Nationalstaat und Europäische Union und im Kräfteparallelogramm von Politik, Wirtschaft, Kultur zur Wirkung gebracht und erhalten werden? Wie kann erreicht werden, daß im kulturellen und kulturpolitischen Bereich „von unten nach oben" gedacht wird, wenn in der EG Staaten mit einer zentral gesteuerten Kulturpolitik vertreten sind?
Die Antwort auf die letzte Frage wird im Vertragswerk von Maastricht mit der Formel „Subsidiarität" gegeben. Dieses Prinzip, das in der katholischen Soziallehre ausgeprägt und in der Sozialenzyklika „Quadrogesimo anno" Pius' XI bereits 1931 umfassend definiert wurde, ist im Artikel 3b niedergelegt und gilt als rechtsverbindlicher Grundsatz für alle Politikbereiche, in denen die Gemeinschaft nicht über ausschließliche Zuständigkeiten verfügt, beispielsweise Kultur, Bildung und Jugend, Gesundheitswesen. Der Artikel lautet: „Die Gemeinschaft wird innerhalb der Grenzen der ihr in diesem Vertrag zugewiesenen Befugnisse und gesetzten Ziele tätig. In den Bereichen, die nicht in ihre ausschließliche Zuständigkeit fallen, wird die Gemeinschaft nach dem Subsidiaritätsprinzip nur tätig, sofern und soweit die Ziele der in Betracht gezogenen Maßnahmen auf Ebene der Mitgliedsstaaten nicht ausreichend erreicht werden können und daher wegen ihres Umfangs oder ihrer Wirkungen besser auf Gemeinschaftsebene erreicht werden können. Die Maßnahmen der Gemeinschaft gehen nicht über das für die Erreichung der Ziele dieses Vertrags erforderliche Maß hinaus".

Das Subsidiaritätsprinzip wurde zu einem zentralen Begriff des föderalen Staatsaufbaus und bedeutet zusammengefaßt und vereinfacht ausgedrückt: Die nächsthöhere Ebene darf nur die Aufgaben wahrnehmen, die von der unteren Einheit nicht bewältigt werden können.

Aber selbst ein so einfacher, hehrer und „abgesegneter" Begriff bietet keinen Schutz vor Interpretationsmißbrauch. So sahen sich die Regierungschefs bei ihrem letzten Gipfel in Edinburgh im Dezember '92 veranlaßt, ein „Gesamtkonzept für die Anwendung des Subsidiaritätsprinzips" zu formulieren und die Anwendungsmöglichkeiten zu präzisieren. Für die Kultur wird hierbei noch einmal deutlich herausgestellt, was der in den Maastrichter Unionsvertrag neu aufgenommene Kulturartikel (128) meint. Da in den vorherigen EG-Verträgen der Begriff „Kultur" und damit auch dieser Politikbereich nicht aufgenommen war, ist der Artikel 128 von zentraler Bedeutung für die Beurteilung einer Kulturkompetenz der EG.

Absatz 1 und 2 des „Kulturartikels" lauten:

„1. Die Gemeinschaft leistet einen Beitrag zur Entfaltung der Kulturen der Mitgliedsstaaten unter Wahrung ihrer nationalen und regionalen Vielfalt sowie gleichzeitiger Hervorhebung des gemeinsamen kulturellen Erbes.

2. Die Gemeinschaft fördert durch ihre Tätigkeit die Zusammenarbeit zwischen den Mitgliedsstaaten und unterstützt und ergänzt erforderlichenfalls deren Tätigkeit in folgenden Bereichen: Verbesserung der Kenntnis und Verbreitung der Kultur und Geschichte der europäischen Völker, Erhaltung und Schutz des kulturellen Erbes von europäischer Bedeutung, nichtkommerzieller Kulturaustausch, künstlerisches und literarisches Schaffen, einschließlich im audiovisuellen Bereich."

Absatz 3 eröffnet die Zusammenarbeit z. B. mit osteuropäischen Ländern oder nichteuropäischen Ländern bei Projekten, die von Brüssel finanziell unterstützt werden. Damit soll der Gefahr einer „kulturellen Festung EG-Europa" entgegengewirkt werden: „Die Gemeinschaft und die Mitgliedsstaaten fördern die Zusammenarbeit mit dritten Ländern und den für den Kulturbereich zuständigen internationalen Organisationen, insbesondere mit dem Europarat."

Absatz 4 des Artikels 128 führt aus: „Die Gemeinschaft trägt den kulturellen Aspekten bei ihrer Tätigkeit aufgrund anderer Bestimmungen dieses Vertrags Rechnung." Diese apokryph scheinende Bestimmung soll bewirken, daß in den anderen Politikbereichen – etwa der Mehrwertsteuerharmonisierung – mögliche Auswirkungen auf den Kulturbereich bedacht werden. Die sogenannte Kulturverträglichkeitsklausel soll auch die Zusammenarbeit der Beamten zwischen den verschiedenen Generaldirektionen in Brüssel fördern und auf eine obligatorische Grundlage stellen.

In Absatz 5 des Artikels 128 schließlich wird festgelegt, daß Kultur-Förderprogramme unter Beteiligung des Wirtschafts- und Sozialausschusses sowie nach Anhörung des neugeschaffenen Ausschusses der Regionen nur einstimmig beschlossen werden können. Gerade diese „Einstimmigkeit" baut einen hohe Hürde auf und gibt jedem Mitgliedsstaat die Möglichkeit, auf konsensfähige Programme hinzuwirken. Im gleichen Absatz ist ferner eine höchst bedeutsame Ausschlußklausel festgelegt: Die EG darf im Kulturbereich keinerlei Harmonisierung der Rechts- und Verwaltungsvorschriften der Mitgliedsstaaten vornehmen. Sie darf also fördern, nicht aber rechtsetzend oder rechtsangleichend tätig werden. Eine eigenständige, die nationalen Kulturpolitiken überlagernde Kulturpolitik der EG kann oder dürfte es also nicht geben.

Ein vierter Artikel im Maastrichter Vertrag ist für die Kultur – und damit für das Musikleben der Länder – von grundlegender Bedeutung: Artikel 92, Absatz 3, in dem Ausnahmen vom generellen Verbot staatlicher Subventionen genannt werden. Dort heißt es: „Als mit dem Gemeinsamen Markt vereinbar können angesehen werden: Beihilfen zur Förderung der Kultur und der Erhaltung des kulturellen Erbes, soweit sie die Handels- und Wettbewerbsbedingungen in der Gemeinschaft nicht in einem Maß beeinträchtigen, das dem gemeinsamen Interesse zuwiderläuft."

Staatliche Beihilfen zur Förderung der Kultur und Beihilfen zur Erhaltung des kulturellen Erbes sind also zulässig, wenn Handels- und Wettbewerbsbedingungen in der Gemeinschaft nicht wesentlich beeinträchtigt werden. Das „gemeinsame Interesse" ist im bereits erläuterten Kultur-Artikel 128 umrissen: Erhaltung der Kulturen der Mitgliedsstaaten unter Wahrung ihrer nationalen und regionalen Vielfalt. Hier kommt der Gedanke der kulturellen Identitätspflege zum Ausdruck, die nationale Sonderregelungen zugunsten der Kultur ermöglicht. Die früher gesehene Gefahr der Gleichsetzung von Kultursubventionen mit Subventionen für Landwirtschaft oder Industrie ist zwar nach Maastricht nicht mehr gegeben; ob diese „Unbedenklichkeit" aber z.B. auch für subventionierte und zugleich kommerziell strukturierte Musikfestivals gilt, wird die Zukunft zeigen.

Das Kulturkonzept der EG

Nach dem Abschluß des Maastrichter Vertrages am 7. Februar 1992 hat die Kommission den Arbeitsrahmen für ihre kulturellen Fördermaßnahmen abzustecken versucht und „Das neue Kulturkonzept der Gemeinschaft" vorgelegt. Es wurde von den im Rat vereinigten Ministern für Kulturfragen am 12. November 1992 angenommen. Auf dieser Basis soll sich die kulturelle Tätigkeit der Gemeinschaft in den kommenden Jahren entwickeln.

Als die drei vorrangigen Gebiete der kulturellen Aktivitäten werden angeführt: Die Erhaltung des architektonischen Erbes, Buch und Lesen sowie der audiovisuelle Bereich. Nach und nach sollen aber auch andere Bereiche wie Musik, Bildende Kunst und Theater „verstärkte Aufmerksamkeit" erfahren. Dieses Ziel wurde 1990 mit dem Programm „Kulturbühne Europas" und seit 1991 mit dem „Kaleidoskop-Programm" verfolgt. 200 kulturelle Veranstaltungen wurden 1990/91 von der EG unterstützt. Für das Jahr 1993 hat das Programm Ziele und Förderungsstrukturen in drei „Aktionen" gegliedert: Kulturelle Veranstaltungen, Förderung des künstlerischen und kulturellen Schaffens, kulturelle Zusammenarbeit durch Netzwerke

(Austausch zwischen Fachleuten). Bei allen Beiträgen der EG handelt es sich um eine supplementäre Finanzierung. Eine Vollfinanzierung für ein Projekt gibt es nicht.

Neben diesem Kulturförderprogramm gibt es Einzelmaßnahmen wie „Kulturhauptstadt Europas", die europäischen Preise für zeitgenössische Architektur, Literatur, Übersetzung, das 1985 gegründete Barockorchester der EG und das berühmte Jugendorchester der Europäischen Gemeinschaft. Wenn man bedenkt, wie eingeschränkt der kulturpolitische Handlungsspielraum nach Artikel 128, wie unübersehbar gering mit 26 Mio. Mark der Kulturanteil am EG-Haushalt (ca. 130 Mrd. Mark) – nämlich 0,02 % (das entspricht 5 % des Kulturhaushaltes des Landes Nordrhein-Westfalen), und wie wenig ausgeprägt das bisherige Musikförderprogramm ist, dann scheinen die Sorgen um eine usurpatorische Wirkung der Kulturkompetenz durch die EG doch stark neurotischen Charakter zu haben. Viel dringender ist die Frage zu stellen, ob hier nicht eine klassische Diskrepanz zwischen Gestus und Fundus vorliegt. Die Aufgabenstellung, die kulturelle Gemeinsamkeit der Völker und Regionen Europas zu betonen und ihre Zusammenarbeit zu fördern, also auch die Begegnung der Menschen durch gemeinsames kulturelles Arbeiten und Erleben zu unterstützen, bedarf einer wesentlich höheren Finanzausstattung, als dies im Augenblick der Fall ist.

Musikleben in der EG

Der zweite EG-Komplex, der die Musikleben der Länder in Europa beeinflußt, leitet sich aus den übergeordneten Prinzipien des Binnenmarktes ab. Diese sind das sogenannte „Diskriminierungsverbot" (Art. 6) sowie die genannten vier Grundfreiheiten: freier Verkehr von Personen, Waren, Dienstleistungen und Kapital. Die Verwirklichung dieser Ziele hat Strukturangleichungen zur Folge, die die Kultur – und damit das Musikleben der Mitgliedsstaaten – mehr oder weniger heftig tangieren. Dies betrifft die Ausbildungs- und Arbeitsmarktpolitik, die Steuer- und Sozialpolitik, die Medienpolitik, Urheber- und verwandte Schutzrechte sowie nationale Fördereinrichtungen.

In der Ausbildung für Musikberufe gibt es gemäß dem Vertrag von Maastricht keine Harmonisierung. Ein entsprechender Versuch würde bei der Heterogenität europäischer Lehr- und Ausbildungssysteme an Konservatorien und Musikhochschulen äußerst disharmonisch verlaufen. Realistisch und erwünscht ist eine umfangreiche und detaillierte Information über Ausbildungsmöglichkeiten, Studieninhalte und Abschlüsse. Dieses Informationsdefizit könnten ein „Europäischer Musikhochschulführer", sowie eine Datenbank beseitigen, die von der „Association européenne des Conservatoires et Musikhochschulen", der über hundert Institute in Europa angehören, realisiert werden sollen. Die Mobilität der Studenten in der EG wird insbesondere durch das Programm „Erasmus" gefördert, das selbstverständlich auch Stipendien für Musikstudierende ausweist.

Die meisten Musikberufe gehören zu den nichtreglementierten Berufen, bei denen ein bestimmter Studienabschluß zwar erwünscht, aber nicht zwingend vorgeschrieben ist: z.B. Musiklehrer an Musikschulen und in freiberuflicher Tätigkeit, Orchestermusiker oder Sänger an einem Opernhaus. Jeder Staatsangehörige eines EG-Landes hat das Recht, sich in einem anderen EG-Land um eine Stelle zu bewerben und eine Beschäftigung auszuüben; eine Arbeitserlaubnis muß nicht eingeholt werden. Bei einem Einstellungstest – z.B. einer Lehrprobe in einem Instrumentalfach an der Musikschule – werden natürlich alle Bewerber denselben Kriterien unterzogen. So kann die Fachlehrerstelle einem portugiesischen Gitarrenlehrer nicht wegen seiner Staatsangehörigkeit vorenthalten werden, wohl aber wegen seiner geringen Deutschkenntnisse oder der mangelhaften Kenntnis über die anzuwendenden methodisch-didaktischen Konzepte in diesem Fach.

Das Postulat der Freizügigkeit für Arbeitskräfte und Dienstleistungen wird in den künstlerischen Berufen wohl keine wesentlichen Änderungen bringen, da gerade in einigen Ländern Europas schon seit Jahrzehnten eine sehr offene und liberale Arbeitsmarktpolitik praktiziert wird. Der Anteil von Ausländern z.B. im deutschen Konzertleben sowie in deutschen Orchestern und Opernchören ist schon immer sehr hoch gewesen. Von den ca. 25 % Ausländern in den Orchestern und Opernchören kommen übrigens nur zwei Prozent aus EG-Ländern. Der Ausländeranteil bei den Studierenden an Musikhochschulen liegt in Deutschland mit 13 % doppelt so hoch wie der durchschnittliche Ausländeranteil an allen deutschen Hochschulen und Universitäten. Der Anteil von Musikhochschul-Studierenden aus EG-Ländern liegt bei nur etwa drei Prozent. Von einer „bedrohlichen Fluktuation" oder „bedrohlichen Mobilität" innerhalb der EG kann also nicht gesprochen weden.

Die Mobilität der Künstler wird auch von der sozialen Sicherheit und vom jeweiligen sozialrechtlichen Status des Künstlers in den EG-Ländern abhängig sein. Eine Harmonisierung der gewachsenen nationalen Sozialversicherungssysteme ist in der EG nicht vorgesehen, lediglich eine Festlegung von Mindeststandards wird angestrebt. Das deutsche Künstlersozialversicherungsgesetz wird also nicht „wegkoordiniert", es ist vielmehr von Anfang an „europafreundlich" angelegt gewesen, da es aufgrund des Territorialprinzips sämtliche im Inland tätigen Künstler – also die deutschen und ausländischen – begünstigt.

Kulturförderung in der Steuerpolitik

Ein besonders wichtiger Aspekt für die Vollendung des europäischen Binnenmarktes ist die Harmonisierung der Mehrwert- und Verbrauchssteuern. Steuerpolitik ist seit jeher ein Instrument staatlicher Kulturförderung. In der Vergangenheit wurden in Deutschland bestimmte Umsätze im Kultur- und Medienbereich steuerlich begünstigt bzw. befreit. Insofern war es von großer Bedeutung, ob die Umsatzsteuerharmonisierung der EG diese begünstigten Tatbestände übernehmen würde. Musiker und Verleger können aufatmen: Es wird keine wesentlichen Änderungen geben. Demnach sind z. B. – in deutsches Recht übertragen – umsatzsteuerfrei die Umsätze der staatlichen oder kommunal getragenen Theater, Orchester, Chöre usw. und die ihnen gleichgestellten nichtstaatlichen Einrichtungen (Bundesjugendorchester, Bundesjazzorchester); ebenso die Leistungen von Schulen, auch Musikschulen, und von Privatmusiklehrern, wenn ihr Unterricht auf einen Beruf vorbereitet. Befreit sind auch Vorträge, Kurse, Lehrgänge.

Dem ermäßigten Steuersatz unterliegen die Leistungen aus schriftstellerischer, künstlerischer und wissenschaftlicher Tätigkeit (z.B. Komponisten, Interpreten); begünstigt sind auch die Leistungen der Verwertungsgesellschaften.

Nach wie vor werden Druckerzeugnisse wie Bücher, Zeitschriften und Noten mit dem ermäßigten Steuersatz belegt. Die analoge Ausdehnung dieser Begünstigung auf das Kulturgut Schallplatte/ CD ist bisher allerdings abgelehnt worden. Eine Angleichung der direkten Steuern, z.B. der Einkommensteuer und Körperschaftssteuer, die beispielsweise die Abzugsfähigkeit von Spenden für kulturelle Zwecke oder die Besteuerung gemeinnütziger Vereine betreffen würde, ist nicht geplant. Für das Musikleben in Deutschland ergeben sich aus den bisherigen harmonisierenden Steuertätigkeiten der EG keine Nachteile.

Medienpolitische Orientierung

Über ein sich einigendes Europa kann nicht gesprochen werden, ohne medienpolitische Aspekte anzuführen. Durch die Entwicklung der Kommunikations- bzw. Verbreitungstechnik, insbesondere durch Satelliten und Kabelnetze, hat sich ein europäischer audiovisueller Raum gebildet, der nationale Gesetzgebungsgrenzen außer Kraft setzt. Mit der im Oktober 1989 verabschiedeten Richtlinie „Fernsehen ohne Grenzen" wollte die EG einen ersten Schritt hin zu einem gemeinsamen Rechtsrahmen tun. In der Richtlinie wurden die Bedingungen festgelegt, die grenzüberschreitende Programme erfüllen müssen, z.B. der Anteil von Werbung, der Jugendschutz, das Recht auf Gegendarstellung. Für Komponisten, Interpreten und Produzenten war die hoffnungsvolle Klausel aufgenommen worden, daß die Hälfte der Sendezeit europäischen Produktionen vorbehalten sein solle. Diese Regelung gilt aber nur „im Rahmen des praktisch Durchführbaren", ist also lediglich eine politische Willenserklärung und damit nicht einklagbar. Ergebnisse einer Überprüfung dieser Pseudo-Quote sind nicht bekannt. Als audiovisueller Verbraucher hat man den Eindruck, daß die „Coca-Colonisierung" der Hörfunk- und Fernsehprogramme – insbesondere im Popularmusikbereich – bei den privaten und öffentlich-rechtlichen Anstalten ständig voranschreitet. Von Programmvielfalt, die auch der oft apostrophierten „Vielfalt der Kulturen" entsprechen soll, kann längst nicht mehr die Rede sein. Meinungsvielfalt und Pluralismus sind angesichts der ökonomischen Konzentrationsprozesse in einer Handvoll global ausgerichteter Multimediakonzerne zur Schimäre geworden. Die Entnationalisierung der Programme nimmt zu. Die ungeheure Zunahme der Sender und Programme hat in keiner Weise zur Erhöhung der Chancen für Autoren und Interpreten in Europa geführt. Die Devise „Mehr vom Gleichen" gilt für den gesamten Distributionsapparat wie auch für die durch ihn vermittelten Inhalte.

Ob hier Förderprogramme der EG zur Unterstützung von Neuproduktionen greifen werden, erscheint zweifelhaft. Es ist wohl eher ein Problem der Programmstrukturen und -inhalte, das aus dem Kampf um Einschaltquoten resultiert. Schließlich gibt es eine Fülle von anspruchsvollen, kulturbezogenen bzw. – vermittelnden Fernsehproduktionen öffentlich-rechtlicher Rundfunkanstalten, die nicht mehr gesendet werden, weil der Kultur lediglich ein winziger und peripherer Sendeplatz bzw. ein europäisches Ghetto-Programm (Arte) zugestanden wird.

Die ökonomischen Konzentrationsprozesse finden auch in anderen Sektoren der Musikwirtschaft statt, da der völlig liberalisierte Binnenmarkt, der für andere Wirtschaftsbereiche positive Entfaltungsmöglichkeiten beinhalten mag, Zusammenschlüsse begünstigt bzw. herausfordert. Wenn für die Schallplattenabteilungen der europaweit tätigen Kaufhäuser und Handelsketten nur einige wenige Einkäufer die Ware bei den Herstellern ordern, dann bestimmen letztlich sie nicht nur die Konditionen, sondern auch die Inhalte und die zu produzierenden Künstler. Zur Oligopolbildung der Produzenten kommt somit die des Vertriebsapparates hinzu. Wir sind zu einer medial manipulierten Gesellschaft geworden; so gesehen wirkt die Sorge um nationale und regionale Identität hilflos und banal. Düstere Aussichten also für die differenzierte Musikkultur in Europa, düstere Aussichten für Komponisten, Arrangeure und Interpreten aus Europa.

Nicht mehr düster sieht es hingegen für die europaweite Angleichung der wichtigsten Rahmenbedingungen des Urheberrechts und der verwandten Schutzrechte aus. Das im Juli 1988 vorgelegte „Grünbuch" hatte unter allen Betroffenen blankes Entsetzen hervorgerufen, da es sich vorrangig am angloamerikanischen Copyrightsystem orientierte. Die vorliegenden neuen Richtlinienvorschläge tragen nun der kontinentaleuropäischen Urheberrechtstradition mit dem Ziel einer Harmonisierung „nach oben" Rechnung. Dies bedeutet unter anderem: Die allgemeine urheberrechtliche Schutzfrist beträgt 70 Jahre. Ebenso soll einheitlich das Vermieten und Verleihen von Werken, z.B. in Form einer CD zum Zweck der Überspielung, geregelt und damit die Möglichkeit einer angemessenen Vergütung für den Urheber und Interpreten gegeben werden. Insgesamt kann festgestellt werden, daß die Kommission auf diesen Gebieten nunmehr eine betont urheberfreundliche Haltung einnimmt.

Fazit

Der Vertrag von Maastricht ist in seinen kultur-und bildungspolitischen Aussagen positiv zu bewerten. Die kulturellen Aktivitäten werden somit aus der bisherigen Grauzonenpolitik und den „actions ponctuelles" herausgeführt zu einer relativ klar umgrenzten und begrenzten Kulturkompetenz. Die Europäische Wirtschaftsgemeinschaft mit dem modifizierten Leitspruch „Liberté, Egalité, Portemonnaie" kann nun zu einer Europäischen Kulturgemeinschaft weiterentwickelt werden mit dem Ziel einer subsidiären Förderung der kulturellen Zusammenarbeit durch die Gemeinschaft unter Wahrung der nationalen und regionalen Vielfalt. Diese föderalistische Grundeinstellung in den EG-Kulturaktivitäten, die zu einer Stärkung der Regionen führen soll, muß ständig kritisch begleitet und überprüft werden. Es wäre nicht das erste Mal, daß gute oder gutgemeinte Gesetze durch Bürokratie und schlichte Verwaltungspraxis konterkariert werden. Euphorie oder Skepsis? Das große politische Ziel der Einigung Europas einerseits und die hier dargestellte Momentaufnahmen der Auswirkungen des dynamischen Prozesses auf die Kultur allgemein und das Musikleben im besonderen verlangen beides.

Rembrandt
Harmensz van Rijn
(1606 – 1669)
Musizierende
Gesellschaft
Öl auf Holz
63,5 x 47,7 cm
Rijksmuseum,
Amsterdam

Dank

Wir danken allen im Programm genannten Rednern, Dirigenten, Solisten, Orchestern und Chören, dem Komponisten Walter Haupt, allen sonst aktiv Mitwirkenden sowie all denen, die bei der Vorbereitung des europäischen Musikfestes in besonderem Maße mitgeholfen haben.

An erster Stelle seien hier genannt Dr. Thomas Goppel, Bayerischer Staatsminister für Bundes- und Europaangelegenheiten, Hans Zehetmair, Bayerischer Staatsminister für Unterricht, Kultus, Wissenschaft und Kunst, Christian Ude, Bürgermeister der Landeshauptstadt München, Siegfried Hummel, Kulturreferent der Landeshauptstadt München, Prof. August Everding, Staatsintendant und Präsident des Deutschen Bühnenvereins, und Dr. Gabriele Weishäupl, Direktorin des Fremdenverkehrsamtes München, die sich für unser Projekt begeistert eingesetzt haben und keine Mühe scheuten, nachhaltige Unterstützung zu leisten. All ihren Mitarbeitern gilt ebenfalls unser herzlicher Dank.

Wir sagen Dank Dr. Eckard Heintz, Geschäftsführer der Gasteig Betriebsgesellschaft mbH, und all seinen Mitarbeitern, ebenso allen Mitarbeitern der Verwaltung des Prinzregententheaters, des Herkulessaales und der Bayerischen Staatsoper.

Ebenso danken wir all den Mitarbeitern der Staatskanzlei, die uns mit Rat und Tat zur Seite standen.

Unser allerherzlichster Dank gilt den diplomatischen Missionen und anderen Vertretungen der an EUROPAMUSICALE beteiligten Länder, den deutschen Botschaften und Konsulaten, den Goethe-Instituten und den Außenstellen der Deutschen Zentrale für Tourismus, auf deren Verständnis und Hilfe wir stets bauen konnten. Wir danken den Vertretungen der Kommission der Europäischen Gemeinschaften in allen Ländern, die wir bereist haben. Ganz besonderen Dank verdient Otto Hieber, Leiter der Vertretung der Kommission der Europäischen Gemeinschaften in München, der viele wichtige Kontakte für uns knüpfte und immer bereit war, uns so weit als nur möglich zu helfen. Ebenso danken wir Dr. Hubert Hierl, Leiter des Informationsbüros des Freistaates Bayern in Brüssel.

Herzlich danken wir dem Mitteldeutschen Rundfunk und all seinen Mitarbeitern, insbesondere der Hörfunkdirektorin Karola Sommerey, die dafür sorgten, daß die Konzerte von EUROPAMUSICALE weltweit im Radio zu hören sein werden. Wir danken allen Radio- und Fernsehanstalten, die EUROPAMUSICALE übertragen werden.

Dank

Ganz besonders danken wir den Mitgliedern des Ehrenkomitees, Alfred Brendel, Prof. August Everding, Sir Yehudi Menuhin, Sir Georg Solti, Prof. Sándor Végh, daß sie die Idee von EUROPAMUSICALE mittragen.

Weiterer Dank gebührt S. D. Dr. Johann Georg Prinz von Hohenzollern, Präsident der Konzertgesellschaft München e.V., Dr. Manfred Scholz, Präsident des Landesverbandes der Bayerischen Industrie, und Rupert Graf Strachwitz, Vorsitzender des Vorstandes der Kulturstiftung Haus Europa.

Schließlich danken wir allen, die sich engagiert für EUROPAMUSICALE eingesetzt haben. Besonders möchten wir hier hervorheben:

Maximiliane Adam • Marianne Adelmann-Olsen • Hildegard Aichele • Dr. Thomas Bauer • Sabine von Braun • Ursula Carstens • Elsbeth Christierson • Mathilde Christierson • Udo Dürr • Andreas Ellmaier • Rainer M. Erhard • Ullrich Esser • Dr. Manfred Frei • Jochen Fürer • Annette Geiger • Irmgard von Gienanth • Enoch Frhr. von und zu Guttenberg • Ursula von Haeften • Gabriele Handel-Jung • Richard Hartmann • Dr. Ulrike Hessler • Ministerialrat Dr. Dirk Hewig • Verwaltungsdirektor Herbert Hillig • Pia Hönig • Angelika Hötzl • Herbert Hötzl • Thomas Hoffmann • Ron Imelauer • Rainer Jochem • Gisela Kazzer • Dr. Susanne Kirner • Diedrich Klusmann • Regierungsdirektor Manfred Knoll • Gaby-Cornelia Kolb • Regine Körner • Karl Köwer • Ingrid von Kruse • Simone Leinberger • Hedda Manhard • Werner Meister • Oberregierungsrat Dr. Michael Mihatsch • Heinrich von Miller • Elisabeth Mortimer • Rosi Nistler • Nicole Nowak • Julia Regehr • Christine Reif • Norgard Reuter-Meissner • Anneliese Riedl • Eugenie Rohde-Khadjavi • Dr. Alexander Rüdell • Klaus-Peter Rusche • Marie Christina Prinzessin von Sachsen • Florian Sattler • Dr. Hans Friedrich von Schierstädt • Gisela Schmitt • Jutta Schroer • Gabriele Sedlmayr • Dr. Klaus Jürgen Seidel • Friedrich Straub • Mihail Tschernaev • Zuzanna Tschernaev • Innegrit Volkhardt • Doris Weiland • Brigitte von Welser • Herbert Winkler • Dieter Woitschek

Dank

Wir danken allen Förderern, die durch ihre finanzielle Unterstützung sowie durch Sachleistungen das europäische Musikfest EUROPAMUSICALE ermöglicht haben.

Unser Dank gilt insbesondere unseren Partnern.

Avis Autovermietung GmbH • Hotel Bayerischer Hof München • IBM • Deutsche Lufthansa AG • Süddeutsche Zeitung

den Konzertpaten

Bankhaus Maffei & Co. GmbH • Bayerische Hypotheken- und Wechsel-Bank AG • Bayerische Landesbank • Bayerische Vereinsbank AG, Filiale Prag • Bayerischer Hotel- und Gaststättenverband • Daimler-Benz AG • FAZ Magazin • IKEA Deutschland Verkaufs-GmbH & Co • Löwenbräu AG • Moët & Chandon • Nestlé AG • Rodier • RTL Television/IPA-Plus GmbH, München • Dr. Jürgen Schneider und Claudia Schneider-Granzow • L. Schuler GmbH • Süddeutsche Zeitung Magazin • Talkline GmbH

sowie allen hier aufgeführten Institutionen, Unternehmen und Privatpersonen

Margarete Ahlmann • Apfelstedt & Hornung • Apple Computer GmbH • arko GmbH • Bayerische Landesstiftung • Bayerische Verwaltung der Staatlichen Schlösser, Gärten und Seen • Bayerisches Staatsministerium für Unterricht, Kultus, Wissenschaft und Kunst • S.K.H. Prinz Franz von Bayern • Rolf Becker • Dr. Gerd Brennecke • The British Council • Beatrice Brzinsky • Colonia Krankenversicherungs AG, Köln • Deutsche Bundesbahn • Deutsche Eisenbahnreklame GmbH • Deutsche Städtereklame GmbH • Dirk Frhr. von Dörnberg • ELIA-European League of Institutes of the Arts • Europäisches Patentamt • Europaunion • Feinkost Käfer GmbH • Hannelore Fischer-Reska • Flughafen München GmbH • Prof. Max und Gitta Forell • Kulturabteilung der Französischen Botschaft-Ministère des Affaires Etrangères • Fremdenverkehrsamt der Landeshauptstadt München • Jens-Peter Haeusgen • Hertie Waren- und Kaufhaus GmbH • Instituto Español de Cultura • Istituto Italiano di Cultura • Ursula Jannott • Dr. Horst Kassalitzky • Kommission der Europäischen Gemeinschaften • Konzertgesellschaft München e.V. • Marlene Kuhnke • Kulturkreis Gasteig e.V. • Kulturreferat der Landeshauptstadt München • Landesverband des Einzelhandels • Anne Leetsch • Erich Leicht • Hans May • Rudolf Meyer • Münchener Bankenvereinigung • Christian Neumann • Northern Telecom Arts Europe • Northern Telecom Deutschland GmbH • Dr. Herbert Pohl • Polygram / DECCA • Mimi tho Rahde • Eugenie Rohde-Khadjavi • Sigrid Ruegg • Marion Schieferdecker • Jork von Schmeling-Diringshofen • Dr. Rolf Schumacher • Ilse Schwepcke • Spero Communications Limited • Stadtwerke München, Verkehrsbetriebe • Svenska Institutet • Systematics München GmbH • Anneliese Tannstein • Translingua Übersetzungsdienst GmbH • Verlag C. Hartmann • Verlag Oper & Konzert • Wirtschaftsdienst für Akademiker • Herwig Zahm

Dank

Wir danken allen Firmen und Institutionen, die durch ihre Anzeigen die Finanzierung der Festschrift ermöglicht haben.

Avis Autovermietung GmbH • Bankhaus Maffei & Co.GmbH • Bankhaus Karl Schmidt • Bayerische Handelsbank AG • Bayerische Landesanstalt für Aufbaufinanzierung • Bayerische Landesbank • Bayerische Staatsoper • Bayerische Vereinsbank AG• Bayerischer Hotel- und Gaststättenverband • Bayerischer Rundfunk • Bertelsmann GmbH • Diners Club Deutschland GmbH • Deutsche Lufthansa AG • Deutsche Spar- und Kreditbank AG • European Broadcasting Union • Flughafen München GmbH • Fujitsu GmbH • Gasteig Betriebsgesellschaft mbH • Hotel Bayerischer Hof • IBM GmbH • • Iceland Symphony Orchester • Ikea Deutschland-Verkaufs GmbH &Co. • Internationale Consulting und Repräsentanzen GmbH • Kommission der Europäischen Gemeinschaften, Brüssel • Löwenbräu AG • MDR Anstalt des öffentlichen Rechts • Nestlé AG • Neuwald Marketing Dienste GmbH • Northern Telecom GmbH • Omega S.E.E. GmbH • Pianohaus Lang • Presse- und Informationsamt der Bundesregierung • Rohde & Schwarz GmbH • Rodenstock GmbH • Rodier • RTL Television / IPA Plus GmbH, München • Dr. Jürgen Schneider und Claudia Schneider-Granzow • Schuler Pressen GmbH, Göppingen • Süddeutsche Zeitung • Talkline GmbH • Telekom • Karl Wenschow GmbH.

Wir danken folgenden Konzertagenturen für die gute Zusammenarbeit.

ARS Koncert, Brünn • CLASSIC MANAGEMENT MAREK STRASZ, Warschau • CO-NEXUS CONCERT LTD., Budapest • h.p. MUSIK-MANAGEMENT, München • IMG, Artists Europe, London• KONZERTAGENTUR JÖRG HANNE-MANN, Hamburg • KünstlerSeketeriat am Gasteig, München • Münchener Mozart Konzerte e.V. • MÜNCHNER KONZERTDIREKTION HÖRTNAGEL GmbH • VAN WALSUM MANAGEMENT, London

Wir danken für die gute Zusammenarbeit beim Abschlußkonzert

3sat/ZDF • Christian Lange • Loft-Vertrieb+Verlag GmbH

Wenn Sie in der Musik höchste Ansprüche stellen, sollten Sie es auch in Geldfragen tun.

 Dresdner Bank

Dank

Der Herausgeber und Dr. Pankraz Frhr. von Freyberg danken sehr herzlich all denen, die zum Gelingen der Festschrift ihren Beitrag geleistet haben, in erster Linie allen Text- und Bildautoren sowie den Archiven, Museen und Sammlungen für die Bereitstellung von Bildmaterial, ebenso allen Verlagen und privaten Rechteinhabern für die Abdruckerlaubnis bereits vorhandener Texte.

Insbesondere gilt der Dank all denjenigen, die während der Entstehung der Festschrift wertvolle Hinweise auf Bild- und Textquellen gegeben haben.

Maja Beckmann • Joana Betson • Dietrich Dannheim • Dr. Bettina Eberspächer • Dr. Ulrike Eichler • Ritva-Liisa Elomaa • Uwe Englert • Dr. Barbara Eschenburg • Dr. Maria Margarida Gouveia Fernandes • Alina Grinjus • Ursula Haeusgen • Roswitha Th. Heiderhoff • Jürgen Hinrichs • Prof. Dr. Olexa Horbatsch • Prof. Dr. Hugo Jung • Dr. Igor Kaczurowskyj • Raffaela Kluge • Anise Koltz • Dr. Karin von Maur • Dagmar Meneghello • Irene von Miller • Gueorgui Mintchev • Patricia Moletto • Oylar Saguner • A. Smid • Dr. Manfred Wüst • Olga Zobel •

Weder Fest noch Festschrift gäbe es, wenn nicht unsere engsten Mitarbeiter, wie sie in „EUROPAMUSICALE von A-Z" namentlich aufgeführt sind, uns treu zur Seite gestanden und unermüdlich geholfen hätten, alle täglichen Schwierigkeiten zu meistern, teilweise unüberwindbar scheinende Hürden zu nehmen, im Glauben an die Idee von EUROPAMUSICALE.

Möge ein Funke ihrer Begeisterung auf all unsere Konzertbesucher in München und die über eine Milliarde Menschen in und außerhalb Europas, die wir über Radio und Fernsehen erreichen können, übergehen. Dies wünschen wir uns von Herzen.

Nicht das ist das Kunststück,
ein Fest zu veranstalten,
sondern solche zu finden,
welche sich an ihm freuen.

Friedrich Nietzsche (1844 – 1900)

Die Mitarbeiter von
EUROPAMUSICALE

EUROPAMUSICALE von A – Z

Veranstalter	EUROPAMUSICALE Veranstaltungs GmbH Antwerpener Str. 12 • 80805 München Telefon 089 / 361 00 361 • Fax 089 / 361 40 96
Geschäftsführer:	Helmut Pauli • Monica von Schierstädt
Idee, Konzept und Künstlerische Leitung	Dr. Pankraz Freiherr von Freyberg
Organisationsbüro	Stefanie Möslein, Margit Furthmann (Koordination und Werbung) Doris Golling (Assistentin des Künstlerischen Leiters) Jürgen Hanika (Referent für Redner, Radio und TV) Ulrike Heckenmüller (redaktionelle Mitarbeit bei der Festschrift/ Texte der Kurzbiographien und Redaktion der Abendprogramme) Dr. Galina Naoumova (Assistentin des Künstlerischen Leiters, und Osteuropa-Referentin) Doris Venzl (Konzertorganisation)
Pressesprecherin	Heidi Rauch-Lange Kultur PR Schloß Aufhausen - Schloßallee 28 • 85435 Erding Telefon 08122 / 5087 • Fax 08122 / 207 35
Werbung und Öffentlichkeitsarbeit	NBB GmbH Bernd Nobis • Cornelia Much Franz-Joseph-Straße 9 • 80801 München Telefon 089 / 33 53 90 • Fax 089 / 33 85 93
Eintrittskarten und Pauschalreisen	Münchner Team • EUROPAMUSICALE Marketing Sylvia Erhard • Michael Gaebler • Alexander Haerting • Doris Hasak • Friedrich Straub Ringseisstraße 9 • 80337 München Telefon 089 / 543 81 34/5 • Fax 089 / 538 96 26
Federführende Anstalt für Hörfunkrechte	Mitteldeutscher Rundfunk (Anstalt des öffentlichen Rechts) Karola Sommerey • Dr. Steffen Lieberwirth • Dr. Detlef Rentsch Springerstraße 22-24 • 04105 Leipzig Telefon 0341/ 559 52 10 • Fax 0341 / 559 55 44
Merchandising-Sortiment	Neuwald Marketing Dienste GmbH • EUROPAMUSICALE Shop Markus Dübeler • Sabine Eigner • Jürgen Neuwald Ottostraße 3 • 80333 München Telefon 089 / 55 25 01-12 • Fax 089 / 55 25 02-11
Donatorenprogramm	Annette Biggs • Förder-Arrangements EUROPAMUSICALE Harthauser Str. 25 c • 81545 München Telefon 089 / 642 34 79 • Fax 089 / 64 41 37

Photonachweis

Sergio Alocci, Rom, S. 435
AMI LTD., London, S. 364
Ulf Andersen / GAMMA, S. 290
Judy Arnold, London, S. 363
Arthothek, Peissenberg, S. 14, 27, 32, 38, 40, 43, 80, 81, 191, 241, 271, 309, 349, 417
Fotografia Brasil, Lissabon, S. 226
Bundesbildstelle Bonn, S. 10
Cliche Phototheque, Brüssel, S. 162
Malcolm Crowthers, S. 384
Deutsche Grammophon, Prod./Fayer, Wien, S. 392
Dragutin Dumančić, Zagreb, S. 134
Gintaras Eidukonis, S. 152
Foto Fayer, Wien, S. 126
Hans Grimm, München, S. 120 l.
Harisson / Parrott Ltd., London, S. 147, 176, 266, 295
Markus Hawlik, Berlin, S. 181
Hirmer Fotoarchiv, München, S. 20, 76
Frank Höhler, Dresden, S. 137
Wilfried Hösl, München, S. 360
Karel Hruša, Prag, S. 244
Werner Kohn, Bamberg, S. 451
Kommission der Europäischen Gemeinschaften, Brüssel, S. 7
Studio Koppermann, Gauting, S. 29, 425
Regine Körner, München, S. 106, 299, 339
Morten Krogvold, Oslo, S. 146
Ingrid von Kruse, Wuppertal, S. 252, 310, 426, 453
Manuela Kursidem, Wien, S. 430
Christine Langensiepen, Düsseldorf, S. 283
Veronique Lombard, Genf, S. 410
Suzie E. Maeder, London, S. 265
Jean Mohr, Genf, S. 411, 412
Gert Mothes, Leipzig, S. 124
Martin Naumann, Großpösna, S. 122
Werner Neumeister, München, S. 104, 109, 118, 120 r.
Leif Nielsen, Kopenhagen, S. 330
Nouvelles Images S.A. éditeurs, Lombreuil, S. 84, 103
Isolde Ohlbaum, München, S. 350, 370, 390, 408

Impressum

Herausgeber:	EUROPAMUSICALE Veranstaltungs GmbH
Idee, Konzept:	Dr. Pankraz Frhr. von Freyberg
Redaktion:	Dr. Pankraz Frhr. von Freyberg in Zusammenarbeit mit Ulrike Heckenmüller und Dr. Galina Naoumova
Graphisches Konzept:	Ron Imelauer, Ruth Botzenhardt
Betreuung und Koordination der Herstellung:	Herbert Hötzl, München
Satz:	Bernhard Bönsch, Typo und Technische Grafik, München
Gesamtherstellung:	Wenschow Druck GmbH, München

© der abgebildeten Gemälde soweit dies nicht bei den Künstlern liegt:
Max Beckmann, Marc Chagall, Max Ernst, Oskar Kokoschka, Frantisek Kupka,
Tamara de Lempicka, René Magritte, Gino Severini by VG Bild-Kunst, Bonn 1993;
Don Salvador Dali by VG Bild-Kunst, Bonn 1993, Demart pro arte B.V.;
Henri Matisse by VG Bild-Kunst, Bonn 1993 / Succession Matisse;
Edvard Munch by Munch Museum, Oslo 1993

Vorsatz und Nachsatz: Partiturseite aus der „Entrada zu EUROPAMUSICALE 1993"
von Walter Haupt
(Kompositionsauftrag von EUROPAMUSICALE, 1993)

ISBN 3-923547-76-5

Красота спасёт мир

Schönheit rettet die Welt

Fjodor M. Dostojewskij (1821 – 1881)